DICTIONNAIRE RAISONNÉ

D'ESCRIME.

Toulouse. — Impr. LAMARQUE et RIVES, succ. d'Hexault, rue Tripière, 9.

DICTIONNAIRE RAISONNÉ

D'ESCRIME

OU PRINCIPES DE

L'ART DES ARMES

D'APRÈS LA MÉTHODE ENSEIGNÉE PAR LES PREMIERS PROFESSEURS DE FRANCE,

précédé

DE L'HISTOIRE DE L'ESCRIME ET DE L'ANALYSE DE

L'HISTOIRE DE FRANCE

DANS SES RAPPORTS AVEC

L'ESCRIME ET LE DUEL

Ouvrage indispensable aux Officiers, Sous-Officiers, aux Maîtres et Prévôts d'armes des régiments, aux Professeurs d'Escrime des Colléges et Pensions, aux Praticiens, et généralement à toutes les personnes qui veulent enseigner ou apprendre cet art;

Par J.-A. EMBRY,

AUTEUR DE DIVERS OUVRAGES D'INSTRUCTION PUBLIQUE.

<table>
<tr><td>PARIS,
Chez A. COURCIER, libraire-éditeur,
rue Hautefeuille, 9.</td><td>TOULOUSE,
Chez BOMPARD, libraire,
rue du Taur, 2,</td></tr>
</table>

ET CHEZ LES PRINCIPAUX LIBRAIRES DE FRANCE.

1856.

APPROBATIONS DIVERSES (*).

Je soussigné, Monsarrat, professeur d'Escrime, exerçant en cette qualité dans la ville de Toulouse, déclare, après avoir pris une parfaite et entière connaissance du manuscrit d'un ouvrage intitulé : Dictionnaire Raisonné d'Escrime, *par J.-A. Embry, que cet ouvrage, divisé en quatre parties, conçu sur un plan nouveau, renferme non-seulement des détails très instructifs et très intéressants, mais encore de nouveaux détails théoriques et pratiques sur l'art des armes.*

Le soussigné, persuadé que la publication de cet important ouvrage ne peut manquer de donner un nouveau stimulant aux amateurs de cet art, croit ne pouvoir mieux faire que de se joindre à ses collègues des régiments, qui lui ont déjà accordé leur sanction, pour inviter les amateurs à y souscrire, afin de les imiter.

En foi de ce, Toulouse, le 5 janvier 1856.

MONSARRAT, professeur d'Escrime.

Vu pour la légalisation de la signature de M. Monsarrat, apposée ci-dessus.

Toulouse, le 5 janvier 1856.

Le maire,
BORIES, adj'.

(*) Nous avons reçu des marques de sympathie de différents professeurs d'Escrime à qui nous avons eu occasion de communiquer notre ouvrage ; mais afin de ne pas étaler une liste de noms qui pourrait faire croire à un sentiment exagéré de la valeur de l'œuvre que nous présentons au public, nous nous bornons à mentionner seulement l'adhésion d'un de nos professeurs d'Escrime distingué.

L'Escrime est toujours profitable
A l'homme bon et généreux ;
Chez le méchant, l'impitoyable,
Elle est un art très dangereux ;
Craignez la fureur sanguinaire,
Excitant votre bras vengeur,
Qui fait qu'on immole son frère
Souvent pour un faux *point d'honneur*.
Si jamais votre bras se lève,
Que ce soit pour un droit légal,
Dieu dit : A qui se sert du glaive,
Le glaive deviendra fatal.

AVANT-PROPOS.

De toutes les coutumes que la conquête et l'établissement des peuples germaniques ont implantées dans le monde romain, il n'en est aucune à laquelle, dès son apparition, on ait infligé un blâme aussi universel ; il n'en est pas qui, malgré les attaques dirigées contre elle, par l'Église, par la philosophie et par le pouvoir, n'ait affecté d'une manière aussi profonde les mœurs des peuples modernes, à ce point que toutes les législations attestent les préoccupations auxquelles elle a donné lieu : nous voulons parler de la déplorable coutume du Duel.

La société antique ne le connaissait point : le Grec ou le Romain remettait à la patrie le soin de réparer le dommage que pouvait lui occasionner une attaque perverse, et comme il se consacrait tout entier à sa défense, il en attendait la protection la plus complète.

Il n'en était pas de même du Germain. Chez celui-ci, les notions du Droit ont pénétré peu profondément. L'instinct social n'a pour ainsi dire presque pas de vigueur, et l'on voit se produire à chaque instant de ces personnalités absolues, toujours prêtes à faire appel au glaive pour appuyer les prétentions les plus contraires à l'intérêt de la communauté.

Pendant plusieurs siècles, la lutte est engagée entre les représentants des nationalités qui essaient de se constituer ; tout est en armes ; tout s'agite dans le travail de ce grand enfantement. On comprend, au milieu de ce choc immense d'ambitions hostiles, la difficulté de faire prévaloir les saines règles de la justice. La victoire est la raison suprême des parties. Néanmoins, peu à peu, se développe une puissance prédominante, qui, ne pouvant mieux accomplir son œuvre civilisatrice, pose des limites à l'excercice de la force et assujetit les champions à des règles, à des cérémonies qui doivent donner à la lutte assez de solennité pour inspirer le respect et intimider même les coupables : c'est le combat judiciaire.

L'auteur de ce livre décrit avec vigueur cette époque génésiaque d'où doivent sortir les nationalités modernes, et, conduit par lui au milieu de ce chaos, nous arrivons au quatorzième siècle. La chevalerie est dans toute sa splendeur ; l'éducation de la noblesse est toute guerrière. Il nous fait pénétrer dans la vie intime du castel. Sa sagacité n'a laissé échaper aucun détail de cet apprentissage des armes où se formeront ces héros, aussi vertueux que braves, dont on ne saurait assez entretenir les jeunes générations. Voici Dugesclin, Jeanne d'Arc, Bayard : toutes les grandeurs, toutes les infortunes, tous les dévouements.

L'autorité s'est raffermie, le duel judiciaire a disparu ; sous l'empire de lois sages et d'institutions protectrices, il n'y a plus de place pour la violence. Ecrivains, moralistes, chacun s'évertue pour combatre ce funeste entraînement aux combats singuliers, dans lesquels se répand le sang le plus pur de la France. Le pouvoir, de son côté, guidé par le besoin de faire respecter les lois, sévit contre les duellistes avec une sévérité qui ne se laisse fléchir par aucune considération. Les pièces de ce fameux procès pendant entre la souveraineté de l'individu et celle de la société, sont exposées dans ce livre avec beaucoup d'à-propos et d'habileté.

Du reste, il faut le dire, la seule conclusion qu'il est permis d'en tirer, c'est que le duel judiciaire est passé à l'état de fait historique ; et quand, sous quel prétexte que ce soit, il se produit de nos jours, ce n'est plus qu'une anomalie deux fois condamnée, et par la raison et par nos lois.

Mais de ce fait que le duel, n'ayant plus sa raison d'être, disparaît chaque jour de nos mœurs, s'ensuit-il que l'art des armes doive en quelque sorte être atteint par la même déconsidération ? Tel n'est pas l'avis de l'auteur de ce livre, et nous sommes en cela en tout point d'accord avec lui. En effet, ce n'est pas seulement en vue de vider un litige, dont la justice, aujourd'hui si bien rendue dans notre pays, doit seule connaître, que l'art des armes peut avoir son utilité. La nécessité de soumettre la jeunesse à un exercice de corps une fois admise, il n'en est pas de plus propre que l'Escrime pour développer ses forces, donner de la grâce à ses mouvements, de la souplesse à ses muscles, de la précision, de la rapidité au coup-d'œil. Ajoutons qu'ici la pensée est loin d'être inactive. Il n'est peut-être pas de combinaison ingénieuse qui passionne autant son auteur que ce noble jeu ceux qui s'y livrent. À ce propos, nous ne saurions trop approuver l'auteur du *Dictionnaire d'Escrime* d'avoir, à mesure qu'il introduisait en Occident les races qui ont apporté avec elles le duel et bouleversé la société antique, d'avoir, disons-nous, semé ce brillant tableau, plein de mouvement et de vie, de touchants récits et de beaux exemples. Il a, sans doute, compris la nécessité d'arracher l'élève, au sortir de la salle d'armes, de cette ardente préoccupation qui s'empare si vivement de son esprit, et qu'il est important de distraire pour l'empêcher de devenir trop exclusive.

Et puis, l'homme en a-t-il fini avec les luttes ? Les mille vicissitudes de la destinée qui le poussent chaque jour au milieu de cette activité dévorante qui se joue des distances, ne peuvent-elles pas le jeter dans une de ces contrées lointaines, où il ne puise de sécurité que dans la confiance qu'il a en lui-même ? Et quelle est celle que peut lui inspirer le sentiment de son inexpérience et partant de sa faiblesse ! Non, les armes ne sont pas en décadence dans notre pays. Formuler une pareille assertion, ce serait méconnaître le génie national ; ce serait ne pas comprendre une des causes principales de nos plus grands succès militaires. La supériorité des troupes françaises dans les combats à l'arme blanche est incontestable, et nos adversaires eux-mêmes la proclament. Sous le premier Empire, quand l'opiniâtreté de la résistance de l'ennemi rendait le succès incertain ; quand ses bataillons ne tombaient pas assez vite sous le feu de nos batteries, c'étaient les baïonnettes des phalanges de la vieille garde qui avaient pour mission de ramener la victoire.

De nos jours, l'art de l'Escrime appliqué à cette arme meurtrière a complété l'éducation militaire du soldat français. On n'a pas oublié avec quel succès nos troupes en faisaient usage dans ces sanglantes mêlées qui ont signalé la guerre d'Orient. Dès que ce cri formidable : À la baïonnette ! était poussé par nos soldats, un frémissement de terreur parcourait les rangs ennemis, et la discipline de fer qui façonne l'armée russe n'a pas toujours été suffisante pour les tenir fermes autour du drapeau.

Nous en avons assez dit pour donner une idée du but que l'auteur de l'ouvrage qui nous occupe a voulu atteindre : faire aimer les armes et rendre justice aux maîtres dévoués qui les enseignent ; — présenter l'histoire d'une coutume qui n'est plus compatible avec nos institutions, et aider à faire disparaître, en face la majesté de la justice, ce qui reste encore de ce préjugé qu'on appelle le Point d'Honneur : telle est évidemment la pensée dominante qui l'a guidé dans l'accomplissement de cette tâche laborieuse, et qu'il a accomplie avec autant de conscience que de bonheur.

On le voit, avec de pareilles intentions, un aussi bon livre ne peut manquer de recevoir un charmant accueil.

MARTIN.

PRÉFACE.

En publiant un Traité nouveau sur l'art des armes, sur cet art que de savants docteurs ont préconisé au point de vue hygiénique, que les Saint-Ange, les Danet, les Donnadieu, les Saint-Didier, les La Boëssière, les Saint-Georges, les Jean-Louis, les Bonnet, les Daressi, les Lafaugère, les Bertrand, les Grisier, les Gomard, les Mathieu Coulon, les Lhomandie, les Pons, les Lauzès, les Robert, les Cordeloy, les Monsarrat, les Gacher, et, dans notre brillante armée, tant d'autres que nous pourrions citer, ont, à leurs époques, enseigné avec tant d'éclat ; pour lequel ces maîtres de la science n'ont, en un mot, rien négligé afin de le faire adopter dans l'armée, dans nos lycées et nos écoles universitaires, nous n'avons pas eu la prétention de changer le mode d'enseignement suivi et pratiqué jusqu'à ce jour. Les auteurs modernes qui ont écrit sur cette matière, La Boëssière, Gomard, Grisier, etc., ne laissent rien à désirer. Seulement, dans l'intérêt de cet art, nous avons pensé qu'il serait utile et même nécessaire d'avoir un Traité d'Escrime dans lequel le professeur et l'élève pussent trouver à l'instant l'article qui les intéresse.

C'est sous ce point de vue que le *Dictionnaire Raisonné d'Escrime* a été composé. Il est le fruit d'un long travail et de pénibles recherches. Nous avons fait et reproduit un choix de plusieurs articles extraits des meilleurs ouvrages des auteurs anciens qui nous ont parus propres à figurer dans la démonstration de l'école moderne.

Néanmoins, pour avoir la certitude d'être sincères dans notre choix, nous avons souvent consulté l'opinion des auteurs modernes. Quelquefois nous leur avons emprunté en partie quelques articles. Enfin, encouragés et aidés par des professeurs d'escrime distingués, qui ont bien voulu nous prêter leur concours, nous avons terminé le *Dictionnaire*.

Il se divise en quatre parties bien distinctes. La *première* renferme l'historique, en quelque sorte, de l'art de l'Escrime. Là, on trouve développés tous les progrès qu'il a faits dans les temps anciens et dans les temps modernes ; ce qu'il a été en France, ce qu'il a été à l'étranger. Après ces détails, empreints d'un vif intérêt, nous invoquerons l'opinion de MM. Tronchet et Lallemand, savants professeurs des Facultés de Médecine, et nous ferons connaître l'exposé des avantages qu'on peut en retirer pour l'amélioration physique, morale et hygiénique.

Indépendamment de ses autres avantages, cet art entretient et fortifie le plus précieux trésor de l'homme : la santé ; rarement on la voit dérangée, quand on s'adonne à l'escrime avec modération et proportionnellement à ses forces. L'escrime forme le tempéramment des jeunes gens, les rend forts et robustes, et souvent on leur restitue ainsi par cet exercice une santé déjà délabrée.

La *seconde* partie ayant pour titre : *Analyse raisonnée*

de l'histoire de France dans ses rapports avec le duel, renferme un précis historique sur son origine, son accroissement et sa décadence; législation et duels célèbres , etc.

Là-dessus, on nous demandera peut-être quel est notre système. Un système! grand Dieu! dans une composition historique? une pensée à soi, fixe et invariable, un but choisi que l'on tient à développer! Un système! quand il n'est question que de témoigner de ce qui s'est fait aux époques les plus reculées et de ce qui se fait de nos jours! Loin de nous. Nous écrivons l'histoire et ne l'imaginons point; nous ne la faisons pas, nous la reproduisons; nous ne la donnons pas telle que nous l'aurions souhaitée, mais telle que nous la retrouvons et la reconnaissons. Et qui ferait autrement aurait-il respecté l'histoire?

Non certes; nous nous laissons aller où il plaît aux événements, et nous ne leur faisons point violence pour les contraindre d'aller où il nous plairait. Ce sont eux qui mènent notre plume. Il y aura, sans doute, un système dans notre ouvrage; mais ce système, nous n'aurons rien à y prétendre. Il ne sera autre que celui dans lequel il aura plu à la Providence d'enfermer les faits que nous exposerons. Ce ne sera pas un système adopté d'avance, mais un système logique et dont les conséquences pourront être sinon devinées du moins prévues. Notre système à nous, si nous en avons un, est justement de n'en point avoir.

Seulement, nous désirons, autant que nos faibles moyens nous le permettent, éclairer l'opinion publique, détruire ce faux aspect sous lequel le duel, ce fatal préjugé, est considéré par le plus grand nombre; flétrir ce prétendu acte de courage, qu'on ne peut louer qu'en prostituant en quelque sorte ce mot sublime de *l'honneur*, dont on a cherché, avec autant de légèreté que d'inconséquence, à faire la plus fausse comme la plus dangereuse application

Au surplus, les ouvrages et les analyses de l'histoire de France se multiplient chaque jour, et paraissent sous mille formes différentes. Partout on leur fait un bon accueil. Pourquoi? Parce que le fruit le plus précieux que l'on puisse en espérer, c'est que les vertus de nos ancêtres passent dans nos âmes, et que leurs fautes, leurs défauts, leurs vices même, servent à notre instruction; c'est que nous soyons familiarisés avec leurs mœurs, leurs usages et leurs coutumes; c'est que tous les traits propres à les faire connaître, et les faits principaux qui caractérisent chaque siècle en particulier, si on peut s'exprimer ainsi, restent imprimés dans la mémoire. C'est là le but principal que l'on s'est proposé, en donnant au public un recueil qui peut être appelé le résultat d'une lecture quoique abrégée de notre histoire, et dans lequel, sous les titres de : *Histoire de l'Escrime*, qui fait le sujet de la *première partie* de l'ouvrage, et *Analyse de l'histoire de France dans ses rapports avec le duel*, qui fait le sujet de la *seconde*, on a tâché de réunir tout ce qui pouvait contribuer à remplir les différents objets que l'on vient d'exposer; tantôt on présente une de ces actions vertueuses dont le récit doit servir à émouvoir l'âme, à l'intéresser et à développer ce sentiment d'estime que nous avons naturellement pour la vertu; tantôt on offre un trait qui fait gémir l'humanité sur la faiblesse des hommes et sur les tristes effets des malheureux penchants par lesquels ils se laissent trop souvent entraîner. Ici, ce sont des injustices criantes, des erreurs grossières, des vengeances, des perfidies et des cruautés, fruits de l'ignorance et de la barbarie, qui servent à relever le mérite des connaissances utiles et de tout ce qui a pu contribuer à éclairer les esprits, à polir les mœurs, à introduire dans la société ces qualités aimables et ces vertus essentielles qui en sont l'agrément et la sûreté. Là, c'est un acte de bienfaisance ou un procédé généreux, qui prouve combien on a connu, dans tous les temps, ce plaisir délicat que l'on goûte à soulager des malheureux, à protéger l'innocence, à pardonner une injure, à n'opposer que de nouveaux bienfaits au crime de l'ingratitude. N'est-ce pas ainsi que l'histoire vient appuyer et justifier, par ses exemples, les leçons de la morale et de la politique?

Pour compléter ces deux premières parties historiques, et désirant en rendre la lecture intéressante, agréable, nous avons pensé de l'enrichir de quelques morceaux de poésies mis en rapport avec le texte, que nous avons placés en note avec soin.

Dans la *troisième* partie, se trouve clairement démontré un traité théorique sur l'art des armes.

Cette partie est instructive, remarquable; elle prépare en quelque sorte l'esprit à la science pratique qui se trouve à la suite, et qui compose le titre de l'ouvrage, sous le nom de *Dictionnaire*.

A cette troisième partie, nous avons encore ajouté un chapitre très important, et qui a pour titre : de la *Théorie du sabre*. Les officiers de notre brillante armée, les gens d'épée comme les praticiens, y trouveront des préceptes clairs, simples et précis sur le maniement de cette arme.

Des considérations d'un ordre supérieur sont développées dans la *quatrième* partie. Parmi ces considérations, on peut encore remarquer celles d'ordre moral et de conservation personnelle, et cela sans que nous sortions jamais des bornes tracées par les lois de l'honneur et de la société.

Cette *quatrième* partie ne laisse rien à désirer, non-seulement sous le rapport de la classification des mots techniques, de leur ensemble et de leur entière exactitude; mais encore comme reproduction, application et définition des termes. *Clarté*, *simplicité*, *précision*, telle est notre unique devise.

DICTIONNAIRE RAISONNÉ D'ESCRIME

OU PRINCIPES DE

L'ART DES ARMES.

PREMIÈRE PARTIE.

HISTOIRE DE L'ESCRIME.

CHAPITRE PREMIER.

SOMMAIRE.

Préliminaires. — Éloge de l'épée. — Histoire romaine. — Maîtres d'Escrime. — Gladiateurs. — Valeur guerrière des Romains et des Gaulois. — Origine de l'Escrime. — Moyen-Age. — Éducation de la jeunesse. — Chevalerie. — L'enfance du chevalier. — Sa première éducation. — La séparation. — Bénédiction paternelle. — Adieux maternels. — Le page ou varlet. — Lais. — L'écuyer. — Ses fonctions. — Réception des chevaliers. — La veille des armes. — Cérémonies diverses. — Invocation. — Lois de la chevalerie. — Le serment. — Explication symbolique de l'armement d'un chevalier. — Politique sublime. — Des armoiries. — Divers symboles. — Enseignes nationales.— Origine de quelques armoiries. — Armoiries parlantes. — Blasons. — Devises et emblèmes. — Cris de guerre. — Troubadours. — Origine des Jeux-Floraux. — Poètes du 13e au 15e siècle. — Les servants d'amour. — Puissance des dames. — Reconnaissance qui leur était due. — Les chevaliers errants. — L'hospitalité. — Les dames encourageaient les chevaliers. — Honorables services qu'elles leur rendaient. — La veillée du château. — Le tenson. — Origine de la cour d'amour. — Des pas d'armes ou emprises. — Esprit chevaleresque. — Fanatisme. — Les tournois. — Leur origine. — Proclamations diverses. — Le serment des tournoyants. — Préparatifs et formulaires des tournois. — Tournois sanglants. — Distribution des prix. — Triomphe des vainqueurs. — Chant guerrier. — Festin du paon. — Décadence des tournois. — La fraternité d'armes. —

Les femmes héroïnes. — Priviléges et honneurs accordés aux chevaliers. — Dégradation et punitions diverses d'un chevalier. — Imprécations fulminantes. — Fin de la vie d'un chevalier. — Honorables funérailles. — Abaissement du titre de chevalier. — Prodigalité de ce titre. — Ce qui nous reste de l'ancienne chevalerie du moyen-âge.

PRÉLIMINAIRES.

L'usage de l'épée, connue sous le nom d'escrime (*), est si ancien, qu'il serait impossible de lui assigner une origine fixe. En effet, l'homme en cherchant les moyens les plus propres à conserver sa vie, n'a, pour ainsi dire, trouvé que ceux de sa destruction : l'intérêt, l'ambition, l'orgueil, la trahison, la violence et l'injustice, ont été la source de toutes les inventions funestes à sa tranquillité et à la propagation de son espèce. A peine a-t-il trouvé le fer, qu'il a conçu la manière de le polir; bientôt il a paru des lances, des épées, et mille autres armes de diverses formes pour chaque nature de combat; mais l'épée ayant été reconnue la plus meurtrière et la plus certaine pour l'attaque ou pour la défense, à cause de sa légèreté, on a établi sur le jeu de sa pointe des règles particulières : voilà l'origine et la cause de l'art de l'escrime. Nos divisions personnelles, aussi bien que les guerres des Etats, ont rendu son usage indispensable, et voilà encore le motif de son utilité qui se trouve renfermé dans les définitions que nous donnerons de cet art.

Eloge de l'épée. — On sait que les peuples se servaient de l'épée bien longtemps avant la fondation des monarchies, et qu'après leur établissement, elle a été employée dans les guerres de diverses nations. C'est, au reste, cette arme qui, après avoir contribué à fonder les empires, en a soutenu la gloire. C'est par elle que les Perses, les Mèdes, établirent leur puissance. C'est par elle que les Romains ont plusieurs fois défait l'armée des Parthes, et qu'ils retenaient les Bataves dans l'obéissance et le respect. C'est encore par l'épée que les Romains firent presque la conquête du monde entier.

(*) Le mot escrime fait naître, en général, l'idée de combat entre deux personnes ; il désigne surtout le combat de l'épée (dit à l'arme blanche), qui est si familier aux Français, qu'ils en ont fait une science qui a ses principes et ses règles.

Toutefois, on doit considérer comme appartenant à l'escrime, toute arme blanche qui reste fixée dans la main, telles que : la baïonnette, le petit ou le grand sabre, la pique, la lance, etc.; il est impossible, en effet, qu'en tenant cette arme à la main, on n'ait pas en même temps l'idée de chercher à s'en servir plus adroitement que son adversaire. — Voyez au dictionnaire le mot *Escrime.*

Histoire Romaine. — Maîtres d'escrime. — Gladiateurs. — Valeur guerrière des Romains et des Gaulois.

— Aussi dans Rome y avait-il en temps de guerre comme en temps de paix, grand nombre de Maîtres d'Escrime pour l'instruction de la jeunesse et pour former des gladiateurs (*) destinés à l'amusement du peuple romain ; ainsi, un citoyen n'était considéré qu'autant que les arts d'exercice et d'adresse l'avaient rendu capable de servir utilement la patrie dans les moments du danger. L'escrime était surtout en si grande recommandation et les assauts si fréquents dans le cirque ou amphithéâtre (**), que beaucoup de dames romaines, jalouses de s'y distinguer, se faisaient donner des leçons par les plus habiles maîtres dans l'art d'escrimer, et qu'elles s'exerçaient même aux combats du Ceste et de la Lutte.

Parmi ces Romaines, on remarquait surtout les illustres filles des Lépides, des Métellus, des Fabius, très adroites dans l'exercice de l'Escrime, qui, non contentes d'avoir vaincu des maîtres, prenaient le casque et la tunique des gladiateurs ; puis, à l'imitation de ces derniers, se frottaient d'huile avant de se présenter publiquement au combat qu'elles se livraient entre elles. Les femmes, les vestales, les sénateurs et les empereurs même, assistaient à ces fameux spectacles.

A Rome, où le citoyen seul était admis à l'honneur de porter les armes, le salut de l'Etat reposait sur la discipline militaire, et cette discipline était entretenue par des exercices continuels, qui tenaient la jeunesse en haleine. Un soldat apprenait à manier avec dextérité son épée, qu'il lui était honteux d'abandonner. Cet enthousiasme de la valeur ne contribua pas peu à la grandeur de la République.

L'histoire nous offre une foule de traits où l'épée joue un rôle important.

Les Romains, qui marchaient à la conquête du monde, rencontrèrent partout les Gaulois, qui furent leurs plus redoutables adversaires. Ils se rencontrèrent, pour la première fois, au siége de Cluzium (*en Toscane*).

Vainqueurs des habitants de Cluzium, que les Romains avaient voulu défendre, les Gaulois, sous la conduite de Brennus, marchent sur Rome, gagnent la grande bataille de l'Allia, s'emparent de Rome (391 *ans avant J.-C.*), brûlent la ville et assiégent ceux qui restaient des défenseurs de la République, enfermés dans le

---

(*) *Voyez* à la fin de la 1re partie la note nº 1.

(**) *Voyez* à la fin de la 2e partie la note nº 2.

Capitole; mais, ne pouvant le prendre, ils campèrent aux portes de Rome, à Tibur (*Tivoli*), en resserrant la place de près, pour y augmenter la famine. Les vivres manquant, il fallut capituler; l'armistice conclue, Sulpicius, tribun, eut une entrevue avec Brennus, et il fut convenu que les Romains paieraient un tribut de mille livres d'or, et que les Gaulois lèveraient le siége, et qu'ils sortiraient des terres de la République. On apporte l'or; mais, quand on le pesa, les Gaulois se servirent de faux poids; les Romains se récrièrent, et Brennus, se moquant de leurs plaintes, met, outre le poids, sa lourde épée et son baudrier dans la balance qui contrepesait l'or, ajoutant la raillerie à l'injustice : « *Malheur aux vaincus!* » dit-il, d'un ton barbare. A peine cette capitulation humiliante était-elle sur le point de se terminer, que Camille, revêtu par le sénat de la dignité de dictateur, survient; il s'avance, suivi de ses principaux officiers, vers le lieu de la conférence; on lui rend compte de la négociation, de l'artifice et de l'insolence des Gaulois : « Remportez cet or dans le Capitole, dit-il aux députés
» des Romains, et vous Gaulois, ajouta-t-il, retirez-vous avec vos
» poids et vos balances; ce n'est pas avec de l'or, mais bien avec
» du fer, que la ville éternelle doit payer sa rançon; allez, prépa-
» rez-vous à de nouveaux combats; l'armistice cesse dès cette
» heure; les dieux et nos armes vont décider des nouveaux destins
» de Rome. » Démarche hardie, car les Gaulois, il le savait, maniaient avec une rare dextérité la lourde épée dont ils étaient les inventeurs. Camille comprit l'importance de cette arme, et étudia non-seulement l'escrime des Gaulois, mais encore celle qu'on pouvait employer contre eux. En effet, les deux armées sont bientôt en présence, non loin des débris encore fumants de Rome, l'habileté conduit les légions du grand Camille, tandis qu'une aveugle fureur égare les soldats de Brennus. Enfin, la défaite des Gaulois fut telle, qu'il n'en resta pas un seul qui pût porter dans les Gaules la nouvelle d'un revers aussi grand après une victoire aussi éclatante. Ainsi, Rome retrouva dans Camille un vengeur. Ce grand homme, exilé par des concitoyens ingrats, s'était retiré à Ardée. Rappelé et déclaré dictateur par le sénat, il trouva une armée de plus de quarante mille hommes, qui se croyaient invincibles sous un si habile général; il sauva Rome par sa valeur, et oubliant l'injustice et l'ingratitude de sa patrie, mérita d'en être appelé le second fondateur.

Origine de l'escrime. — Quoi qu'il en soit, il est incontestable, d'après les recherches les plus authentiques, et d'après les motifs que nous avons déjà exposés, que l'escrime remonte à la plus haute antiquité. En consultant les ouvrages des auteurs anciens, on y voit les Athéniens, les premiers, établir des règles au sujet de l'escrime. Leur arme de prédilection était l'épée; ils avaient des maîtres d'armes, et cet art, que Platon désapprouve, était regardé comme indispensable à l'éducation des jeunes citoyens. A leur exemple, tous les autres peuples grecs, et surtout les Macédoniens, quand ils combattaient corps à corps, se servaient de l'épée, c'est-à-dire de la pointe. Nous ajouterons qu'Alexandre affectionnait cette arme, qu'il maniait avec habileté.

Un fait raconté par Plutarque, rapporté par M. Grisier, dans son ouvrage sur les armes et le duel, nous prouve qu'il est plus avantageux pour sa défense de se servir de l'épée que de toute autre espèce d'arme. Dans un combat, tous les soldats de Barguntus, dit cet historien, furent tués excepté une vingtaine, qui, habiles à manier l'épée, se jetèrent en désespérés au travers des ennemis pour s'y faire jour. Les Barbares furent si étonnés de cette audace, que, saisis d'admiration, ils ouvrirent leurs rangs et leur donnèrent passage.

L'on ne doit pas douter que les Assyriens, les Scythes, les Grecs et les Romains, en se servant utilement de l'épée, ne fussent auparavant exercés au jeu de sa pointe. Aucuns exercices n'étaient indifférents à ces peuples, parce qu'ils étaient persuadés qu'en augmentant et multipliant les forces, ils retireraient toujours de grands avantages, soit pour le service de la patrie, soit pour l'entretien de leur santé, soit même pour ne pas tomber dans la mollesse et l'abjection qui entraînent la nonchalance, l'oisiveté, les jeux de hasard et d'autres passe-temps aussi contraires à la fortune et à la santé qu'à la virilité.

Enfin, à peine les Goths eurent-ils, l'an 406, introduit en France la coutume des combats singuliers, qu'il devint d'une nécessité indispensable de savoir manier les armes. Dès-lors, on fit de l'escrime un art qu'on soumit à des règles; il s'établit des académies où l'on instruisit la jeunesse de la manière d'attaquer et de se défendre.

Moyen-âge. — Education de la jeunesse. — Au moyen-âge, la pratique de la gymnastique, les exercices militaires, l'art de l'escrime, tiennent une large place dans l'éducation de la jeunesse, ainsi que le témoignent l'histoire de la chevalerie et l'usage si répandu alors des tournois. Il serait superflu de présenter, à ce sujet, au lecteur un ensemble de considérations qui ne seraient peut-être plus pour lui d'un grand intérêt. Après tout ce qui a été écrit sur la chevalerie et sur les combats qu'elle livra, après l'immense publicité donnée à tous ces détails de mœurs et d'histoire, dont la connaissance est aujourd'hui si universellement répandue, nous aimons mieux n'en donner qu'un simple résumé, pour éviter des redites.

Chevalerie. — Les sujets qui parlent le plus à l'imagination ne sont pas les plus faciles à peindre, soit qu'ils aient dans leur ensemble un certain vague plus charmant que les descriptions qu'on en peut faire, soit que l'esprit du lecteur aille toujours au-delà de vos tableaux. Le seul mot de *chevalerie*, le seul nom d'un illustre *chevalier*, est proprement une merveille, que les détails les plus intéressants ne peuvent surpasser; tout est là-dedans, depuis les fables de l'Arioste jusqu'aux exploits des véritables paladins; depuis le palais d'Alcine et d'Armide jusqu'aux tourelles de Cœuvres et d'Anet.

Il n'est guère possible de parler, même historiquement, de la chevalerie, sans avoir recours aux troubadours qui l'ont chantée, comme on s'appuie de l'autorité d'Homère en ce qui concerne les anciens héros. — Chateaubriand.

Lorsque l'on compare l'éducation de nos anciens chevaliers à celle que les enfants des Spartiates recevaient au sein de leur sévère patrie, on est forcé de convenir que l'honneur, qui fait l'essence de toute monarchie, et surtout de la nôtre, ne le cède point à la vertu républicaine. Il enfanta des prodiges comme elle; comme elle il éclaira les hommes, et leur fit connaître le vrai et le sublime. Si l'une a formé des citoyens, l'autre a créé des héros; l'honneur couvrait de lauriers le berceau de la noblesse : d'un pas toujours égal, le gentilhomme s'avançait à travers les périls de la gloire; sa vertu le suivait jusqu'au tombeau, où son nom ne s'ensevelissait pas avec lui.

Il serait difficile d'assigner le temps où la chevalerie prit naissance; l'esprit militaire a toujours régné en France, et la gloire acquise par les armes a toujours paru la première et la plus belle. Chez nos aïeux, les Gaulois et les Francs, on trouve une cérémonie qui ressemble beaucoup à la réception des chevaliers. Toute la nation était armée, chaque homme était soldat, mais un jeune homme n'avait le droit de porter les armes que lorsqu'il en avait reçu l'autorisation de la main de son père ou d'un de ses proches parents, au milieu d'une assemblée nombreuse. Cette cérémonie, qui ennoblissait la profession militaire, se conserva quelque temps sous la première race de nos rois. On la retrouve sous Charlemagne, qui donna solennellement l'épée et tout l'équipage d'un homme de guerre au prince Louis son fils, qu'il avait fait venir de l'Aquitaine. Mais si l'on regarde la chevalerie comme une dignité qui donnait le premier rang dans l'ordre militaire, et qui se conférait par une espèce d'investiture accompagnée de certaines cérémonies religieuses et militaires et d'un serment solennel, elle ne remonte pas au-delà du XIe siècle. Ce fut alors que le gouvernement français sortit du chaos où l'avait plongé les troubles qui suivirent l'extinction de la seconde race de nos rois.

L'invasion des Barbares, qui, pendant plusieurs siècles, inondèrent l'Europe, avait englouti dans ses flots tous les restes de la civilisation romaine. Lois, littérature, beaux-arts, monuments, tout avait péri dans ce naufrage, Charlemagne parut : son génie opposa une digue à ce torrent dévastateur ; mais quand sa main puissante ne fut plus là pour soutenir l'ouvrage qu'il avait élevé, le torrent reprit son cours avec plus de violence qu'auparavant.

« Le Xe siècle se présente sous le hideux ensemble de l'ignorance, de la rudesse et de la superstition la plus complète ; les sciences sont littéralement enfouies dans les monastères, qu'elles ont pris pour asile ; les moines n'en sont que les gardiens, et non les oracles. Les beaux-arts ont expiré sous la masse informe de quelques monuments gothiques ; la société morale n'est ni moins malheureuse ni moins désespérée ; la brutalité universelle est au comble ; les grâces, le bon goût, toutes les communications douces qui embellissent et composent le· charme de la vie, semblent avoir déserté la société humaine. » — Las-Cases.

De nouveaux barbares, connus sous le nom de Normands, couvrent tous les rivages de l'Océan de leurs barques innombrables, et pénètrent, en remontant les fleuves, jusque dans l'intérieur des terres, portant partout avec eux le pillage, le meurtre et l'incendie.

« Le grand empire de Charlemagne se dissout, et il s'opère la grande révolution qui change le monde antique dans le monde féodal. Les ducs, les comtes, les vicomtes, retiennent, s'approprient les châteaux, les villes, les provinces, dont ils avaient reçu le commandement. L'esclavage personnel disparaît peu à peu pour faire place au servage. Ainsi s'élève au sein de l'ancienne monarchie un système nouveau, qui, sous le nom de féodalité, forme une hiérarchie de suzerains, de vassaux et d'arrière-vassaux, et lie entre eux toutes les classes, tous les individus, depuis le monarque, seigneur suprème, jusqu'au serf attaché à la glèbe, premier et dernier anneau de la chaîne. » — Chateaubriand.

Dans toute l'Europe, la même cause agit, les mêmes faits s'accomplissent ; le monarque n'est plus que le chef de nom d'une aristocratie religieuse et politique ; république de tyrannies diverses.

Avec la féodalité, cette confédération de petits despotes, inégaux entre eux, et ayant les uns envers les autres des devoirs et des droits, mais investis dans leurs propres domaines, sur leurs sujets directs, d'un pouvoir arbitraire et absolu, naquirent les haines qu'excite l'inégalité des conditions, les dangers qu'entraîne l'exercice du pouvoir, les dévastations qu'amènent les querelles du voisinage, et tous subirent la présence continuelle de la force et de la guerre.

Jetons un coup-d'œil sur cette Europe déchirée par toutes ces discordes sanglantes ; que voit-on dans ces campagnes cultivées en si peu d'endroits, inondées dans tant de vallons, marécageuses dans tant de plaines, et couvertes, sur leurs montagnes et sur leurs collines, de noires et antiques forêts? La demeure guerrière des seigneurs, dont l'enceinte est fortifiée de tours crénelées, et, dans les vallées voisines, les chaumières des serfs qui cultivent les terres du domaine de leur maître. Les châteaux étaient presque toujours construits dans un lieu favorable à la défense ; tantôt sur le haut d'une montagne, dont le flanc escarpé et inaccessible rendait toute attaque impossible de ce côté, tantôt auprès d'un torrent, qui, en se creusant de profonds abîmes, avait préparé un fossé naturel à la forteresse élevée sur ses bords. On apercevait de loin ces retraites guerrières, qui s'élevaient au-dessus des plus hautes forêts, et semblaient vouloir subjuguer la nature.

Lorsqu'on parcourait les campagnes qui entouraient ces châteaux, et que la nature avait destinées à devenir si belles et si fertiles, on voyait les chemins couverts au milieu des bois, ou élevés en longues chaussées au milieu des marais et des plaines souvent inondées, bordées de poteaux, de fourches patibulaires, et d'autres instruments de mort ou de supplice.

A l'entrée de chaque bois, au passage de chaque rivière, à la limite de chaque fief, au voisinage de chaque précipice, à l'approche de chaque château, le voyageur, livré aux ordres arbitraires du seigneur, était soumis aux droits de péage les plus forts, les plus bizarres, le plus durement exigés. Forcés de prendre une escorte et de la payer chèrement, ceux qui transportaient des marchandises précieuses sur des mulets ou sur des chariots, voyaient souvent ces mêmes marchandises pillées par l'escorte qui devait les défendre, ou enlevées par l'ordre du seigneur et transportées dans son repaire.

Au milieu de ces déplorables monuments de la tyrannie et de la triste servitude, on voyait paraître des signes touchants de cette religion évangélique qui a essuyé tant de larmes, allégé tant de fardeaux et consolé tant de malheurs. La Croix de Jésus était plantée dans les carrefours par les malheureux serfs, et, après avoir jeté les yeux sur les affreux tableaux que présentait l'Europe désolée, on se plait à contempler ces infortunés, qui, au comble de la misère, venaient toucher l'étendard sacré, et trouvaient quelquefois autour de cet arbre de salut un refuge que n'osait violer la tyrannique puissance de leur maître barbare.

Après avoir décrit les campagnes telles qu'on les vit depuis la fin de la seconde race jusqu'au règne de saint Louis, nous allons parler des cités.

Les grands demeuraient presque toujours dans leurs châteaux forts, et la Cour résidait une partie de l'année dans les maisons de plaisance affectionnées par les souverains, en sorte que les deux classes des prêtres et des artisans peuplaient à peu près seuls l'intérieur des villes.

Ces villes, renfermées dans les enceintes plus ou moins fortes, et situées sur le sommet des monts ou sur le bord des rivières, présentaient des rues étroites, irrégulières, obscures et privées de courants d'air salutaire, comme de la lumière du soleil. Le long de ces rues malsaines, presque toujours non pavées, remplies d'immondices et d'eaux croupissantes au milieu desquelles se vautraient de nombreuses troupes d'animaux immondes, étaient rangées, sans ordre, des maisons formées d'une sorte de charpente grossière et de terre pétrie, et les échoppes des marchands forains obstruaient les places.

Aucune véritable police n'existant encore, des brigandages se commettaient dans les rues éloignées du centre des villes, comme dans les sentiers d'une forêt solitaire ; et voilà pourquoi les habitants des cités étaient soumis à deux règles en apparence contraires. Ils étaient obligés, lorsqu'ils sortaient de chez eux après une heure prescrite, de porter un flambeau ordinairement de poix ou de résine, et à une heure également déterminée, suivant les saisons, une cloche sonnait le couvre feu, et les habitants, fermant leurs portes, éteignaient la flamme de leurs foyers, et ne sortaient que pour des affaires pressées. Au milieu de ces villes, dont les rues présentaient, pendant la saison des pluies, une fange qui ne permettait souvent de les parcourir qu'à cheval ou monté sur des échasses, régnait une humidité si grande et si corrosive, que la rouille et le vert-de-gris couvraient les fers et les cuivres des portes et des fenêtres. Ces cloaques multipliés, et les gaz infects qui ne cessaient de s'en dégager, faisaient naître et répandaient ces maladies hideuses et terribles, connues sous le nom de *mal des ardents* ou *feu sacré*, et la lèpre, la plus affreuse de toutes, qui faisait mourir deux fois le malheureux qui en était atteint.

Le lépreux, en effet, était déclaré mort civilement, il était incapable de succéder, son mariage était dissous; on célébrait ses funérailles; et, avant qu'il eût succombé à sa malheureuse destinée, on le reléguait dans un quartier éloigné où personne ne pouvait communiquer avec lui.

Ce tableau succint nous donne à peu près une idée de ce qu'étaient la France et le reste de l'Europe pendant les Xe, XIe et XIIe siècles. « La France, dit Châteaubriand, était alors une république aristocratique fédérative, reconnaissant un chef impuissant. Cette aristocratie était sans peuple: tout était esclave ou serf. Le bourgeois n'était point encore né; l'ouvrier et le marchand appartenaient à des maîtres dans les ateliers des abbayes et des seigneuries; la moyenne propriété n'avait point encore paru, de sorte que cette monarchie (aristocratie de droit et de nom) était de fait une véritable démocratie; car tous les membres de cette société étaient égaux, ou le croyaient être. On ne rencontrait point au-dessous de l'aristocratie cette classe distincte et plébéienne, qui, par l'infériorité relative du rang, fixe la nature du pouvoir qui la domine. Voilà pourquoi les chroniques de ces temps ne parlent jamais du *peuple;* car, alors le peuple n'existait pas, et cette aristocratie sans peuple était à cette époque la véritable nation française. On ne peut se faire une idée, dit ailleurs le même écrivain, de la fierté qu'imprima au caractère le régime féodal; le plus mince alleutier s'estimait à l'égal d'un roi. Le corps aristocratique était à la fois oppresseur de la liberté commune et ennemi du pouvoir royal. »

Aussi, que d'injustices, que d'usurpations, que de violences s'exerçaient impunément par l'homme puissant et ambitieux contre le faible sans appui. Malheur à la famille qui perdait son chef avant que ses fils fussent en état de protéger leur mère, leurs sœurs, et de se protéger eux-mêmes. Souvent alors l'ennemi de cette famille, qui était ordinairement quelque voisin ambitieux et méchant, ne voyant plus d'obstacles à l'exercice de sa haine et de sa vengeance, dépouillait la veuve et les orphelins de l'héritage paternel. Trop heureux, ceux-ci, quand ils pouvaient éviter de tomber eux-mêmes entre les mains de leur injuste ravisseur, et qu'ils trouvaient asile et protection chez quelque autre seigneur, parent ou allié de leur famille. Là, souvent, un guerrier, touché de leur malheur, révolté de l'injustice, dont ils étaient victimes, jurait de les venger, et sa per-

sévérance et son courage lui faisaient bientôt accomplir ce serment. Son noble dévouement excitait la reconnaissance et l'admiration de tous ; mais surtout des femmes, qui sentaient le besoin que
leur faiblesse avait d'un protecteur puissant et courageux. Son
exemple, les éloges que la beauté donnait à sa valeur, le désir de
se signaler aussi par de brillants faits d'armes, enflammaient le
cœur des jeunes gentilshommes, et ils attendaient avec impatience
l'instant où il leur serait permis de ceindre l'épée, de combattre à
cheval, avec la lance, en un mot, d'être armés *chevaliers*.

C'est donc au sein de l'anarchie et au milieu des malheurs de
l'Etat que se forma la chevalerie, c'est-à-dire une réunion d'hommes généreux, qui se consacrèrent à défendre les opprimés. Ils parcouraient les lieux où la justice et l'innocence réclamaient leur appui. Cette association fut reçue avec enthousiasme. Chacun brigua
l'honneur de se sacrifier pour le service de la patrie et du beau
sexe. Bientôt on la transporta dans les romans, avec sa bravoure
inquiète, son amour pour les exploits merveilleux, et surtout avec
cette galanterie dont elle était devenue l'origine.

Quand on est rebuté de n'avoir parcouru dans les premiers siècles de notre histoire qu'un champ obscur et stérile, on arrive avec
surprise et comme par enchantement à cette époque mémorable où
toutes les vertus sont cultivées, et où fleurit cette aimable galanterie qu'à peine tout l'essor de notre civilisation peut conserver
parmi nous.

En se bornant à retracer, comme l'ont fait les romanciers, la
courtoisie, la valeur et la générosité de ces preux, ne faisant usage
de leurs armes qu'afin de protéger les opprimés et assurer le repos
de la société, c'est déjà placer la chevalerie parmi les plus belles
institutions humaines. — Lacurne Sainte-Palaye.

Mais ce qui en fait, pour ainsi dire, l'éternel orgueil de la France
et la fille héroïque de la patrie, c'est qu'elle a droit de revendiquer les plus belles gloires de nos fastes et de notre vie privée.

A elle appartient la noble tâche d'avoir, en sanctifiant des préjugés salutaires, donné une garantie et un auxiliaire à la vertu dans
le fanatisme de l'honneur, culte suprême des Français, et dont ils
ne laissèrent jamais périr le feu sacré. — Sacy.

La première aussi elle professa cette urbanité devenue un des
caractères indélébiles de la nation ; c'est encore elle, qui, proclamant enfin leurs droits négligés, se plut à substituer un invariable empire à l'ascendant passager des femmes ; à elle, enfin, nous
devons d'avoir conservé ces traces de loyauté, de bonne foi et de
simplicité dont s'honorait l'homme, quand sa simple parole était le

gage inviolable des traités les plus importants. De tous les crimes en horreur à la chevalerie, nul ne lui parut plus vil que le mensonge et le parjure; elle les marqua de tant d'ignominie, qu'on ne peut les reconnaître, même dans les temps les plus dépravés, sans les accabler de honte et de mépris.

La chevalerie a vingt fois sauvé la France, soit en écrasant les factions, soit en donnant à nos soldats l'exemple de la fidélité, de la patience et du courage.

Grâces à elle, nos revers et nos calamités sont devenus pour nous des titres de gloire. Quand nos troupes furent découragées, nos cités envahies, nos rois abandonnés et trahis par d'insolents vassaux, quelques chevaliers soutinrent, sans fléchir, tous le poids de la guerre. Jour et nuit, couverts du harnais, ils chevauchaient vers nos frontières, sonnaient du cor à la barrière des camps ennemis, au pied des remparts où les défiaient d'odieux drapeaux, provoquaient les chefs les plus renommés, les vainqueurs les plus superbes, et, les renversant du haut de leur triomphe, ne leur laissaient du territoire usurpé que la mesure d'un tombeau.

Tantôt, *vêtus de sarots blancs et chargés de bois comme de pauvres bûcherons*, ils pénétraient ainsi déguisés sur le pont-levis des châteaux qu'ils reprenaient; d'autrefois, ils se glissaient dans la ville assiégée, où leur présence ranimaient les citoyens abattus et valait le renfort d'une armée; souvent encore ils paraissaient tout-à-coup sur les rives d'un fleuve, sur les hauteurs d'un défilé, et, par leur contenance intrépide, faisaient reculer de nombreux bataillons. — MARCHANGY.

La religion trouvant en eux les défenseurs de la foi, les appuis du faible et du pauvre, considéra la chevalerie comme une milice sacrée, comme un sacerdoce belliqueux, digne des faveurs et des bénédictions célestes; dès-lors l'Eglise rendit plus auguste, plus vénérable cette héroïque institution, en interposant sa pompe et ses mystères dans la réception des chevaliers. Ceux-ci, de leur côté, sentirent redoubler leur zèle et leur courage en pensant au caractère sacré dont ils étaient revêtus, et les peuples en conçurent pour eux plus de respect et de vénération. Les souverains, apprenant chaque jour à estimer davantage des hommes dont la fidélité et la grandeur d'âme ne se démentait jamais, crurent la politique et la reconnaissance fortement intéressées à honorer un ordre à la fois l'épée, le bouclier et l'ornement du trône.

C'est ainsi que la chevalerie monta à ce dégré de célébrité auquel les rois même ont aspiré, célébrité qui s'accrut bientôt, et atteignit jusqu'au merveilleux, quand l'esprit avanturier des croisades vint ajouter un nouveau degré d'énergie à toutes les vertus chevaleresques, et ouvrir un nouveau théâtre à la valeur et à la gloire de nos preux.

La chevalerie répand un charme magique qui séduit, intéresse et attache : avec elle on oublie l'absence des arts et le sommeil des lettres ; on dirait que c'est un rayon de la civilisation qui perce et brille au milieu des ténèbres de la barbarie. Les troubadours et les trouvères marchent à ses côtés ; car, dans tous les temps et chez tous les peuples, les exploits et la poésie furent inséparables ; leur muse naïve et simple chante la vaillance, l'honneur, la galanterie ; elle célèbre les héros qui passent et inspire ceux qui suivent. — LAS CASES.

Quand un chevalier avait fait choix de la personne qui devait un jour être sa compagne, il s'efforçait de mériter son estime par ses exploits et par ses vertus, et l'idée de lui plaire était un nouveau stimulant qui doublait sa valeur et lui faisait affronter les plus grands périls ; mais, tout en conservant une fidélité inviolable à la dame de ses pensées, il devait également hommage ou protection à toutes les personnes de ce sexe faible et trop souvent opprimé. Sans armes pour se maintenir dans la possession de leurs biens, dénuées des moyens de prouver leur innocence attaquée, elles auraient vu souvent leur fortune et leurs terres devenir la proie d'un voisin injuste et puissant, ou leur réputation succomber sous les traits de la calomnie, si les chevaliers n'eussent toujours été prêts à s'armer pour les défendre ; c'était un des points capitaux de leur institution, de ne point médire des dames, et de ne point permettre que personne osât en médire devant eux.

Dieu, l'honneur et les dames deviennent donc la devise de tous les chevaliers dignes d'être avoués par leur patrie. Ces mots magiques brillent dans ces fêtes galantes et guerrières, dans ces jeux militaires, dans ces réunions solennelles de braves et de belles, dans ces combats simulés, dans ces superbes tournois que l'on multiplie avec tant d'ardeur, où la loyauté reçoit tant d'hommages, la valeur tant d'applaudissements, l'adresse courtoise tant de palmes, et l'amour pur et fidèle tant de douces récompenses, d'écharpes et d'emblèmes. — LACEPÈDE.

Tant de bienfaits éclatants méritèrent aux chevaliers les plus honorables distinctions. On leur donnait le titre de don, de sire, de messire et de monseigneur. Ils pouvaient manger à la table du roi ; eux seuls avaient le droit de porter la lance, le haubert, les éperons dorés, la double cotte de mailles, la cotte d'armes d'or, le vair, l'hermine, le petit-gris, le velours, l'écarlate ; ils mettaient une

girouette sur leur donjon : cette girouette était en pointe, comme
les panons, pour les simples chevaliers; carrée, comme les baniè-
res, pour les chevaliers bannerets. On reconnaissait de loin le chevalier à son armure; les barrières des lices, les ponts des châteaux
s'abattaient devant lui. Partout il recevait un accueil gracieux,
empressé, respectueux; il y répondait avec une douceur, une modestie, une politesse, que le nom de courtoisie exprime parfaitement.

Cette courtoisie, destinée à tempérer la rudesse et l'âpreté qu'imprime souvent au caractère l'exercice habituel du métier des armes,
était recommandée formellement par les lois de la chevalerie, et
formait une des bases de l'éducation donnée au jeune homme qui
aspirait à être revêtu de cette dignité (*).

(*) LA CHEVALERIE.

Qu'ils étaient beaux, ces jours de gloire et de bonheur,
Où les preux s'enflammaient à la voix de l'honneur,
Et recevaient des mains de la beauté sensible
L'écharpe favorite et la lance invincible !
Les rênes d'or flottaient sur les blancs destriers,
La lice des tournois s'ouvrait à nos guerriers.
Oh ! qu'on aimait à voir ces fils de la patrie
Suspendre la bannière aux palmiers de Syrie,
Des arts, dans l'Orient, conquérir le flambleau,
Et, défenseurs du Christ, lui rendre son tombeau !
Qu'on aimait à les voir, bienfaiteurs de la terre,
Au frein de la clémence accoutumer la guerre,
Le faible, l'opprimé, leur confiait ses droits;
Au serment d'être juste ils admettaient les rois.
Leurs vœux mystérieux, leurs amitiés constantes,
Les hymnes de Roland répétés sous leurs tentes,
Leurs défis, proclamés aux sons bruyants du cor,
A leur vieux souvenir m'intéressent encor;
J'interroge leur cendre, et la chevalerie,
Avec ses paladins, ses couleurs, sa féerie,
Ses légers palefrois, ses ménestrels joyeux,
Merveilleuse et brillante, apparaît à mes yeux.
 Le casque orne son front, sa main porte une lance;
Aux rives du Tésin sur ses pas je m'élance :
La déité s'arrête et fléchit les genoux.
 Quel spectacle imposant s'est montré devant nous?
Quel enfant des combats et de la Renommée
Suspend autour de lui la course d'une armée,

L'enfance du chevalier. — Sa première éducation. —
Ce n'était point au sein de la molesse que nos premiers chevaliers
suçaient les principes de la vie. A peine voyaient-ils le jour, qu'on
les endurcissait contre les injures de l'air ; on les affermissait contre
ces vaines, mais funestes terreurs, qui ébranlent le cerveau de
l'enfance et la perpétuent si souvent au-delà de son terme. Souffrir
sans murmurer était le premier usage qu'ils faisaient de leurs facultés ; on exerçait déjà leur sensibilité et leur courage ; les ombres
de mort obscurcissaient souvent l'aurore de leur vie ; le midi en
était plus beau, et la vieillesse de ces Héros était comme le soir
d'un beau jour. Du Guesclin, dès l'âge de cinq ans, courait nu-pieds
autour du château de son père, bravait le froid et le chaud ; cherchait des dangers proportionnés à son âge, défiait les polissons de
son canton, luttait contre eux et revenait, d'un air de triomphe,
montrer à son père les blessures dont il était couvert.

Plus la chevalerie obtint de gloire, d'importance et d'éclat, plus
on se montra difficile dans l'admission des jeunes candidats qui voulaient embrasser cette noble profession. Pour être reçu chevalier,
dans l'origine, il fallait être noble de père et de mère et âgé de
vingt-un ans. Mais ce privilége, que donnait la naissance, était loin
de suffire : il fallait qu'une éducation mâle et robuste eût préparé de
bonne heure le jeune homme aux travaux de la guerre, et qu'il eût
acquis une connaissance parfaite de tous les autres devoirs et de
toutes les obligations imposées aux chevaliers. De longues épreuves,
subies dans les grades inférieurs, devaient enfin prouver qu'il
avait le courage et les vertus nécessaires pour soutenir dignement
l'honneur de l'ordre dans lequel il voulait entrer.

L'éducation de celui qu'on destinait à l'état de chevalier commen-

> Et voit de fiers soldats couvrir de leurs drapeaux
> Le chêne protecteur de son noble repos ?
> Est-ce un roi couronné des mains de la Victoire ?
> Est-ce un triomphateur, qui, fatigué de gloire,
> S'assied quelques instants près de son bouclier ?
> Non ! c'est Bayard mourant, c'est Bayard prisonnier......
> A rejoindre Nemours déjà son âme aspire ;
> Il meurt.... Le nom du Christ sur ses lèvres expire.
> A la patrie en pleurs les Français abattus
> Vont raconter sa mort, digne de ses vertus ;
> Et la chevalerie, inclinant sa bannière,
> Pose sur le cercueil sa couronne dernière.

SOUMET.

çait dès ses premières années ; encore enfant, ses goûts et ses exercices devaient lui inspirer une vocation guerrière. Armé d'un
pieu qui figurait la lance, se faisant de chaque arbre un adversaire,
il joûtait avec les poteaux et les limites du fief paternel, essayant
ainsi ses forces naissantes au profit de son avenir guerrier. L'hiver
se prêtait à ses jeux : rassemblant les compagnons de son âge , il
façonnait la neige en fortifications, assiégeait ou défendait ces tours,
ces cités d'albâtre , et, sous son bras, leurs fragiles remparts crou-
laient en humides avalanches. — LACURNE DE SAINTE-PALAYE.

*Dans ces jeux enfantelins, la nature prophétisait à ce garçonnet
les hauts offices que Dieu et bonne fortune lui apprestaient en
son temps.*

Dès qu'il avait atteint l'âge de sept ans, on le retirait des mains des
femmes pour le confier aux hommes ; on craignait qu'un sexe trop
sensible n'inspirât à ses élèves sa faiblesse et ses frayeurs. Après les
premières leçons reçues sous le toit paternel, les seigneurs, selon
une sage coutume d'alors, envoyaient leurs enfants aux plus esti-
mables chevaliers avec lesquels ils étaient liés par l'amitié ou la
parenté, pour leur procurer, par le secours de leurs conseil et de
leur exemple, la véritable , la dernière éducation, qu'on appelait
bonne nourriture ; et c'était un honneur signalé qu'un père de
famille faisait à celui de ses pareils qu'il avait choisi pour faire recevoir à son fils ce complément d'instruction. La gloire de l'élève et
celle du maître devenaient inséparables, et le héros aurait cessé de
l'être, s'il n'avait pas formé un autre semblable à lui-même. Cet
attachement était une adoption véritable, formée par l'estime,
échauffée par le sentiment, embellie par l'honneur. Le chevalier
ne négligeait rien pour préparer son page à la noble carrière qu'il
devait lui ouvrir. Il accoutumait au frein du devoir et de la soumission , cette fierté impétueuse et farouche , vice qui semble inné dans
les grandes âmes. Le page rendait à son chevalier les services
qu'un fils dans notre siècle rougirait de rendre à son père. Cette
différence fait-elle notre éloge ou celui de nos ancêtres ? On faisait
marcher d'un pas égal la culture de l'esprit et celle du corps. Dans
les intervalles de ses exercices, on donnait au novice des leçons sur
l'amour de Dieu et des Dames. On ne séparait point la vertu et la
galanterie ; l'une et l'autre avaient les mêmes principes, l'amour et
l'honneur étaient les idoles de ces âmes sensibles. Mais quel amour ?
Nous n'essaierons point de le peindre ; les tableaux ne parlent qu'aux
yeux, et l'image même du véritable amour doit parler au cœur.
Nous sommes trop loin de la nature pour nous former quelque idée
des sentiments *du bon vieux temps.*

La séparation. — La bénédiction paternelle. — Les adieux maternels. — Quand venait le moment de la séparation, qui devait quelquefois durer bien des années, le père donnait à son fils sa bénédiction, en l'accompagnant de ses dernières instructions, qui se trouvent réunies dans l'allocution suivante, extraite par M. Marchangy de différents auteurs :

« Cher fils, disait le vieux gentilhomme blanchi dans l'honneur
« et la loyauté, c'est assez t'amuser aux cendres casanières ; il faut
« te rendre aux écoles de prouesse et de valeur ; car tout jeune
« damoisel doit quitter la maison paternelle pour recevoir bonne et
« louable nourriture en autre famille, et devenir moult expert en
« toutes sortes de doctrines ; mais, pour Dieu, conserve l'honneur ;
« souviens-toi de qui tu es fils, et ne forligne pas (*dégénérer de la*
« *valeur de ses ancêtres*) ; sois brave et modeste en toutes rencon-
« tres, car louange est réputée blâme en la bouche de celui qui se
« loue, et celui qui attribue tout à Dieu est exaucé. Sois le dernier
« à parler dans les assemblées, et le premier à frapper dans les
« combats ; loue le mérite de tes frères, car le chevalier est ravis-
« seur des biens d'autrui, qui tait les vaillances d'autrui.

« Cher fils, je te recommande encore simplesse et bonté envers
« les personnes du petit état ; elles te porteront plus de remercie-
« ments que les grands, qui reçoivent tout comme dette à eux
« acquise ; mais le petit se trouvera honoré de tes douces maniè-
« res, et te feras partout los et renommée (*louanges*, *gloire*, *fa-*
« *veur*, *bruit*, *réputation*, *récompense*). »

Le jeune Bayard, prêt à quitter le lieu de sa naissance, pour se rendre, sous la conduite de son oncle, l'évêque de Grenoble, à la Cour du duc de Savoie, après avoir reçu la bénédiction paternelle, demandait à faire ses adieux à sa mère. « La pauvre dame de mère était en une tour du château, qui tendrement plorait (*pleu-rait*). Car combien quelle fût joyeuse que son fils était en voie de parvenir, amour de mère l'admonestait de larmoyer (*la forçait à pleurer*). Toutefois, après qu'on lui fût venu dire : Madame, si vous voulez venir voir votre fils, il est tout à cheval, prêt à partir, la bonne gentilfemme sortit par le derrière de la tour, et fit venir son fils vers elle, auquel elle dit ces paroles : « Pierre, mon ami,
« vous allez au service d'un gentil prince : d'autant que mère peut
« commander à son enfant, je vous commande trois choses tant
« que je puis, et si vous le faites, soyez assuré que vous vivrez
« triomphament (*glorieusement*) en ce monde. La *première*, c'est
« qu'avant toutes choses, vous aimiez et serviez Dieu sans aucune-
« ment l'offenser, s'il vous est possible. Tous les matins et les soirs

« recommandez-vous à lui, et il vous aidera; la *seconde*, c'est que
« vous soyez doux et courtois à tous gentilhommes, en ôtant de vous
« tout orgueil. Ne soyez médisant, ne menteur. Maintenez-vous sobre-
« ment, quant au boire et au manger; fuyez envie, car c'est un vi-
« lain vice. Ne soyez flatteur, ne rapporteur, car telles manières de
« gens ne viennent pas volontiers à grande perfection. Soyez loyal en
« faits et dicts. Tenez votre parole. Soyez secourable à pauvres veu-
« ves et orphelins, et Dieu vous le guerdonnera. La *tierce*, que des
« biens que Dieu vous donnera, vous soyez charitable aux pauvres
« nécessiteux. Car donner pour l'amour de lui, n'appauvrit oncques
« homme. Et tenez tant de moi, mon enfant, que telle aumône
« pourrez-vous faire, qui grandement vous profitera au corps et à
« l'âme. Voilà tout ce je vous en charge. Je crois bien que votre
« père et moi ne vivrons plus guère. Dieu vous fasse la grâce , à
« tout le moins, tant que nous serons en vie, que toujours puis-
« sions avoir bien rapport de vous! »

Alors le bon chevalier, quelque jeune âge qu'il eût, lui répondit : « Madame ma mère, de votre bon enseignement tant humble-
« ment qu'il m'est possible , vous remercie, et espère si bien l'en-
« suivre que, moyennant la grâce de celui en la garde duquel me
« recommandez, en aurez contentement. Et au demeurant, après
« m'être très-humblement recommandé à votre bonne grâce, je
« vais prendre congé de vous. » La bonne dame tira hors de sa
manche une petite boursette, en laquelle avait seulement six écus
en or, et un en monnaie, qu'elle donna à son fils. Et appela un des
serviteurs de l'évêque de Grenoble, son frère, auquel elle bailla
une petite malette, en laquelle avait quelque linge pour la nécessité de son fils. Le priant que, quand il serait présenté à Monseigneur de Savoie, il voulût prier le serviteur de l'écuyer, sous la
charge duquel il serait, qu'il s'en voulut un peu donner de garde,
jusqu'à ce qu'il fût en plus grand âge, et lui bailla deux écus pour
lui donner. Sur ce propos, preint (*prendre*) l'évêque de Grenoble,
congé de la compagnie, et appela son neveu, qui, pour se trouver
dessus son gentil roussin, pensait être en paradis. Si commencèrent
à marcher le chemin droit à Chambéry, où pour lors était le duc
Charles de Savoie (*).

<hr>

(*) Mme TASTU (Sabine-Casimire-Amable VOÏCART) naquit à Metz, le 31 août 1798.
A l'exemple de nos plus illustres poëtes , c'est à son cœur que Mme Tastu a demandé des
inspirations ; c'est au fond de ce sanctuaire que ses chants semblent lui avoir été dictés
par la religion, la famille et la patrie. Son talent flexible se plie à toutes les variétés du
langage poétique : aimable et gracieuse dans les sujets tendres et mélancoliques, elle ne

Le page ou varlet. — Le damoisel, arrivé dans le château
de son patron, était admis au rang des pages ou varlets. Les fonctions auxquelles il était astreint en cette qualité n'avaient rien, en ces
temps-là, qui pût avilir ou dégrader ; c'était rendre service pour
service, et l'on ne connaissait point les raffinements d'une délicatesse plus subtile que judicieuse, qui aurait refusé de rendre à celui
qui voulait généreusement tenir lieu de père les services qu'un
père doit attendre de son fils. Les fonctions de ces pages étaient les
services ordinaires des domestiques auprès de la personne de leur

manque point de force et d'énergie dans les sujets graves et élevés ; mais surtout elle est
toujours poète, et c'est ce qui la distingue de tant d'hommes et de femmes qui font des
vers. Son style a de la facilité, du naturel, du nombre, de l'harmonie dans les endroits
où elle est bien inspirée, et ces endroits sont nombreux.

LES ADIEUX MATERNELS.

Pars, jeune objet de ma tendresse,
Vas recevoir les leçons de nos preux ;
Pars, sans imiter ma faiblesse,
Et que des pleurs ne mouillent pas tes yeux.
Jure-moi d'égaler ton père ;
Et pense un jour, loin de ces lieux,
Aux derniers avis de ta mère,
A tes serments, à mes adieux.

Aux jeux folâtres de l'enfance
Vont succéder de belliqueux travaux ;
Soutiens l'honneur de ta naissance,
Et montre-toi l'élève des héros ?
Si quelquefois, dans la carrière,
Tu t'écartais de tes aïeux,
Alors, mon fils, songe à ta mère,
Et souviens-toi de ses adieux.

Avant tout chéris ta patrie,
Unis toujours vaillance et loyauté,
Apprends largesse et courtoisie,
Punis l'audace et défends la beauté.
Un jour tu sauras, je l'espère,
Captiver un cœur généreux ;
Mais jusque-là pense à ta mère,
Et souviens-toi de ses adieux.

Am. TASTU.

maître et de leur maîtresse. Ils les accompagnaient à la chasse, dans leurs voyages, dans leurs visites ou promenades, faisaient leurs messages, et même les servaient à table et leur versaient à boire. Toujours respectueux et les yeux baissés, le jeune page apprenait à commander en obéissant, et à bien dire en gardant un morne silence. Ils se formaient insensiblement aux manières de ceux dont ils devaient un jour devenir les égaux et les successeurs. On joignait, ainsi que nous l'avons dit, dans leur éducation, les instructions religieuses à des leçons de galanterie et de politesse; et des choses en apparence si différentes s'alliaient d'autant mieux, que c'étaient ordinairement les dames qui se chargeaient du soin de leur apprendre en même temps leur catéchisme et l'art d'être courtois. La courtoisie d'ailleurs n'était, dans ce cas, qu'une sorte de culte pur et sacré, par lequel on honorait celle à qui, comme à l'Etre souverain, on rapportait tous ses sentiments, toutes ses pensées et toutes ses actions.

Excités par l'amour au courage, le page poursuivait les mâles exercices qui lui ouvraient la route de l'honneur : sur un coursier indompté, il lançait dans l'épaisseur des bois les bêtes sauvages, ou, rappelant le faucon du haut des cieux, il forçait le tyran des airs à venir, timide et soumis, se poser sur sa main assurée. Tantôt, comme Achille enfant, il faisait voler des chevaux sur la plaine, s'élançait de l'un à l'autre, d'un saut franchissant leur croupe, ou s'asseyant sur leur dos; tantôt il montait tout armé jusqu'au haut d'une tremblante échelle, et se croyait déjà sur la brèche, criant : *Mont-Joye et Saint-Denis.* — SAINTE-PALAYE.

Pendant une partie du jour, se livrant aux exercices des armes et à l'apprentissage de la chevalerie avec les pages, écuyers et autres jouvenceaux du lieu, il se plaît ensuite, encouragé par les anciens, à deviser sur la guerre, sur la chasse, sur l'art de dresser les oiseaux et les chiens, ou, docile à d'habiles conseils, se rend expert aux jeux de la table et d'échecs, apprend aussi à dompter le cheval rétif, à courir couvert d'une cuirasse pesante, à franchir les palissades, jeter la barre, manier de fortes lances, et joûter contre la *quintaine* (*).

Les jeunes gentilshommes, se préparant aux assauts, figuraient quelquefois des villes qu'ils escaladaient, et leur donnaient les

______

(*) La quintaine était un poteau sur lequel était placée une figure mobile représentant un chevalier, et contre laquelle on s'exerçait à joûter pour apprendre le maniement de la lance.

noms de quelque cité de la Palestine ; ils attaquaient une Babylone d'argile, surprenaient une Antioche de gazon, une Memphis de ramée ; la prairie leur fournit leurs premiers panaches, et les bois leurs flèches innocentes. Aurore de gloire dont les jeux et les ris agitent la bannière ! aurore de gloire qui n'alarme point l'envie, et dont les âpres feux n'allument pas encore les orages !

Mais ce qu'il était le plus important d'apprendre au jeune élève, et ce qu'en effet on lui apprenait le mieux, c'était à respecter le caractère auguste de la chevalerie, à révérer dans le chevalier les vertus qui les avaient élevés à ce rang ; les exemples qu'il recevait dans la cour de son baron venaient à l'appui de ces principes. Là, se rendaient sans cesse des chevaliers connus ou inconnus, qui s'étaient voués à des aventures périlleuses, qui revenaient seuls des royaumes de Cathay, des confins de l'Asie, et de tous ces lieux incroyables où ils redressaient les torts, et combattaient les infidèles. — CHATEAUBRIAND.

« On veoit, dit Froissard, parlant de la maison de Foix, on veoit en la salle, en la chambre, en la cour, chevaliers et écuyers d'honneur aller et marcher ; les oyait-on parler d'armes et d'amour, tout honneur estoit là dedans trouvé ; toute nouvelle, de quelque pays, de quelque royaume que ce fust, là dedans on y apprenoit ; car de tout pays, pour la vaillance du seigneur, elles y venaient. » (Voyez les *Chevaliers errants*, l'*Hospitalité*, etc.)

Le jeune page se délassait des fatigues de la journée, lorsque les habitants du château, réunis autour du vaste foyer, abrégeaient les heures du soir par des récits merveilleux. Souvent le seigneur ordonnait à son page de s'accompagner sur la mandole. « Or ça, beau « page, lui disait-il, pour le bien que vous voudriez à cette compa- « gnie, je vous prie que vous nous chantiez un lai d'amour (*), « pour passer le temps jusques à souper, et vous levez debout afin « qu'il plaise mieux à ouïr. » L'amoureux obéissait d'une voix émue

---

(*) On appelait *Lai*, les chansons gaies, et les tristes se nommaient *Soulas*.

Les *Pastorales* avaient pour objet les amusements de la campagne.

Les *Syrventes*, consacrées à chanter les combats et les victoires, étaient un mélange d'éloges et de satyres.

Les *Fabliaux* étaient de petites histoires ou de contes moraux et allégoriques, dans lesquels la décence n'était pas communément fort ménagée.

Les *Dialogues* étaient ce que gratuitement on décorait du nom de comédies

Les *Tensons*, voyez la note *Chevaliers errants*.

et tremblante, craignant de laisser échapper son secret en chantant la romance commençant ainsi :

> Qui sait guérir du mal d'amour,
> S'en vienne à moi, car d'aimer souffre.

Le jouvencel devenait chaque jour plus gracieux, plus avenant, afin de plaire à sa mie, honorait pourtant et servait aussi toutes les femmes pour l'amour d'une seule ; courtois et craintif était son parler devant sa dame ; et jetait ses regards vers elle de manière que nul ne s'aperçût où allait son cœur ; humblement et timidement la servait, croyant, malgré tous ses efforts, n'avoir jamais assez bien fait *pour si douce et si haute chose acquérir, et pour espérer merci, grâce et faveur de sa très gente dame et secrète maîtresse.*

Tels étaient les symptômes d'un amour dont le cœur du chevalier devait brûler à jamais. Ni l'âge, ni l'absence, ni la mauvaise fortune, n'en éteignaient les flammes sacrées ; celle qui le fit soupirer la première est pour toujours la mieux aimée, la dame entre toutes, la souveraine de sa vie ; il lui rapporte, ainsi que nous l'avons dit, ses pensées comme à l'Être Suprême, l'invoque à chaque instant, lui adresse des prières, se prosterne à ses pieds, et jonche de fleurs les lieux où doit marcher sa divinité.

Enfin, l'émulation, si nécessaire dans tous les âges et dans tous les états, s'accroissait de jour en jour, soit par l'ambition de passer au service de quelque autre seigneur d'une plus éminente dignité ou d'une plus grande réputation, soit par le désir de s'élever au grade d'écuyer dans la maison de la dame ou du seigneur qu'ils servaient, car souvent c'était le dernier pas qui conduisait à la chevalerie (1).

(¹) LE PAGE.

> J'entends bruire en la salle d'armes
> La forte voix de Monseigneur ;
> Je vois nos varlets en alarmes,
> Et les faucons sur le poing du chasseur.
> N'attendons pas qu'on nous gourmande,
> Allons, soyons prêt à partir !
> Mais quelque jour, si je commande,
> Je saurai l'art de me faire obéir.
>
> Par moi la coupe, toujours pleine,
> Est présentée à Monseigneur ;
> J'apprends, avec ma châtelaine,
> A révérer Dieu, l'amour et l'honneur

L'écuyer. — Ses fonctions. — A quatorze ans, le damoiseau quittait le titre de page pour devenir écuyer. Le page arrivait à ce grade par une espèce de cérémonie, dont le but était de lui apprendre l'usage qu'il devait faire de l'épée, qui, pour la première fois, lui était remise entre les mains; il était présenté à l'autel par son père et sa mère, qui, chacun, un cierge à la main, allaient à l'offrande. Le prêtre célébrant prenait sur l'autel une épée qu'il bénissait, et l'attachait ensuite au côté du jeune gentilhomme, qui, alors, commençait à la porter.

Les écuyers se divisaient en plusieurs classes différentes, suivant les emplois auxquels ils étaient appliqués, savoir : *l'écuyer du corps*, c'est-à-dire de la personne, soit de la dame, soit du seigneur (le premier de ces services était un degré pour parvenir au second); *l'écuyer de la chambre* ou le chambellan; *l'écuyer tranchant, l'écuyer d'écurie, l'écuyer d'échansonnerie, l'écuyer de paneterie*, etc. Le plus honorable de tous ces emplois était celui d'écuyer du corps, aussi appelé pour cette raison écuyer d'honneur.

Parvenu au grade d'écuyer, les jeunes élèves de la chevalerie approchaient de plus près la personne de leurs seigneurs ou de leurs dames; admis avec plus de confiance ou de familiarité dans leurs entretiens et leurs assemblées, ils pouvaient encore mieux profiter des modèles sur lesquels ils devaient se former. Ils apportaient plus d'application à les étudier, à cultiver l'affection de leurs maîtres, à chercher les moyens de plaire aux nobles étrangers et aux autres personnes dont était composée la Cour qu'ils servaient, à faire ce qu'on appelait proprement les honneurs aux chevaliers et écuyers

> En champ clos on me fait ébattre :
> Monseigneur, de ma gloire ami,
> Prétend, lorsqu'il me laisse battre,
> Me montrer l'art de battre l'ennemi.
>
> Autour du foyer rassemblées,
> Les damoiselles du château,
> Tour à tour disent aux veillées,
> Tençon, ballade ou joyeux fabliaux (*).
> Ces récits d'amoureuses flammes,
> Je les fais souvent répéter;
> Peut-être, en écoutant les dames,
> J'apprendrai l'art de m'en faire écouter.

La Mode, paroles de Mme Am. Tastu.

(*) Voyez le paragraphe *Chevaliers errants*.

de tous les pays qui la venaient visiter ; enfin, ils redoublaient leurs efforts pour paraître avec tous les avantages que peuvent donner les grâces de la personne, l'accueil prévenant, la politesse du langage, la modestie, la sagesse et la retenue dans les conversations, accompagnées d'une liberté noble et aisée pour s'exprimer lorsqu'il en était besoin. Le jeune écuyer apprenait longtemps dans le silence cet art de bien parler lorsque, en qualité d'écuyer tranchant, il était debout dans les repas et dans les festins, occupé à couper les viandes avec la propreté, l'adresse et l'élégance convenables, à les faire distribuer aux nobles convives dont il était environné. D'autres écuyers avaient le soin de préparer la table, de donner à laver ; ils apportaient les mets de chaque service, veillaient à la paneterie et à l'échansonnerie. Ils avaient une attention continuelle, afin que rien ne manquât aux assistants. Ils donnaient à laver aux convives après le repas, relevaient les tables, et enfin, disposaient tout ce qui était nécessaire pour l'assemblée qui suivait et pour tous les autres amusements, auxquels ils prenaient part eux-mêmes avec les demoiselles de la suite des dames de haut état. Puis ils servaient les épices ou dragées et confitures, le clairet, le piment, l'hypocras et les autres boissons qui terminaient toujours les festins, et que l'on prenait encore en se mettant au lit, c'est ce qu'on appelait le vin du coucher. Les écuyers accompagnaient les étrangers dans les chambres qui leur avaient été destinées, et qu'ils leur avaient fait préparer eux-mêmes.

Si le seigneur montait à cheval, les écuyers s'empressaient de l'aider en lui tenant l'étrier ; d'autres portaient les différentes pièces de son armure, ses brassards, ses gantelets, son heaume et son écu ; à l'égard de la cuirasse, les chevaliers ne devaient presque jamais la quitter ; d'autres portaient son pennon, sa lance et son épée ; mais lorsqu'ils étaient seulement en route, ils ne montaient qu'un cheval d'une allure aisée, nommé coursier-palefroi ou simplement palefroi. Les juments étaient une monture dérogeante, affectée aux roturiers et aux chevaliers dégradés.

Des chevaux de bataille, c'est-à-dire des chevaux d'une taille élevée, étaient, dans le cours d'une route, menés par des écuyers qui les tenaient à leur droite, d'où on les a nommés *destriers* ; ils les donnaient à leur maître lorsque l'ennemi paraissait ou que le danger semblait l'appeler au combat ; c'était ce que l'on appelait *monter sur ses grands chevaux*, expression que nous avons conservée, aussi bien que celle de *haut la main*, venue de la coutume lière avec laquelle un écuyer, accompagnant le maître, en portait le heaume, élevé sur le pommeau de la selle. Ce heaume, aussi bien

que les autres parties de son armure offensive et défensive, lui
étaient remis par les différents écuyers qui en étaient dépositaires, et
tous avaient un égal empressement à l'armer. Ils apprenaient eux-
mêmes à s'armer un jour, avec toutes les précautions nécessaires
pour la sûreté de leurs personnes. C'était un art qui demandait
beaucoup d'adresse et d'habileté que celui de rassembler et d'affermir les jointures d'une cuirasse et des autres pièces de l'armure,
d'asseoir et de lacer exactement un heaume sur la tête et de clouer
et river soigneusement la visière.

Le succès et la sûreté des combattants dépendaient souvent de
l'attention qu'ils y avaient apportée. Les écuyers chargés du heaume,
de la lance et de l'épée, les gardaient aussi lorsque le chevalier s'en
était déssaisi pour entrer dans une église ou dans une autre lieu
respectable, et dans les nobles maisons où ils arrivaient. Lorsqu'une fois les chevaliers étaient montés sur leurs grands chevaux
et qu'ils en venaient aux mains, chaque écuyer rangé derrière son
maître, à qui il avait remis l'épée, demeurait en quelque sorte
spectateur du combat.

Cependant l'écuyer, spectateur oisif dans un sens, ne l'était pas
dans un autre, et ce spectacle utile à la conservation du maître, ne
l'était pas moins à l'instruction du serviteur. Dans le choc terrible
de deux haies de chevaliers qui fondaient les uns sur les autres les
lances baissées, les uns, blessés ou renversés, se relevaient, saisissant leurs épées, leurs haches, leurs masses pour se défendre et se
venger ; et les autres cherchaient à profiter de leur avantage sur
des ennemis abattus. Chaque écuyer était attentif à tous les mouvements de son maître pour lui donner, en cas d'accidents, de nouvelles armes, parer les coups qu'on lui portait, le relever et lui
donner un cheval frais ; tandis que l'écuyer de celui qui avait le
dessus secondait son maître par tous les moyens que lui suggeraient
son adresse, sa valeur et son zèle, et se tenant toujours dans les
bornes étroites de la défensive, l'aidait à profiter de ses avantages
et à remporter une victoire complète. C'était aussi aux écuyers que
les chevaliers confiaient les prisonniers faits pendant le combat. Ce
spectacle était une leçon vivante d'adresse et de courage, qui montraient sans cesse au jeune guerrier les moyens de se défendre et de
se rendre supérieur à son ennemi, tout en lui donnant lieu d'é-
prouver sa propre valeur et de reconnaître s'il était capable de
soutenir tant de travaux et tant de périls.

Mais la jeunesse, faible et sans expérience, n'était point exposée
à porter le fardeau pesant de la guerre, sans avoir appris longtemps auparavant si ses forces et ses talents y répondaient. Des

jeux pénibles, où le corps acquérait la souplesse, l'agilité et la vigueur nécessaires dans les combats, des courses de bague, de chevaux et de lances, l'avait disposé de longue main aux tournois, qui n'étaient que de faibles images de la guerre. Les dames, dont la présence animait l'ardeur de ceux qui voulaient s'y distinguer, se faisaient un noble amusement d'assister à ces jeux.

Il fallait que l'aspirant à la chevalerie réunît à lui seul toute la force nécessaire pour les plus rudes métiers et l'adresse des arts les plus difficiles, avec les talents d'un excellent cavalier. Nous ne serons donc pas surpris de voir que le seul titre d'écuyer ait été tellement en honneur, qu'un grand nombre de gentilshommes n'en ont pas porté d'autre, et qu'on n'a point hésité de le donner au fils aîné d'un de nos rois, Charles VIII.

C'était par une juste défiance de la tendresse paternelle, qui peut-être aurait adouci dans une éducation domestique la rigueur de ces épreuves, qu'un chevalier devait, comme nous l'avons dit, placer son fils dans la maison d'un autre chevalier, pour lui apprendre l'office d'écuyer et l'exercer au rude métier des armes.

Quand les jeunes gens avaient passé quelque temps à remplir les diverses charges et fonctions attachées au grade d'écuyer, dans l'intérieur des châteaux et sous les yeux de leurs patrons, ils devenaient *poursuivants d'armes*, et en cette qualité ils voyaient ce qu'on appelait les *trois métiers des armes*, c'est-à-dire qu'ils fréquentaient les Cours des princes de leur nation, qu'ils suivaient les armées en temps de guerre, et qu'ils allaient en temps de paix faire des voyages ou des messages dans les pays éloignés pour acquérir de plus en plus l'expérience des armes et des tournois, et pour connaître les mœurs étrangères. Le but de ces voyages était de s'instruire à la vue des tournois, des gages des bataille et des autres exercices qui se faisaient dans les Cours, et d'apprendre ainsi de nouveaux moyens d'attaque ou de défense.

La veille des tournois était pour ainsi dire solennisée par des espèces de joûtes, appelées tantôt *essais* ou *épreuves*, tantôt les *vêpres du tournoi*, où les écuyers les plus adroits s'essayaient les uns contre les autres, avec des armes plus légères à porter et plus aisées à manier que celles des chevaliers; elles étaient aussi plus faciles à rompre et moins dangereuses pour ceux qu'elles blessaient. C'était le prélude du grand spectacle nommé le grand tournoi, et dont nous donnerons plus tard la description. Ceux d'entre les écuyers poursuivants d'armes qui s'étaient le plus signalés dans ces premiers tournois et qui en avaient remporté le prix acquéraient quelquefois le droit de figurer dans les seconds parmi l'ordre illustre des cheva-

liers, en obtenant eux-mêmes la chevalerie; car c'était un des degrés, entre beaucoup d'autres, par lesquels les écuyers montaient
à ce temple d'honneur.

Un tournoi se prépare-t-il, le jeune écuyer en laçant l'armure
de son chevalier, envie tout bas son sort. Cependant, il remplit son
devoir, et amène le fier destrier, dont le son lointain des trompettes anime l'ardeur belliqueuse. Il suit des yeux le paladin qui
s'élance dans la lice. Chaque prouesse redouble en lui la soif de la
renommée; et quand le vainqueur reçoit le prix des mains de la
beauté, il ne peut plus contenir sa violente émotion. Pauvre écuyer !
ton cœur peut-être a fait un choix parmi ces nobles dames, dont tu
n'oserais porter les couleurs, et tandis que tu te tiens immobile et
pensif, tes vœux secrets appellent le titre auguste que tu ambi-
tionnes, et qui te donnera du moins le droit d'avouer un amour si
longtemps caché (*).

(*) L'ÉCUYER.

De cent rivaux si mon maître est vainqueur,
Dans nos tournois s'il obtient la couronne,
Quand son cœur bat, ému du prix d'honneur,
Et plus encor de celle qui le donne,
    Je me dis : Quand viendra le jour
    D'obtenir le prix à mon tour?

Dans les combats, malgré moi spectateur,
Du chevalier quand je porte la lance,
Quand je frémis de courage et d'ardeur,
Ne dois songer qu'à ma seule défense.
    Ah ! combien me tarde le jour
    D'attaquer, de vaincre à mon tour !

De ce manoir la dame aux blonds cheveux,
Quand, sur les tours, la nuit vient à descendre,
Pour mon seigneur, en baissant ses beaux yeux,
Entre mes mains remet un billet tendre.
    Dites-moi quand viendra le jour
    D'ouïr tel message à mon tour.

Qu'aimerais bien !... Mais le pauvre écuyer
N'a point encor hauts faits ni renommée...
N'ose d'amour noble dame prier,
Point ne voudrait être ma bien-aimée.
    Las ! ne sais quand viendra le jour
    D'être aimé, d'aimer à mon tour.

Am. TASTU.

3

Réception des chevaliers. — La veille des armes. — Cérémonies diverses. — Invocation. — Lois de la chevalerie. — Le serment. — Explication symbolique de l'armement d'un chevalier. — Politique sublime. — L'âge de vingt-un ans, ainsi que nous l'avons dit, était le terme de ce noviciat pénible et glorieux. Après tant de travaux et d'épreuves, et dès qu'il ne manquait plus rien au poursuivant d'armes, il requérait qu'informations fussent prises à son égard ; alors le prince ou le grand seigneur à qui cette requête était adressée, fixait le jour de la cérémonie ; c'était ordinairement la veille des grandes fêtes de l'Eglise ; surtout de la Pentecôte, ou dans quelque circonstance solennelle, telle que des publications de paix ou de trêve, le couronnement des rois, la naissance ou le baptême des princes des maisons souveraines, leurs mariages, etc.

Plusieurs jours d'avance, le novice (c'était le nom qu'on lui donnait alors) se préparait par des jeûnes austères, par des prières ferventes, par un aveu sincère de toutes les fautes de sa vie. Après avoir reçu avec une grande dévotion les sacrements de Pénitence et d'Eucharistie, il était revêtu d'un habit de *lin blanc comme neige*, d'où est venu le nom, si gracieux et si modeste alors, de *candidat*, symbole de la pureté nécessaire dans l'état de la chevalerie. Ainsi vêtu, le candidat allait faire sa *veille des armes* dans une église, passait la nuit en oraison, agenouillé devant l'autel de la Vierge ou d'un patron et près des monuments funèbres où se voyaient les statues des princes et des grands capitaines. Immobile comme ces vénérables simulacres, le pieux écuyer, les mains jointes et les yeux baissés, remémorant en son esprit les faits et gestes de ces bons trépassés, demandait à Dieu de vivre et de mourir comme eux (*).

(*) LA VEILLE DES ARMES.

Sept fois l'airain a frappé l'heure,
Le casque au front, la lance en main,
La loi veut qu'ici je demeure
Jusqu'aux premiers feux du matin.
Nuit ! je veux te créer des charmes,
Malgré la lenteur de ton cours.
Pensers d'honneur, rêves d'amour,
Abrégez la veille des armes.

Dès que le jour commençait à paraître, d'anciens chevaliers qui, sous le nom de parrains, devaient assister le récipiendiaire pendant la cérémonie, venaient le chercher pour le conduire au bain qu'avait préparé le grand chambellan. Quelquefois, au sortir du bain, on mettait le candidat au lit, en le couvrant d'un drap noir, parce qu'il disait adieu au monde impur et commençait une nouvelle vie. Mais le plus ordinairement on le couvrait d'une simple tunique blanche, on passait autour de son cou une écharpe, d'où pendait son épée, à poignée en forme de croix.

En cet état, ses parrains le reconduisaient à l'église, accompagné de ses parents, de ses amis et de tous les chevaliers des environs, convoqués pour cette auguste cérémonie. Là, le prêtre bénissait l'épée du novice, en récitant en latin les Psaumes et des exhortations qu'on peut traduire ainsi :

« O mon Dieu, conservez votre serviteur, car c'est de vous que
« vient la force; le géant, sans votre appui, tombe sous la fronde

Ici, j'entends par intervalle
Les sons prolongés du beffroi.
L'orfraie à la voix inégale,
Par ses cris sème au loin l'effroi.
Pour moi, tranquille et sans alarmes,
J'attends la naissance du jour.
Pensers d'honneur, rêves d'amour,
Egayez la veille des armes.

Demain, ô flatteuse espérance !
Admis au rang des chevaliers,
Comme eux je puis, loin de la France,
Trouver la mort sous les lauriers !
J'obtiendrai du moins quelques larmes
De celle que j'aimai toujours.
Pensers d'honneur, rêves d'amour,
Vous charmez la veille des armes.

Déjà de l'antique chapelle
L'aube colore les vitraux ;
Allons où le devoir m'appelle ;
Méritons des honneurs nouveaux.
O nuit ! je t'ai créé des charmes,
Malgré la lenteur de ton cours.
Pensers d'honneur, rêves d'amour,
Ont rempli la veille des armes.

Am. Tastu.

« du berger ; et le faible, si vous l'animez, est une tour d'airain iné-
« branlable contre la rage des impuissants mortels.

« Dieu tout-puissant, vous balancez dans vos mains les foudres de
« la céleste colère, daignez donc regarder du haut de votre gloire
« celui qu'amène dans votre temple le devoir de faire bénir et con-
« sacrer son glaive ; ce n'est point pour servir l'injustice et la ty-
« rannie, ce n'est point pour ravager et détruire, c'est pour défen-
« dre le trône et les lois, c'est pour délivrer tout ce qui souffre et
« gémit sous la verge de l'oppresseur, ainsi donnez-lui, en faveur
« de cette mission sacrée, la sagesse de Salomon et la force des
« Machabées. » — Traduction de M. MARCHANGY.

Après cette cérémonie, le candidat reconduit par les parrains
dans ses appartements, était revêtu d'abord d'un pourpoint brun,
puis d'une camise de gaze brochée en or ; sur ce vêtement léger on
mettait le haubert, et sur ce tissus de mailles de fer, la chlamyde,
composée des couleurs et des livrées du chevalier.

Ainsi vêtu et *adoubé*, il était conduit au lieu où le prince ou
quelqu'autre renommé chevalier devait lui donner l'accolade.
C'était ordinairement une église ou une chapelle. Cependant cette
scène auguste se passait quelquefois dans la salle ou dans la cour
d'un palais ou d'un château, et même en pleine campagne. Cette
marche se faisait avec une pompe triomphale, au son des tambours,
des trompettes et des clairons ; il était précédé des principaux chevaliers, portant, sur des carreaux de velours, toutes les pièces de
l'armure qu'on lui devait endosser. Arrivé au milieu des officiers
et des dames de la cour, on le revêtait de toutes ses armes, excepté
de l'écu, qu'on ne lui donnait, ainsi que la lance, qu'après qu'il
était reçu. Lorsque l'écuyer prétendant était ainsi armé en présence de celui qui devait lui donner l'accolade, on célébrait la
messe du Saint-Esprit. Le récipiendaire l'entendait à genoux, le
plus près de l'autel qu'il se pût, un peu au devant de celui de qui
il devait recevoir l'accolade. La messe achevée, on voyait s'avancer les sires-clercs, apportant sur un pupitre le livre où étaient
transcrites les lois de la chevalerie, dont ils écoutaient attentive-
ment la lecture. En voici quelques articles qui prouveront à quelle
perfection devaient atteindre ceux qui s'engageaint dans l'ordre
de la chevalerie :

« Les chevaliers doivent craindre, révérer, servir et aimer Dieu religieusement, combattre de toutes leurs forces pour la foi et la défense de la religion, et mourir plutôt que de renoncer au christianisme.

« Ils doivent servir leur prince souverain fidèlement, et combattre pour
lui et pour la patrie.

« Leur bouclier sera le refuge du faible et de l'opprimé; leur courage soutiendra, envers et contre tous, le bon droit de ceux qui viendront les implorer.

« Ils n'offenseront jamais personne, et craindront surtout de blesser, par de malins propos, l'amitié, la pudeur, les absents, les personnes affligées et les pauvres.

« L'espoir du gain ou des récompenses, l'amour des grandeurs, non plus que l'orgueil et le ressentiment, ne seront jamais le motif de leurs actions; elles seront en toutes circonstances imposées par l'honneur et par la vertu.

« Ils obéiront aux ordres des généraux et des capitaines qui auraient le droit de les commander, vivront en bons frères avec leurs égaux, et n'empiéteront rien, par orgueil ou par force, sur les droits d'aucun d'eux.

« Ils ne combattront jamais plusieurs contre un seul, et ils fuiront toutes fraudes et supercheries.

« Ils ne porteront qu'une épée, à moins qu'ils ne soient obligés de combattre contre deux ou plusieurs.

« Dans les tournois ou autres combats à plaisance, ils ne se serviront jamais de la pointe de leur épée.

« Fidèles observateurs de leur parole, jamais leur foi, vierge et pure, ne sera souillée par le plus léger mensonge; ils garderont cette foi inviolablement à tout le monde, et particulièrement à leurs compagnons, soutenant leur honneur et leurs biens en leur absence.

« S'ils ont fait vœu de mettre à fin quelque aventure, quelle qu'elle soit, ils ne quitteront jamais les armes avant de l'avoir terminée, si ce n'est pour le repos de la nuit, et ils vaqueront sans relâche à leur entreprise pendant un an et un jour.

« Si, dans la poursuite de leur aventure, quelqu'un les avertit qu'ils suivent un chemin occupé par des brigands, ou qu'une bête étrange y répand l'épouvante, ou qu'il aboutit à quelque manoir pernicieux, d'où l'on ne voit point revenir les voyageurs, ils ne retourneront point en arrière, et poursuivront leur route, même dans la persuasion d'un péril évident ou d'une mort certaine, pourvu néanmoins que, en s'engageant dans cette aventure, elle leur laisse quelque chance d'être utiles à leurs concitoyens.

« Ils n'accepteront point de titres ou de récompenses d'un prince étranger, car ce serait un affront pour leur patrie.

« Ils maintiendront sous leurs bannières l'ordre et la discipline parmi les troupes soumises à leur commandement, et veilleront à ce qu'on ne dévaste pas les moissons et les vignobles; sera puni sévèrement par eux le soldat qui tuerait la poule de la veuve ou le chien du berger, ou causerait le plus simple dommage sur les terres des concitoyens alliés.

« Ils observeront fidèlement leur parole et leur foi données à celui qui les aurait vaincus; s'ils sont faits prisonniers en bonne guerre, ils paieront exactement la rançon promise, ou se remettront en prison aux jour et temps convenus, selon leur promesse, à peine d'être déclarés infâmes et parjures.

« De retour à la cour de leurs souverains, ils rendront un fidèle compte de leurs aventures, quand même elles seraient à leur désavantage, au roi et aux officiers d'armes, à peine d'être privés de l'ordre de la chevalerie.

« Sur toutes choses, ils seront fidèles, courtois, humbles, et ne manqueront jamais à leur parole, quelque mal ou perte qui leur en pût résulter.

« Ces chevaliers serviront et protégeront en toute rencontre, même au péril de leur vie, la dame confiée à leur garde, et quelques soient ses charmes, ne lui parleront point d'amour, n'en exigeront point des faveurs ou des promesses, et ne profiteront en aucune manière de l'ascendant qu'auraient pu leur donner sur sa volonté des circonstances quelconques.

« C'est à tort qu'ils se croiraient autorisés à la moindre licence envers celle même sauvée par eux, ou devenue leur esclave, d'après l'événement de la guerre. Tous ces droits sont étrangers à l'amour; les chevaliers étant tenus, dans cette conjoncture, de réprimer avec plus de soin encore leurs désirs, pour ne point forcer l'infortunée, par la crainte ou la reconnaissance, à leur accorder ce que son cœur leur dénie.

« Oh! périsse l'être abject dont les indignes transports, osant profaner les larmes et la douleur d'une jeune beauté, l'étreindraient d'un bras sacrilége, quand il ne doit être qu'à ses pieds. »

Après cette lecture, le poursuivant se prosternait à genoux devant le prince, qui prononçait ces mots : « En l'honneur et au nom « de Dieu tout-puissant, Père, Fils et Saint-Esprit, je te fais che- « valier; or çà qu'il te souvienne d'entretenir toutes règles et or-- « donnances de la chevalerie, qui est une vraie claire fontaine de « courtoisie. Sois fidèle à ton Dieu, à ton roi, à ta mère; sois lent « à te venger et à punir; mais prompt à pardonner et à secourir « les veuves et orphelins; assiste à la messe et fais l'aumône, aie « soin en outre d'honorer les dames; ne souffre d'en ouïr médire, « car d'elles, après Dieu, vient l'honneur que les hommes reçoi- « vent. »

Le candidat répondait : « Je promets et fais serment, en pré- « sence de mon Dieu et de mon prince, par l'imposition de mes « mains sur les saints Évangiles de garder soigneusement toutes « les lois de notre bonne chevalerie. »

Alors le prince tirait son épée, en frappait l'épaule du récipiendaire, lui donnait l'accolade, puis faisait signe au parrain de chausser au nouveau chevalier les éperons d'or, emblèmes de la dignité qu'on lui conférait, de l'oindre d'huile et de lui expliquer le sens mystérieux de chaque pièce de son harnais.

Le parrain, en attachant les éperons, lui disait : « Ces éperons « signifient que vous devez être diligent en vos entreprises, et « poussé par l'aiguillon de l'honneur en toutes vos actions. »

Venait ensuite un autre chevalier qui portait un écu sur lequel étaient peintes les armes de la maison du jeune chevalier; il le lui pendait au cou en lui disant : « Sire chevalier, je vous donne cet

« écu pour défendre votre corps des coups de vos ennemis, pour
« les attaquer plus hardiment, et pour vous donner à entendre que
« vous rendez un plus grand service à votre prince et à votre
« patrie en vous défendant et conservant votre personne, qui leur
« est beaucoup chère et précieuse, que si vous tuiez beaucoup
« d'ennemis. C'est aussi sur ce bouclier que l'on a représenté les
« armoiries qui sont les marques et la récompense de la vertu de
« vos prédécesseurs ; tâchez de vous rendre digne de les porter et
« d'acroître le lustre de votre famille par vos belles actions, d'ajou-
« ter aux blasons que vous avez reçus de vos pères quelque chose
« qui fasse connaître que votre vertu est semblable à ces fleuves
« qui, petits en leur source, grossissent en coulant. »

Un autre chevalier, lui mettant sur la tête le heaume ou le casque,
lui disait : « Sire chevalier, comme la tête est la principale partie
« du corps humain, aussi le heaume qui la représente est la plus
« noble pièce des armes du chevalier ; d'où vient qu'on le pose sur
« l'écu d'armes, qui représente le reste du corps ; et comme la tête
« est la citadelle où résident les facultés de l'âme, il faut aussi, lors-
« que vous armerez votre tête de ce casque, que vous n'entrepre-
« niez rien qui ne soit juste, hardi, glorieux et relevé, et que vous
« n'employiez point ce glorieux ornement de votre chef en des
« actions basses et peu importantes ; mais que vous tâchiez par votre
« valeur de le couronner non-seulement de votre bourrelet de che-
« valerie, mais de quelque glorieuse couronne qui vous sera don-
« née pour la récompense de votre vertu. »

Le parrain continuait alors de donner au nouveau chevalier l'explication symbolique des autres parties de son armure : « Cette
« épée, lui disait-il, vous a été donnée en forme de croix, pour vous
« apprendre que, comme Jésus-Christ a vaincu le péché de la mort
« sur l'arbre de la croix, ainsi vous devez vaincre vos ennemis
« par le moyen de cette épée qui vous représente la croix ; sou-
« venez-vous encore que l'épée est un des attributs de la justice,
« et qu'en la recevant vous vous obligez de maintenir toujours et
« de faire bonne justice.

« Ce haubert, qui environne votre corps et le garantit contre les
« coups de l'ennemi, signifie que le cœur d'un chevalier doit être
« une forteresse inaccessible aux vices ; car, ainsi qu'une forte-
« resse est entourée de bonnes murailles et de fossés profonds pour
« en défendre l'accès à l'ennemi, ainsi le corps de cuirasse est
« fermé de toutes parts, afin de donner à entendre au chevalier
« que son cœur doit être fermé à la trahison, à l'orgueil et à la
« déloyauté.

« Cette lance élevée et droite est le symbole de la vérité, et le fer
« dont elle est armée signifie le pouvoir et l'avantage que la vérité
« a sur le mensonge ; le pennon ou banderolle dont elle est ornée
« dans le haut, fait voir que la vérité ne doit pas se cacher et
« qu'elle doit se montrer à tout le monde à découvert.

« La masse d'armes signifie la force et le courage ; car, ainsi
« que la masse est destinée à servir contre toutes sortes d'armes,
« ainsi la force de courage défend le chevalier contre tous les vi-
« ces, et augmente sa vertu pour les repousser et pour les vaincre.

« Les gantelets qui préservent vos mains dénotent le soin que
« doivent avoir les chevaliers de préserver leurs mains de tout
« contact impur, et de les détourner de larcins, de faux serments,
« et de tout ce qui pourrait les souiller. »

Après cela, on sortait de l'église en cérémonie ; le chevalier reçu
était à côté de celui qui lui avait donné l'accolade ; alors un ancien
chevalier amenait un beau cheval richement caparaçonné ; les armes du nouveau chevalier étaient peintes ou brodées sur les quatre
coins du caparaçon, le chanfrein était orné d'un cimier semblable à
celui qui brillait sur son casque , et en le lui présentant on lui disait : « Voici le noble cheval qui vous est destiné , pour vous aider
« à mettre à fin vos glorieuses entreprises. Dieu veuille qu'il puisse
« seconder votre valeur, et que vous ne le conduisiez qu'aux lieux
« où l'honneur et la renommée s'acquièrent. » En lui remettant les
rênes dans les mains , on ajoutait : « Ce frein, cette bride destinés
« à modérer l'ardeur de votre coursier ; ces rênes à l'aide desquelles
« vous pouvez diriger tous ses mouvements à votre gré, signifient
« que tout noble cœur doit refréner sa bouche et fuir toute médi-
« sance et mensonge ; qu'il doit mettre un frein à toutes ses pas-
« sions, et ne se laisser jamais conduire que par la raison et la
« justice. » — LACURNE, GALLIER.

Souvent, dans cette cérémonie, la princesse elle-même venait lui
nouer son écharpe, attacher le panache de son cimier, et lui ceindre
son épée, en disant : « Beau chevalier, soyez toujours invincible,
« que prouesse et loyauté vous croissent et bonté vous soit amie,
« que déduit, honneurs et bonnes aventures vous fassent compa-
« gnie là où vous serez ; en joye et liesse puissiez-vous passer votre
« vie. » Alors tous les hérauts sonnaient à la fois de la trompette
aux fenêtres du palais ; soudain le chevalier montant sur son coursier parcourait la ville en caracolant , afin que le peuple connût et
remarquât au besoin le défenseur qu'il venait d'acquérir. Sa présence semblait dire à la multitude avide de contempler ses traits :

« Vous tous qui languissez dans l'attente d'un vengeur, faibles vassaux, accablés sous les lois despotiques d'un suzerain ; malheureux pupilles dont un juge prévaricateur repousse la cause de délai en délai, jusqu'aux bords de l'abîme qu'a creusé pour vous la misère ; hommes intègres calomniés et diffamés publiquement, douces et faibles créatures qui maudissez votre fatale beauté, depuis qu'un ravisseur épris vous retient dans une captivité arbitraire en vous menaçant de sa couche abhorrée, essuyez donc vos larmes, levez des regards consolés vers le ciel, il vous adresse un ange tutélaire sous les traits de ce nouveau chevalier, dont le cœur, impatient de faire le bien, va d'abord deviner vos malheurs ; marchez vers ce héros céleste ; montrez-lui où doit frapper sa lance, où doit tonner sa fervente éloquence, où doit couler son sang et répandre son or. Si des fers retiennent vos pas, répondez par un cri de détresse aux acclamations qu'excite sa présence ; agitez à travers la grille de vos prisons le voile blanc ou la ceinture ; aussitôt il volera près de vous, écoutera vos plaintes, mettra votre supplique au pied du trône, attendra à genoux la décision du monarque, puis, appelé au secours de l'opprimé, renversera les odieux monuments d'une féodalité tyrannique, brisera ces gibets sanglants, ces poteaux orgueilleux, ces péages illicites, et ne dormira plus qu'après avoir vu sourire les malheureux qui l'ont invoqué. » — Traduction de M. MARCHANGY.

De retour au palais ou au château, les dames le recevaient avec de grands témoignages de joie et d'affection ; elles aidaient à détacher les pièces de son armure, et lui mettaient sur les épaules un manteau de menu-vair. Puis on se rendait à la salle du festin ; le nouveau chevalier occupait la place d'honneur, à côté de celui dont il avait reçu l'accolade.

Telles étaient en général les cérémonies usitées en pareil cas, en temps de paix, dans les cours des rois, des princes et des grands seigneurs. Mais en temps de guerre, la chevalerie se conférait au milieu des camps, sur le champ de bataille, avant le combat ou après la victoire, ou sur la brèche d'une ville prise d'assaut.

Le prince voulait-il doubler les forces de son armée sans augmenter le nombre de ses soldats, il créait quelques chevaliers. Fallait-il traverser un fleuve en face de l'ennemi, forcer un défilé ou braver un péril plus éminent encore, devant lequel pâlissaient les plus intrépides vétérans, des guerriers de bon renom recevaient aussitôt l'ordre de la chevalerie. S'agissait-il d'aller planter l'oriflamme sur la tour d'une place hérissée de fer et défendue par des rochers inaccessibles et des ravins profonds, de nouveaux chevaliers étaient proclamés, et encore toutes les fois qu'on avait besoin de gens intrépides devant une mort visible, toutes les fois enfin que des circonstances inouïes rendaient insuffisants les moyens ordinaires et demandaient un courage plus qu'humain.— FROISSARD.

C'était alors que les chevaliers, à la veille d'une bataille ou d'un assaut, attestaient le ciel, la terre, leur frère d'armes et leur maîtresse, qu'ils verseraient tout leur sang plutôt que de céder à l'ennemi une lâche victoire. L'homme viole quelquefois les serments qu'il a fait entre le ciel et lui : mais il respecte ceux qu'il prononce à la face de la terre; non que ceux-ci soient plus sacrés; mais, enfin, tel est l'homme : l'opprobre l'effraie plus que l'aspect du crime. Les chevaliers, esclaves de ces promesses solennelles, devenaient des héros par cela seul qu'ils avaient juré de l'être. C'est ainsi qu'en 1521, on vit l'intrépide Bayard, l'Achille de la France, défendre Mézières contre toute une armée. La place était sans défense; elle manquait d'armes et de vivres; les murs étaient prêts à s'écrouler; mais Bayard avait dit à François Ier : *Sire, il n'y a point de place faible où il y a des gens de bien pour la défendre, et je jure de vous conserver Mézières.*

Cette politique sublime, inépuisable ressource de la patrie, d'une parole enfantait des phalanges de héros. Eh! quel était donc le pouvoir de l'honneur sur le cœur du chevalier, quand ce titre le rendait tout-à-coup supérieur à lui-même, en faisait un être surnaturel? On croirait à peine les prodiges nombreux résultant de ces promotions magiques. Le guerrier avait à peine reçu l'accolade (et dans ces occasions elle n'était accompagnée d'autre cérémonie que de ces paroles, prononcées par le prince où le général, au moment où il donnait trois coups du plat de son épée sur le col du poursuivant : *Au nom du Père, et du Fils, et du Saint-Esprit, et de monseigneur Saint-Georges, je te fais chevalier*); à peine disonsnous, cette courte cérémonie était-elle terminée, qu'il allait *gagner ses éperons* dans le plus épais de la mêlée : le titre octroyé ne fut souvent qu'un brevet de mort, l'illustration d'une blessure; mais quel qu'eût été son sort, il croyait toujours avoir trop peu fait pour se rendre digne d'un tel honneur; aussi le sacrifice de la vie paraissait à peine l'acquitter envers son pays et son roi.

Les chevaliers ainsi reçus se nommaient chevaliers de bataille, de siège ou de mines, selon les circonstances qui leur avaient valu cet honneur.

Nous avons dit que, dans l'origine, on n'admettait au rang des chevaliers que des nobles; mais il est arrivé plus d'une fois que, dans des circonstances graves ou pour des services extraordinaires, on élevait à cette dignité de simples roturiers. Alors le roi lui seul avait le droit de créer des chevaliers, qui devenaient nobles et qui jouissaient, dès leurs création, des honneurs et priviléges attachés à la chevalerie. Ainsi, lorsque la chevalerie de Philippe-le-Bel eut été presque complétement exterminée par les Flamands, on fit une espèce de levée en massse : tout homme qui avait deux fils fut obligé d'en armer un chevalier, et celui qui en avait trois, d'en armer deux. Plusieurs centaines de chevaliers furent créés du temps de Charles VI, au siége d'une seule place. A l'attaque des palissades de Paris par le roi d'Angleterre, en 1359, il y eut une promotion. Montrelet rapporte qu'au siége de Bourges, en 1412, on fit plus de cinq cents chevaliers.

Il y avait des chevaliers de terre et de mer, et, dans les derniers temps, des chevaliers de robe, ainsi que des chevaliers ecclésiastiques. Les grands chevaliers s'appelaient *bannerets* (*), les petits *bacheliers*. Frédéric Barberousse faisait des chevaliers sur le champ de bataille avec des paysans, avec des soldats de son armée qui avait montré du courage. Les auteurs qui rapportent ce fait le déplorent comme attestant la décadence de la chevalerie. Ceux qui avaient été ainsi reçus, se nommaient chevaliers d'accolis ou de grâce. — M. Ampère, *Revue des deux Mondes.*

Des armoiries. — Divers symboles. — Enseignes nationales. — Les armoiries doivent leur naissance aux tournois et aux carrousels (les croisades ont eu aussi beaucoup d'influence à

(*) *Banneret.* Ce nom se donna, comme un titre réel, à un seigneur de fief qui avait assez de vassaux pour les réunir sous une bannière et pour devenir chef d'une troupe. Le *chevalier banneret* était le titre le plus élevé de la chevalerie (rang de général). Il fallait qu'il fût noble de nom et d'armes, c'est-à-dire de quatre quartiers ou lignes, et qu'il se trouvât assez riche et assez puissant pour lever et entretenir à ses dépens *cinquante hommes d'armes.* C'était au commencement de la troisième race de nos rois une dépense très considérable, parce que *chaque homme d'armes* avait, outre ses valets, deux cavaliers armés, l'un d'une arbalète, et l'autre d'un arc et d'une hache. Le privilége des bannerets était de porter une bannière carrée au haut de leur lance.

Un gentilhomme qui aspirait à l'honneur d'être banneret prenait l'occasion d'un tournoi, plus souvent d'une bataille, pour présenter son *pennon* roulé au roi ou au chef de l'armée ; l'un ou l'autre le développait, en coupait la queue, le rendait carré, puis le remettait entre les mains du chevalier, en lui disant : *Voici votre bannière ; Dieu vous en laisse votre preux faire.*

Ils composaient la haute noblesse ; quand quelqu'un se présentait pour être reçu *chevalier banneret,* on commettait des hérauts d'armes pour vérifier s'il était assez puissant pour lever une bannière, et s'il avait assez de vassaux pour la garder en guerre, c'est-à-dire vingt-quatre gentilhommes au moins, bien montés, avec chacun son sergent et son écuyer.

et égard). C'est au milieu de ces fêtes militaires et galantes où le désir de vaincre et de plaire faisait palpiter les cœurs, où le luxe des parures, le bruit des fanfares et la présence des femmes rehaussaient l'éclat du triomphe ; c'est là qu'il faut chercher l'origine des devises, des couleurs et des figures héraldiques dont furent blasonnés les écussons des nobles familles françaises.

Il est vrai, cependant, que bien avant nos siècles de chevalerie on connaissait les symboles et les décorations.

Les hommes ayant toujours eu la prétention d'établir des distinctions à leur profit, ont, de temps immémorial, adopté quelques marques extérieures pour manifester à tous les yeux leur élévation et leur puissance.

Une vanité frivole ne fut point l'unique motif de ces signes honorifiques. Souvent ils étaient les justes récompenses du mérite, ou le prestige utile qui répondait aux grands des respects du peuple. Plus souvent encore, ils servaient de points de reconnaissance et de ralliement, sans lesquels les adversaires entre eux, et les chefs avec leurs guerriers, se fussent aisément confondus au milieu d'une lice tumultueuse ou d'un champ de bataille, à une époque où l'on n'avait pas encore imaginé les uniformes, et où l'armure cachait même les traits du visage.

En effet, tous étant, de la tête aux pieds, également cachés sous cette enveloppe de fer, l'œil ne pouvait en reconnaître aucun, et les prouesses d'un brave étaient perdues pour sa gloire. Le moyen par lequel ils remédièrent à ce désavantage est assez ingénieux, et ce fut donc ainsi que naquirent les armoiries. Chacun d'eux adopta et plaça sur sa cotte d'armes, en broderie ou en peinture, un oiseau, un animal, en un mot, une marque distinctive quelconque. Par là, on put observer dans la mêlée un combattant, et suivre de l'œil les différentes actions de courage par lesquelles il se distinguait.

Tous les peuples ont eu des symboles figurés, ou enseignes nationales. Les Égyptiens, peuple singulièrement mystérieux en toutes choses, couvrirent d'hiéroglyphes les temples, les palais et les tombeaux. Dans leurs campements, aux bords du Nil et du Jourdain, les Hébreux reconnaissaient leurs douze tribus à des *images* convenues ; les Assyriens peignaient une *colombe* sur leurs étendards, parce que cet oiseau, dans leur langage, avait le nom de Sémiramis. Un *aigle d'or* se déployait au-dessus des boucliers des Mèdes et des Persans ; les Athéniens gravaient sur leur monnaie un *hibou ;* les Carthaginois la *tête d'un coursier*, les Thraces une *mort*, les Celtes une *épée*, les Saxons un *coursier bondissant*, les Goths un *ours ;* le chef des Druides avait des *cerfs* pour symbole ; les Druides du collége d'Autun (apparamment à cause de la vertu qu'ils attribuaient à l'œuf du serpent) avaient, dit-on, pour symbole, *d'azur à deux serpents d'argent, surmonté d'un gui de chêne, garni de ses glands de sinople.* Les premiers Franks avaient un *lion*, et nos premiers rois avaient pour enseigne la chape de saint Martin, et ensuite l'*oriflamme ;* bannière qu'ils allaient prendre à l'abbaye de Saint-Denis, et qu'ils reportaient, quand la guerre étoit finie. On lit dans Tacite, à propos des mœurs des Germains, qu'ils portaient à la guerre des drapeaux et des figures, qu'ils déposaient, pendant la paix, dans les bois sacrés.

Dans les temps héroïques et fabuleux, où il est démontré que les muses ont tenu la plume de l'histoire, se trouvent mille exemples de ces images allégoriques. Euripide en décore les boucliers des sept chefs combattants devant Thèbes ; Valérius les prodigue aux Argonautes ; Homère, ce grand aïeul de tous les poètes, Homère, auquel rien d'ingénieux n'est échappé, a tellement multiplié les emblèmes sur les armes de ses héros, que, selon plusieurs auteurs, le blason fut inventé pendant le siége de Troie. Quant aux Romains, comment auraient-ils méconnu les emblèmes, les voyant de toutes parts au Capitole, sur les boucliers et les drapeaux des peuples vaincus ? Chaque légion romaine avait aussi son symbole particulier : il y avait la *légion foudroyante* et la *légion dragonaire*, ainsi nommées, parce que les soldats de l'une avaient un *foudre* sur leur bouclier, et les soldats de l'autre un *dragon*. On remarque autour des colonnes Trajane et Antonine, et sur l'arc de triomphe érigé en l'honneur de Marius, près de la ville d'Orange, des soldats dont les armures sont chamarrées de traits particuliers.

Mais il ne faudrait pas conclure de toutes ces pratiques de l'antiquité qu'elle ait connu les armoiries. Les marques militaires employées alors comme signaux ou comme simples ornements n'étaient point des preuves invariables de noblesse et d'honneur, des titres héréditaires exclusivement affectés par le prince à telle ou telle maison. Les armoiries, considérées sous ce point de vue moral et politique, sont une institution moderne et qui ne remonte pas au-delà des croisades.

En effet, les chevaliers qui revenaient de l'Asie attachaient trop de prix aux hommages dont ils étaient l'objet, ils les avaient obtenus par trop de sacrifices pour ne pas chercher à les perpétuer.

Ils plaçaient les bannières sous lesquelles ils avaient combattu sur les tours les plus élevées, sur les donjons, au-dessus des grandes portes de leurs châteaux, comme des témoignages de leur gloire. Les familles conservaient avec soin ces marques d'honneur, ces signes éclatants de la valeur de leurs pères ; les dames, toujours amies du courage, brodaient ces nobles et touchantes images sur leurs meubles, sur leurs robes, sur les habits de leurs époux ou de leurs frères. On les sculptait sur les remparts ; on les peignait sur les lambris, on les représentait sur les écus, on les plaçait sur les tombes, on les consacrait dans les sanctuaires, on en décorait les fêtes, on les retrouvait sur les habits des écuyers, des pages, des varlets, des hommes d'armes, de tous ceux qui dépendaient de la famille du guerrier. Une sorte de langue hiéroglyphique était née des divers signes employés pour rappeler les actions les plus mémorables du guerrier. La croix simple ou double, bordée, dentelée, crénelée, ancrée, fleurdelisée, patée, paraissait sous différentes formes, et retraçait les combats livrés pour conquérir la cité sainte. Un *palmier* rappelait l'Idumée ; une *arche*, un pont attaqué ou défendu avec valeur ; une *tour*, un château pris de force ; un *casque*, une armure enlevée à un ennemi redoutable ; une *étoile*, une attaque de nuit ; un *glaive*, un combat singulier ; un *croissant*, la défaite d'un musulman terrible ; un *pal*, une *bande*, une *barre*, un *chevron*, des palissades, des barrières renversées et détruites ; un *lion*, un *tigre*, le courage indomptable ; un *aigle*, la bravoure sublime. Et voilà l'origine de tout le système des armoiries. Une fois adoptées par les familles, reconnues et accordées par le prince, elles devinrent la propriété héréditaire, à laquelle nul étranger n'avait le droit de toucher. Les hérauts d'armes furent spécialement chargés de maintenir les règles établies pour la conservation des armoiries ; et les connaissances qu'ils étaient obligés d'acquérir pour accomplir cette partie de leurs fonctions constituaient l'art héraldique, appelé aussi blason, du mot allemand *blasen*, qui signifie donner du cor, parce qu'en Allemagne, dans les tournois, les hérauts d'armes allaient en avant de la barrière pour reconnaitre les titres de ceux qui se présentaient, et venaient ensuite les proclamer à son de trompe.

Enfin chacun, maitre alors de choisir ce qu'on a depuis appelé *armes* ou *armoiries*, les uns les formèrent de la doublure de leur manteau : de là les *fourrures*, ou *pannes échiquetées, vairées, papelonnées, facées, gironnées, fuselées, losangées ;* les autres les composèrent de quelques pièces de leurs armures : de là les *éperons,* les *lances*, les *masses*, les *maillets*, les *épées*, les *casques ;* quelques autres les tirèrent de leurs exercices ou amusements les plus ordinaires : de là les *faucons*, les *geais*, les *cors ;* ceux-ci adoptèrent les armes qu'ils crurent les plus propres à conserver la mémoire de quelques beaux faits d'armes, ou de quelque aventure glorieuse pour la famille ; et ceux-là se donnèrent par caprice et sans dessein les premières venues.

Les écussons compliqués offrent une lecture beaucoup plus difficile, et dont l'explication nous entraînerait au-delà des bornes que nous nous sommes prescrites dans ce paragraphe, où nous n'avons voulu que donner une idée de la formation et de la lecture des armoiries.

Origine de quelques armoiries. — Armoiries parlantes. — Blason, etc. — Pour se reconnaître dans ce dédale, les maîtres de l'art héraldique furent obligés de diviser les armes en plusieurs classes, qu'on appela de domaine, de prétention, de concession, d'enquerre, de patronage, d'alliance, de substitution, de communauté, etc. Les armes de *domaine* étaient celles attachées à une principauté, à une terre, à une *seigneurie ;* les armes de *prétention*, celles d'un royaume ou de quelque principauté qu'un seigneur ou un prince étranger s'attribuait à cause de quelque prétention qu'il avait ou qu'il s'imaginait avoir : ainsi, les rois d'Angleterre ont porté longtemps les armes de France, *écartelées au premier quartier*, à cause de la prétention chimérique qu'ils croyaient avoir à la souveraineté de ce royaume. Les armes de *concession* étaient celles que les souverains donnaient à leurs sujets, en récompense de quelque action glorieuse ou de leurs services ; les armes de *patronage*, celles d'une personne qu'on ajoutait aux siennes propres, pour reconnaître quelque bienfait qu'on en avait reçu ; les armes *d'enquerre*, celles qui, étant composées contre les règles du blason, donnaient lieu de s'enquérir pourquoi elles s'éloignaient de l'usage commun ; les armes *d'alliance*, ou assemblage de celles de plusieurs familles illustres avec lesquelles on avait quelque alliance ; les armes de *substitution*, celles que l'on se chargeait par contrat de porter sous certaines conditions ; les armes de *communauté*, celles qui appartenaient à une société particulière, à un ordre militaire ou religieux, à une ville, etc.; enfin les armes *parlantes*, celles qui retraçaient le sujet pour lequel elles avaient été créées, et qui s'interprétaient par les noms et surnoms de ceux qui les premiers eurent le droit de les porter. Ainsi les maisons des Stella, des Salis, des Cresseols, des Luna, des Cressentini, dont les noms rappelaient ceux des astres, portaient des soleils, des étoiles et des croissants dans leurs émaux d'azur. La maison de Leiris avait dans les siens un arc-en-ciel, dont la fable fit l'écharpe d'*Iris*.

Sur les plastrons de plusieurs grands seigneurs du Dauphiné, on voyait des dauphins.

Souvent, dans leur double acception, ces noms fournissaient aux armoiries des allusions, des équivoques, des analogies, et ce qu'on appelle des calembours ; mais ces jeux de mots, dont l'abus est devenu méprisable, présentaient alors quelque chose de naïf et de gracieux ; car, pouvait-on voir sans une sorte de plaisir la simplicité charmante de ces vieux et nobles chevaliers, ayant acquis par cent blessures le privilége de porter des armoiries, choisir, au lieu des exploits qu'y pouvait consigner leur orgueil par de pompeux simulacres, choisir, disons-nous, l'innocent rébus, la facétie ou la plaisante anagramme, trouvés en causant dans leurs paisibles foyers ? Ainsi la maison de Louviers portait dans ses armes des têtes de *loup* ; celles de Larcher, des *flèches* ; celles de Vignole, un *cep de vigne* d'argent ; celle de la Tour-de-Turenne, une *tour* ; celle de Santeuil, un *argus* ; celle de Montepezat, des *balances* ; celle de l'Étang, des *poissons* ; celle de Legendre des *têtes de filles* au cheveux d'or. Le seigneur de Vaudray, possesseur des terres de Valu, Vaux et Vaudray, avait pour devise : *J'ai Valu, Vaux et Vaudray*. La maison de Mailly avait pris un *maillet* ; celle de Martel de Bagneville, un *marteau*. La maison de Chevrier prit des *chevrons* ; celle de Mercurio, un *caducée* ; celle de Blanchet, des *cygnes*. Louis XI, encore dauphin, épris d'une fille charmante, nommée Cassignelle, fit peindre dans son étendard un cygne entre un K et un L. Louis XVIII, en élevant à la pairie, avec le titre de comte, M. de Sèze, défenseur de l'infortuné Louis XVI, lui donna pour armoiries les *tours du Temple* et *seize fleurs de lys* : ingénieuse et touchante allusion qui rappelle tout à la fois le nom du courageux défenseur, la prison et le nom de son royal client !

Les anciens connaissaient cette espèce de symbole. Delphes avait un *dauphin* dans ses monnaies ; Florus portait une *fleur* dans son cachet ; Voconius-Vitulus fit graver sur le sien un *veau*, et César un *éléphant*, parce qu'en langue punique, ce quadrupède s'appelait César. La ville de Rhodes avait une *rose* pour emblême, parce qu'en grec, cette fleur se nomme rodon.

Mais les figures d'un blason avaient encore mille autres origines : tantôt c'étaient les marques des dignités et des fonctions. Ainsi les magistrats portaient dans leurs armes des *mortiers* et des *hermines* ; les bannerets, des *enseignes* ; les échansons, des *coupes d'or* ; les grands-veneurs et les officiers de la fauconnerie, la *hure d'un sanglier*, des *cors de chasse*, ou des *oiseaux de proie* ; tantôt ces figures indiquaient les gages d'une piété fervente, ou les souvenirs d'un pèlerinage ou d'un vœu ; tantôt les symboles des vertus, des talents et des plaisirs. *Deux mains* l'une dans l'autre désignaient

la concorde et la foi ; *l'ancre* et le *pal* signifiaient la constance iné-
branlable ; les *tourtereaux*, si communs dans les écussons, y repré-
sentaient le pain de la bienfaisance, les gâteaux des saintes fêtes et
l'exercice de l'hospitalité ; *deux ailes d'or* développées sur un champ
d'azur furent, dans les armes de Doriole, chancelier de France,
l'indice des conceptions élevées ; *deux cygnes* tenant dans leurs
becs un anneau, une *branche de myrte ;* des *palombes*, un *cœur*
traversé d'une flèche, des *bagues*, des *jarretières*, une *rose*, avec
ou sans épines, un *arbre* que le lierre embrasse pour toujours, furent originairement, dans notre blason français, de doux monuments de tendresse et d'amour.

Les villes possédant des armoiries tiraient presque toujours leurs
emblèmes des choses qui les distinguaient. L'humide pays de Frise
portait dans son écusson des feuilles de nénuphar et des bandes on-
dées comme des vagues. Bologne, dont les fleuves sont couverts
de cygnes, prit un de ces oiseaux pour image. Les armes de Paris,
dont la cité a la forme d'un vaisseau, sont un navire aux voiles déployées, sous un ciel semé de fleurs de lis. Les villes de Pont-à-
Mousson et du Pont-Saint-Esprit ont des ponts dans leurs armoiries ;
Tours a trois tours dans les siennes.

Les factions et les croisades contribuèrent principalement à multiplier les emblèmes dans les armoiries.

Ceux qui prenaient parti dans les discordes civiles en arboraient
les signes convenus. Le rouge et le bleu distinguèrent les deux
factions des Arabes de Grenade. Les couleurs verte, blanche et
noire furent célèbres dans l'Orient par les querelles des Fatimistes
et des Abasides. La moderne Italie trouve l'origine d'un grand nombre de ses armoiries dans les factions des Guelfes et des Gibelins,
comme dans toutes les dissensions politiques dont Florence, Lucques
et Pistoye furent longtemps désolées.

Quant aux croisades, elles eussent suffi pour couvrir les émaux
du blason de toutes sortes de figures allégoriques. Les voyages
pieux des guerriers expliqueront pourquoi se voient dans un grand
nombre d'armoiries, des coquilles, des merlettes, des besants d'or et
des croix. Les coquilles étaient la parure des pèlerins à leur retour
d'outre-mer. Les merlettes sont des oiseaux de passage ; on les peignait sans bec et sans pieds pour en faire de plus fidèles emblèmes
des chevaliers, qui souvent revenaient mutilés des combats de la
Terre-Sainte. Les besants d'or, monnaie d'Orient, furent, dans l'art
héraldique, le symbole de la rançon des captifs ou du tribut qu'im-
posaient les chrétiens aux infidèles.

Mais la croix, surtout, la croix figurée sur leurs vêtements par ceux qui allaient à Jérusalem, consacra dans les armes de mille familles le souvenir de ces expéditions religieuses.

Devises et emblêmes. — Cris de guerre. — Troubadours. — Il nous reste à parler des légendes ou devises et cris de guerre que les armoiries admettaient, outre les figures dont elles se composaient. Monuments de valeur, de courtoisie et de magnanimité, ces devises devenaient, pour les descendants des preux, des leçons sans cesse placées sous leurs yeux ; elles étaient, pour ainsi dire, l'abrégé des récits rimés que les troubadours et les trouvères allaient composant de châteaux en châteaux, accompagnés par les lyres, les harpes et les autres instruments des ménestrels (*) ;

(*) *Les Troubadours et les Trouvères. — Naissance de la poésie française. — Origine des Jeux-Floraux. — Poètes du XIIe au XIVe siècle.*

Dès l'an 1120, les Troubadours parurent, et de ce temps commença une nouvelle époque pour la littérature. Les Troubadours ou Trouvères, dits aussi Ménestrels, furent chez nous ce que furent les *Bardes* chez les anciens peuples Celtiques, et les *Scades* chez ceux du Nord. Les chants des Tyrtées de ces peuples féroces et guerriers furent des chants de guerre et de mort. Les chants des Troubadours durent être plus doux. Il était en effet naturel que l'esprit poétique de la nation du monde la plus brave et la plus enjouée, se manifestât d'abord par des chants chevaleresques. Ce fut le temps où « preux paladins, gentils trou-
« badours, faisant partout hauts faits d'armes, comme aussi disant jolis propos, pourfen-
« dant félons chevaliers, allaient de castel en castel, célébrant, dans leurs tant doux re-
« frains, *Dieu, l'Honneur et les Dames.* »

C'était un spectacle vraiment curieux que ce troubadour qui, missionnaire, pour ainsi dire, de l'amour, allait en annoncer, dans un langage tout nouveau, la puissance, les tourments ou les plaisirs à ces fiers châtelains, à ces beautés sauvages, qui passaient leur vie dans un donjon, au milieu d'une population esclave de leur orgueil et de leurs caprices. Peut-on douter que ces poétiques missions ne contribuassent puissamment à polir les mœurs grossières, à adoucir la férocité de la noblesse de ce temps-là ?

En effet, les Xe et XIe siècles offrent une barbarie et une ignorance dont on a de la peine à se former une idée ; c'est vers le milieu du XIIe siècle que ces nuages épais commencèrent à s'éclaircir. Plusieurs causes concoururent à ramener les lumières ; mais la plus considérable fut le déplacement de cette multitude d'Européens, opéré par les croisades. Ces nobles grossiers, ces prêtres ignorants, et toute cette tourbe de demi-sauvages ne purent voir la civilisation de l'Asie et les connaissances des Sarrasins sans en tirer quelque profit. C'est le seul bien qui soit résulté de ces singulières expéditions. Les beaux-arts commencèrent à renaître ; ce fut au midi de la France qu'ils parurent d'abord, sous le beau ciel de la Provence ; c'est là qu'il faut chercher le berceau de la poésie française.

Des débris de la langue romaine, du tudesque et du gaulois, s'était formé une langue que l'on appelait la *langue romane.* Cette langue s'était divisée en deux dialectes : celui que l'on parlait au midi, plus doux, plus harmonieux, n'offrait que des syllabes pleines et sonores ; celui du nord, au contraire, plus âpre, moins correct, était rempli de syllabes sourdes et à moitié muettes. Ce fut cependant ce dernier qui l'emporta sur l'autre, et qui forma la noble

elles s'identifiaient, pour ainsi dire, avec l'esprit de la chevalerie. Souvent c'était un axiôme, un proverbe, une expression naïve, analogue aux figures représentées dans l'écusson, et conforme aux goûts et aux inclinations du chevalier. La gloire et l'amour dictaient aussi un grand nombre de ces devises.

Ainsi, le choix d'une devise était un acte important pour un nouveau chevalier. Il se contentait quelquefois de joindre une partie des armoiries de celui qui l'avait armé au blason de sa propre famille, surtout s'il tenait l'ordre de la main d'un souverain. D'autres portaient sur leurs écus des emblèmes ou des mots qui faisaient allusion à leur nom, et plus souvent encore à leur situation et à

et belle langue que nous parlons aujourd'hui. La langue des habitants du midi, que l'on retrouve encore dans le dialecte provençal, n'eut qu'un instant de gloire ; elle la dut à ses *troubadours*.

Ce nom de *troubadours* ou *trouvères* fut donné à nos premiers poètes ; il signifie *inventeurs ;* et l'on ne crut pas devoir honnorer d'un nom moins beau ceux qui inventèrent un art qui, dès son origine, charma toutes les classes de la société. On accueillit avec empressement les troubadours ; on les fêta, et l'on paya avec magnificence les plaisirs qu'ils procuraient. Tous les palais des princes leur étaient ouverts. Quelquefois, au milieu d'un festin, on voyait arriver un trouvère inconnu, avec ses ménétriers ou jongleurs, auxquels il faisait chanter, sur leurs harpes ou leurs vielles, les vers qu'ils avaient composés. Bientôt les rois, les princes et les seigneurs voulurent s'attacher de ces nouveaux poètes, et les tinrent à leurs cours avec honneur et distinction. La gloire que donnaient les essais encore informes de notre poésie flatta les plus nobles chevaliers ; des comtes, des ducs et même des souverains voulurent être poètes aussi. Le plus ancien des troubadours dont les chansons sont venues jusqu'à nous, est Guillaume XI, comte de Poitou et duc d'Aquitaine ; il vivait au commencement du xiiie siècle. Les dames surtout donnèrent la plus grande vogue à cette charmante invention ; et plus d'un troubadour, dit l'histoire, dut leurs plus douces faveurs à ses vers et à ses chansons. Ce furent les troubadours qui mirent à la mode cette galanterie et ce respect pour le beau sexe qui caractérisèrent quelques époques de la chevalerie, et qui, par la suite, distinguèrent les Français des autres peuples. Ces guerriers grossiers, qui souvent se conduisaient comme des barbares, rappelés à des sentiments plus délicats par la voix du troubadour, essayèrent quelquefois de réaliser ces fictions, et se montrèrent en même temps terribles devant les ennemis et respectueux devant les dames. Celles-ci, objets ordinaires des chants des poètes, s'en rendirent en quelque sorte les juges ; elles voulurent aussi juger des brouilleries, des jalousies, et de tout ce qui concernait l'amour. Ces matières étaient en effet de leur ressort ; elles formèrent des sociétés, que l'on appelait *Cours d'Amour*, devant lesquelles on portait des questions fines et délicates, que l'on discutait, et sur lesquelles elles donnaient des décisions.

Ne citons aucune de leurs décisions qui, pour être pédantesques, n'en étaient pas moins scabreuses quelquefois ; car en blâmant les jeux puérils auxquels se prêtait la poésie éclose sous l'inspiration des sentiments les plus nobles et les plus délicats, sachons reconnaître l'heureuse influence qu'exerça sur la littérature nationale, dès ces premiers essais, l'esprit de sociabilité développé par les femmes. Elles inspirèrent la plupart des *Ballades*.

leurs sentiments secrets. Ceux-là adoptaient une sentence qui les soutenait dans le chemin de l'honneur ; ceux-ci se contentaient de lettres ou de chiffres mystérieux ; quelques-uns, enfin, par une ambition plus délicate, portaient l'écu blanc ou peint d'une seule couleur, en attendant que les circonstances, que déterminait leur vaillance, décidassent de leur blason. Quelquefois aussi la modestie, ou un vœu secret, engageaient le jeune chevalier à cacher la devise dont il avait fait choix ; alors il couvrait son écu d'une *housse* ou d'une *guimple, plus fine que fleur de lys*, jusqu'à ce que les coups reçus dans les batailles eussent déchiré ce voile, ou que la condition prescrite par lui-même eût été accomplie.

Sonnets, Pastourelles, Tensons, et autres jeux capricieux de la langue d'*oc*, idiome plein de grâce et qui devait trop tôt déchoir de sa supériorité.

En faisant bégayer à la langue d'*oui* ses *Contes, Nouvelles, Fabliaux*, et *Lais d'amour*, elles y introduisirent les premiers éléments de l'éloquence et de la souplesse, qui furent son plus éclatant mérite lorsque, perfectionnée et triomphante, elle s'appela la langue française.

Tandis que la Provence s'essayait dans un langage assez agréable, la Picardie, qui n'avait qu'un jargon dur et âpre, voulut rivaliser avec elle, et eut aussi ses troubadours, qu'elle appela *Trouvères*. Elle eut de même ses Cours d'Amour, qui furent nommées *plaids* et *gieux sous l'ormel*. C'étaient des assemblées de gentilshommes et de dames qui *s'exerçaient à la courtoisie et à la gentillesse*, et décidaient sans appel les questions qui étaient portées à leur tribunal. Les poètes picards parlaient la langue française telle qu'elle était alors ; c'est-à-dire, une langue pauvre, sans noblesse, sans harmonie, et n'ayant pour recommandation qu'une naïveté qui n'était pas sans mérite. Ce n'est guère que sous le règne de saint Louis qu'elle commença à prendre un caractère ; ce n'est aussi qu'à cette époque que les muses françaises parurent avec une grâce véritable. Thibaut, comte de Champagne et roi de Navarre, composa pour la reine Blanche, dont il était amoureux, des chansons qui, au langage près, feraient honneur dans un siècle aussi délicat que le nôtre. Par une galanterie digne de ces temps chevaleresques, il fit graver un grand nombre de ces chansons sur les murailles et les vitres de son château de Provins. Elles anonçaient à la France, dit un écrivain, cette supériorité qu'aucune nation ne lui dispute aujourd'hui dans ce genre de poésie. Le roman de la *Rose*, commencé du temps de saint Louis, par Guillaume de Lorris, fut achevé par Jean de Meun, quarante ans après. Ce poème, tout ancien qu'il est, a conservé de nos jours sa réputation, et il renferme quelques morceaux d'un aussi bon goût que ce que l'on admire le plus dans les poésies grecques et romaines. Le prince champenois, ajoute le même auteur, avait à sa cour un grand nombre de poètes, parmi lesquels on distinguait Gaces Brulé, seigneur du premier rang. Ces beaux esprits s'assemblaient souvent pour examiner leurs ouvrages, et le comte ne dédaignait pas de présider à cette assemblée, qu'on doit regarder comme la première Académie française.

A Toulouse, le goût de la poésie vulgaire ou provençale, qu'on y cultivait dès le temps même des comtes de cette ville, donna occasion à plusieurs citoyens de former une espèce d'Académie. Ils s'assemblaient régulièrement, ou dans leurs maisons, ou dans un jardin d'un faubourg de ladite ville. Le séjour de Charles IV à Toulouse, ayant ranimé leur

Voici quelques exemples de diverses sortes de devises en usage ;
elles appartiennent à des noms connus dans notre histoire.

Celles qui faisaient allusion au nom de celui qui les portait, comme
la devise de la maison de Grandson : *A petite cloche grand son.*

Celles des ducs de Nemours, de la maison de Savoie : *Suivant sa
voie.* De Portier : *De tous châteaux portier*. D'Auberjon : *Maille à
maille se fait l'auberjon.*

La maison royale de Bourbon avait pour devise ce mot : *Espérance.*

Les rois d'Angleterre ont pour devise : *Dieu et mon droit.*

Celle des rois d'Ecosse était : *In deffens ;* c'est-à-dire : Pour ma
défense.

zèle, sept principaux d'entre eux, pour exciter l'émulation de tous les poëtes de la langue
d'oc, leur écrivirent, en vers provençaux, une lettre circulaire, où ils se qualifiaient *la gaie
science des sept troubadours de Tolosa*, et dans laquelle ils proposaient une *violette d'or*
à celui qui composerait, en *roman*, la meilleure pièce de vers en l'honneur de Dieu et de la
Sainte-Vierge ou des Saints ; la distribution de ce prix se fit solennellement le premier jour
du mois de l'année 1324, et on l'adjugea à un *sirvente*, fait en l'honneur de la Vierge,
par Arnand Vidal, de Castelnaudary, qui fut créé en même temps *docteur en la gaie
science.*

Les Capitouls, persuadés de l'utilité de ce nouvel établissement, s'engagèrent, au nom et
aux dépens de la ville, de distribuer tous les ans un prix semblable. Dès-lors les assemblées
des *sept associés* commencèrent à prendre une nouvelle forme ; ils se choisirent un président, auquel ils donnèrent le titre de *Chancelier*, et un secrétaire qu'ils nommèrent *Bedeau ;*
l'un et l'autre furent chargés de dresser des Statuts avec un Traité de Rhétorique et de
Poésie, sur les principes duquel on devrait juger les ouvrages que l'on présenterait dans la
suite. On conserva précieusement ce traité.

Suivant les Statuts, que l'on intitula *Lois d'Amour*, on accordait des lettres de *bachelier en la gaie science et dans le gai savoir* à celui qui aurait remporté le prix, après
que les *sept seigneurs mainteneurs* auraient examiné sa capacité, et qu'il aurait juré de
garder les Statuts, etc.

A mesure que le nombre des concurrents augmentait, on augmenta aussi le nombre des
prix, et l'an 1356, on ajouta deux autres fleurs, une Eglantine et un Souci d'argent. Ces
nouvelles récompenses donnèrent un nouveau lustre à l'Académie naissante, appelée alors
Jeu d'Amour, et l'on se rendit plus difficile sur la réception des *docteurs;* on établit qu'ils
seraient auparavant *bacheliers en la gaie science;* qu'ils auraient remporté les trois
Fleurs; qu'ils subiraient un examen public, etc.

Ces docteurs furent ensuite appelés *Maîtres en la gaie science* et Rhétorique; on leur
permit d'assister aux assemblées publiques et au jugement des ouvrages ; la réputation de
ces Jeux-Floraux s'étendit jusque en Espagne. Jean Ier du nom, roi d'Aragon, députa, en
1388, des ambassadeurs au roi Charles VI, pour le prier de lui envoyer des poètes de la
province de Toulouse, afin de répandre la gaie science dans ses Etats.

Cette Académie, qui porta aussi le nom de *Collége de Rhétorique*, après s'être soutenue
pendant quelque temps avec éclat, dégénéra peu à peu, et, elle serait peut-être aujour-
d'hui ensevelie dans l'obscurité des temps ; mais au XVe siècle, une vierge parait, en-

Les chevaliers de l'ordre de la Jarretière : *Honni soit qui mal y pense.*

Le duc de Savoie, et aujourd'hui les rois de Sardaigne, ces quatre lettres : F. E. R. T, que l'on explique ainsi : *Frappez, entrez, rompez tout.*

La maison de Montmorency avait pour devise : *Dieu aide au premier baron chrétien.*

Les ducs de Bourgogne de la maison de France ont eu successivement plusieurs devises ; celle de Philippe-le-Hardi était : *Moult me tarde* (cette devise est l'étymologie du mot *moutarde*) ; celle de Charles-le-Téméraire : *Ainsi je frappe.*

vironnée de tous les prestiges, elle brille de l'éclat du rang, de la fortune et de la beauté : à sa voix descendent du ciel les nobles inspirations et les douces pensées, sa main répand des trésors et des fleurs ; elle crée l'émulation féconde, réveille la lutte des troubadours, rend à l'Occitanie ses galants fabliaux, ses romances mélodieuses ; et cependant, après tant de merveilles, lorsque tant de bienfaits attestent sa venue, on met son existence en problème ; son nom trouve des détracteurs, et son culte des infidèles ; l'espérance marchait devant elle, l'envie la poursuit ; des ténèbres couvrent son origine, mais le flambeau de la vérité dissipe la nuit du mensonge ; la fille immortelle est reconnue, et Clémence-Isaure sort du nuage qui cachait sa divinité.

De longs troubles avaient précédé la naissance des troubadours. La patrie n'offrait qu'un spectacle sauvage ; le silence de la stupidité n'était rompu que par des cris de guerre ; rien n'annonçait ces jeunes Orphées, dont les doux accords et les luttes pacifiques firent ressouvenir la Gloire qu'elle avait deux autels et que ses couronnes n'avaient pas toujours été sanglantes. Professeurs de la science joyeuse, chez le Roi René, près de Clotilde, ils donnaient des leçons et n'avaient jamais eu de maîtres. La nature seule leur révélait des secrets d'harmonie ; ils chantaient, doués d'une grâce native, comme l'oiseau du printemps module des airs qu'il n'a point appris. Vagabonds aimables, ils parcouraient les villes, se reposaient dans les cloîtres, erraient autour des vieux manoirs ; et, lorsqu'à la croisée tapissée de lierre se montrait la noble châtelaine, ils fesaient entendre l'hymne des voyageurs et obtenaient l'hospitalité. Quelquefois l'étranger bien reçu emportait à son départ le nœud de ruban ou le chiffre brodé par les jouvencelles. Une devise symbolique lui rappelait, sans le trahir, les secrets de la langue veillée, et une écharpe nouvelle suspendait à son côté cette mandore si terrible à la déloyauté des femmes, si discrète pour leurs faveurs.

Mais déjà se taisait la lyre amoureuse de ces premiers poètes ; l'écho provençal ne répétait plus les chansons joyeuses, et l'inspiration mystérieuse et divine remontait vers les cieux. Clémence-Isaure rassemble les troubadours dispersés ; elle enflamme leur imagination avec des promesses de triomphe ; elle adoucit, sanctifie leur courage avec des paroles d'amour et de religion. Jalouse de ranimer la chaste ferveur des talents, elle semble craindre de ne pas leur trouver d'assez douces récompenses, et c'est dans la corbeille de Flore qu'elle va chercher la palme des beaux-arts. Ingénieuse pensée qui devait naître dans nos climats, révélation brillante de ce ciel du midi dont la magie retenait Pétrarque, et fesait croire à sa muse qu'elle chantait encore sous l'azur transparent de sa belle Italie.

Presque toutes les devises recevaient une nouvelle force des emblèmes auxquels elles s'appliquaient. On peignait un carquois vide, et pour devise : *Ses traits sont dans mon cœur.* Une rose en bouton : *Moins elle se montre, plus elle est belle.* L'hirondelle traversant les mers : *Pour chercher le soleil, je quitte mon pays.* Une nacre ouverte aux rayons du soleil : *Sa beauté vient du ciel.* Une hermine avec ces mots : *Plutôt mourir que de me souiller.* Un grenadier chargé de fleurs : *Tous les ans une nouvelle couronne.* Un lion enchaîné par un berger : *Doux et terrible.* Un aigle regardant le soleil : *Il est seul digne de mon hommage.*

Les cris de guerre devenaient aussi quelquefois des devises, et ils

Ainsi cette illustre fille, dont l'existence et ses libéralités ont été prouvées autant qu'un fait historique peut l'être, renouvela, vers l'an 1502, la cérémonie des Jeux-Floraux. Elle légua à l'hôtel-de-ville, par son testament, des fonds considérables pour fournir aux prix que l'on distribuait chaque année.

Les habitants de Toulouse, pénétrés de reconnaissance pour Isaure, leur bienfaitrice, lui érigèrent, dans le cimetière de la Daurade, une statue sépulturale de marbre blanc, sur laquelle les académiciens, accompagnés des Capitouls, allaient en pompe, tous les ans, jeter des fleurs le premier jour du mois de mai ; mais cette cérémonie ayant paru trop profane, on transporta, en 1557, la statue dans la salle du Grand-Consistoire de l'hôtel-de-ville, et c'est en représentation de l'ancien usage qu'on la couronne encore de fleurs le premier de mai, et que ce même jour on fait porter sur l'autel de l'église de la Daurade tous les prix qui doivent se distribuer.

C'est ainsi que cette compagnie, également respectable par son antiquité et par les grands hommes qu'elle a produits, s'est maintenue jusqu'en 1694. Plusieurs de ses membres, conjointement avec les Capitouls, obtinrent alors du roi Louis XIV des lettres patentes, par lesquelles il autorise les nouveaux règlements que les académiciens lui présentèrent, leur donne M. le chancelier pour protecteur, et augmente jusqu'à trente-cinq le nombre des *mainteneurs.* Il a été encore augmenté jusques à quarante par les lettres patentes de 1725.

Cette Académie distribue cinq prix chaque année :

Une Eglantine d'or, de la valeur de quatre cent cinquante francs. C'est le prix du discours, dont l'Académie donne toujours le sujet.

Une Amaranthe d'or, de la valeur de quatre cents francs. Il n'y a que les Odes qui concourent pour cette fleur.

Une Violette d'argent, de la valeur de deux cent cinquante francs. Elle est destinée à un poème qui n'excède pas deux ou trois cents vers, à une Epitre ou à un Discours en vers.

Un Souci d'argent, qui vaut deux cents francs, est le prix de l'Eglogue ou de l'Idyle, de l'Elégie et de la Ballade.

Un Lis d'argent, qui vaut soixante francs, est destiné à un sonnet en *l'honneur de la Vierge*, ou à un Hymne sur le même sujet. C'est le seul prix de poème pour lequel les auteurs ne soient pas libres de traiter un sujet de leur choix.

C'est le 3 mai de chaque année que l'Académie célèbre la *Fête des Fleurs* avec la solennité ordinaire. C'est le nom que l'on donne à la distribution des prix, qui est réellement une fête pour la ville de Toulouse.

faisaient, ainsi que les noms et les armes, partie de l'héritage de l'aîné des familles. Les vasseaux d'un suzerain s'excitaient, en poussant son cri de guerre, à combattre vaillamment. Ceux qui portaient les bannières le faisaient entendre pour rallier plus facilement les hommes d'armes après la mêlée et les rappeler auprès de leurs étendards. Quelquefois ce cri n'était qu'un seul mot; rarement il était composé de plus de trois. *Mont-Joye-Saint-Denis* était le cri de guerre des anciens rois de France. Les ducs de Bourgogne criaient : *Mont-Joye-Saint-André*. Les ducs de Normandie : *Diesaye-dame, Dieu-aye* ; c'est-à-dire : *Dieu nous aide, Dieu nous aide. Dam* signifiait monseigneur. Les anciens comtes de Cham-

Cette fête poétique et religieuse commence par l'éloge de *Clémence-Isaure*, prononcé par un membre du corps des Jeux-Floraux ; des commissaires de l'Académie vont ensuite chercher avec pompe les fleurs d'or et d'argent, qui sont exposées, dès le matin, sur le maître-autel de l'église de la Daurade, où reposent les cendres de *Clémence-Isaure*. Le secrétaire perpétuel fait un rapport sur le concours, pendant l'absence des commissaires ; à leur retour, on proclame les vainqueurs. L'Académie leur permet de lire euxmêmes leurs ouvrages, s'ils en manifestent le désir ; on leur distribue ensuite les fleurs qu'ils ont remportées.

La fête du 3 mai, en immortalisant le nom de *Clémence-Isaure*, qui en fut la fondatrice, encouragea l'émulation dans l'heureuse Occitanie, et propagea le goût de la poésie dans le nord de la France. Aussi est-ce le temps où nous verrons s'augmenter le nombre des poètes qui composèrent les *Lais*, ou romances, et les *Fabliaux*, genres de poésies qui succédèrent aux *Sirventes*, ou chants satiriques. Il y avait encore loin, il est vrai, du mérite de ces poésies à celles qui parurent depuis ; mais on retrouve dans ces naïfs chants une douceur et un charme que l'esprit moderne n'offre pas toujours.

Quelques exemples pris parmi les principaux écrivains de ces époques, nous mettront à même de voir les progrès de la poésie :

Extraits des principaux Poètes du 12e au 14e siècle.

BALLADE.

Les biens mondains, les honneurs et les gloires
Qu'on aime tant, désire, prie et loue,
Ne sont qu'abus et choses transitoires,
Plutôt passant que le vol d'une alloue.
Fortune en tient le compte en son escroue,
Et les départ à l'ung plus, l'autre moins,
Et puis leur tolt et oste hors de mains ;
Et pour ce dy et sur ce la me fonde,
A tous propos que de soir et de mains,
Ce n'est que vent de la gloire du monde.

D'ALAIN-CHARTIER,
Secrétaire de Charles VII.

pagne avaient pour cri de guerre : *Passavant, passavant li meil-
lor ;* c'est-à-dire : Que le plus brave s'avance contre nous. Les seigneurs de Salvaing en Dauphiné : *A Salvaing le plus gorgias.* Ce
mot de gorgias, anciennement, signifiait hardi , délibéré , ou richement armé ou habillé.

**Les servants d'amour.—Puissance des dames. — Re-
connaissance qui leur était due. —** Amour et religion, ou
pour parler le langage de nos chevaliers, *Dieu et les dames*, tels
étaient les mobiles de leurs actions et les objets continuels de leurs
pensées. Ils mêlaient ce souvenir à tous leurs exploits. Ces deux
sentiments (l'amour et la dévotion) se confondaient dans leur âme et

BALLADE DU BON CAPITAINE,

PAR EUSTACHE DESCHAMPS.

Aux champs, aux champs ! Yssez de vos maisons ,
Vous qui devez avoir honneur et querre ,
Vezci apvril et la douce saison
Que l'en se doit ordonner pour la guerre ,
Et que l'en doit son ennemi requerre ,
    Et la frontière tenir ,
Tant qu'il ne puisse en voz marches venir.
Li temps est doulx pour dormir en la plaine ;
L'erbette vient pour chevaulx soutenir ,
Ainsi se doit gouverner capitaine ;

Car le temps est attrempez par raison
Qui doit mener engins et garnison ,
Pour les châteaux son ennemi conquerre.

Verselets de Clotilde de Surville à son premier né (*).

AMOUR MATERNEL.

O cher enfantelet, vrai pourtraict de ton père,
    Dors sur le seyn que ta bouche a pressé !
Dors, petiot ; cloz, ami, sur le seyn de ta mère,
    Tiens doux œillet par le somme opressé !.....

(*) Les poésies de cette dame , née au château de Vallon (Ardèche), écrites vers l'an 1422 , et publiées en
1804 , par M. Vanderbourg , ont été le sujet de beaucoup de discussions ; leur mérite fait que plusieurs
écrivains critiques prétendent qu'elles ne sont point de cette époque. Il paraît, cependant , que cette dame
fut très estimée de Charles d'Orléans et de Christine de Pisan , poètes contemporains, et d'Alain-Chartier,
ainsi que de Marguerite d'Ecosse, qui faisaient le plus grand cas de ses ouvrages.

quelquefois dans leur langage. C'est ainsi que l'hommage rendu au dames ressemblait à un culte, et que les enseignes reçues d'elles étaient honorées comme des reliques. Dans ce temps, on voyait souvent un chevalier se présenter au tournoi, le bras gauche orné d'une manche, d'un bracelet ou autre *faveur* de sa dame, et tenant de la main droite *une banderolle figurée de ses dévotions, dont il se signait à la fois.*

Le beau sexe avait sur ces héros des droits plus sacrés encore : ses charmes, sa faiblesse, tout lui assurait, dans les chevaliers, un appui contre l'injustice ; la reconnaissance même leur faisait un devoir de protéger et de secourir les dames ; c'est à elles qu'ils de-

> Estend ses brasselets ; s'espand sur lui le somme ;
>   Se clost son œil ; plus ne bouge... il s'endort ..
> N'estoit ce tayn floury des couleurs de la pomme,
>   Ne le diriez dans les bras de la mort !...
>
> Areste, cher enfant ! j'en frémy tout engtière !
>   Réveille-toi !... chasse ung fatal propoz !
> Mon fils... pour ung moment... ah ! revoy la lumière !
>   Au prix du tien rends-moy tout mon repoz.

—

L'AMOUR MATERNEL (1838),

PAR EUGÈNE ROUTIER.

Inspire mes accents, ô Dieu de l'univers !
En dirigeant ma main, fais couler dans mes vers
Les douces émotions que le sein d'une mère
   Eprouve si souvent,
   Même dans la misère,
   En voyant son enfant !

Rien ne peut t'altérer, ô délirant amour !
En vain tous les malheurs l'accablent tour à tour ;
La mère ignore tout, jusques à sa détresse,
   Quand d'un enfant chéri
   L'innocente caresse
   L'appelle et lui sourit.

C'est surtout sous le chaume où l'amour maternel
Exerce son empire ; il fuit le sein cruel

vaient leur courage, leur gloire, leur grandeur ; le premier germe
de l'héroïsme était cultivé par leurs mains, et c'était de leurs mains
encore que les chevaliers recevaient le prix de leurs exploits.

« Que de grandes choses, dit J.-J. Rousseau, on ferait avec le
« désir d'être estimé des femmes, si l'on savait mettre en œuvre
« ce ressort ! Malheur au siècle où les femmes perdent leur ascen-
« dant, où leurs jugements ne font plus rien aux hommes ! C'est le
« dernier degré de la dépravation. Tous les peuples qui ont des
« mœurs ont respecté les femmes. Voyez Sparte, voyez les Ger-
« mains, voyez Rome ; Rome, le siége de la vertu, si jamais elle
« en eut sur la terre. C'est là que les femmes honoraient les ex-

Qui méconnaît ses droits, et l'oppulent théâtre
    Où le cœur indolent
     D'une mère marâtre
De son devoir sacré se joue impunément.

Jusques à quant, mon Dieu ! verrons-nous la coquette
Porter le nom de mère et rougir de sa dette,
Parler de son enfant et lui fermer le sein,
Pour conserver l'éclat, la fraîcheur de son teint.
Misérable calcul que celui d'une mère
Qui préfère au devoir un vain désir de plaire !

Mais pourquoi m'arrêter sur ce triste sujet ?
De le traiter ici j'aurais trop de regret...
Ce n'est plus sous les plis d'une noble parure
Qu'il faut chercher un cœur fidèle à la nature...

Descendons, cher ami, sous ce modeste toit :
Vois cette chambre obscure, et contemple avec moi
Le spectacle charmant d'une mère en extase
    Près du faible berceau,
     Que recouvre une gaze
Négligemment placée à l'entour d'un cerceau.

Cette mère n'a pu résister au bonheur
De tenir dans ses bras, de presser sur son cœur
Son enfant nouveau-né, qui maintenant repose
    Dans ce mobile osier...
     Sur sa bouche de rose
     Vois voler un baiser...

Elle a peur qu'il n'échappe et n'éveille soudain
Cet objet tant aimé... mais pourtant elle craint ;

« ploits des grands généraux, qu'elles pleuraient publiquement les
« pères de la patrie, que leurs vœux ou leur deuil étaient consa-
« crés comme le plus solennel jugement de la République. Toutes
« les grandes révolutions y vinrent des femmes. Par une femme,
« Rome acquit la liberté ; par une femme, les plébéiens obtinrent
« le consulat ; par une femme finit la tyrannie des décemvirs ; par
« les femmes, Rome assiégée fut sauvée des mains d'un proscrit. »

L'histoire du beau sexe français n'est pas moins intéressante que
celle des dames romaines ; nous les verrons donner aux chevaliers,
aux citoyens les leçons de l'honneur et l'exemple du courage, soutenir des siéges, repousser les assaillants, commander les sorties ;
tantôt courir dans la mêlée sur les traces de leurs chevaliers ; tantôt recueillir leur sang versé pour l'Etat, et leur creuser, de leurs
propres mains, un tombeau glorieux. Quand la patrie a de telles
citoyennes, quels prodiges ne doit-elle pas attendre des citoyens ?

Les lois de la chevalerie, en mettant à honneur l'obligation de
secourir ou défendre les femmes, leur offraient une compensation
des dangers qui les menaçaient, à cette époque où le droit du plus
fort était, pour ainsi dire, le seul reconnu. Le respect religieux
qu'on leur devait était porté si loin, qu'il était défendu d'en médire. Si quelque chevalier tombait dans cette faute, la dame offensée se rendait au lieu où un tournoi était annoncé, et si elle reconnaissait les armes du coupable parmi celles qui étaient exposées à

Ce long repos l'agite et l'inquiète ;
  Sa main, tout doucement,
  De la gaze discrète
  A soulevé le pan.

Quel bonheur est le sien !... il respire, il sommeille ;
Elle bénit le ciel, puis attend qu'il s'éveille ;
Elle écoute un soupir et le regarde encor...
Ses traits sont animés, son cœur bondit de joie
  En voyant le trésor
  Où son âme se noie.

Lentement sur son fils la vois-tu se pencher ?
Sur ses lèvres son cœur veut enfin s'épancher !
La prudence a fait place à sa brûlante ivresse...
  Hélas ! un cri répond
  A sa vive caresse,
Et lui fait de cet ange abandonner le front,

cet effet, elle en touchait le timbre avec une baguette et déclarait à haute voix ses griefs. Si elle pouvait appuyer son accusation de quelques preuves, l'indiscret chevalier était privé de l'honneur d'être admis au tournoi, à moins que l'offensée elle-même ne consentît à accorder le pardon.

La volonté d'une dame était un ordre sacré. On se soumettait même à leurs caprices. Toute-puissante alors, une femme pouvait dire à son amant : *Soyez trois ans sans me parler ;* elle était obéie. De braves chevaliers s'honoraient du nom de servants ou poursuivants d'amour. C'était avec orgueil qu'ils portaient, même aux combats, les livrées et la devise de leur maîtresse. Son souvenir redoublait leur valeur accoutumée. Ils savaient que les hauts faits avaient droit de plaire à la beauté. *Ah! si ma dame me voyait!* disait le sire de Fleuranges en montant à l'assaut. La dame, de son côté, s'applaudissait des *prouesses* de son chevalier que la renommée portait jusqu'à elle, et lui envoyait *haquenées* et *coursiers*, et *lettres amoureuses*, lui promettant sa main pour prix de ses exploits. Mais si tant de valeur et de constance n'obtenait pas au *servant d'amour* le cœur de sa dame, la religion devenait son refuge ; et, quittant le *haubert* pour le *froc*, il allait ensevelir sa douleur

En ôtant les liens qui le tenaient captif.
  Cette mère en alarmes
  Tremble à ce cri plaintif,
Et croit par des baisers pouvoir sécher des larmes,
Pendant que sur son sein il va puiser la vie ;
Rien ne l'occupe encor que son heureux enfant...
Oui, bientôt, se dit-elle, au gré de mon envie,
Sa voix balbutiera le doux nom de maman !

Enfin tout son esprit fixé sur son ouvrage
Résume tout son bien dans sa vivante image,
Et ne peut concevoir qu'il soit plus grand plaisir
Que d'avoir un enfant, l'aimer et le nourrir.

Oh ! mes chants sont pour vous, aimantes tourterelles
  Que l'on voit près du nid
  Rester en sentinelles
  Et le jour et la nuit,
Sans vouloir délaisser, dès sa première aurore,
 Aux soins d'un cœur par l'argent gouverné,
  Sur un sein qu'il ignore,
  Votre enfant bien-aimé.

au fond de quelque monastère, et tâcher d'oublier, dans les rigueurs de la pénitence, la beauté cruelle qui paya si mal son constant amour (*).

(*) LE SERVANT D'AMOUR.

BALLADE.

Un jouvencel, fleur de la chevalerie,
Quitta les lieux où gît le saint tombeau.
Combats, tempête, avaient dans leur furie
Blanchi croix rouge et terni blanc manteau.
En son écu mainte trace laissée
Montrait des coups vengés par cent trépas.
Sous ton balcon, dame de sa pensée,
Il vint la nuit pour chanter tes appas.

Amour à toi, belle parmi les belles !
Ton chevalier n'apporte d'Orient
Nul joyau d'or, mais ses amours fidèles,
Sa vieille épée et le cœur d'un croyant.
Chers éperons, noble cheval de guerre,
Blason sans tache ainsi qu'azur des cieux,
Sont tous les biens qu'il possède sur terre,
Outre l'espoir d'un éclair de tes yeux.

Honneur à toi, car la harpe sonore
Avant mon nom répétera ton nom !
C'est toi surtout que ma prouesse honore
Au grand combat livré sous Ascalon.
Ton seul sourire aiguisa cette épée,
Qui, peuplant Tyr de veuves, d'orphelins,
D'un flot de sang a la terre trempée,
Pour chaque anneau de tes cheveux divins.

Oui, tout pour toi ! que mon nom soit sans gloire ;
Que de mes faits aille à toi l'honneur.
Mais pour rançon de los et de mémoire,
Je ne requiers rien qu'un peu de bonheur.
La nuit est longue et bien froide à ta porte ;
Brûlé des feux d'un climat dévorant,
Je puis... faut-il que demain l'on t'apporte,
Pour le pleurer, ton chevalier mourant.

Les chevaliers errants. — L'hospitalité. — Les dames encourageaient les chevaliers. — Honorables services qu'elles leur rendaient. — La veillée du château. — Le tenson. — En temps de paix, les chevaliers ne restaient pas oisifs ; fidèles au serment de redresser les torts et d'abolir les injustes coutumes, ils chevauchaient par *monts et par vaux*, quêtant les aventures, s'informant en chaque endroit si les bonnes lois et les bons usages étaient observés. Ils consacraient ainsi les premières années de leur installation dans l'ordre à visiter les pays lointains, les cours étrangères, afin de s'y rendre chevaliers parfaits. Le vert dont ils étaient vêtus, symbole de l'espérance, annonçait la verdeur de leur printemps et la vigueur de leur courage. Ils étudiaient les différentes manières de joûter des diverses nations et les plus beaux coups de lance des chevaliers qui excellaient dans l'art des tournois ; ils ambitionnaient l'honneur de se mesurer eux-mêmes avec ces maîtres, pour s'essayer et pour s'instruire. Ils prenaient des leçons encore plus utiles dans les guerres où ils servaient volontairement, en se rangeant du côté qui paraissait avoir pour lui la justice et le bon droit. Ils étudiaient aussi les principes d'honneur ou de cérémonial, et de civilité ou de courtoisie observés dans chaque cour. Impatients de s'y faire distinguer par leur bravoure, leurs talents et leur politesse, ils ne l'étaient pas moins de connaître les princes et princesses de la plus haute réputation, d'observer les chevaliers et les dames les plus célèbres, d'apprendre leur histoire, de retenir les plus beaux traits de leur vie, pour en faire ensuite des rapports instructifs et des récits intéressants ou agréables quand ils seraient de retour dans leur patrie.

Outre les fréquentes occasions de s'exercer aux tournois et à la guerre que nos chevaliers errants trouvaient dans leurs voyages, le hasard leur offrait souvent encore, dans les lieux écartés où ils passaient, des crimes à punir, des violences à réprimer et des moyens de se rendre utiles en pratiquant ces sentiments de justice et de générosité qu'on leur avait inspirés. Toujours armés pour l'assistance qu'ils devaient aux malheureux, pour la protection et la défense qu'ils avaient promise aux hommes et aux femmes, on les voyait voler de toutes parts dès qu'il était question d'acquitter leur serment de chevalerie. Souvent aussi, plusieurs chevaliers, assemblés dans une Cour, qui venaient d'y recevoir les honneurs de la chevalerie, ou qui avaient assisté à ses fêtes solennelles, s'associaient en commun pour faire des courses ou voyages, qu'ils appelaient *questes*, soit pour retrouver un fameux chevalier qui avait disparu, une dame restée au pouvoir d'un ennemi, soit pour d'autres objets encore plus relevés. Nos héros, errant de pays en pays, parcouraient surtout les forêts presque sans autre équipage que celui qui était nécessaire à la défense de leur personne, vivant uniquement de leur chasse. Des pierres plates plantées en terre, qu'on avait placées exprès pour eux, servaient à faire les apprêts de leurs repas ; les chevreuils qu'ils avaient tués étaient mis sur ces tables et recouverts d'autres pierres, avec lesquelles ils les pressaient pour en exprimer le sang ; du sel et quelques épices, les seules munitions dont on se chargeait, en faisaient tout l'assaisonnement.

Afin de surprendre plus sûrement l'ennemi qu'ils allaient chercher, ils ne marchaient qu'en petites troupes de trois ou quatre, ayant soin, pour ne pas se faire reconnaître, de changer et de déguiser leurs armoiries, ou de les cacher en les tenant couvertes d'une housse. L'espace d'un an et un jour était le terme ordinaire de leur *emprise ;* au retour, ils devaient, selon leur serment, faire un récit fidèle de leurs aventures, exposer ingénument leurs fautes et leurs malheurs. — GRASSIER.

Le beau sexe partageait, en quelque sorte, les exercices du nôtre. L'habitude de vivre avec des guerriers, d'envoyer leurs amants dans les combats et dans les tournois, d'animer leur courage par leur présence, de les recevoir dans leurs bras, couverts d'une noble poussière, et souvent d'un sang précieux, ces objets, tant de fois répétés donnaient aux dames nous ne savons quoi de fier et de sublime ; ils leur élevaient l'âme sans l'endurcir : témoins des dangers dont des têtes si chères étaient menacées, leur sensibilité s'exerçait sans s'épuiser jamais ; leurs occupations n'étaient point minutieuses.

Elles étudiaient même l'art de guérir les blessures, et lorsqu'un chevalier revenait triomphant et blessé, sa dame s'empressait à mettre elle-même l'appareil sur ses plaies, à étancher ce sang qui pouvait se ranimer encore et couler une seconde fois pour la patrie. Amantes sensibles, citoyennes généreuses, ces héroïnes, en serrant entre leurs bras leurs amants percés de coups, en les arrosant de leurs larmes, s'applaudissaient avec orgueil de les avoir versées ; elles partageaient la gloire du chevalier, qui levait fièrement un front cicatrisé où le fer de l'ennemi avait tracé l'éloge de son courage.

Cependant le chevalier trouvait au milieu de ses courses bienfaisantes un doux repos dans les châteaux, où le retenait toujours un accueil bienveillant. Aux portes et aux flèches de ces résidences on plaçait des casques dorés, comme les signes convenus de l'hospitalité et du logis apprêtés aux chevaliers errants ; car c'était une coutume en notre bon pays, tant que courtoisie et charité régnè-

rent en icelui, « que gentilhommes et nobles dames fissent mettre
« au plus haut de leurs hostels ung haulme, en signe que tous che-
« valiers trépassant les chemins entrassent hardyment en cet hos-
« tel comme en leur propre. » — PERCEFOREST.

A l'approche du chevalier, le cor sonne et le pont s'abaisse. Les
dames s'empressent de le recevoir au pied du perron et de lui tenir
l'étrier ; elles le conduisent ensuite dans une grande salle dont les
solives sont couvertes d'armoiries et de fleurs de lis. Les pages lui
donnent à laver ; on délace les courroies de son armure, et de
moelleux tissus essuient la poussière dont son front humide est
souillé. « Beau sire, lui dit-on, soyez ici à votre aise, et si quelque
« chose y déplaît à vos yeux, dites-le en maître, car vous l'êtes
« dès ce moment. »

« Des varlets vont promptement inviter, au nom de leur maître,
les châtelains, les vavasseurs et les bons plaisants d'alentour, afin
qu'agréable et joyeuse compagnie célèbre la venue du chevalier.
Bientôt arrivent en beaux accoutrements les comtes, les bannerets,
le sénéchal, damp-abbé, les sires-clercs, les mires, les ménestrels,
les gobeurs, les joueurs de vielle, de *cornet* et de flûte *behaigue*.

Après le repas, et quand s'en vient la veillée, on commence la
ballade, le tenson (*) et à rire ; les troubadours font entendre le
gaboulet provençal, la mandoline italienne, la harpe de la cour de
Champagne, la flûte de Cologne, la musette des bords du Lignon.
Cependant, assis sur l'escabelle, le pèlerin conte ses voyages aux
anciens du lieu ; le scolastique et le théologal discutent quelques passages captieux extraits du maître des sentences, et le fou de la cour,

(*) Les *Tensons*, ou questions ingénieuses sur l'amour, se portaient à un tribunal
appelé la *Cour d'amour*, composé des femmes les plus distinguées par l'esprit et par la
naissance ; elles avaient seules le droit de résoudre ces sortes de problêmes.

Telle fut l'origine de ces fameuses Cours d'amour, qui se tinrent ensuite pour juger les
pièces de vers des auteurs dont les ouvrages concouraient pour le prix qu'elles devaient
distribuer. Cette réunion des personnages les plus distingués d'une province, pour goûter
les plaisirs de l'esprit, était un pas vers la civilisation. Qu'on se figure une assemblée
composée de dames dans la parure la plus élégante et la plus riche, placées sur des siéges
élevés et entourées de leurs chevaliers ; en face d'elles, les poètes récitant, chacun à leur
tour, les pièces de vers qu'ils ont composées pour disputer le prix ; la dame, présidente,
jugeant, avec celles qui sont assises à ses côtés, le mérite de chaque pièce, prononçant
ensuite, d'un air et d'un ton solennels, l'arrêt qui proclame un vainqueur ; qu'on se représente toutes ces circonstances, et l'on aura une idée de ces fameuses Cour d'amour
qui ont précédé l'institution de nos académies, et dont celle des *Jeux-Floraux* nous présente le souvenir et l'image.

Voyez *Troubadours*. — *Origine des Jeux-Floraux*.

5

se glissant derrière les fauteuils, s'évertue à maints quolibets et bouf-
fonneries.

Le chevalier, conduit dans l'appartement qui lui est préparé, y
trouve de l'eau de rose et de l'électuaire pour se laver, puis un lit
haut de paille et mou de plumes, avec un oreiller parfumé de violette ; les pages lui servent le vin du coucher, le clairet, l'hypocras et les dragées. Le lendemain, à l'instant de la départie, le chevalier demeurait moult ébahi en voyant un page lui apporter des
pièces de drap, de soie, voire des joyaux et de l'or, en disant :
« *Sire chevalier, riez-ci un présent que Monseigneur vous prie de
garder pour l'amour de lui, et, en outre de ces dons, sont ame-
nés, sous l'arcade du clocher, deux palefrois pour vous, et deux
forts roussins pour vos gens ; Monseigneur vous les baille pour ce
que l'estes venu voir en son hostel.* »

Ces présents étaient volontiers reçus. Et comment auraient-ils
humilié, quand le sentiment qui les offrait rappelait à l'orgueil du
chevalier comment il les mérita ? En effet, ces libéralités s'exerçaient non-seulement pour en faire des marques de souvenir, mais
encore afin de s'associer d'une manière quelconque aux exploits et
aux aventures du preux : pacte secret, souscrit d'un commun accord par la courtoisie et la loyauté de ces temps ! Une pensée délicate, une illusion chevaleresque, disait au châtelain généreux qu'en
sortant de ses mains, cette parcelle de ses trésors allait devenir, par
l'entremise d'un héros, des semences de vertus et de gloire. Il
voyait, par son or ennobli, l'indigent et la veuve consolés, la rançon d'un captif acquittée, de pauvres paladins remis en équipage,
des navires se construire, et s'armer l'escorte que le paladin devait
conduire à d'éclatantes expéditions ; il espérait pouvoir dire un jour :
« Le chevalier était peut-être monté sur mon coursier quand il a
« dispersé les gens d'armes d'Angleterre ; peut-être avec mon épée
« a-t-il renversé le géant ou le chef Sarrasin ; en ma maison pourrait
« bien été filé le beau manteau dont il se para le jour du tournoi. »

Mais le chevalier, arrivé au château, n'y trouvait pas toujours des
fêtes, si toutefois ce n'en était une pour lui que l'occasion de punir
un traître, de venger un opprimé, ou de délivrer une piteuse dame
qui gémissait dans les fers d'un jaloux.

C'était quelquefois une jeune et belle châtelaine qui donnait l'hospitalité à notre chevalier. Si la dame de céans avait renom de bonne
renommée et vertu, il lui disait : *Ma bonne amie*, ou *ma bonne dame
ou damoiselle, je prie à Dieu que en ce bien et en cet honneur il
vous veuille maintenir au nombre des bonnes, car bien devez être
louée et honorée.*

Souvent il advenait que la châtelaine, *requérant un don* à son hôte, réclamait le secours de son épée contre les persécutions d'un puissant voisin. Quand, grâces à la valeur du chevalier, elle était délivrée de son ennemi, son défenseur avait un autre danger à courir. Les attraits et la reconnaissance de la noble dame mettaient souvent en péril la fidélité du paladin. Pour conserver la foi jurée à sa mie, il rassemblait tout son courage, et, avant le lever de l'aurore, sellant lui-même son destrier, il s'éloignait de ce dangereux séjour (*).

Mais si, dans le temps d'anarchie féodale, temps de désordre, d'oppression, de tyrannie, la chevalerie errante a rendu d'importants services, on conçoit que son action ne pouvait être que passagère, et ne devait durer qu'autant que la cause qui l'avait produite. Depuis que la société, vers la fin du moyen-âge, commençait à devenir de plus en plus régulière, que la police des Etats modernes commençait à s'établir et à se fonder, l'esprit indépen-

(*) LES CHEVALIERS ERRANTS.

Honneur au chevalier qui s'arme pour la France !
Dans les champs de l'honneur il reçut la naissance ;
Bercé dans un écu, dans un casque allaité,
Déchirant des lions le flanc ensanglanté,
Il marche sans repos où la gloire l'appelle.
A l'aspect du combat son visage étincelle,
L'amour arme son bras et l'honneur le conduit ;
Il paraît, tout frissonne ; il combat, tout s'enfuit.
Au sein de la tempête, étendu sur la terre,
Il dort paisiblement au fracas du tonnerre ;
Et lorsque la poussière, en épais tourbillons,
Cache des ennemis les sanglants bataillons,
Lui seul les voit encore et s'élance avec joie,
Semblable à l'aigle altier qui découvre sa proie,
Et qui, dans sa fureur, plongeant du haut des cieux,
La frappe, la saisit, la déchire à nos yeux.
Les montagnes, les bois et les mers orageuses,
Des Sarrasins vaincus les rives malheureuses
Ont retenti souvent du bruit de ses exploits ;
Il venge la faiblesse, il protége les rois.
Vingt troupes de guerriers devant lui dispersées,
Les coursiers effrayés, les armes fracassées,
Comblent tous les désirs de son cœur belliqueux,
Et voilà ses plaisirs, ses fêtes et ses jeux.

AIMÉ MARTIN.

dant, aventureux, excentrique des chevaliers errants ne pouvait que gêner et embarrasser l'action du gouvernement au lieu de le servir. Dès-lors les souverains s'attachèrent à faire disparaître de la chevalerie tout ce qu'il y avait d'imprévu et de désordonné dans les habitudes de ces guerriers coureurs d'aventures et redresseurs de torts, pour ramener cette institution à un esprit d'ordre et de discipline plus en rapport avec le nouvel état de la société. Ainsi disparut peu à peu cette chevalerie romanesque, qui s'était mêlée aux réalités de la chevalerie historique, et qui, suivant l'expression de Châteaubriand, retentit par un extrême écho jusqu'au règne de François Ier, où elle donna naissance à Bayard, comme elle avait enfanté Du Guesclin auprès du trône de Charles V. Ce qui lui survécut longtemps encore, et ce que les princes encouragèrent pour maintenir l'adresse, la valeur et l'enthousiasme chevaleresque, ce sont les *jeux militaires*, les *tournois*, les *pas d'armes*, les *emprises*, dont nous allons parler.

Des pas d'armes ou emprises. — Esprit chevaleresque. — Fanatisme. — De tous les jeux militaires auxquels a donné lieu la chevalerie, les pas d'armes ou *emprises*, c'est-à-dire *entreprises*, étaient ceux qui avaient le plus d'analogie avec le génie aventureux et romanesque des anciens chevaliers. Nous avons vu déjà que, pour ne pas rester oisifs en temps de paix, les jeunes gens nouvellement élevés au rang de chevalier allaient voyager dans les provinces étrangères et visiter les cours des rois et des princes les plus renommés. Ils ne rencontraient pas toujours des aventures à mener à fin, ni des torts à redresser, surtout depuis que les princes eurent assez de pouvoir pour rendre régulièrement la justice par eux-mêmes ou par les magistrats qu'ils avaient institués. A défaut d'aventures que le hasard ne leur offrait plus, les preux en imaginèrent ; ils faisaient que, dans un lieu indiqué, et pendant certain temps, ils combattraient contre tout venant, à telle ou telle condition, pour soutenir l'honneur de leur nation, la gloire de leurs rois et la renommée de leurs armes. Cet engagement se nommait *emprise*, et son accomplissement était le *pas d'armes*, parce que ordinairement il consistait à défendre un passage sur un pont ou sur un chemin, ou même sur une place fréquentée.

Quand le cartel, contenant la formule et les conditions de l'emprise, avait été publié, les chevaliers tenants se rendaient à l'endroit qu'ils avaient assigné ; là, plantant leur étendard, ils appendaient leurs écus, armoriés de leurs armes, ou enrichis de quelques chiffres ou devises particulières, à des arbres ou à des pals et colonnes

dressées pour cet objet, et obligeaient tous les chevaliers qui désiraient passer par là à combattre ou joûter contre eux. S'ils étaient
plusieurs ligués ensemble pour garder le pas, il y avait autant d'é-
cus pendus à ces arbres ou colonnes qu'ils étaient de chevaliers;
et alors, pour éviter la jalousie, le chevalier qui désirait passer
touchait avec sa lance un de ces écus, et celui à qui il appartenait
était tenu de combattre.

Quand le cartel d'un pas d'armes était publié, il était bientôt
connu au loin, et bientôt arrivaient de toutes parts des chevaliers
jaloux de s'éprouver avec les gardiens de l'emprise, et des dames
curieuses de ces sortes de spectacles, offerts ordinairement en leur
honneur. Au jour fixé, les combats s'engageaient dès le matin, et
duraient une partie de la journée. On joûtait soit à fer émoulu,
soit à lance morte, suivant les conditions du cartel, ou suivant la
permission qui en avait été accordée par les princes souverains sur
le territoire desquels se tenait le pas d'armes. Le vaincu était le plus
souvent obligé de donner un gage au vainqueur, c'était une verge
d'or, un poinçon, des fourrures, ou quelque pierre précieuse.
D'autres fois les conventions de l'emprise portaient que le vaincu
serait obligé d'aller se rendre prisonnier à la merci du roi ou prince
souverain du vainqueur, et de lui confesser que, ayant été vaincu
en tel pas d'armes, il venait se mettre à ses pieds et se rendre son
prisonnier pour le temps qu'il plairait à Sa Majesté; en ce cas, les
rois avaient coutume d'en user le plus généreusement qu'il leur
était possible, et de flatter, consoler et honorer de tout leur pouvoir les chevaliers qui leur étaient envoyés. — LACURNE DE SAINTE-
PALAYE.

Chaque jour, les joûtes se renouvelaient pendant toute la durée de
l'emprise; chaque jour succédaient aux combats les danses, les con-
certs, les jeux et les repas que les chevaliers donnaient à tous les
spectateurs, sur les bords des rivières, des forêts, et sur le penchant des collines; car on choisissait pour théâtre des pas d'armes
le voisinage des bois, de l'onde et des hauteurs, non-seulement
pour y trouver une décoration naturelle à ces fêtes; mais encore
afin de respirer un air toujours rafraîchi par l'ombre des arbres et
le courant des flots, et aussi pour ménager à la foule des spectateurs la facilité de se grouper et de s'asseoir sur la pente des monts.
— DE MARCHANGY.

Quelquefois les pas d'armes étaient ambulants, c'est-à-dire que
les chevaliers plantaient leurs pennons çà et là, selon l'occasion,
puis erraient au hasard, épuisant tous les lieux d'aventures. En
voici un exemple propre à faire connaître l'esprit chevaleresque et

le fanatisme de l'amour qui régnèrent pendant plusieurs siècles chez nos ancêtres. Par suite de certain vœu, un chevalier français parcourut les royaumes de France, d'Angleterre, d'Ecosse et d'Espagne, avec le portrait de sa maîtresse peint en émail sur son écu. Lorsqu'il rencontrait dans ses courses des chevaliers de bonne apparence, leur montrant l'effigie de sa dame, les sommait de déclarer qu'elle était la plus belle de l'univers; s'ils refusaient à cet aveu, le chevalier à l'*emprise* plantait sa lance, y suspendait la ressemblance adorée, et tirant sa flamberge, engageait un combat d'où sortant victorieux, il imposait aux vaincus l'obligation de lui apporter, dans un bref délai, les portraits et les noms de leurs maîtresses, revenant dans son château avec trente portraits conquis de cette manière, et les ayant placés autour de l'image de sa souveraine, il alla déposer aux pieds de celle-ci des trophées et des hommages dont il se crut mille fois payé par le bon accueil qu'il en reçut. — La Colombière.

Le chevalier, qui, pour parler le langage du temps, *chargeait une emprise*, portait sur ses armes des chaines, un anneau, un fer de prisonnier, ou autres marques attachées par la main des dames. Il ne pouvait les quitter qu'au bout d'une ou plusieurs années, suivant les conditions du vœu, à moins qu'il n'eût trouvé quelque chevalier, qui, s'offrant de *faire armes* contre lui, le *délivrât*, en lui levant son emprise, c'est-à-dire, lui ôtant le gage qu'il portait et qui demeurait au pouvoir du vainqueur. « J'espère qu'il en coûtera cher à celui qui voudra vous *délivrer*, dit la dame des Belles-Cousines au seigneur de Saintré, en lui attachant le bracelet qui devait être la marque de son emprise (*). » Il est question, dans l'Histoire de Sain-

---

(*) L'EMPRISE.

Paré des faveurs de ma dame,
Je vais au loin porter ses lois.
Qu'un jour, en couronnant ma flamme,
Elle soit fière de mon choix !
Et vous, cheveux de mon Hermance,
Dont je sens mon bras entouré,
Liens d'amour et de constance,
De vous jamais ne serai délivré !

Pour briser des chaines si chères,
Unissez-vous, Anglais hautains,
Maures galants, nobles Ibères,
Fiers Polonais, vaillants Germains !

tré, du comte de Loiselench (Polonais venu à la cour de France)
« qui portait une emprise d'armes à cheval et à pied, de deux cer-
« cles d'or, l'un au-dessus du coude du bras senestre (gauche), et
« l'autre au-dessous du coude-pied ; tous deux enchaînés d'une as-
« sez longue chaîne d'or, et ce pour l'espace de cinq ans... jusqu'à ce
« qu'il trouvât chevalier ou écuyer, de nom et armes sans repro-
« ches, qui le délivrât de ses armes..... pour lesquelles plutôt et
« plus honorablement accomplir, s'appensa venir en la belle cour
« de France, où tous nobles et valeureux hommes étaient très ho-
« norés et reçus. »

Toutefois les pas d'armes étant, pour l'ordinaire, entrepris seulement par de simples chevaliers amis des aventures, ces combats
n'avaient ni la pompe, ni la solennité des tournois que donnaient
souvent les rois et les princes, et qui vont faire l'objet du paragraphe suivant.

**Les tournois. — Leur origine. — Réglements et Or-
donnances. — Préparatifs et formalités des tournois.
— Tournois sanglants. — Distribution des prix. —
Triomphe du vainqueur. — Chant guerrier. — Festin
du paon. — Les vœux. — Décadence des tournois. —**
L'institution des tournois est fort ancienne, quoique plusieurs auteurs s'accordent à en attribuer l'invention à Geoffroi de Preuilly,
mort en 1066. Sans doute, les tournois ont dû atteindre, sous l'influence de l'institution de la chevalerie, à un degré de splendeur
qui a pu paraître leur donner une origine nouvelle ; mais il paraît
certain que ce baron ne fit que renouveler, à cette époque, les réglements des exercices, en y ajoutant de nouvelles manœuvres.

Pour sa dame un fils de la France,
De vaincre est toujours assuré.
Liens d'amour et de vaillance,
De vous jamais ne serai délivré !

Quand de sa main j'ai vu ma belle
Attacher ce gage d'amour,
J'obtins qu'une chaîne éternelle
Nous unirait à mon retour.
Ah ! j'en ai la douce assurance,
Point ne perdrai ce don sacré !
Lien d'amour et d'espérance,
De vous jamais ne serai délivré !

Am. Tastu.

Aussi longtemps que la chevalerie eut vraiment une mission politique et religieuse à remplir, les tournois furent de sérieuses écoles de prouesse, où les champions cherchaient avant tout à devenir forts et adroits hommes de guerre, sans beaucoup se soucier de riches armures, de beaux équipements, ou même l'applaudissement des dames; mais plus tard, quand les rudes combats des puissances féodales eurent cessé, lorsque les croisades et les progrès du luxe eurent contribué à adoucir l'âpreté des mœurs de la noblesse d'Europe, les joûtes prirent insensiblement un caractère de magnificence et de galanterie, et se transformèrent en fêtes solennelles soumises à des réglements particuliers, et accompagnés de cérémonies publiques qui ont varié suivant les pays et suivant les époques.

En effet, une nation belliqueuse, ayant incessamment les armes à la main, devait s'occuper du soin de les manier avec force et adresse, surtout, dans des siècles de bravoure, où le courage était rarement trompé, et où la manière de combattre exposait les guerriers à se battre corps à corps. Rien n'est donc plus célèbre dans notre histoire que les joûtes et les tournois. Les divertissements de nos aïeux, bien éloignés des nôtres, portaient une empreinte militaire, et devenaient l'image des combats véritables. Les Français quittaient tout pour se rendre dans cette lice publique de la gloire. Ils vendaient tout pour y paraître avec éclat; on n'estimait un gentilhomme qu'autant qu'il y avait été, et la preuve la plus authentique qu'il pût donner de sa noblesse était d'y avoir combattu. Les jeunes gens les regardaient comme une école honorable pour y apprendre leurs exercices, les hommes faits, comme une occasion de faire admirer leur adresse, et les amants, comme un moyen d'y acquérir l'estime des belles.

Les dames ne souhaitaient rien avec plus d'ardeur, moins pour le plaisir que leur donnaient de si magnifiques spectacles que pour la gloire d'y présider; c'était pour elles qu'ils se faisaient, et c'étaient quelquefois elles qui en donnaient le prix.

Les chevaliers seuls avaient le droit de figurer dans les tournois. On ne pouvait entrer en lice qu'on ne fût, de père et de mère, noble de deux ou trois générations. Un gentilhomme mésallié n'y était point reçu. On en était encore exclu pour avoir mal parlé des dames, et généralement pour avoir fait quelque action indigne d'un gentilhomme.

Si des personnes auxquelles on pouvait adresser un reproche grave, avaient la témérité de se présenter au tournoi, elles étaient désarmées par ordre du juge, fustigées et mises à califourchon en quelque endroit de la barrière, pour essuyer, pendant une journée entière , les insultes de la populace. Cette sévérité aida à polir les mœurs ; car, plus les jeunes gentilhommes désiraient briller dans ces nobles assemblées, plus ils appréhendaient de rien faire qui les en exclût.

Le droit de livrer un tournoi n'appartenait qu'aux princes et hauts barons ; ils avaient lieu aux jours de fêtes et de réjouissance extraordinaires. Alors ils envoyaient, longtemps auparavant, dans les provinces voisines et souvent dans les royaumes étrangers, des hérauts d'armes avec l'écu blasonné du seigneur au nom duquel se faisait le ban du tournoi, qu'on publiait ainsi à son de trompe :

OR, OYEZ ! OR, OYEZ ! OR, OYEZ !

« Seigneurs, chevaliers et écuyers, vous tous qui, parmi les délices de for-
« tune, espérez la victoire par la trempe de vos armes et la présence de vos
« dames, au nom du bon Dieu et de la Sainte-Vierge, on vous fait savoir la
« très grande joûte qui sera frappée et maintenue par le très haut et redouté
« seigneur dont vous voyez les armoiries ; laquelle joûte sera ouverte à tous
« venants, et prouesse y sera vendue et achetée au fer et à l'acier. Le pre-
« mier jour, on y combattra à trois coups de lance et à douze coups d'épée,
« le tout à cheval, et portant armes courtoises non effilées et mi-tranchantes.
« Il est défendu, comme à l'ordinaire, entre loyaux chevaliers, de férir le
« coursier de son adversaire, de frapper icelui au visage, de lui causer affo-
« lure de membres, et de courir sus après le cri de merci. Le prix, pour le
« mieux faisant, sera un plumail flottant au moindre souffle et un bracelet
« d'or émaillé, à la livrée du prince, et du poids de soixante écus.

« Le second jour, les tenants joûteront à pied et lance en arrêt ; après les
« lances rompues, il y aura assaut à coups de hache et à la discrétion des
« juges du camp ; le prix du plus vaillant sera un rubis de cent écus et un
« cygne d'argent.

« Le troisième jour, se verra castille et behours ; la moitié des chevaliers
« combattra contre l'autre ; les vainqueurs feront des prisonniers, qu'ils amè-
« neront aux pieds des dames ; le prix sera une armure complète et un pale-
« froi avec sa houssure d'or.

« Vous donc qui désiravez de tournoyer, êtes tenus de vous rendre à.....
« (ici était indiqué le lieu du tournoi), quatre jours avant les joûtes, pour
« exposer vos blasons aux palais, abbayes et autres édifices voisins des lieux.
« Voici, en outre, ce que vous annonce la royale ordonnance :
« — Quiconque des nobles et des chevaliers aura dit et fait quelque chose
« contre la sainte religion, sera exclu du tournoi.
« — Quiconque aura commis une faute contre son prince souverain, ou
« négligé le service de son pays, ou fui lâchement du champ d'honneur à
« cause du danger, sera puni et chassé du tournoi.
« — Quiconque aura outragé de faits ou de paroles le bon renom des dames,
« ou aura laissé médire, sera repoussé loin des barrières.
« — Quiconque aura trahi sa parole, falsifié ses timbres ou la croix de son

« sring ; — quiconque aura, par nouvelle invention, fait charger ses terres
« de nouveaux impôts, rançonné les marchands ou nui au commerce public ;
« — quiconque, devenu l'ennemi d'un autre, voudra s'en venger en faisant
« dégât dans ses domaines, sera noté d'infâmie et renvoyé honteusement du
« tournoi. »

Ces publications étaient très-fréquentes en temps de paix, car les
tournois, arrachant la noblesse française à l'oisiveté, l'exerçant au
maniement des coursiers et des armes, entretenaient dans tous les
cœurs l'ardeur martiale qu'un long repos aurait assoupie.

Viennent ensuite les instructions sur la manière dont les juges
doivent procéder à l'examen et à la vérification des armoiries, et
prononcer l'exclusion du tournoi contre ceux qui se trouveraient
dans l'un des cas cités par les réglements.

Tandis qu'on préparait le lieu destiné au tournoi, on suspendait
le long des cloîtres, des monastères, les écus armoriés de ceux
qui prétendaient entrer dans les lices ; on les y laissait plusieurs
jours exposés aux regards. Un héraut ou poursuivant d'armes nommait les chevaliers auxquels ils appartenaient. La veille du tournoi
était solennisée par des espèces de joûtes appelées tantôt essais ou
éprouves (épreuves), tantôt les *vépres* du tournoi, et quelquefois
escremies ou escrimes ; les écuyers, ainsi que nous l'avons dit, s'y
exerçaient les uns contre les autres avec des armes plus légères et
plus faciles à rompre que celles des chevaliers.

C'était le prélude du grand combat, de la *maître éprouve*. Des
hours, ou échafauds partagés en loges et en gradins, décorés de riches tapis, de pavillons, de bannières, de banderolles et d'écussons, étaient dressés autour de la carrière, ainsi que des tentes ou
pavillons pour recevoir les rois, les reines, les princes et princesses, les anciens chevaliers, les seigneurs, dames et demoiselles.
Sauval décrit, dans son voyage de Paris, les lices plantées pour les
tournois, au palais, au Louvre, à l'hôtel Saint-Paul, à celui des
Tournelles, et autres lieux dans Paris. Des juges nommés exprès,
des maréchaux du camp, des conseillers ou assistants, avaient, en
divers lieux, des places marquées pour maintenir dans le champ de
bataille les lois de la chevalerie et des tournois. Des rois, hérauts et
poursuivants d'armes, répandus en divers endroits, avaient les yeux
fixés sur les combattants pour faire un rapport fidèle des coups qui
seraient portés et reçus ; des sergents de service se tenaient aussi
dans le camp.

Les tournois n'étaient guère moins remarquables par leurs acces-
soires que par leur objet principal ; le luxe des équipages et des
parures, la beauté des festins et des bals, en un mot, les magnifi-

cences de ces jeux célèbres durent électriser l'industrie, le commerce, les arts, en ramenant dans toutes les classes du peuple un or que la féodalité avait fait monter dans les premiers rangs de la société.

Les tournois, où se rendaient les troubadours et les ménestrels, afin d'y chanter les vainqueurs dans leurs ballades, devenaient pour ces romantiques Pindares un motif d'émulation, dont la fréquence dut contribuer peut-être à la renaissance et au goût des lettres.

On peut ajouter à l'éloge de ces sortes d'exercices, qu'en attirant par leur renommée tous les seigneurs des cours étrangères, et multipliant ainsi nos relations avec les peuples voisins, ils nous créaient parmi eux une réputation de courtoisie et de vaillance dont nos ennemis et nos rivaux eux-mêmes n'ont jamais osé contester la supériorité.

Ce n'étaient pas seulement le roi de France et les princes souverains qui faisaient publier des tournois; les grands de la cour, jusqu'aux simples chevaliers, se plaisaient quelquefois à y consacrer leurs revenus. Ces fêtes avaient souvent pour objet de concourir à célébrer un événement heureux, un anniversaire mémorable, et la magnificence que l'on y déployait quelquefois est presque incroyable.

A Beaucaire, en 1174, il y eut un grand tournoi de dix mille chevaliers pour célébrer la réconciliation de Rémond, duc de Narbonne, avec le duc d'Aragon. Bertran Raiembaux ou Raibaux, fit labourer avec douze paires de bœufs le champ du tournoi, et derrière ces bœufs se tenaient des hommes qui semaient, par son ordre, trente mille pièces d'or ou d'argent. Guillaume Gros de Martello, qui était venu joûter avec une suite de quatre cents chevaliers, n'employa d'autre feu pour cuire tous les mets de sa table, pendant la durée des fêtes que des bougies et des torches. Ranmons de Venous, ou Raimon le Venoul, avait mené pour son usage trente chevaux de belle race, qu'il fit tous brûler avant son départ, en présence de la foule des assistants; il y eut mille autre prodigalités aussi extravagantes.

Fréquemment, un suzerain opulent invita les plus vaillants des chevaliers français à un tournoi, pour octroyer la main de sa fille au vainqueur.

La veille du jour fixé pour l'ouverture du tournoi, le seigneur appelant fera sa montre (revue), à la suite de laquelle les juges-diseurs feront prononcer aux tournoyants le serment, dont la formule était proclamée par le héraut de la manière suivante :

« Hauts et puissants princes, seigneurs, barons, chevaliers et écuyers, s'il
« vous plaît, vous tous et chacun de vous lèverez la main dextre vers les
« saints, et tous ensemble promettrez et jurerez, par la foi et serment de vos
« corps et sur votre honneur, que nul d'entre vous ne frappera audit tournoi
« d'estoc, ni aussi depuis la ceinture en aval, de quelque façon que ce soit;
« et d'autre part, si par aventure le heaume chéait de la tête à quelqu'un,
« autre ne le lui touchera jusqu'à ce qu'il ait été remis et lacé, en vous sou-
« mettant, si autrement le faites à votre escient, de perdre armure et des-
« trier, et être criés bannis du tournoi pour une autre fois; de tenir aussi
« l'édit et ordonnance en tout et partout, tel comme messeigneurs les juges-
« diseurs ordonneront la punition des délinquants, et ainsi vous le jurez
« et promettez par la foi et serment de vos corps et sur votre honneur. »

A quoi ils répondront : « Oui! oui! »

« Cela fait, le défendeur entrera dans les lices pour faire sa montre, qui se fera de la même manière que le seigneur appelant. »

Tous ces préliminaires sont suivis de repos, à la suite desquels le
roi d'armes annoncera l'heure fixe du tournoi pour le lendemain,
de la manière suivante :

OR, OYEZ! OR, OYEZ! OR, OYEZ!

« Hauts et puissants princes, comtes, seigneurs, barons, chevaliers et
« écuyers qui êtes au tournoi parties, je vous fais savoir, de par messeigneurs
« les juges-diseurs, que chacune partie de vous soit demain dans les rangs à
« l'heure de midi, en armes, et prêt pour tournoyer; car, à une heure après
« midi, feront les juges couper les cordes pour commencer le tournoi, auquel
« il y aura de riches et nobles dons distribués par les dames.
« En outre, je vous avise que nul d'entre vous ne doit mener dans les
« rangs valets à cheval pour vous servir, outre la quantité, c'est-à-dire qua-
« tre valets pour prince, trois pour comte, deux pour chevalier et un pour
« écuyer; et de valets à pied, chacun pour son plaisir. »

On procédait ensuite à l'élection du chevalier d'honneur, qui
était choisi par les dames. C'était un médiateur chargé d'empêcher
les effets d'un trop grand emportement, et de soustraire un combattant trop faible à la violence d'un vainqueur irrité de la résistance de son adversaire, ou aveuglé par l'ardeur du combat et la
joie du triomphe. Le chevalier d'honneur devait aussi empêcher
qu'on ne battît à outrance celui qui était condamné, d'après les lois
et réglements, à recevoir ce châtiment et à être chassé de l'assemblée. Le signe de son autorité était un couvre-chef que lui donnaient les dames, et qui pour cette raison se nommait : *Merci des
dames*.

Le lieu du combat était une vaste enceinte, fermée tout autour par un double rang de barrières espacés l'un de l'autre d'environ un mètre 28 centimètres ; on plaçait dans cet intervalle les écuyers et les varlets, les hérauts et les rois d'armes. Le peuple se tenait debout. Il y avait un amphithéâtre à plusieurs étages pour les rois, les reines, les princesses, dames et juges du tournoi. On permettait deux manières de se battre : l'une où les tournoyants, séparés en deux troupes rangées chacune sur une ligne, venaient se frapper de la lance pour se renverser ; une barrière placée au milieu de la lice, dans toute sa longueur, séparait les combattants, de façon que l'on pouvait s'atteindre du bout de la lance ; mais les chevaux ne pouvaient se toucher. L'autre genre de combat se nommait *combat à la foule*, sorte de mêlée confuse où l'on se frappait à tort et à travers, sans savoir sur qui ; on n'y admettait que des armes courtoises et innocentes, c'est-à-dire sans pointe ni tranchant. Les seules armes offensives étaient la lance, l'épée, la hache et la dague. Comme il eût été difficile, dans ce chamaillis, de distinguer les vainqueurs et d'adjuger le prix, d'autant plus que, sous le heaume, le visage était entièrement caché, on armoria les écus et les cottes d'armes. Les hérauts et les juges de la lice pouvaient, par ce moyen, suivre de l'œil les combattants, et discerner les prouesses particulières.

Dès le matin du jour fixé pour le tournoi, les écuyers entraient à l'heure du *lacer* dans l'appartement du chevalier. Celui-ci, après avoir revêtu le gaubisson et la cotte de mailles, se rend dans la salle des atours. Là, sur des tables de marbre et des siéges richement sculptés, sont épars confusément les manteaux, l'hermine, le menu-vair, les ceintures, les plumes, les morions d'airain, les guidons, les tortils, les lambrequins et mille autres parements de guerre.

Cependant le son du cor et des clairons se fait entendre ; l'airain religieux s'ébranle dans les tours, les clochers, les basiliques, et remplit les airs de ses vibrations solennelles. Les hérauts d'armes vont criant de tous côtés : *Lacez les heaumes! lacez les heaumes!* c'est-à-dire : Chevaliers, armez-vous! Une immense population circule, en habits de fête, dans les rues jonchées de fleurs, et tendues de draperies et de chiffres de feuillages.

Dès l'aurore, des milliers de spectateurs se sont placés sur les hauteurs qui dominent les lices ; les coteaux voisins sont couverts de pavillons et de tentes, d'où flottent des banderolles, des panaches aux vives couleurs et des guirlandes de roses.

De distance en distance, de grands mâts, dressés dans la carrière, sont chargés de panonceaux, de bannières, d'inscriptions où on lit ces mots : *Honneur aux fils des preux! Prix et los au mieux faisant!* Ceux des seigneurs qui ne veulent pas combattre viennent en litière, vêtus de longues robes d'hermine, à collet renversé.

A l'heure de midi, une foule de ménétriers, avec toutes sortes d'instruments d'une musique guerrière, annonçaient, par de bruyantes fanfares, l'arrivée des chevaliers, qui, tous à cheval, et superbement armés et équipés, s'avançaient à pas lents, avec une contenance grave et majestueuse. Des dames et des demoiselles *amenaient quelquefois ces fiers esclaves attachés avec des chaines, qu'elles leur ôtaient seulement lorsque entrés dans l'intérieur de lices ou barrières, ils étaient prêts à s'élancer. Le titre d'esclave ou de serviteur de la dame que chacun nommait hautement en entrant au tournoi, était un titre d'honneur qui ne pouvait être acheté par de trop nobles exploits. Il était regardé par celui qui le portait comme un gage assuré de la victoire, comme un engagement à ne rien faire qui ne fût digne d'une qualité si distinguée.*

Après ces pompes curieuses et plusieurs autres, qui, selon l'expression d'un vieil historien, enfantaient beaucoup de choses mystérieuses et pleines d'esprit, défilent trente bannerets. Chacun d'eux est suivi de cinquante arbalétiers, et fait porter devant lui une haute bannière, apanage de sa puissance.

A la suite des bannerets sont les juges diseurs, revêtus de robes longues et une verge blanche à la main. Des varlets de pied passent autour du bras la bride de leurs coursiers.

Entre ces rangs, on aperçoit les tambourins, les fifres et les trompettes du roi, habillés de damas incarnat et blanc.

Défilent ensuite les pages, dont un léger duvet cotonne à peine le menton; ils portent les livrées de leurs maîtres couvertes d'orfévreries.

Enfin paraît le roi, entouré des princes du sang, des ducs, des grands dignitaires, du connétable, de l'échanson, du pannetier, du chevalier d'honneur, des officiers de la fauconnerie, de la vènerie, tous accoutrés de drap d'or et de velours cramoisi, et portant les marques et les symboles de leurs fonctions.

Après le roi, se déploie le cortége de la reine, fermé par des sergents d'armes, des archers, des estafiers. Il fait deux fois le tour de la lice; chacun se range selon le cérémonial usité. Quand le roi et la reine ont pris place dans le balcon du milieu, le roi d'armes s'avance et crie à haute voix :

OR, OYEZ ! OR, OYEZ ! OR, OYEZ !

« Messeigneurs les juges prient et requièrent entre vous, messeigneurs les
« tournoyeurs, que nul ne frappe autre d'estoc ni revers, depuis la ceinture
« en bas, comme vous l'avez promis, et que nul d'entre vous ne veuille frap-
« per par haine sur nul plus que sur l'autre, si ce n'était sur aucun qui,
« pour ses démérites, fût recommandé.

« — Outre plus, je vous avise que depuis que la trompette aura sonné re-
« traite, et que les barrières seront ouvertes pour plus longtemps demeurer
« sur les rangs, nul ne gagnera l'emprise après ladite sonnade. »

Enfin, les juges du camp laissent tomber leur baguette blanche
et crient : *Coupes cordes, et laissez aller les bons combattants!*
Les fanfares commencent, les barrières s'abaissent, cent chevaliers
s'élancent des deux extrémités de la lice et se rencontrent au milieu. Les lances volent en éclats. Front contre front, les chevaux se
heurtent et tombent. Heureux le héros qui, ménageant ses coups et
ne frappant, en loyal chevalier, que de la ceinture à l'épaule, a
renversé, sans le blesser, son adversaire! Tous les cœurs vont à
lui; toutes les dames veulent lui envoyer de nouvelles faveurs pour
orner ses armes. Cependant des héros crient aux chevaliers : *Souviens-toi de qui tu es fils, et ne forligne pas.* Joûtes, castilles, pas
d'armes, cartels, combats à la foule, font tour à tour briller la
vaillance, la force et l'adresse des combattants. Chaque coup de
lance remarquable, chaque avantage éclatant est célébré par les
ménétriers. Ces mots : *Honneur aux fils des preux!* retentissent
de toutes parts; et mille cris mêlés aux fracas des armes, portent
jusqu'aux cieux le nom et la gloire des vainqueurs. Chaque dame
encourage son chevalier et lui jette un bracelet, une boucle de
cheveux, une écharpe, ou quelque ouvrage de ses mains, que
le chevalier place au bout de sa lance, à son casque, ou à quelque
autre partie de son armure, pour lui servir à se faire reconnaitre.
Mais lorsque, dans le choc, ces objets étaient déchirés, les dames
leur en rendaient de nouveaux. Ainsi la beauté faisait à l'héroïsme
le sacrifice qui lui coûtait le plus; souvent même, à la fin d'un
tournoi, elles étaient étonnées de n'avoir conservé de leur parure
que ce qu'il eût été honteux de donner. *Elles s'en allaient les cheveux sur leurs épaules gisant, plus jaunes que fin or, en plus
leurs cottes sans manches; car tout avaient donné aux chevaliers,
pour eux parer, et guimples et chaperons, manteaux et camises,
manches et habits; mais quand elles se virent à tel point, elles
s'en furent toutes honteuses. Mais sitôt qu'elles virent que chacune
était en tel point, elles se prirent toutes à rire de leur adventure,
car elles avaient donné leurs habits et leurs joyaux de si grand*

*cœur aux chevaliers, qu'elles ne s'apercevaient de leur dénue-
ment et devestement.*

Cependant, après avoir déployé, durant des heures entières, leur
force et leur adresse, la plupart des chevaliers ont été mis hors de
combat, et de tous les concurrents deux seuls restent encore dans la
lice, prolongeant entre eux une lutte d'autant plus glorieuse que le
vainqueur allait réunir sur son front les palmes cueillies par ses
devanciers, et envelopper dans sa gloire la gloire de ses rivaux.

Ce succès insigne est proclamé par des trompettes et par des cris
élevés jusqu'aux nues.

Le vaincu vide les arçons et tombe dans la poussière, humilié,
confus; il crie à son adversaire de lui arracher la vie; mais le vainqueur généreux ramène au paladin son coursier, qui se cabrait dans
l'arène, et lui dit avec un air affable : « Noble sire, ne plaise à Dieu
« que je frappe à mort si bon chevalier comme vous êtes, ne le
« ferais pour la meilleure cité qu'avait en son temps le grand
« Charlemagne. Quoique la joûte ne soit tournée à votre gré, vous
« avez conquis aujourd'hui le haut nom de prouesse; je ne le die,
« cher sire, pour vous louer, mais pour pleine conscience; et si
« j'ai vaincu, grâce en est à la bonté de mes armes et de mon
« destrier. Je vous prie donc de prendre ce bracelet pour l'amour
« de moi, et de le porter un an et un jour. Que cette aventure n'ôte
« rien à votre gaieté; demain vous serez peut-être vainqueur à
« votre tour. »

C'est ainsi que la courtoisie et la générosité des chevaliers faisaient aimer et pardonner leur gloire; ainsi non-seulement ceux
qu'ils avaient vaincu se consolaient de leurs disgrâces passagères,
mais encore devenaient les fidèles amis et les compagnons de leurs
adversaires.

Le lendemain et le jour suivant, même affluence de spectateurs,
même appareil, même ardeur de la part des concurrents; néanmoins on variait le genre de combat. Le premier jour était ordinairement réservé aux joûtes, c'est-à-dire, aux coups de lance de
chevalier à chevalier; mais les deux autres jours consacrés à
des exercices plus importants, sous le nom de pas d'armes, de castilles, de combats à la foule, *behours* ou *jeux de plaisance,* et offraient
une vive et parfaite image des scènes les plus périlleuses de la guerre,
comme l'attaque simulée d'un bastion, l'escalade d'un rempart, la
défense d'un défilé, le passage d'une rivière, la rencontre de deux
partis dans le souterrain du mineur. Plus souvent encore, tous les
chevaliers combattant à la fois, donnaient une idée exacte du tumulte d'un champ de bataille.

La dernière joûte se nommait la *joûte des dames;* c'était un combat entièrement en l'honneur du beau sexe, et dont l'unique but était de faire *joyeux esbattements aux dames.* C'était celle où l'on cherchait à faire preuve de plus de valeur et d'adresse.

Les principaux réglements consistaient à ne point frapper personne de la pointe de l'épée, mais seulement du plat et du taillant, rabattu et émoussé, et ce seulement de la ceinture en haut, c'est-à-dire au plastron; à ne plus frapper un chevalier dès qu'il avait ôté la visière de son casque, ou qu'il s'était déheaumé; à ne pas se réunir plusieurs contre un seul dans certains combats, tel que celui qui était proprement appelé joûte; à ne point blesser le cheval de son adversaire; à ne point combattre hors de son rang, etc. Malgré ces prohibitions introduites pour empêcher, autant que possible, l'effusion du sang, l'arène était presque toujours ensanglantée, et ne différait souvent en rien d'un champ de bataille. C'est ainsi qu'à Nuys, près de Cologne, en 1240, un tournoi coûta la vie à soixante chevaliers ou écuyers.

Les tournois et combats à outrance, où l'on combattait à fer émoulu et à épées tranchantes et poignantes, avec des brancs d'acier bien aiguisés, et où, par conséquent, on s'attaquait de manière à faire couler le sang et à donner la mort, n'auraient dû être jamais permis; aussi ont-ils été condamnés par l'Eglise. Les papes Innocent et Eugène les défendirent, et, à leur imitation, le concile de Latran, tenu à Rome l'an 1180, sous le pontificat du pape Alexandre III. Innocent III renouvela cette défense; enfin, le pape Clément, voulant aussi abolir les tournois sanglants, publia une bulle au mois d'octobre de l'an 1313, sous le règne du roi Philippe-le-Bel, par laquelle telle sorte de combat était entièrement défendu, sous peine d'excommunication. Mais laissons ces jeux sanglants, qui se sentaient encore des temps de barbarie dont ils étaient voisins, et revenons à nos fêtes chevaleresques, où la maladresse, ou même l'impétuosité des combattants pouvaient, il est vrai, quelquefois occasionner des accidents, malgré les précautions les plus sages, mais où jamais le sang ne fut versé avec intention.

Enfin, arrivait le moment de décerner le prix au triomphateur. Les hérauts d'armes et les maréchaux du camp allaient recueillir les avis des assistants, et principalement des dames, puis venaient en faire un rapport impartial au prince qui présidait à la fête. Alors les *juges-diseurs* nommaient le vainqueur à haute voix, les hérauts le renommaient à leur tour, et cet usage fait l'origine du mot *renommée.* — LE P. MÉNÉTRIER.

Jamais tribunal ne fut plus équitable; jamais les vaincus ne se plaignirent de l'arrêt qui les condamnait. Plus intègres que les oracles de l'Aréopage, les arbitres n'avaient pas besoin des ténèbres de la nuit pour fermer les yeux à la faveur ; ils étaient justes en plein midi ; souvent même la décision était remise aux dames ; elles se piquaient d'une équité inaltérable, et l'amour en murmurait quelquefois. Mais en couronnant le vainqueur, elles savaient l'art de consoler le vaincu.

Tout ce que Rome prodiguait avec faste à ses héros, conduits sur le char de triomphe, les dames le procuraient aux vainqueurs des tournois, avec une simplicité plus noble et moins dangereuse pour l'État : une couronne, une épée, un casque, un cheval, etc., telles étaient les récompenses du vainqueur. Mais ce prix, pour être modique, n'en était pas moins solennel. Les spectateurs n'étalaient le faste et la pompe que dans leurs éloges ; les vainqueurs, n'étaient riches que de leur gloire ?

A peine a-t-on fait connaître ces noms glorieux, que les cloches, les timbales, les flûtes, les trompettes, les chants du troubadour, du trouvère, du ménestrel, remplissent à la fois les airs des sons et des accords de l'allégresse, on se hâte, on accourt pour contempler à leur passage les héros qui se rendent aux pieds de la reine pour y être couronnés par elle ; chacun les félicite, les applaudit, veut toucher les armes glorieuses dont bientôt, comme de monuments sacrés, les voûtes des temples seront ornées. Du haut des balcons, on jette à pleines mains les fleurs sur ces braves guerriers portés en triomphe dans les bras de la foule empressée jusqu'au balcon royal. La reine, prenant des mains de son auguste époux la couronne ou *chapelet d'honneur*, le remet au vainqueur prosterné devant elle ; alors le roi dit :

« Sire chevalier, pour le grand effort que chacun vous a vu faire
« aujourd'hui, et à raison que par votre prouesse votre parti a été
« victorieux, par le consentement de tous les meilleurs, avec le
« vouloir des dames, le prix et los vous est adjugé, comme à celui
« à qui le bon droit appartient. »

Le chevalier répond humblement :

« Mon très honoré seigneur (ou souverain, s'il était son sujet), je
« vous rends grâces infinies et aux dames et aux chevaliers ci-pré-
« sents de l'honneur qu'il vous a plu me déférer, et bien que je con-
« naisse ne l'avoir nullement gagné, néanmoins, pour obéir à vos
« bons commandements et à ceux des dames, puisque tel est votre
« vouloir, je le prends et accepte. » — La Colombière.

L'instant où cet heureux guerrier relève la tête couverte de lauriers, est le nouveau signal des applaudissements et des acclamations. La joie, l'ivresse publique sont à leur comble ; les vainqueurs, étonnés, interdits de cette profusion de bonheur, de ce concert d'éloges, semblent fléchir sous le poids des honneurs. Ces braves, dont cent fois le courage affronta d'un œil serein, d'un front inaltérable, les dangers et la mort, ne peuvent supporter l'excès de leur félicité ; les uns s'évanouissent dans les bras de leurs écuyers, d'autres pleurent et sourient comme de simples enfants, se jettent sur le sein de leurs amis, de leurs compatriotes, de tous ceux enfin qui désirent les voir et les presser contre leurs cœurs.

Cependant les troubadours montés dans les galeries font entendre ce chant guerrier :

« Quel est le gentil bachelier engendré au milieu des armes, allaité dans un « heaume, bercé sur un bouclier et nourri de chair de lion, s'endormant au « bruit du tonnerre ? Il a le visage du dragon, les yeux du léopard et l'impé- « tuosité du tigre. Dans le combat, voilà qu'il s'enivre de fureur et découvre « son ennemi au travers des tourbillons de poussière ; tel le faucon voit sa « proie à travers les nuages. Rapide comme la foudre, il renverse le paladin « de son coursier, et son poing, ainsi qu'une massue, peut les écraser l'un « et l'autre. Pour mettre fin à une aventure, il ne craindra pas de franchir « les mers d'Angleterre ou les cimes du Jura. Dans la bataille, on fuit devant « lui, comme la paille légère fuit devant la tempête ; aux joûtes, ni fer, ni « platine, ni lance, ni bouclier ne peut résister à ses coups. Les glaives « brisés, l'haleine des chevaux fumants, les piques, les hauberts fracassés, « voilà les spectacles et les fêtes chers à son noble cœur. Il aime à parcourir « les monts et les vallées pour attaquer les ours, les sangliers et les cerfs « dans le temps de leurs amours. Pendant son sommeil, son casque est son « oreiller (*). »

(*) LE TOURNOI.

Déjà tous les guerriers dont s'honore la France
A de nouveaux combats préparent leur vaillance ;
En leurs nobles discours, en leurs mâles travaux,
Les héros sont soldats, les soldats sont héros.
Mais avant leur départ aiguillonnant leur zèle,
Aux plaisirs d'un tournoi leur maître les appelle.

Image des combats, étude des guerriers,
Le carrousel au brave ouvre un champ de lauriers.
Tel on voit le taureau, plein d'une ardeur guerrière,
Des cornes battre l'air, du pied battre la terre ;
Tel s'élance au combat le Français belliqueux ;
La peine est son plaisir, les travaux sont ses jeux ;
Tout repos le fatigue, il ne vit que de gloire :
Ses fêtes sont encor des essais de victoire.

C'était dans ces fêtes qu'on voyait briller la vaillance ou la courtoisie de La Trémouille, de Boucicault, de Bayard, de qui les hauts faits ont rendu probables les exploits des Perceforest, des Lancelot et des Gandefer. Il en coûtait cher aux chevaliers étrangers pour oser s'attaquer aux chevaliers de France. Pendant les guerres du règne de Charles VI, Sampi et Boucicault soutinrent seuls les défis que les vainqueurs leur portaient de toutes parts ; et joignant la générosité à la valeur, ils rendaient les chevaux et les armes aux téméraires qui les avaient appelés en champ clos.

Le roi voulait empêcher ses chevaliers de *relever le gant* et de ressentir ces insultes particulières. Mais ils lui dirent : « Sire, l'honneur de la France est si naturellement cher à ses enfants, que si le

> Sur les bords de la Seine, aux portes du palais,
> Est une vaste enceinte où les guerriers français,
> Exerçant aux tournois leur vaillante jeunesse,
> Font admirer leur force et briller leur adresse.
> Sur un balcon royal, sous un dôme de fleurs,
> Du prix de la beauté recherchant les honneurs,
> Mille objets séduisants dont l'amour suit les traces,
> Créés par les plaisirs, modelés par les grâces,
> Attirent tous les yeux, et sur le champ d'honneur,
> Des poursuivants d'amour enflamment la valeur.
>
> Guise à l'amphithéâtre, où son maître l'appelle,
> Pour décerner le prix doit choisir la plus belle.
> Il admire, il hésite..... et tel qu'un doux zéphir
> Qui glisse sur des fleurs, il erre sans choisir.
> Qui l'emporte ? Est-ce Imma, Berthe, Gertrude, Isaure ?
> Serait-ce Elvire ? Non ; Guise a vu Eléonore ;
> C'en est fait, à ses pieds il tombe..... Elle rougit ;
> Léonore triomphe, et l'armée applaudit.
>
> La trompette a sonné. Des tournois belliqueux
> Le cri s'est fait entendre : — *Honneur aux fils des preux !*
> Guise s'est élancé sur le sol de la gloire ;
> Sa visière est baissée, et son armure est noire ;
> Quel preux va le combattre ?... Alver. Son bouclier
> Offre un lion superbe, et sur l'orbe guerrier
> Ces mots : — « *Sûr de moi-même aux combats je m'élance.* »
> Alver s'est écrié : — « Quelque soit ta vaillance,
> « Paladin inconnu, tremble ! Au champ des succès
> « Prétentre à mes lauriers, c'est chercher un cyprès. »
> Mais Guise : — « Songe aux lois de la chevalerie,
> « *Preux ! garde pour devise honneur et courtoisie !*

diable lui-même sortait de l'enfer pour un desfi de valeur, il se trouverait des gens pour le combattre. » — CHATEAUBRIAND.

Enfin, le vainqueur, après avoir remporté le prix, était conduit dans le palais, et désarmé par les dames, qui le revêtaient d'habits précieux ; il occupait ensuite au banquet la place la plus honorable. Pendant que les troubadours chantent des lais amoureux, un *faisan* ou un *paon rôti*, qu'on a eu soin de parer de son plumage, est apporté dans un grand bassin d'or, au milieu de la noble assemblée.

Ce n'étaient point les écuyers servants ordinaires qui avaient l'honneur de poser le paon sur la table. Cette cérémonie glorieuse regardait les dames ; elle était déférée à celle d'entre elles que distinguait le plus sa naissance, son rang ou sa beauté. Suivie d'un

« *Plus tu sais férir haut, plus tu dois parler bas.* »
Il dit ; fond sur Alver.... Mais volant en éclats,
Sur chaque bouclier se brise chaque lance ;
Et, plus terrible, à pied le combat recommence.
Même force toujours, même art, même valeur ;
Et l'assemblée hésite à prévoir le vainqueur.

De mille coups pressés leurs écus retentissent ;
De leurs casques brûlants mille feux rejaillissent :
Alver a chancelé.... Guise, amant valeureux,
Lève un œil inquiet vers la reine des jeux.
Ah ! c'en est fait ! d'Alver quand la force s'épuise,
Un seul regard d'amour double celle de Guise ;
Et le chef arrogant tombe à ses pieds vaincu.

Bientôt il se relève.... Alver a disparu.
Le comte Theuderic pour le venger s'avance ;
Guise l'a renversé, tout cède à sa vaillance.
Au comte ont succédé six autres paladins :
Différents sont leurs coups, pareils sont leurs destins.
La victoire est à Guise. Ainsi, sur le rivage,
De tous les éléments soulevés par l'orage,
Le roc audacieux brave en paix la fureur ;
Sur sa base immobile il repose vainqueur.

Nul autre chevalier ne s'offre dans l'arène.
Guise sous le balcon lentement se promène.
Léonore sourit, lui lance un doux regard ;
Guise croit voir l'amour où ne règne que l'art ;
Prêt à tomber aux pieds de celle qu'il adore,
Il ne cherche, n'entend, ne voit que Léonore,
Quand soudain la trompette, en réveillant l'honneur,
Dissipe son ivresse et lui rend sa valeur.

certain nombre d'autres femmes, accompagnée d'instruments de
musique, cette reine de la fête entrait ainsi en pompe dans la salle
du festin. Là, au bruit des fanfares, elle le posait devant le chevalier qui avait remporté le prix du combat ; c'était à lui de droit
qu'on déférait l'honneur du paon. Son talent consistait alors à dé-
pecer l'animal avec assez d'adresse pour que toute l'assemblée pût
y goûter, et qu'il ne restât aucune part inutile.

Souvent l'enthousiasme qu'excitait tant de gloire dans le chevalier
tranchant, enflammait tout-à-coup son courage. Il se levait, et, la
main tendue sur l'oiseau, faisait, à haute voix, un vœu d'audace
ou d'amour capable d'augmenter encore l'estime qu'avaient inspirée
pour lui ses hauts faits. Par exemple, il jurait de porter, dans la plus

A triompher encor le héros se prépare ;
Mais des preux retentit la brillante fanfare,
Et des juges du camp l'impartiale voix
Déjà va proclamer le vainqueur des tournois.
Léonore en ses mains élève une couronne.
Guise est près du balcon.... ; sa fierté l'abandonne ;
Doux servant de sa dame, esclave embarrassé,
Le guerrier disparaît, l'amant l'a remplacé ;
Tandis que dans les airs la trompette résonne,
Qu'un transport général l'applaudit, l'environne,
Insensible aux honneurs, le modeste héros
A la belle étrangère ose adresser ces mots :
« Si j'eus quelque succès, je vous en dois la gloire ;
« Dans vos yeux enchanteurs j'ai puisé la victoire. »

Caché sous sa visière, un nouveau fils des preux
A paru dans la lice ; et, chef mystérieux,
A haute voix s'écrie : « Arrête, vaillant Guise !
« Arrête ! Pour gagner la couronne promise
« Il faut encor me vaincre ». A ce discours guerrier :
— « Pourquoi céler tes traits ? dit Guise au chevalier ;
« Qui que tu sois, ma lance à te frapper est prête. »
Déjà chacun frémit du combat qui s'apprête.
L'inconnu, du dieu Mars a les dehors brillants.
Léonore se trouble.... Elle, qui si longtemps
Fut des mortels séduits la perte ou le supplice,
Qu'elle aime enfin !... L'Amour punira l'artifice.

Les deux rivaux altiers, paladins aguerris,
Du noble carrousel se disputent le prix,
Et déjà leurs coursiers ont mordu la poussière ;
Mais sans rien ralentir de leur ardeur guerrière,
Chacun, le fer en main, plein d'un courage égal,
Se lève, atteint, poursuit et frappe son rival :

prochaine bataille, le premier coup de lance aux ennemis ; de planter le premier, en l'honneur de sa mie, son étendard sur le mur d'une ville assiégée ; enfin, quelque prouesse pareille et qu'il est aisé d'imaginer. Quant à la formule du serment, elle était conçue en ces termes : *Je voue à Dieu, à la Vierge Marie, aux Dames et au Paon, de......, etc.*

Le vœu des premiers preux étant achevé, on présentait successivement le plat aux autres convives, qui tous, chacun à leur tour, faisaient un serment à peu près du même genre. Souvent les têtes s'échauffaient, chacun voulait surpasser celui qui l'avait précédé, et il résultait de ce moment d'effervescence les promesses les plus téméraires, et surtout les plus extravagantes.

> Autant que leur valeur, leur adresse est extrême :
> La gloire, en ce moment, combat contre elle-même.
>
> De leurs yeux courroucés jaillissent des éclairs.
> Leur haleine, autour d'eux, semble enflammer les airs.
> Ils luttent corps à corps, ils se cherchent, se fuient,
> S'attaquent tour à tour, se redressent, se plient ;
> Et la foule, observant leurs efforts périlleux,
> Admire l'un et l'autre et tremble pour tous deux.
>
> Quels cris parmi le peuple !... Au bout de la carrière,
> Renversé tout à coup en des flots de poussière
> Guise a roulé vaincu non loin de son coursier.
> Et, par les chefs du camp, déjà l'heureux guerrier,
> Dont le rang et le nom sont des secrets encore,
> Est conduit en triomphe aux pieds de Léonore.
>
> Des mains de la beauté, le prix du champ d'honneur
> Lentement est placé sur le front du vainqueur.
> Léonore, admirant sa grâce et sa noblesse,
> Pour le voir plus longtemps à ses genoux le laisse ;
> Elle lève son casque.... O trouble pour son cœur !
> Du tournoi Charlemagne est le triomphateur.
> Irritant son orgueil en dédaignant ses charmes ;
> Hélas ! déjà ce prince a fait couler ses larmes.
>
> O souffrance !... A ses pieds, calme et silencieux,
> De ses yeux froidement il détourne les yeux ;
> Puis, se levant soudain, il s'élance vers Guise,
> Et, posant sur son front la couronne conquise :
> « — Brave ami, lui dit-il, le prix d'honneur t'est dû ;
> « C'est pour te couronner que Charles la reçu.
> « Je n'ai dû qu'au hasard ta chute et ma victoire :
> « Guise, de ce grand jour à toi seul est la gloire !... »

D'ARLINCOURT

L'usage de ces vœux généraux ou particuliers était universel. Ces engagements solennels, inspirés par la religion, l'honneur ou l'amour, avaient un caractère irrévocable, et rien n'aurait pu excuser celui qui les eût violés. Des vœux individuels donnaient plus de force encore à ces engagements solennels. L'amour était souvent le motif de donations pieuses; plus souvent encore il inspirait les vœux formés par la valeur. Un prix remporté dans un tournoi ou dans un champ de la guerre, des prisonniers à faire, un poste à enlever aux ennemis, c'était là ce qu'une dame exigeait de son amant, pour juger s'il était digne d'elle. En demandant de grandes actions comme des preuves d'amour, elle s'associait à la gloire du chevalier, et le récompensait par ses éloges. Celui-ci, à son tour, prouvait la beauté et le mérite de sa dame par la valeur avec laquelle il défendait l'une et l'autre.

Après le repas, le roi et les princesses distribuent de belles robes et des livrées aux seigneurs et aux dames de la Cour; car, alors, ne se confondaient pas les livrées honorables avec les livrées de servitude; des *manteaux d'honneur* et des morions d'acier étaient également offerts aux chevaliers. Souvent le fond de la salle s'ouvrait, et des quadrilles exécutaient, sous divers costumes, des ballets allégoriques et champêtres.

Ce récit, quoique incomplet, pourra donner une idée de ce qu'étaient les fêtes de la chevalerie au moyen-âge. « Il est permis de l'affirmer, dit M. de Marchangy, les Grecs et les Romains n'offrent rien de comparable à l'éclat et à la renommée de nos tournois français. Les Jeux Olympiques, cérémonies les plus célèbres du plus célèbre peuple de l'univers, ne peuvent être assimilés aux fêtes de notre chevalerie, ou du moins tout parallèle à ce sujet serait à notre avantage.

On sait avec quelle modestie et quelle générosité le vainqueur, dans un tournoi, relevait et consolait le vaincu, et comment ce dernier rendait justice à son noble rival. Les ordonnateurs du tournoi avaient même la délicate précaution de faire planter les barrières près d'une forêt, afin que les chevaliers déçus par le sort des armes, pussent aller sous ces ombrages cacher leur douleur et lever leur visière, sans avoir des témoins de leurs larmes et de leurs plaintes (*), tandis que, dans les Jeux Olympiques, le

(*) LE CHEVALIER DÉCONFORT.

Chevalier du tombeau ! qu'étoit douce la vie,
Quand jadis au tournoi tu joustois pour ta mie !

vainqueur insultait le vaincu et le foulait aux pieds, aux applaudissements d'une assemblée sans pitié.

Les causes de la décadence des tournois furent à peu près les mêmes que celles de la décadence de la chevalerie. Le changement de système dans la guerre et dans les armes, la valeur personnelle remplacée par la puissance des masses, l'affaiblissement de la féodalité soumise à l'unité impériale ou royale, y contribuèrent plus que les défenses fréquentes des papes, des conciles et des rois.

Sous Charles VII, vers 1443, l'auteur du *Journal de Paris* reproche à la noblesse son oubli des tournois : « Plus ne leur chailloit, dit-il, que de jouer aux dez, ou chasser au bois, ou danser; ne se faisoient mais (plus) comme on souloit faire, ne joustes, ne tournois, ne nuls faits d'armes, pour paour des lézions (blessures); bref tous les seigneurs de France estoient tous devenus comme femmes, car ils n'estoient hardis que sur les pouvres laboureurs, et sur pouvres marchands qui estoient sans nulles armes. »

Ah Blanche ! plus ne peus aucuns dons m'octroyer;
Oncques plus ne diras : — Voilà mon chevalier !

Haubert, lances, harnois qui moult fites ma gloire,
Amour a disparu, plus ne veus de victoire.
Blanche ! parmi les preux, d'autres pour tes attraits
Ont pu combattre mieux ; mais aimer mieux !... jamais.

Et toi, fier destrier, ami cher et fidèle !
Et par monts et par vaux, plus ne courras pour elle !
Cœurs discourtois plus ors n'irai vous châtier !
Avec Blanche au tombeau suis déjà tout entier.

Jadis eus pour devise : *honneur et courtoisie !*
Domptai les jouvenceaux, punis la félonie ;
Las ! pourtant, doux objet de mes soins empressés,
Faire tout, selon moi, ce n'étoit point assez.

Ménestrel, qui d'amour charmant le vasselage,
Souci poignant ignore, et fête doux servage,
Comme toi je chantai... Mais triste et déconfort,
Ors, *triolet d'amour* se change en *lai de mort.*

Ici je fus heureux, ici la mort m'appelle.
Heureux servant d'amour qu'enchante encor ta belle,
Tu peus vivre... Non moi ! D'amour, céleste feu,
Des preux douce existence, à tout jamais adieu !...

D'ARLINCOURT

Ce fut surtout après la mort de Henri II, blessé dans un tournoi de la rue Saint-Antoine, par le comte Gabriel de Montgommeri, en 1559, que ces fêtes devinrent plus rares. Cependant on cite encore des combats à la barrière, où Charles IX et son frère firent des armes l'un contre l'autre en champ clos, et l'on se rappelle que beaucoup de gentilshommes catholiques, surpris dans leurs préparatifs pour la Saint-Barthélemy par des huguenots alarmés, répondaient qu'ils s'apprêtaient à un tournoi que le roi allait proposer. Sous les règnes suivants, il y eut encore, à de rares intervalles, quelques joûtes, dont parle Bassompierre; mais bientôt l'ardeur chevaleresque dégénéra en une fureur aveugle pour les duels.

L'adoption ou fraternité d'armes. — Le besoin, l'estime et la confiance ont donné naissance aux adoptions ou fraternité d'armes. Elles sont, dit Du Cange, de toute ancienneté chez les nations septentrionales. Ces adoptions se faisaient quelquefois de royaume à royaume, souvent de prince à prince, plus communément de particulier à particulier, qui, prévenus d'une inclination réciproque, s'associaient pour quelques entreprises, avec serment d'en partager également les travaux, la gloire, les dangers et le profit. Cette affinité ne donnait aucun droit de succession au frère adopté. L'honneur en constituait seul l'essence, l'objet et la fin; elle se contractait suivant les mœurs plus ou moins douces des différentes nations. Ces adoptions, qui, dans les commencements, étaient cimentées par le sang, se firent dans la suite, même chez les païens, par la simple collision de leurs boucliers, de leurs lances et de leurs épées, ou par un échange réciproque de leurs armes, persuadés qu'ils ne pouvaient se donner une plus grande marque d'amitié qu'en se communiquant ce qu'ils avaient de plus cher; quelquefois aussi elles étaient scellées par le serment sur les armes, d'où vient ce nom si commun en Angleterre, de *frères conjurés*, parce qu'ils juraient de s'aimer sincèrement.

Les obligations qu'emportaient les *fraternités d'armes* consistaient à ne jamais abandonner son frère dans quelque péril qu'il se trouvât; à le maintenir dans ses possessions envers et contre tous, et à défendre son honneur de tout son pouvoir; à l'aider *de son corps et de son avoir jusqu'à la mort.*

Ces associations n'étaient pas toujours à vie; elles se bornaient quelquefois à des expéditions passagères, telle qu'une entreprise d'armes, une guerre, une simple campagne, une bataille, un siége, un assaut. Les dames, privilégiées partout ailleurs, n'avaient point droit d'exiger la préférence sur un *frère d'armes*. « Ce que l'on de-

« vait à son prince l'emportait sur tout les autres devoirs. Les frè-
« res d'armes de nation différente n'étaient liés qu'autant que
« leurs souverains étaient unis ; si les rois se déclaraient la guerre,
« elle entraînait la dissolution de toute société entre leurs sujets res-
« pectifs ; ce cas excepté, rien n'était plus indissoluble que les
« nœuds de cette fraternité. »

Cette association n'attentait point aux droits légitimes des souverains sur leurs vassaux. Du Guesclin et Clisson, en s'associant par
le contrat héroïque, y insérèrent cette clause : *Nous voulons être
unis contre tous ceux qui peuvent vivre et mourir, exceptés le roi
de France, ses frères, le vicomte de Rohan, et les autres seigneurs
de qui nous tenons terre.*

Ainsi que nous l'avons dit, les biens, la gloire, les périls, la
bourse, la vie même, tout était commun entre les *frères d'armes.*
Un chevalier aurait laissé échapper l'occasion la plus brillante, plutôt que de dérober la gloire à son frère. Ils marchaient ensemble
au combat, s'animaient des yeux, du geste, de la voix, portaient les
mêmes lauriers. Si l'un d'eux était enveloppé par les ennemis et
prêt à succomber, son frère se précipitait au milieu de la mêlée, le
dégageait ou périssait avec lui. L'estime était le premier nœud de
cette société, et souvent elle était scellée du sang de ces héros.
L'homme ne peut être grand par lui-même ; le sage seul sait, dans
les déserts ou dans les ténèbres, trouver la gloire de bien faire,
sans autres témoins que le ciel et son cœur. Les guerriers ont rarement atteint ce sublime et dernier période de la vertu, il leur
faut des exemples à suivre et des témoins pour les applaudir. Le
chevalier trouvait dans son frère un spectateur, un modèle ; leur
gloire était inséparable, et l'opprobre d'un lâche qui fuyait devant
l'ennemi, retombait sur celui qui l'avait choisi pour frère. On ne
méritait ce choix que par une longue suite d'exploits honorables.
C'était quelquefois sur la brèche, ou dans la mêlée, qu'un héros offrait son amitié et sa bonne foi à un autre héros qui combattait à ses
côtés ; ainsi le courage était toujours en haleine, et le grand homme
n'osait cesser de l'être.

Nos chevaliers intéressaient la religion à leur fraternité, sans la
profaner. C'était au pied des autels que se formait ce lien glorieux ; ils attestaient le ciel, et leurs serments n'étaient point des
blasphèmes ; ceux qu'ils proféraient hors des temples, sur le
champ de bataille, ou même dans le sein de la paix, n'en étaient
pas moins respectables ; ils n'avaient rien du faste trompeur des
sentiments romanesques ; on y voyait régner la noble simplicité qui
caractérisait le peuple et les rois. Il existe encore un acte par le-

quel Louis XI prend et accepte Charles-le-Hardi, duc de Bourgo-
gne, pour son frère d'armes, se constitue le sien ; promet le porter,
aider, soutenir, favoriser, secourir de sa personne contre tout ce
qui peut vivre et mourir ; jure, enfin, par la foi et serment de son
corps, sur son honneur, et en parole de roi, avoir et tenir toutes
ces choses fermes et stables, et agréables, sans jamais venir au
contraire, en quelque sorte de manière que ce soit.

On doit à ces fraternités militaires des entreprises dignes des plus
puissants souverains. Quand le devoir ne les retenait plus au service de leur prince et de leur patrie, ces *frères d'armes* s'associaient pour aller purger une province des brigands qui l'infes-
taient ; pour délivrer des nations éloignées qui gémissaient sous le
joug des infidèles ; pour venger un monarque opprimé ; pour dé-
trôner un usurpateur, et, le plus souvent, pour maintenir les droits
du sexe contre d'injustes ravisseurs.

La mort même ne pouvait rompre ces saintes associations. Louis
de Sancerre, autre frère d'armes de Du Guesclin, entreprit, de concert avec lui, de reprendre sur les Anglais une partie de la Guyenne.
Après la mort du brave connétable, Sancerre continua seul, aussi
longtemps qu'il le put, l'entreprise qu'ils avaient commencée en
commun. Aussi cette teinte d'héroïsme dont s'embellissent les vertus
de nos preux, et qui s'attache uniformément à leurs sentiments les
plus chers, la religion, l'amitié et l'amour, forment le cachet distinctif de cette brillante époque de nos fastes.

Les femmes héroïques. — Jeanne de Flandre, comtesse de Montfort. — Jeanne d'Arc. — Jeanne Hachette.

— La France a produit des héroïnes dans la guerre et dans la paix.
Les charmes de ce sexe, ses vertus, ses talents, sa sensibilité, ses
vices mêmes, furent dans tous les temps utiles à la patrie. Nous
verrons les femmes, tantôt porter dans le conseil cet amour de la
paix qu'elles puisent au sein de leur famille ; tantôt se montrer à la
tête des armées, suivre les guerriers, souvent même les devancer
dans la carrière de l'honneur.

LA COMTESSE DE MONTFORT fut la plus célèbre de ces amazones ;
elle n'avait rien de son sexe, qu'une âme sensible ; ses talents mêmes
et ses vertus étaient distingués par un caractère mâle et sublime :
courage, force, adresse, la nature lui avait tout prodigué. Elle
montait un cheval avec grâce, possédait mieux qu'aucun écuyer
l'art de dompter ; elle était terrible dans les tournois, et plus encore
dans les combats. Les plus braves chevaliers ne rougissaient point
de recevoir d'elle l'exemple de la valeur : *elle combattait par mer*

et par terre avec la même assurance. Fallait-il tracer le plan d'une campagne, d'un siége, d'une bataille, tromper les ruses de l'ennemi, prévenir les surprises ; son génie alors se déployait tout entier, et dans le conseil, comme au champ d'honneur, on croyait entendre, on croyait voir *le plus sage et le plus vaillant capitaine.*

Son époux, Jean de Montfort, prétendit, après la mort de Jean III (1341), au duché de Bretagne ; il eut pour compétiteur Charles de Blois, neveu de Philippe de Valois, en faveur duquel se prononça la France. Assiégé dans Nantes par le fils ainé de Philippe de Valois, il fut fait prisonnier et amené à Paris. Jeanne de Flandre, comtesse de Montfort, se met à la tète des troupes et soutient les droits de son époux captif. Son parti expirait, la querelle était éteinte, des flots de sang auraient été épargnés, si l'intrépide héroïne n'eût ranimé le courage de ses Bretons. Elle était à Rennes, lorsqu'elle apprit que le comte avait rendu les armes ; elle ne perd point en vains gémissements des instants précieux : « Je pleurerai « mon époux, dit-elle, quand je l'aurai vengé. » Aussitòt, elle assemble les barons ; elle parait au milieu d'eux, portant entre les bras son fils encore enfant : « Seigneurs, leur dit-elle, la perte que « vous venez de faire ne doit point abattre votre courage ; vous « n'avez perdu qu'un homme dans le comte de Montfort ; il nous « reste un enfant, et cet enfant doit être un héros ; il aura le cou- « rage de son père ; sans doute il sera plus heureux. Attendez de « lui tous les biens que Montfort vous avait promis ; il saura le ven- « ger. Eloignez de vos tètes généreuses le joug odieux qu'on veut « leur imposer, et défendez vos droits et les siens. C'est dans ses « faibles mains qu'est remis le sort de la Bretagne. Fiez-vous à sa « mère du soin de le rendre digne d'une haute destinée ; c'est mon « fils, c'est mon sang ; il sera mon image. »

Ce discours échauffa ses partisans, rassura les àmes chancelantes, et remplit tout les cœurs du noble enthousiasme dont elle était animée. Elle parcourut ensuite toutes les places où le nom de son époux était respecté, prodiguant partout les bienfaits, les caresses et les plus belles espérances. La faiblesse de son fils, sa tendresse pour ce re-jeton d'une race illustre, prètaient à son éloquence nous ne savons quoi de màle et de touchant. Le làche qui aurait refusé à une prin-cesse l'appui de son bras, aurait-il pu le refuser à une mère éplorée ? Elle se fixe dans Hennebon, la plus forte place de Bretagne ; elle y soutient un siége meurtrier, et force Charles de Blois à s'éloigner. Ce fut de là qu'elle vit, au retour du printemps, l'orage se former de nouveau et l'envelopper de toutes parts, Charles de Blois s'ap-procher de Rennes, à la tète d'une armée, s'emparer de cette capitale, s'avancer jusqu'au lieu de sa retraite. Dès qu'elle aperçut les enseignes de Charles flottant sous ses murs, elle rassemble le peuple, l'exhorte à soutenir les droits de son fils et l'honneur de sa nation. Citoyens, vieillards, femmes, enfants, tout devient soldat auprès de l'héroïne. Armée elle-même de pied en cap, une impatience martiale éclate dans ses yeux : elle saute sur un cheval, s'élance hors des portes à la tête de trois cents chevaliers, fond sur le camp ennemi, égorge les gardes, jette de sa propre main les flambeaux sur les tentes. Elle veut rentrer dans la ville à la faveur des torrents de flamme et de fumée dont l'air est obscurci; elle est coupée dans sa retraite; sa prudence, en cette occasion, égale son courage. N'espérant plus rien d'une audace inutile, elle s'enfuit vers Avrai. C'est là qu'elle ralie sa troupe, qu'elle la grossit par de nouveaux secours; et l'ennemi qui la cherche, et les assiégés qui la pleurent, la voient reparaître cinq jours après, à la tête d'un corps considérable; elle se fait jour à travers le camp, pénètre jusqu'au pied du rempart, et rentre dans Hennebon, après une double victoire.

Bientôt, à la tête d'une flotte anglaise, elle attaque les Français à la hauteur de Guernesey. Robert d'Artois est blessé dans ce combat, et va mourir en Angleterre. Cette lutte dura jusqu'en 1365, époque où le traité de Guérande, assura le duché à la maison de Montfort. Dans cette guerre mémorable, les bannières de presque tous les princes de l'Europe paraissent et se mêlent dans les champs de la Bretagne. Pendant ces vingt-cinq années de guerre, la Bretagne fut aussi le rendez-vous des plus renommés chevaliers, et des grands exploits y consacrent la gloire et les noms de Beaumanoir, de Clisson, et de Du Guesclin.

Jeanne d'Arc. — Parmi les femmes illustres dont la France s'honore, on peut, sans contredit, mettre au premier rang cette héroïne qui, soudain inspirée, guidée par de célestes révélations, échange aussitôt les vertus timides de son sexe contre celles des héros; se bat avec audace, avec intrépidité, en vrai Bayard, alors, n'étant qu'à peine âgée de dix-huit à vingt ans, relève le trône chancelant des lis, fait couronner son roi Charles VII, assiste au conseil, triomphe des ennemis éperdus, et, enfin, rend tous ses droits, toute sa splendeur à la monarchie française, qui finit par lui devoir ses victoires et sa restauration.

« Donnez à la muse épique, dit Chales Nodier, le choix de l'in« vention la plus touchante et la plus merveilleuse; interrogez les
« traditions les plus imposantes que les âges d'héroïsme et de vertu
« aient laissées dans la mémoire des hommes, vous ne trouverez

« rien qui approche de la simple, de l'authentique vérité de ce
« phénomène du xvᵉ siècle. »

Hélas! pourquoi faut-il que cette même héroïne ait terminé sa
glorieuse carrière sur un criminel bûcher !... Mais n'anticipons pas
sur les événements, et efforçons-nous de répandre, dans ces faits
héroïques, tout l'intérêt, toute la chaleur qu'ils réclament.

*État déplorable du royaume sous Charles VII. — Le siége d'Or-
léans. Dieu protége la France et suscite Jeanne d'Arc pour la sauver.* — Aucun nom ne mérite mieux d'être consacré par l'histoire que
celui de Jeanne d'Arc. Les Anglais étaient maîtres de Paris; ils
avaient fait reconnaître leur roi en qualité de roi de France; une
partie des grands vassaux du royaume s'était rangée sous leur bannière; ils marchaient de conquête en conquête, et tenaient déjà en
leur puissance nos plus belles provinces. Orléans avait osé leur résister; mais cette ville était vivement pressée, et ne pouvait tarder de
céder à leurs efforts. La France, à peine soutenue, au penchant de
sa ruine, par la vaillance de quelques preux, n'oppose plus à la force
de ses destinées qu'une vaine résistance; tout va périr. Mais la France
devait être sauvée par des mains plus pures, et Dieu, qui veille sur
elle, choisit pour instrument de ses desseins une faible femme.
Comme jadis Débora et Judith, chez les Hébreux, comme sainte Geneviève en Gaule, dans la France du moyen âge ce fut Jeanne d'Arc.

Cette jeune fille était née en 1412, au village de Domremy, près
de Vaucouleurs, en Champagne, sur la frontière de Lorraine. Ses
parents étaient pauvres mais honnêtes; elle en reçut une éducation
conforme à son état. Les premiers éléments de la religion, quelques
pratiques pieuses, et ces principes de morale qui font la force et la
consolation des hommes de tous les rangs : telles furent les connaissances de l'humble villageoise, de cette jeune fille des champs.
Témoin des ravages exercés dans son pays par les troupes anglaises,
Jeanne, dans son humble condition, ne cessait d'adresser au ciel
des vœux pour le salut de la France. Son ardente imagination lui
montra Dieu exauçant ses prières et se servant de son bras pour
expulser les insulaires du royaume. Le siége d'Orléans durait depuis
sept mois; il était le sujet de toutes les conversations; le patriotisme
s'animait partout au récit de l'héroïsme des habitants. De tous les
points du royaume, nobles, magistrats, écoliers, bourgeois, paysans,
se rendaient volontairement à Chinon pour grossir l'armée royale.
Cet enthousiasme national retentit surtout dans le cœur de Jeanne.
On s'entretenait sans cesse devant elle des droits et des malheurs
de Charles VII. Tous demandaient un vengeur ou un libérateur.
Bientôt, dans la ferveur de son âme candide, elle s'offrit elle-même

à Dieu pour accomplir cette grande mission , et jamais on ne vit un enthousiasme plus vrai, plus soutenu, plus sublime.

Apparitions célestes. —Dès l'âge de treize ans , Jeanne d'Arc prétendit avoir eu des révélations ou apparitions célestes, qui l'engageaient à se bien conduire , en l'assurant qu'elle chasserait les Anglais et ferait couronner le roi de France. A mesure qu'elle avançait en âge, les injonctions des envoyés célestes devenaient plus pressantes , et ils lui *disaient deux ou trois fois par semaine, qu'elle partît et vînt en France ; qu'elle était destinée à chasser l'ennemi commun.* Jeanne d'Arc possédait toutes les vertus dont une âme simple est susceptible ; elle était modeste, innocente, pieuse et pleine de courage. La vie agreste avait contribué à fortifier son tempéramment, et son imagination ardente se livrait souvent à ses mystiques rêveries.

Le capitaine Baudricourt, gouverneur de Vaucouleurs.— Longtemps elle renferma dans sa famille le secret de son illumination. Enfin, pressée par cette voix intérieure qui lui ordonnait, disait-elle, de défendre son roi, elle se fit présenter au sieur de Baudricourt, commandant de Vaucouleurs, petite ville du voisinage, et lui exposa le motif de sa visite en ces termes : « *Capitaine messire,* « *sachez que Dieu, depuis aucuns temps en ça, m'a plusieurs* « *fois faict à savoir et commandé que j'allasse vers le gentil dau-* « *phin, qui doit être et est vrai roi de France, et qu'il me baillât* « *des gens d'armes, et que je lèverais le siége d'Orléans et le mè-* « *nerais sacrer à Reims.* » Le gouverneur la regarde comme une folle, comme une insensée, qui ne mérite que ses moqueries et ses dérisions, et la renvoie. Ainsi rebutée, elle ne se lasse pas ; elle revient plusieurs fois le voir, et réitère sa demande. Le gouverneur, las de ses visites, veut la faire exorciser ; elle soutient la vérité de sa mission, et pour en donner une preuve, dit à Baudricourt : « *Au nom de Dieu, vous mettez trop à m'envoyer ; car aujour-* *d'hui le gentil dauphin a eu, près d'Orléans, un assez grand* *dommage, et serait-il raillé de l'avoir encore plus grand, si ne* *m'envoyez bientôt vers lui.* » C'était le jour même du malheureux combat de Rouvray, livré à cent lieues de là, que l'illustre vierge parlait sur ce ton prophétique. Aussi on peut juger de la surprise du gouverneur Baudricourt, quand, quelques jours après cette sorte de prophétie, il apprit lui-même la nouvelle du désastre de Rouvray : alors Jeanne d'Arc passa pour un prodige. On ne la contredit plus, et, de suite, elle fut regardée comme une personne que le doigt de Dieu avait désignée pour rétablir le roi sur le trône de ses pères. Elle obtint enfin, à force de persévérance, l'aveu de

Baudricourt. On lui fournit des armes ; deux gentilshommes furent chargés de l'accompagner, et le gouverneur lui dit, en la quittant : *Va donc, et advienne tout ce qu'il pourra.*

Le gentil dauphin. — Ce voyage n'était pas sans danger ; les gentilshommes chargés de cette mission ne laissèrent pas d'hésiter à l'entreprendre, puisqu'il s'agissait de se rendre à la cour avec Jeanne, auprès du roi Charles VII, et qu'on ne pouvait arriver à *Chinon*, où Sa Majesté faisait sa résidence à cette époque (1429), sans traverser un pays infesté de partis, tant amis qu'ennemis, également redoutables dans ces temps d'anarchie, de brigandages, de guerre et de troubles. Ces deux gentilshommes étaient donc intimidés par les périls qui les attendaient de toutes parts ; mais notre héroïne lève un front imposant, radieux, qui dissipe leurs craintes ; et sa sérénité pendant la route, la sécurité qu'ils trouvent en effet sur un chemin qu'ils parcourent librement, les provinces qu'ils traversent et qu'ils trouvent jouissant d'une paix profonde, tout leur confirme la secrète et la haute opinion qu'inspire une femme en qui ils reconnaissent déjà, avec des marques de respect, tout le caractère d'une mision céleste. Arrivés à Chinon, ils font parvenir au roi une lettre de Baudricourt. Il ne faut avoir aucune idée des cours, pour ne pas s'imaginer que la mission de Jeanne ne pût paraitre que ridicule aux yeux des courtisans. En effet, une simple bergère se trouver chargée des destinées de l'Etat !.... Si dans ce peuple de railleurs et d'incrédules, les plus grands talents sont calomniés, contestés, à plus forte raison la puissance divine d'une vierge qui ne se présente munie d'autres titres que ceux de ses révélations !.... Charles cependant ne laissa pas d'éprouver un très-vif désir de la voir, de l'entendre ; mais pour ne pas compromettre sa dignité, après certaines hésitations, après quelques débats dans le conseil royal, où l'on balança si l'on devait ou non donner audience à l'illustre missionnaire, Charles, se décidant, consentit à la recevoir ; et pour ne pas risquer de se voir engagé dans les démarches d'une visionnaire ridicule, le jour que Jeanne d'Arc devait être admise, il se revêtit d'un habit simple, dépouilla tout ce qui pouvait trahir le monarque, et se confondit ainsi dans la foule des courtisans. Malgré cette sorte de déguisement, Jeanne, sans l'avoir jamais vu, va droit à lui, et, sans se déconcerter, sans aucune timidité, dans une assemblée nombreuse, imposante, si étrangère à ses habitudes, elle lui expose et la mission céleste dont la Providence l'a chargée, et l'objet important de son voyage, qui en est la conséquence. En vain on lui dit qu'elle se trompait ; elle persista, et dit au jeune monarque :

« *Gentil dauphin, j'ai nom Jeanne la Pucelle ; le roi du ciel m'a*
« *envoyée pour vous secourir, s'il vous plaît me donner gens de*
« *guerre ; par la grâce divine et force d'armes, je ferai lever le*
« *siége d'Orléans, et vous mènerai sacrer à Reims malgré tous*
« *vos ennemis. C'est ce que le roi du ciel m'a commandé de vous*
« *dire, et que sa volonté est que les Anglais se retirent en leur*
« *pays, et vous laissent paisible dans votre royaume, comme en*
« *étant le vrai, unique et légitime héritier ; que si vous en faites*
« *offre à Dieu, il vous le rendra beaucoup plus grand et floris-*
« *sant que vos prédécesseurs n'en ont joui, et prendra mal aux*
« *Anglais s'ils ne se retirent.* »

Ce noble discours excita l'admiration de tous les auditeurs. Elle
parlait avec un enthousiasme qu'elle faisait partager à tout ce qui
l'environnait. Cet effet se renouvela souvent depuis : son âme était
grande, ses expressions naïves, simples, mais souvent sublimes.
Enfin, elle avait tout ce qui donne le caractère de l'inspiration. Au
reste, ses exploits parlent assez haut pour lui mériter à jamais le
respect et l'amour des Français.

Cependant Charles incertain, éprouve insensiblement un entraînement involontaire, une secrète admiration. Pour fixer à son avan-
tange les incertitudes qui restent encore dans l'esprit du roi, et
achever de se concilier sa confiance, elle lui propose de lui dire en
particulier un fait qui n'est connu que de lui seul. Le roi accepte
l'épreuve, prend avec lui son confesseur et quatre seigneurs pour
témoins de la confidence, et l'emmène dans un oratoire qui était à
côté de la salle du conseil, et, arrivé là :

Les requêtes. — Eh bien ! Jeanne, lui dit-il, nous sommes seuls,
parlez.

— Je ne demande pas mieux, reprit Jeanne. Mais si je vous dis des
choses si secrètes qu'il n'y a que Dieu et vous qui les puissiez savoir,
aurez-vous confiance en moi, enfin, et croirez-vous que c'est le
bon Dieu qui m'envoie ? — Oui, Jeanne, répondit le roi. — Eh bien,
sire, continua la jeune fille, n'avez-vous pas bien mémoire que le
jour de la Toussaint dernière, pendant que vous étiez tout seul en
votre oratoire du château de Loches, vous fîtes trois requêtes à
Dieu ? — Rien n'est plus vrai, Jeanne, répondit le roi, et je m'en
souviens à merveille. — Sire, reprit Jeanne, n'avez-vous jamais
révélé ces requêtes ni à votre confesseur ni à aucun autre ? — Jamais, dit le roi.

« — Eh bien, je vais vous dire quelles étaient ces trois requêtes,
« continua la jeune fille. La *première* que vous adressâtes à Dieu
« fut que si vous n'étiez pas le véritable héritier du royaume de

« France, il vous ôtât le courage de poursuivre cette guerre qui
« coûte tant d'or et de sang à votre pauvre royaume. La *seconde*
« fut que si le terrible fléau qui s'appesantissait sur la France pro-
« cédait de vos péchés, vous le suppliiez de relever ce pauvre peu-
« ple d'une faute qui n'était pas la sienne, et d'en faire retomber
« sur votre tête tout le châtiment, ce châtiment fût-il une pénitence
« éternelle, ou même la mort. Enfin, la *troisième* fut que si, au
« contraire, le péché procédait du peuple, vous le suppliiez d'avoir
« pitié de ce peuple et de le recevoir dans sa miséricorde, afin que
« le royaume sortît enfin des tribulations où il était plongé depuis
« plus de douze ans. »

*Le Parlement séant à Poitiers est chargé d'interroger et d'exami-
ner Jeanne.* — Le monarque, surpris du prodige, l'écoute avec étonnement, avec respect, et assure de nouveau avec serment que le fait,
plein d'exactitude et de vérité, n'est jamais sorti de son sein que
pour être confié dans celui de Dieu. Pourtant ces gages sacrés ne le
satisfaisant pas encore complétement, le Parlement, alors siégeant
à Poitiers, fut chargé, conjointement avec des théologiens de l'Université, d'interroger et d'examiner Jeanne, qui ne laissa pas d'éprouver beaucoup de déplaisir de se voir obligée d'entreprendre ce
nouveau voyage; elle prévoyait des indiscrétions, des questions qui
n'eurent que trop lieu pour sa modestie. On y ajouta des demandes
déplacées; par exemple, qu'elle fît quelque miracle, tel qu'un acteur déclamerait un morceau pour donner une idée de son talent.
— « *Je ne suis pas venue, répondit-elle, pour faire des signes; mais
« conduisez-moi à Orléans, et je vous donnerai des signes cer-
« tains de ma mission.* » — Elle réitéra avec assurance la déclaration que les Anglais lèveraient le siége d'Orléans; que le roi
serait couronné à Reims; que Paris rentrerait sous la domination de
Charles, et que les Anglais seraient entièrement expulsés de France.
« Pour moi, ajouta-t-elle, ma mission se borne à délivrer Orléans,
« et à conduire le roi à Reims. » — Comme, d'un autre côté, elle
mêlait sans cesse dans ses discours le ton belliqueux d'une va-
leureuse Amazone, et qu'elle ne parlait qu'assauts et batailles
à livrer : « Qu'est-il besoin d'armées et de batailles?........ lui dit
« quelqu'un; Dieu ne peut-il pas, sans cela, sauver la France ? »
Elle répondit d'un ton modeste mais prophétique : « *Les gens
« d'armes combattront en mon Dieu, et le Seigneur donnera la
« victoire.* »

Jeanne est nommée chef de guerre. — Quand elle revint de Poitiers à Chinon, le roi la reçut avec les plus grands honneurs; il lui
donna un étendard, il lui fit faire une armure complète, excepté

l'épée qu'elle envoya chercher à Sainte-Catherine de Fierbois, dans le tombeau d'un vieux chevalier, où on la trouva comme elle l'avait désignée, sans l'avoir jamais vue. Le monarque lui donna des conseillers, des pages, des écuyers, un chapelain, un intendant, enfin, tout l'équipage d'un chef de guerre. Elle en prit aussitôt le rang et l'autorité. Enfin, quelques troupes furent rassemblées par les ordres du roi : la confiance réveillée ramena une foule de fuyards ou de gens indécis : en peu de temps, une armée de six à sept mille hommes se trouva sur pied : Jeanne complétement armée et équipée en cavalier, exhortait et encourageait les soldats à mesure de leur arrivée au point de réunion.

La renommée de Jeanne d'Arc se répandit bientôt partout le royaume, et le cœur de la France battit d'espoir et de confiance en Dieu ; Orléans tressaillit de joie et attendit la sainte fille. Le roi, après tant de témoignages d'une mission aussi extraordinaire, n'hésita plus à profiter du secours que le ciel lui envoyait, il lui donna une petite armée qui devait faire entrer un convoi dans Orléans. Le maréchal de Boussac, de Gilles, de Raitz, l'amiral de Culand, Ambroise de Loré, de Lahire en faisaient partie. Après avoir réuni un peu d'ordre et de dévotion dans cette troupe de soldats brutaux et licencieux, elle partit de Blois. Les Anglais, épouvantés à son approche, laissèrent passer le convoi.

La vierge guerrière avait exigé, au moment du départ de Blois, que tous les hommes d'armes fissent leurs dévotions, et surtout qu'on renvoyât les ribaudes ou femmes de mauvaise vie qui suivaient le camp. Les soldats, dominés par l'ascendant de cette jeune fille, lui obéirent sans murmurer. Les chefs eux-mêmes avaient subi l'influence de sa parole. Et certes, ce n'est pas le côté le moins merveilleux de la vie de Jeanne d'Arc que de la voir haranguer et conseiller les premiers chevaliers du royaume, les hommes les plus polis, les plus distingués de cette époque, dans des termes qui les remplissaient d'étonnement et de respect.

Son entrée dans la ville d'Orléans. — L'enthousiasme. — Le trajet de Blois à Orléans se fit en deux jours. Le 28 avril le convoi était arrivé sans encombre devant la ville. Le commandant de la division anglaise, établi aux Tournelles, n'osa s'opposer à la marche de forces aussi considérables ; il ne sortit point de la bastille. Les Français profitèrent de son inaction pour se rapprocher brusquement de la rive gauche, où Dunois avait réuni une nombreuse division de barques. Mais au moment où ces embarcations chargées d'hommes et de vivres cinglaient vers l'autre bord, elles furent repoussées par un vent très violent. La consternation s'empara de tout le monde ; car Talbot pouvait survenir pendant le désordre où l'on se trouvait, et tout était perdu. La seule Jeanne d'Arc avait gardé sa confiance et sa foi. « *Ne craignez rien, disait-* « *elle, Dieu est pour nous, le convoi entrera tout entier dans la* « *ville.* »

En effet, au bout de quelques heures, le vent s'apaisa, et les embarcations abordèrent sur la rive droite ; mais ce n'est que le lendemain, 29 avril, que Jeanne d'Arc et les sept mille guerriers de son escorte purent entrer dans Orléans. Il était huit heures du soir quand elle y arriva par la porte Bourgogne. Elle y fut reçue à la lueur des flambeaux et au milieu d'une foule immense. Jeanne montait un cheval blanc richement caparaçonné, qu'elle maniait avec beaucoup de dextérité.

L'enthousiasme des Orléanais fut extrême. Dunois vint au-devant d'elle ; il l'invite à satisfaire à l'empressement que les habitants avaient de voir leur libératrice : elle se rend à ses prières ; elle entre comme en triomphe. Les airs retentissent des plus vives acclamations. Tout le monde voulait toucher ses vêtements ; en sorte qu'elle mit près d'une heure pour arriver au logement qu'on lui avait préparé près la porte Renaud. Dunois (bâtard d'Orléans) marchait à pied auprès d'elle, ainsi que les généraux de l'armée. Telle fut l'entrée de Jeanne d'Arc dans Orléans.

Dès ce moment, les Orléanais se crurent invincibles, et le furent en effet. Tout change : les Anglais, vainqueurs jusqu'à ce jour, tremblent au seul nom de Jeanne d'Arc ; ils la croyaient magicienne d'aussi bonne foi que les Français la croyaient célestement inspirée.

Avant de partir de Blois, Jeanne, qui procédait en règle, avait écrit en son nom une lettre au duc de Bethfort pour l'engager à faire retirer ses troupes, sous peine de les voir exterminées. Cette lettre avait été renvoyée par le duc à ses généraux, et elle était l'objet de la risée du camp.

Lettre que Jeanne d'Arc écrit au duc de Bethfort, général an- *glais.* — À peine rentrée dans la ville et avant de commencer les premières hostilités, elle fit écrire de nouveau aux principaux chefs anglais et dans les mêmes termes. Ces billets étaient attachés par les archers au bois de leurs flèches et lancés ainsi dans les lignes des ennemis, qui les commentaient *avec force rail-* *leries*.

Nous avons cru devoir transcrire ici cette lettre mot à mot, par respect pour son antiquité :

Au duc de Bethfort, qui se dit Régent du Royaume de France pour le Roi d'Angleterre.

—

Jésus Maria!

« Roi d'Angleterre, faites raison au Roi du Ciel, de son sang royal. Rendez
« à la Pucelle les clefs de toutes les bonnes villes que vous avez enforcées.
« Elle est venue de par Dieu pour réclamer le sang royal, et est toute preste
« de faire paix, si vous voulez faire raison ; par ainsi que vous mettiez jus
« et païez ce que vous avez tollu. Roi d'Angleterre, si ainsi ne le faistes, je
« suis chef de guerre ; en quelque part que j'atteindrai vos gens en France, s'ils
« ne veulent obéir, je les ferai issir, veuillent-ils ou non ; et s'ils me veuillent
« obéir à mercy, je les prendrai. Croyez que s'ils ne veulent obéir, la Pucelle
« vient pour les occire. Elle vient de par le Roi du Ciel vous bouter hors de
« France. Et vous promet et certifie la Pucelle qu'elle y fera si gros *hahay* que
« depuis mille ans en France n'en fut veu un si grand, si vous ne lui faistes
« raison. Et croyez fermement que le Roi du Ciel lui envoira plus de force à
« elle et à ses bonnes gens d'armes que vous ne sauriez avoir à cent assaults.
« Entre vous, archers, compagnons d'armes qui estes devant Orléans, allez-
« vous-en en vostre pays de par Dieu ; et si ainsi ne le faistes, donnez-vous
« garde de la Pucelle et de vos dommages vous souvienne. Ne prenez mie vostre
« opinion ! car vous ne tiendrez point France de Dieu, Roi du Ciel, fils de
« Sainte-Marie, mais le tiendra Charles, Roi et vrai héritier, à qui Dieu l'a
« donnée et qui entrera à Paris en belle compagnie. Si ne croyez les nouvelles
« de Dieu et de la Pucelle, en quelque lieu que vous trouverons, nous férirons
« (*blesser*) dedans à horions (*coups*), et si verrez lequel meilleur droit auront
« de Dieu ou de vous. Guillaume de la Poule, comte de Suffolk, Jean Sire de
« Talbot, Thomas Sire d'Escalles, lieutenant du duc de Bethfort, soi-disant ré-
« gent du Royaume de France pour le Roi d'Angleterre, faistes réponse si vous
« voulez faire paix ou non à la cité d'Orléans ; si ainsi ne le faistes, de vos dom-
« mages vous souvienne. Duc de Bethfort, qui vous distes Régent de France
« pour le Roi d'Angleterre, La Pucelle requiert et prie que vous ne fassiez
« mie destruire. Si vous ne lui faistes raison, elle fera tant que les Français
« feront les plus beau faits qu'oneques fut fait en la Chrestienneté. Escrit
« le mardi de la semaine sainte. Entendez les nouvelles de Dieu et de la
« Pucelle. »

Cette lettre fut présentée au comte de Suffolk, qui en prit lecture
en présence des seigneurs et capitaines anglais. Le roi Charles et
son conseil furent tournés en dérision. Les injures les plus grossières furent répandues contre Jeanne, qu'on appelait *Ribaude* et

Vachère. Les Anglais mirent même le héraut d'armes en prison contre le droit des gens, et fut menacé d'être brûlé à la vue des assiégés. Une considération empêcha néanmoins l'exécution de cet infâme projet : ils songèrent aux prisonniers que les Français avaient entre leurs mains.

Une seconde lettre fut expédiée par les soins de Jeanne et appuyée par le comte de Dunois. Le même soir, les deux messagers de Jeanne, Ambleville et Guyenne furent renvoyés, mais, sans rapporter aucune réponse des chefs anglais.

Conduite de Jeanne d'Arc dans le combat. — La conduite de Jeanne d'Arc ne se démentit jamais ; toujours pieuse et simple, courageuse et patiente, d'une pureté angélique au milieu du désordre de la guerre, humble, aimée et admirée de tous. La première à l'attaque, la dernière à la retraite, elle combattait avec humanité, écartant l'ennemi avec sang-froid de la lance ou de la hache. L'aspect du sang français la mettait hors d'elle-même : « *Hélas !* disait-elle, *je n'ai jamais vu le sang d'un Français sans que les cheveux se dressent sur ma tête.* » Elle ne manquait pas de finir par planter son étendard partout où elle se présentait. Cet étendard et son intrépidité étaient ses véritables armes ; elle bravait la mort, mais elle ne la donnait pas. Au reste, sa présence inspirait aux Français une valeur invincible, en même temps qu'elle remplissait les Anglais de défiance et de terreur. Les deux partis la regardaient véritablement comme un être extraordinaire, et armé d'un pouvoir surnaturel.

Ses actions guerrières. — Le mercredi, 4 mai, Jeanne choisit un corps de troupes, et, remplie d'une ardeur plus qu'humaine, elle se précipite sur les forts ennemis, et les emporte après un assaut de quatre heures. Elle songe ensuite (le 5), à s'emparer du boulevard et du fort des Tournelles, où l'élite des Anglais s'était cantonnée sous les ordres du célèbre Glacidas (*).

(*) On raconte que la veille de l'attaque du fort des Tournelles, Jeanne voulait répéter de vive voix aux Anglais ce qu'elle leur avait déjà fait savoir par écrit. En conséquence, elle monta sur un des boulevards des assiégés qui se trouvait en face de la bastille anglaise des Tournelles, et s'approchant d'eux à découvert jusqu'à la distance de soixante pas à peine, elle leur ordonna, sous peine de malheur et honte, de se retirer non-seulement de devant la ville, mais encore de sortir du royaume. Mais au lieu d'obtempérer à cette réquisition, sir Guillaume Glacidas et le bâtard de Granville, qui commandaient la bastille des Tournelles, ne répondirent à Jeanne que par de grosses injures, la renvoyant garder les vaches dans son village, et traitant les Français d'hérétiques et de mécréants. Jeanne

Tous les préparatifs de l'expédition furent faits dans la soirée ; le 6 mai, au matin, les Français descendirent la rive gauche de la Loire sur des barques. Ils étaient trois mille environ. Jeanne débarqua la première, et, à la tête de quelques centaines d'hommes, s'avança vers les fortifications, *fort résolue, et portant son étendard.* Les Anglais aussitôt sortirent en grand nombre, et dispersèrent ce faible détachement. Mais Dunois arriva avec l'élite des chevaliers à son secours, et Jeanne, reprenant l'offensive, s'élança sur les ennemis, l'épée à la main, et alla planter son étendard au bord du fossé extérieur des Augustins. A cette vue, les Français, animés d'une ardeur surnaturelle, escaladèrent les fortifications, et s'emparèrent de la bastille. Quatre cents Anglais y furent tués. Jeanne y mit le feu de sa propre main, et comme elle s'était blessée au pied avec une chausse-trappe et qu'elle avait jeûné toute la journée, attendu que c'était vendredi, elle rentra dans la ville pour prendre quelque repos et un peu de nourriture. Dunois et ses soldats passèrent la nuit dans le poste qu'ils venaient d'enlever, pour être prêts au point du jour à recommencer les hostilités.

Au premier rayon du matin, l'attaque fut dirigée sur la bastille des Tournelles. Le signal de l'assaut fut donné. Les Français, sous les ordres du maréchal de Raitz, de Lahire, de Xaintrailles se précipitèrent sur les retranchements avec une audace incroyable. Les Anglais, de leur côté déployèrent un courage si extraordinaire, que nos gens furent ébranlés un moment. Ce fut à cet instant que Jeanne leur dit : *Comment donc, avoir si bien commencé pour si mal finir ! Allons, allons, ils sont à nous puisque Dieu est pour nous.* A ces paroles, chacun recueillant ses forces, se pressa autour d'elle. Les Anglais redoublèrent également leur grêle sur ces troupes. Jeanne, qui combattait aux premiers rangs, fut aisément reconnue ; aussi fut-elle atteinte d'une flèche entre l'épaule et la gorge. L'intrépide jeune fille arrache elle-même le fer, et est contrainte de se retirer pour mettre le premier appareil à sa blessure. Son absence éteint le courage des assaillants : le soldat perd cette illusion guerrière qui le rendait victorieux ; déjà chacun voulait se mettre en sûreté : Dunois lui-même était de cet avis. Tout-à-coup, la guer-

---

écouta assez patiemment toutes les injures qui lui étaient personnelles, si grossières qu'elles fussent ; mais lorsqu'elle entendit insulter les Français :

--- *Vous mentez, s'écria-t-elle ; et puisque vous ne voulez point partir d'ici de bonne volonté, vous en partirez bientôt par force ; mais vous qui m'insultez (à Glacidas), vous ne verrez point ce départ.*

rière reparaît. Apercevoir l'embarras des assaillants, deviner leur dessein, voler au pied du rempart, y planter sa bannière, est pour elle l'ouvrage d'un moment. A cet aspect, les Français retrouvent leur forces, sentent augmenter leur vaillance; ils se pressent autour de l'étendard de Jeanne, recommencent l'attaque avec fureur, surmontent tous les obstacles, et parviennent au parapet. Les Anglais se précipitent en foule dans la bastille. En traversant le pont-levis, le plancher se détachant des chaînes, s'écroule sous le poids; Glacidas et la plus grande partie de ses soldats tombent dans les bras du fleuve; ils se noient ou sont abîmés par les débris. Enfin, comme l'avait prédit Jeanne, une demi-heure ne s'était point écoulée depuis le nouvel assaut, que le boulevard et la bastille étaient à nous.

Les Anglais abandonnent le siége d'Orléans. — Après un coup de main aussi vigoureux, les assiégés avaient à craindre que les Anglais, toujours bien supérieurs en nombre, ne tentassent à prendre leur revanche sur la rive droite, ou du moins ne cherchassent à ressaisir les Tournelles. C'est pourquoi l'infatigable Jeanne passa la nuit sous les armes avec une partie de la garnison.

Le 8 au matin, toutes les troupes ennemies sortirent de leurs retranchements de la rive droite, et parurent formées en bataille; mais, à l'approche des Français, cette masse formidable défila avec précipitation et se mit en retraite, abandonnant artillerie, munitions de guerre et de bouche, équipages, malades, enfin tout ce qui pouvait retarder sa marche, et se replièrent sur les villes de Meung et de Beaugency qu'ils tenaient en leur pouvoir.

Ainsi se termina le mémorable siége d'Orléans. En moins de dix jours, les assiégés s'étaient emparés des fortifications qui avaient coûté à l'ennemi vingt fois plus de temps à créer; ils voyaient fuir devant eux et dans diverses directions les colonnes de cette armée, naguère si fière de ses triomphes, mais dont le bras d'une femme venait de renverser tous les trophées. Les chefs de la garnison voulaient poursuivre les Anglais et troubler leur retraite; Jeanne s'y opposa : « *Laissons-les fuir*, dit-elle; *l'objet est rempli, point de carnage inutile.*

Le canon, qui grondait en signe de réjouissance, les cloches qui sonnaient à grande volée, et les cris de triomphe et de joie qui s'élevaient de toutes parts dans la ville, saluèrent le départ de l'armée anglaise. La ville d'Orléans était délivrée.

Pour célébrer cette délivrance et adresser des actions de grâces au Seigneur, on fit une procession solennelle le même jour (8 mai

1429), à laquelle assista Jeanne d'Arc, précédée de sa bannière et suivie de tous les chefs de l'armée. Depuis cette époque, cette cérémonie se renouvelle tous les ans, le même jour.

Pour être justes envers tous, nous dirons qu'une grande part de gloire dans cette affaire revient à Dunois, qui tour à tour gouverneur et général, courait du conseil aux remparts, relevait le moral des habitants par ses paroles, et encourageait l'ardeur des soldats par son exemple. Sa conduite avec Jeanne fut non moins admirable : il se montra avec elle habile et bienveillant ; il écouta toujours ses avis avec docilité, s'y conforma quelquefois, et rendit justice à son courage héroïque. Les Orléanais, de leur côté, se conduisirent en vrais patriotes. Il est certain que s'ils eussent été pusillanimes pendant ce long siége, dont la défense était jusque là sans exemple, le dévouement de Jeanne d'Arc et le talent de Dunois eussent été inutiles.

Le duc de Bethfort écrit au roi d'Angleterre et lui mande l'état des affaires — Son opinion au sujet de Jeanne d'Arc. — Mais la seule preuve que nous ayons à citer de l'influence qu'eut cette jeune fille sur les destinées d'Orléans et de la France entière, est l'extrait suivant d'une lettre que le duc de Bethfort écrivait au roi Henri VI, le 29 mai 1429, pièce authentique, et consignée par Rymer dans les actes publics d'Angleterre.

« Toutes choses prospéraient ici pour vous, jusqu'au siége d'Or-
« léans, entrepris Dieu sait par quels conseils ; auquel temps,
« après le malheur arrivé à mon cousin de Salisbury, que Dieu
« absolve, il a été frappé par la main de Dieu, ainsi que je me le
« persuade, vos troupes, qui étaient en grand nombre à ce siége,
« ont reçu un terrible échec. Cela est arrivé en partie, comme
« nous nous le persuadons, par la folle et funeste croyance et la
« crainte superstitieuse qu'ils ont conçue d'une femme, vraie disci-
« ple de Satan, formée du limon de l'enfer, appelée *la Pucelle*,
« laquelle s'est servie d'enchantements et de sortiléges.... Ces re-
« vers et cette défaite, non-seulement ont fait périr ici une grande
« partie de vos troupes, mais en même temps découragé ce qui
« restait de la manière la plus étonnante ; et de plus ont excité vos
« ennemis à se rassembler en plus grand nombre, etc. »

Suite des exploits de Jeanne d'Arc. — Après la délivrance d'Or-
léans, l'armée française ne craignit pas de pousser vivement les Anglais (*quoique supérieurs en nombre*), qui se retiraient dans un désordre inconcevable. La consternation était si grande parmi eux, qu'ils ne savaient pour ainsi dire ce qu'ils faisaient. Au lieu de se tenir réunis, ils jetèrent de fortes garnisons dans les places qu'ils

avaient conquises, avant le siége, aux environs de la Loire. Par là ils s'affaiblirent tellement qu'ils ne se trouvèrent plus en état d'attendre les ennemis qui les talonnaient. Ils donnèrent donc aux Français le temps de reprendre ces places l'une après l'autre.

Jeanne, ayant accompli sa première mission, quitta Orléans et se rendit auprès du roi. « *Gentil dauphin,* lui dit-elle, *venez pren-* « *dre votre sacre à Reims; je suis fort aiguillonnée que vous y* « *alliez, et ne faites doute qu'en cette cité vous ne receviez votre* « *digne sacre.* » Le roi la reçut avec l'accueil le plus flatteur; toute la cour la regardait avec admiration. A l'égard de sa proposition, on crut devoir en référer à un conseil dans lequel les opinions furent longtemps balancées; il s'agissait de traverser 70 lieues de pays dont les habitants étaient voués à l'ennemi ou comprimés par lui, qui était coupé par plusieurs rivières et hérissé de places fortes, toutes occupées par les alliés; et d'ailleurs telle était la pénurie des ressources, qu'on manquait d'argent pour assurer le transport d'une faible artillerie. Jeanne ne se rebuta point, elle insista si vivement, que la cour se rendit à sa demande; on décida seulement qu'il fallait, avant le voyage, recouvrer les places voisines d'Orléans.

La réputation croissante de Jeanne et les derniers succès remportés, faisaient accourir de toutes parts de nouveaux combattants sous la bannière royale. Au commencement de juin, huit à dix milles hommes étaient rassemblés sous les murs d'Orléans; impatients de se distinguer, les chefs de cette armée, et principalement le duc d'Alençon, vont attaquer Jargeau, petite ville située à quatre lieues d'Orléans, sur la rive gauche de la Loire ; Jeanne n'est point avec eux, ils échouent dans leur entreprise.

Jargeau était alors une place bien fortifiée ; douze cents hommes d'élite formaient sa garnison, et elle avait pour gouverneur le comte de Suffolk, un des meilleurs lieutenants du duc de Bethfort.

Prise de Jargeau. — Le retour de Jeanne fit reprendre l'expédition. Le 11 juin, les troupes françaises parurent devant Jargeau; et, d'après le conseil de Jeanne, l'assaut fut résolu pour le lendemain. Jeanne y marche la première, plante son étendard au pied de la muraille, et, quoique en butte à tous les traits des assaillants, elle excite à haute voix ses compagnons : « *Avant, gentil duc! à l'assaut!* » dit-elle au duc d'Alençon. Au même instant, ils partent comme des éclairs, suivis de leurs guerriers. Le combat est terrible. Les ennemis, du haut de leurs remparts, font des efforts incroyables. Jeanne les brave. Sa voix et ses exemples animent les Français. « *Ne craignez rien,* dit-elle au duc, *ne savez-vous pas*

« *la promesse que j'ai faite à votre épouse de vous ramener sain*
« *et sauf?* » Cependant on fait pleuvoir une grêle de traits sur
l'héroïne ; l'une déchire sa bannière qu'elle faisait flotter au haut de
son échelle, où elle l'allait arborer sur la brèche ; l'autre l'atteint
à la tête et brise son casque ; la violence du coup la renverse au
pied de la muraille. Devenue plus terrible par sa chute : Or, sus,
amis ! *amis, sus, sus !* s'écria-t-elle. Notre-Seigneur a *condamné
les Anglais. Ils sont à nous. Bon courage !* Aux cris de la guerrière, les soldats renversent tout ce qui se présente. Jargeau est
forcé, et le comte de Suffolk, ainsi que la garnison, faits prisonniers. Le 15, la place de Meung ; le 16, celle de Beaugency ; le
17, le château de cette dernière éprouvent le même sort.

Journée de Patay. — Depuis la levée du siége d'Orléans, les
troupes françaises semblaient invincibles, et dès quelles paraissaient
devant celles d'Angleterre, on voyait les Anglais trembler et fuir.
Chassés de Jargeau, ceux-ci cherchaient un asile, lorsqu'ils furent
atteints dans la plaine de Patay (19 juin 1429). Aussitôt le duc
d'Alençon consulta Jeanne. La guerrière répondit que les Français
eussent à se munir de bons éperons. *Comment Jeanne*, dit le duc,
*est-ce que nous prendrons la fuite ?... Non, mais nous aurons be-
soin de bons éperons pour atteindre les ennemis. Au nom de Dieu,
il faut combattre les Anglais, fussent-ils pendus aux nues.* Avant
le lever de l'aurore, elle donna le signal. Les Français , inférieurs
en nombre, ne laissent aux Anglais ni le temps de se reconnaître
ni celui de se retrancher. Ils fondent sur eux avec la rapidité de la
foudre. Talbot, surpris, déconcerté, soutient ce choc terrible, il
dispute la victoire, et peut-être se fût-elle déclarée pour lui, si
Fastol, frappé d'une terreur subite, n'eût tourné bride, et en-
traîné par sa fuite une partie des troupes dont il avait le commandement. En vain Talbot se surpassa, il ne fit que retarder sa défaite. Environné de tous côtés, sans espérance de rétablir le combat
ni de se dégager, il se rendit à Xaintrailles. Deux mille cinq cents
Anglais restèrent dans la plaine de Patay. On en prit douze cents,
on poursuivit les fuyards jusqu'à Yenville. On y trouva le bagage et
l'artillerie des vaincus.

Ce fut après cette victoire qu'on prit la route de Reims, l'ennemi
n'ayant plus d'armée pour s'opposer à la marche des Français. On
se divisa en deux corps, et on passa par la Bourgogne en reprenant
Auxerre et plusieurs autres villes qui se trouvaient sur le passage.
Troyes et Châlons se rendirent à la première sommation.

Jeanne d'Arc conduit l'armée française sur Reims. — *Reims
ouvre ses portes.* — *Sacre et couronnement de Charles VII.* —

Jeanne sollicite le congé de ce prince. — Jeanne avait annoncé d'abord, que sa mission se bornait à deux choses : la délivrance d'Orléans, et le sacre du roi à Reims. Elle se servit de l'ascendant qu'elle avait sur les esprits pour remplir au plus tôt le second objet, quoique la ville de Reims et tout le pays, depuis Chinon, où était le roi, fût au pouvoir des Anglais. On se mit donc en marche avec une armée de douze mille hommes. Reims ouvre ses portes, et le roi y est sacré le 17 juillet 1429.

Dès le lendemain du couronnement de Charles VII, Jeanne avait sollicité son congé de ce prince, en alléguant pour motif que les deux objets de sa mission étaient remplis : « Saint-Michel, dit l'hé« roïne, *m'a commandé, de par Dieu, de délivrer Orléans, et de* « *faire sacrer le dauphin dans la cathédrale de Reims, et de re-* « *tourner ensuite au lieu de ma naissance.* » D'après les discours et les révélations de la Pucelle, là se terminait sa mission, et l'humble Jeanne d'Arc, tandis que l'Europe entière retentissait du bruit de sa gloire, n'aspirait plus qu'au repos de sa première obscurité. Elle demandait sa retraite avec les plus vives instances, et ne céda, en restant, qu'aux ordres du roi et aux prières de ses généraux, qui craignaient avec raison que le départ de Jeanne ne « décourageât « totalement les troupes. Forcée d'obéir aux volontés de son souve« rain, on la vit, depuis ce moment, s'abstenir d'opposer son avis « à celui des ministres ou des généraux, liberté qu'elle s'était pres« que toujours donnée jusqu'alors. Elle se contenta, dans la suite, « de partager les travaux des plus dangereuses expéditions, et de « s'exposer la première. » Au brûlant enthousiasme qui l'animait, on vit succéder un courage plus calme. Ce n'était plus en un mot une prophétesse inspirée, mais une martyre chrétienne, résignée à son sort. C'est alors que les doux souvenirs de son pays natal, dont Jeanne d'Arc aima toujours à s'entretenir, revinrent en foule à sa mémoire. Elle se rappelait avec émotion « les riantes vallées, « les rivages verdoyants de la Meuse, les champs fertiles où elle « avait tant de fois conduit ses troupeaux, les forêts majestueuses, « où elle s'était si souvent retirée pour jouir de la fraîcheur et de « l'ombre, et se livrer, sans crainte d'être interrompue, au charme « mélancolique d'une rêverie contemplative : « *Plût à Dieu mon* « *Créateur*, disait-elle à l'archevêque de Reims, *que je pusse main-* « *tenant partir, abandonnant les armes, et aller servir mon père* « *et ma mère, en gardant leurs brebis, avec ma sœur et mes frè-* « *res, qui moult se réjouissaient de me voir !* »

Lettres de noblesse accordées à Jeanne d'Arc par Charles VII. — Toutefois le roi lui marqua sa reconnaissance, et, par lettres patentes du 16 janvier 1430, il l'ennoblit avec son père, ses trois frères et toute sa postérité, tant en ligne masculine que féminine. Ce dernier point fut changé en 1614, et les femmes de cette maison n'ennoblissent plus leur postérité. Le roi changea leur nom d'Arc en celui de Lys, et leur donna pour armes un écu d'azur à deux fleurs de lis d'or et une épée d'argent, la pointe en haut, féruë en une couronne d'or. A partir de ce moment, et pour lui donner plus d'importance encore, le roi augmenta le train de Jeanne, et le porta à la hauteur de celui de ses premiers capitaines; il lui permit de faire venir près d'elle son second frère, lui donna douze chevaux de main, et un trésor particulier pour payer le petit corps d'armée qu'à compter de cette heure elle devait commander en personne, et Domremy, village où elle était née, fut exempté pour toujours de toutes impositions. Mais toutes ces faveurs ne purent distraire Jeanne de cette triste pensée qu'elle devait tomber bientôt aux mains des Anglais; elle se résigna, mais ne se consola point.

Conséquence funeste. — La mission de Jeanne d'Arc finit au sacre de Reims; de ce moment, l'inspiration semblait s'affaiblir. — Sans doute qu'à cette heure où le succès eut couronné son entreprise, Jeanne, jetant un coup d'œil vers le passé, se réveilla devant la réalité du rêve inouï qu'elle venait de réaliser. Entourée de toutes les splendeurs de la gloire et de la puissance, elle sentit son courage faillir. — La paysanne de Vaucouleurs s'effraya elle-même de sa brillante position et se trouva mal à l'aise au milieu de ces grandeurs royales. Elle demanda à rentrer dans l'humble condition d'où l'avait retirée sa destinée providentielle. Peut-être aussi qu'instinctivement elle comprit qu'une si grande œuvre devait être rachetée par une grande expiation, et qu'il manquait encore à sa gloire la sanction du martyre......

Jeanne d'Arc est blessée pour la quatrième fois au siége de Paris. — Bientôt après le couronnement, les succès du connétable Richemont, en Normandie, obligeant le duc de Bethfort, qui occupait Paris, de porter ses forces vers ce premier point, Jeanne d'Arc détermina le roi à profiter de cette puissante diversion pour attaquer la capitale; on voulut tenter un assaut du côté de la porte Saint-Honoré, et Jeanne s'y présenta la première, selon son usage. Parvenue au bord du fossé, elle demandait qu'on apportât des fascines pour le combler, et l'on n'obéissait point; dans ce moment, une flèche, partie du rempart, l'atteignit à la cuisse, et lui fit une blessure si forte, que, perdant tout son sang, elle resta couchée sur le revers d'une petite éminence qui la garantissait des traits des assiégés. On laissa Jeanne dans cet état et dans cette position presque toute la journée; ce fut seulement vers le soir que le duc d'Alençon vint lui-même lui annoncer le mauvais succès de l'attaque, et le parti pris de lever le siége.

Derniers exploits de l'héroïne. — Le roi ramena ses troupes vers la Loire, et vint mettre le siége devant Saint-Pierre-le-Moutiers, en Nivernais; les Français furent repoussés dans une première attaque; on proposa, en présence de Jeanne, d'abandonner cette entreprise. « *J'étais mourante,* dit cette fille intrépide, *quand on m'entraîna de devant les murs de Paris; je périrai ici ou j'emporterai la place.* » Quelques hommes d'armes parurent prêts à se dévouer avec elle. Cette résolution rendit la confiance aux troupes; on retourna à l'assaut, et la place de Saint-Pierre-le-Moutiers fut prise.

A mesure que les succès de notre héroïne, plus affermis, rendirent ses secours moins nécessaires, la reconnaissance paraissait se refroidir. Ces dégoûts qu'on lui donnait à la Cour, cette diminution d'égards amenaient le moment fatal qui allait livrer à ses ennemis cette illustre victime.

Siége de Compiègne. — *Jeanne d'Arc prisonnière.* — *Elle est vendue aux Anglais.* — *On la conduit de prison en prison.* — *Son arrivée à Rouen.* — *Ses souffrances.* — Les affaires de Charles VII prenaient une face plus riante. La puissance des Anglais, élevée au sein de la France par la vengeance et la perfidie, déclinait chaque jour. Seul parmi les grands vassaux, le duc de Bourgogne tenait encore pour l'Angleterre, et secondait le duc de Bethfort, régent des Anglais. Ils entreprirent, en 1430, le siége de Compiègne. Jeanne d'Arc et Xaintrailles se jetèrent dans cette place aussitôt qu'elle fut menacée. Pendant que les ennemis choisissaient leurs postes, Jeanne fait une sortie à la tête de six cents hommes, fond sur les Anglais, les surprend, les attaque et les met en désordre. Un détachement vient aux secours des vaincus; ils reprennent courage, recommencent le combat, et ramènent la victoire sous leurs enseignes. Les Français plient à leur tour. Jeanne fit sa retraite avec la plus grande présence d'esprit, chacun voulait rentrer dans la ville le premier, et il y avait lutte pour passer.

Jeanne vit que si elle ne donnait pas un peu de temps à ses hommes, la moitié serait étouffée dans les portes ou jetés du haut du pont des fossés. Elle se retourna une dernière fois pour charger l'ennemi; c'était la troisième : l'ennemi recula; Jeanne le poursuivait avec une centaine d'hommes à peu près, qui formaient son arrière-garde; mais lorsqu'elle revint, elle trouva que les Anglais s'étaient glissés entre elle et le boulevard; alors, elle tira son épée, ce qu'elle n'avait point encore fait de la journée, et chargea pour s'ouvrir un passage. Les Anglais furent renversés du choc, car c'étaient les plus hardis qui étaient restés avec la plus brave ; mais, en arrivant à la barrière, Jeanne trouva qu'elle était fermée, et que, malgré ses cris, personne ne venait l'ouvrir (quelques historiens croient que ce fut par une horrible trahison de Flavi, gouverneur de la place). Alors il lui fallut essayer de faire retraite à travers champs ; elle se retira donc entre la rivière de Compiègne, afin de gagner ou bien le large ou bien quelqu'autre porte qu'on lui ouvrirait ; mais quand on la vit ainsi abandonnée avec une centaine d'hommes à peine, les plus lâches reprirent cœur et se ruèrent sur elle. Attaquée par devant, coupée par derrière, force fut alors à Jeanne de s'arrêter et de faire face à l'ennemi ; la lutte fut longue et terrible ; Poton le Bourguignon, fit des prodiges de valeur, et Jeanne des miracles. Enfin, son cheval ayant été tué sous elle, pressée par l'ennemi qui la poursuivait l'épée aux reins, elle jeta un dernier regard sur ses soldats ; nul ne pouvait la secourir ; elle comprit que tout était perdu pour elle, que l'heure prédite était arrivée, et rendit son épée à Lyonel, bâtard de Vendôme, qui la céda sur-le-champ au comte de Ligny, général du duc de Bourgogne.

Aussitôt un grand cri s'éleva, qui parcourut le camp des Bourguignons et retentit par toute la France : *Jeanne est prisonnière !*..... Cet événement arriva le 28 mai 1430.

Le comte de Ligny vendit Jeanne d'Arc aux Anglais pour une somme de dix mille livres (70,000 francs de notre monnaie). C'était le prix qu'Edouard III avait payé, dit-on, à Denis de Morbec pour la personne du roi Jean. La joie féroce que ces mêmes Anglais firent éclater lorsqu'ils se virent maîtres de Jeanne, était l'aveu de la terreur qu'elle leur avait inspirée. Pour leur échapper, elle sauta par une fenêtre de la tour du château de Beaurevoir du sire de Luxembourg. Arrivée sous la fenêtre de Jeanne, la patrouille nocturne rencontra le corps de la jeune fille ; on crut d'abord que ce n'était qu'un cadavre ; bientôt on s'aperçut qu'elle n'était qu'évanouie. On la transporta aussitôt dans la chambre même de la dame de Luxembourg, où grâces aux soins qu'on lui prodigua, Jeanne reprit ses sens. En attendant d'assembler le tribunal qui devait la juger, elle fut transportée du château de Beaurevoir dans les prisons d'Arras et du Crotoy, puis, de cette dernière ville, le duc de Bethfort la fit conduire à Rouen.

Arrivée à Rouen, cette illustre fille, au lieu d'être respectée par ses ennemis, en fut traitée avec cruauté. La postérité croira-t-elle qu'ils l'attachèrent par une ceinture de fer scellée dans les murailles de son immortel cachot ?..... Ses angoisses furent au comble ;

forcée de *changer de linge* devant des soldats qui, jour et nuit, la gardaient à vue, combien sa modestie dut souffrir de cet excès d'impudeur de leur part.

Détails sur l'odieux procès de Jeanne.—Sommaire.— Interrogatoire.—Réponses sublimes. — Le duc de Bethford donna ordre d'instruire son procès. Jeanne d'Arc ne se démentit pas dans les fers; elle répondit aux accusations absurdes ou insidieuses dont on la chargeait, avec une sagesse et une fermeté qui souvent firent rougir et déconcertèrent ses juges. La sainte fille fut toujours admirable d'héroïsme, de piété, de raison, de modestie. On ne parvint pas à surprendre une erreur sur la foi de cette pauvre paysanne, qui ne savait que ses prières; on ne put arriver à tirer un désaveu de cette faible femme, qui savait pourtant que sa persistance la mènerait à la mort; ses réponses aux tigres qui la jugeaient étaient toujours sensées, naïves, quelquefois sublimes. Aussi, nous contenterons-nous de citer quelques fragments pris au hasard dans son interrogatoire, pour donner à nos lecteurs une idée de ce procès d'un genre aussi odieux.

Comme il était difficile de donner une base à cette procédure unique, on essaya d'abord de flétrir sa vertu, et de la faire passer pour une fille débauchée. Forcé d'abandonner ce moyen, ayant été reconnue pour vierge dans une seconde assemblée de matrones, on chercha une nouvelle espèce de crime; alors on l'accusa d'être *sorcière, hérésiarque, devineresse, fausse prophétesse, d'avoir fait pacte avec les esprits malins, d'avoir oublié la décence de son sexe;* tel fut le sommaire du procès.

Ce procès dura seize jours. Jeanne soutint un grand nombre d'interrogatoires sur toutes les révélations qu'elle prétendait avoir eues. Elle montra dans toutes ses réponses autant de bons sens que de fermeté; et lorsque Cauchon, ex-évêque, le même qui fut chassé de son diocèse de Beauvais après le sacre de Charles VII, comme soutenant le parti ennemi, son principal juge, l'interpella de jurer par tous les saints Evangiles, qu'elle dirait la vérité en toutes choses sur lesquelles elle serait interrogée, elle ne promit que conditionnellement : « *Vous pourriez,* dit-elle, *me demander ce que je ne puis révéler sans parjure.* » Elle entendait probablement, par cette restriction, le secret de Charles VII.

« Mais, reprit l'évêque, vous jurerez au moins de dire la vérité sur les choses qui n'intéressent que vous? » Jeanne, alors, se mit à genoux, posa les deux mains sur le Missel, et jura qu'elle dirait la vérité sur les choses concernant la foi; mais elle ajouta que de ses révélations elle ne dirait rien à personne qu'elle n'en eût reçu la permission de la même voix qui les lui avait faites.

On lui défendit de se sauver : « *Si je me sauvais, on ne pour-*
« *rait m'accuser d'avoir violé ma parole , parce que je ne vous ai*
« *point donné ma foi.* »

On lui demandait si le roi Charles avait aussi des visions ; elle
répondit : « *Envoyez-lui demander.* »

Interrogée si elle croyait avoir bien fait en attaquant les remparts de Paris un jour de fête (c'était le 8 septembre, jour de la
Nativité de la Vierge) : « *Il est juste*, répondit-elle, *de respecter*
« *la solennité des fêtes ; si j'ai péché, c'est à mon confesseur à*
« *en juger.* » Puis, s'adressant à l'évêque et le regardant en face :
« *Regardez-y à deux fois*, lui dit-elle, *avant de vous faire mon*
« *juge, car au nom de Dieu, je vous réponds que vous prenez là*
« *une lourde charge.* »

On lui demanda si les bienheureux dont elle parlait avaient
annoncé l'irruption des Anglais en France. Elle répondit « *que les*
« *Anglais étaient en France depuis longtemps lorsqu'elle avait eu*
« *ses premières révélations.* » (Elle soutint toujours la réalité de
ces mêmes révélations.)

Interrogée si elle avait eu, dès son enfance, le désir de combattre les Bourguignons : « *J'ai toujours souhaité que mon roi*
« *recouvrât ses États.* »

Mais la plus belle réponse qu'elle ait faite, et qui mérite d'être
éternellement retenue, c'est la suivante. Lorsqu'on lui demanda
pourquoi, à la cérémonie du couronnement de Charles, elle avait
osé y assister avec sa bannière : « *Il est juste*, dit-elle, *que qui a*
« *eu part au travail en ait l'honneur.* »

Si elle savait être en la grâce de Dieu. Jeanne répondit : « *Si je*
« *n'y suis pas, Dieu m'y veuille mettre ; et si j'y suis, Dieu m'y*
« *veuille maintenir.* »

Interrogée pourquoi elle sauta du haut de la tour du château
de Beaurevoir dans les fossés : « *Il m'était plus cher de mourir*
« *que de tomber aux mains des Anglais.* »

On lui demanda si, après cet essai de fuite, elle fit pénitence
pour l'avoir tenté contre l'avis de ses voix : « *Ma pénitence fut la*
« *douleur que je me fis en tombant.* »

Si ses voix lui ont dit qu'elle serait délivrée des mains des Anglais. Elle répond que ses voix lui ont dit : « *Prends tout en pa-*
« *tience, et ne t'inquiète pas de ton martyre ; c'est le chemin du*
« *paradis.* »

Quelquefois les juges l'interrogeaient tous ensemble : « *Biaux*
« *pères*, leur disait-elle, *l'un après l'autre, s'il vous plaît.* » Souvent interpellée de parler sur des choses déplacées ou indécentes,

elle s'écria : « *Demandez à tous les juges assistants si cela est* « *du procès ; j'y répondrai.* »

Le comte de Ligny, qui n'avait point eu le courage de résister aux sollicitations des bourreaux de Jeanne d'Arc, voulut la voir dans sa prison. Il s'y rendit avec les comtes de Warwick et de Strafort et voulut la persuader qu'il venait pour traiter de sa rançon ; elle ne lui fit point de reproches ; mais se contenta de lui dire : « Vous n'en avez ni la volonté, ni le pouvoir ; je sais bien que mes « ennemis me feront mourir, croyant qu'après ma mort ils gagne- « ront le royaume de France ; mais seraient-ils cent mille *goddem* « de plus qu'ils ne sont à présent, ils n'auront pas ce royaume. » Strafort, en entendant ces mots, voulut tirer son épée ; mais le comte de Warwick l'arrêta.

On lui fit plusieurs questions sur la religion afin de lui arracher quelque aveu conforme aux désirs de ses accusateurs. Mais elle répondit toujours avec une présence d'esprit remarquable. Comme elle paraissait entretenir l'espoir d'être délivrée, on lui demanda si les esprits célestes lui avaient promis qu'elle s'échapperait : « *Cela* « *ne touche point mon procès*, répondit-elle, *voulez-vous que je* « *parle contre moi ?* »

On lui tendit plusieurs fois des piéges, on s'épuisait en subtilités pour qu'elle se trahît, mais on ne put réussir. — Interrogée si elle changeait souvent de bannière, si elle les faisait souvent bénir, pour quel motif elle y avait fait broder les noms de Jésus et de Marie, si elle était persuadée, et si elle avait fait croire aux troupes que cette bannière portait bonheur, elle répondit : « Je ne renouvelais « mon étendard que lorsqu'il était brisé, jamais je ne l'ai fait bénir « avec des cérémonies particulières.... A l'égard de la fortune que « l'on prétend que j'attribuais à cette bannière, je disais pour toute « assurance aux soldats : *Entrez hardiment au milieu des Anglais*, « et j'y entrais moi-même. »

Elle fut sommée de dire ce qu'elle entendait par *Eglise triom- phante* et *Eglise militante* ; elle hésitait pour résoudre une question trop au-dessus de ses connaissances, quand un des juges, nommé Isambart Augustin, touché de son état, lui conseilla de s'en rapporter au pape et au concile, ce qu'elle fit à l'heure même. L'exévêque de Beauvais, furieux de la compassion de cet homme, l'arrêta en lui criant : *Taisez-vous, de par le diable !* Il défendit au greffier de faire mention de cet appel au concile. — Jeanne : « *Ah ! vous écrivez bien ce qui fait contre moi, et ne voulez pas* « *qu'on écrive ce qui fait pour moi.* »

Subtilités captieuses, questions puériles, arguments spécieux, rien ne fut négligé pour séduire cette fille si simple. On alla jusqu'à demander si elle allait fréquemment se promener dans son enfance, si elle s'était battue contre les enfants de son âge, si elle s'était fait peindre, si les saints qui lui apparaissaient parlaient anglais ou français, s'ils avaient des boucles d'oreilles, des bagues. « *Vous m'en avez pris une*, dit-elle à Cauchon ; *rendez-la-moi* »

On lui demanda si les saints avaient des cheveux, s'ils étaient nus ou habillés. « *Pensez-vous*, reprit-elle, *que Dieu n'ait pas de* « *quoi les vêtir ?* »

Si elle avait vu des fées, et ce qu'elle en pensait. « *Je n'en ai* « *point vu, j'en ai entendu parler, mais je n'y ajoute point de foi.* »

Si elle avait une mandragore et ce qu'elle en avait fait. « *Je* « *n'en ai point eu ; on dit que c'est une chose dangereuse et cri-* « *minelle.* »

La naïveté, la simplicité de ses réponses embarrassaient les juges sans les attendrir. *Guillaume Manchon*, l'un des deux greffiers, déclara qu'on avait voulu le contraindre à changer les réparties de l'accusée, afin de leur donner une interprétation criminelle ; mais qu'il avait refusé de se prêter à cet indigne ministère. Cauchon chargea un faux prêtre, nommé Loiseleur, de s'introduire dans les prisons, de chercher à capter la confiance de Jeanne, afin d'en obtenir quelques révélations. Trompée par cet homme, elle se confessa à lui, tandis que deux scélérats, apostés derrière une fenêtre, transcrivaient la confession. Ces odieuses trames ne produisirent aucune charge. Cauchon ne savait quel parti prendre.

Cependant, cette fille infortunée, en proie aux tourments qu'on lui faisait souffrir, succomba à l'horreur de sa situation et fut dangereusement malade. Le cardinal Winchester et le comte de Warwich lui envoyèrent deux médecins, auxquels ils recommandèrent d'employer toutes les ressources de leur savoir pour empêcher qu'elle ne mourût, ajoutant que le roi d'Angleterre l'avait achetée trop cher pour n'avoir pas la satisfaction de la faire brûler.......... (procès-manuscrit).

Elle subit des interrogations dans sa prison. Cauchon fit déployer à ses yeux l'appareil de la torture ; cet aspect terrible ne la fit point changer. Elle déclara que si les douleurs lui arrachaient quelques aveux, elle protestait à l'avance, et les désavouait comme de toute fausseté. Il craignit qu'elle ne mourût à la question, et n'osa point l'y soumettre.

Comme on voulait tirer d'elle un aveu de ses prétendus crimes, on la pressa d'abjurer. Elle dit : « qu'elle ne savait pas ce que ce terme signifiait. » Puis, quand on le lui eut expliqué : « Je m'en rap-

« porte à l'Eglise universelle ; qu'elle juge si je dois abjurer. — Tu
« abjureras présentement, ou tu seras *arse* » (brûlée), lui cria le théo-
logien Erard, l'un des inquisiteurs. On lui montrait en même temps
le bourreau qui l'attendait à l'extrémité de la place avec une charrette toute prête pour la conduire au bûcher. Le greffier s'approcha
et lui lut un modèle d'abjuration, qui contenait seulement une promesse de ne plus porter les armes, de laisser croître ses cheveux,
et de quitter l'habit d'homme. Il fallait signer cet écrit ou mourir,
elle signa ; mais, par une supercherie digne de ses abominables
juges, il se trouva qu'elle avait signé un autre écrit, par lequel elle
se reconnaissait dissolue, hérétique, schismatique, idolâtre, sédi-
tieuse, invocatrice des démons, sorcière, etc. Sur cette pièce, subs-
tituée au premier écrit, le principal juge prononça la sentence qui
la condamnait (selon le style de l'Inquisition) *à une prison perpé-
tuelle, au pain de douleur et à l'eau d'angoisse.*

Le comte de Warwick reprocha au tribunal la modération de cet
arrêt. Il trouvait, ainsi que ses compatriotes, que ces juges pervers
n'avaient point gagné l'argent qu'ils avaient reçu du roi d'Angleterre, puisque Jeanne échappait au supplice : « *Ne vous embarras-
« sez pas*, dit l'un d'eux, *nous la rattraperons bien.* »

Ils n'y manquèrent pas. Dès la même nuit, ses vêtements de
femme lui furent enlevés, et l'on y substitua des habits d'homme.
Le matin, elle pria qu'on la *déferrât*, c'est-à-dire qu'on desserrât la
chaîne qui l'attachait par le milieu du corps. Elle chercha ses habits
et ne put les trouver. Elle demanda avec instance qu'on les lui
rendît ; ses gardes lui refusèrent impitoyablement. En vain leur dit-
elle qu'ils seraient cause de sa mort, puisqu'elle avait juré de ne
point mettre des habits d'homme ; ils n'en tinrent aucun compte.
Elle ne se leva qu'à midi, encore ce fut pour satisfaire des besoins
naturels. Contrainte, pour ne point blesser les lois de la pudeur, de
prendre les seuls vêtements qui lui fussent offerts, elle fut tout à
coup entourée de témoins qui constatèrent cette violation de ses serments. Un des assistants dit qu'il fallait lui demander ce qui l'avait
engagée à mettre des habits d'homme. Cette question, qui pouvait
faire connaître la vérité, pensa coûter la vie à l'indiscret interroga-
teur. Quelques juges, rentrant en eux-mêmes, se retirèrent. Cauchon,
transporté de joie, rencontra le comte Warwich et lui cria : « *Farewell! Farewell! ç'en est fait, nous la tenons!* » Jeanne avait manqué au serment qu'elle avait fait de ne plus quitter ses habits de
femme ; Jeanne, par conséquent, avait mérité la mort.

La Pucelle est condamnée au bûcher. — Sa mort. — Le lendemain, Jeanne fut conduite de nouveau au tribunal et interrogée sur

les causes qui l'avaient amenée à désobéir à l'Eglise ; elle raconta tout, mais on se garda bien de consigner cette déclaration à l'interrogatoire, car le simple exposé des faits rejetait tout le crime sur ses ennemis. Alors ce fut Jeanne, qui, forte de son innocence, apostropha ses juges : « Si j'eusse été dans la prison ecclésiastique et gar- « dée par des gens d'église, dit-elle, rien de tout cela ne serait arrivé, « et je ne serais pas maintenant misérable comme je le suis. Mais de « tout ce qui m'arrive, j'en appelle devant Dieu, le grand juge des « torts et des injustices que l'on me fait. »

Néanmoins, tout ce que pouvait dire Jeanne était inutile ; sa mort était résolue, et sa prétendue désobéissance n'était que le prétexte sur lequel ses meurtriers s'appuyaient ; aussi, le mercredi 31 mai, après une délibération dans laquelle il fut reconnu que Jeanne, obstinée en ses erreurs qu'elle était, avait, par malice et obstination diabolique, faussement montré des signes de repentir et de pénitence ; qu'elle avait abusé du saint et divin nom de Dieu, blasphémé damnablement en se montrant incorrigible hérétique ; qu'elle était retombée, enfin, en hérésie et en erreur, ce qui la rendait indigne de toute miséricorde, la sentence de mort fut prononcée.

Le même jour, vers les onze heures du matin, cette sentence fut lue à Jeanne.

L'un de ses juges voulut encore, à ce moment fatal, la forcer à se rétracter sur l'article des révélations : « Or ça Jeanne, lui dit-il, vous nous avez toujours déclaré que les esprits vous promettaient que vous seriez délivrée (assertion fausse, puisque Jeanne avait toujours refusé de répondre sur cet article) ; vous voyez maintenant comme ils vous ont déçue, dites-nous-en la vérité. » Jeanne répondit : « *Soit bons, soit mauvais esprits, ils me sont apparus ; quant à* « *ma délivrance, l'état que vous me voyez vous justifie et n'es-* « *père rien.* »

Le jugement fut lu par Cauchon. Jeanne lui dit : « *Vous êtes cause* « *de ma mort ; vous m'aviez promis de me rendre à l'Eglise, et* « *vous me livrez à mes ennemis.*» Ce peu de mots, prononcés avec résignation, arrachèrent des larmes aux assistants ; lui-même en fut attendri. Ce monstre, surpris des larmes qu'il venait de verser, se détourna et ne put supporter l'aspect de sa victime.

Jeanne écouta cette lecture avec assez de calme. Depuis sept mois qu'elle était aux mains de ses ennemis, ses geôliers lui avaient fait subir de si atroces tortures, que souvent elle avait invoqué cette mort qui arrivait enfin, et qui d'ailleurs lui avait été plusieurs fois prédite par ses voix. Mais le genre de cette mort n'était point spécifié dans la sentence : Jeanne demanda donc à quel sup-

plice elle était réservée, et on lui répondit que c'était au *supplice
du feu.*

A cette déclaration, Jeanne perdit toute sa force ; elle n'avait rien
tant redouté que le supplice auquel elle était enfin condamnée.
Habituée à la guerre et à voir luire l'épée au milieu de ses sanglantes mêlées, elle ne craignait point le fer, car il lui semblait que
c'était encore mourir sur un champ de bataille que de mourir du
glaive ou de la hache. Mais mourir par le feu, par un supplice si
lent, si cruel, si infamant, c'était plus que sa résignation n'en
pouvait supporter.

« *Hélas! hélas!* s'écria-t-elle, *réduire en cendres mon corps qui
« est pur et qui n'a rien de corrompu, j'aimerais sept fois mieux
« qu'on me coupât la tête. Ah! si, comme je le demandais, j'eusse
« été gardée par des gens d'église, tout cela ne serait point advenu.
« Ah! j'en appelle à Dieu des cruautés qu'on me fait.* »

En ce moment, Pierre Cauchon entra dans sa prison avec plusieurs juges.

« *Évêque,* s'écria Jeanne, *Évêque, je meurs par vous ; mais c'est
« une lourde charge que vous avez prise, entendez-vous bien, que
« de me faire mourir d'une si cruelle mort.* »

Puis, se retournant vers un des assesseurs : « *Oh! maître La
« Pierre,* ajouta-t-elle, *où serai-je aujourd'hui?* — N'avez-vous
« point bonne espérance en Dieu? demanda celui-ci. — *Oh! si fait,
« reprit-elle ; Dieu aidant, j'espère bien aller dans le paradis ; mais
« y aller par un chemin de flammes!... mon Dieu! mon Dieu!* —
« Ayez, bon courage, Jeanne ! reprit le même assesseur qui lui avait
« déjà parlé. — *Il me semble que je l'aurais,* répondit Jeanne, *si
« l'on me donnait un bon prêtre pour me confesser. Mon Dieu,
« Messieurs, est-ce que vous me refuseriez un prêtre?* »

On lui envoya deux Dominicains pour l'assister dans ses derniers
moments : c'étaient l'assesseur La Pierre et frère Martin Ladvenu.

Aussitôt que Jeanne les aperçut : « *Mes pères,* dit-elle, *vous savez
« que mes juges ont pitié de moi et qu'ils me permettent de me con-
« fesser?* — Ils font plus encore, ma fille, répondit Martin Ladvenu
« en s'approchant d'elle, ils permettent que je vous donne la com-
« munion. »

Après la confession, le Saint-Sacrement fut apporté sur une pa-
tène couverte d'un voile, sans cierge, étole ni surplis, et l'on prononça, pendant toute la cérémonie, les litanies des agonisants :
orate pro ea (priez pour elle).

Elle sortit de prison ; on l'avait revêtue d'un habit de femme, une
mitre posée sur sa tête portait les mots : *hérétique, relapse, apos-*

tate, idolâtre.... La charrette qui la transportait était accompagnée de 800 Anglais, armés de toutes pièces, qui, si nombreux qu'ils fussent, avaient grande peine à faire ouvrir un passage, tant la foule était nombreuse et serrée; aussi Jeanne mit-elle plus d'une heure et demie à aller de la tour à la place du Vieux-Marché. En y arrivant, elle s'écria : — *Oh ! Rouen! Rouen ! seras-tu ma dernière demeure?* Paroles qui semblaient annoncer un reste d'espérance.

Le prêtre Misi prononça contre Jeanne un discours qu'elle parut ne pas entendre, tant elle était préoccupée de prier.

Arrivée au pied du bûcher, Jeanne d'Arc eut toutes les faiblesses de la nature dans le terrible instant de la mort. Elle pleura beaucoup, mais ne se permit que de douces plaintes, sans emportement, sans bravades, sans injures. Le peuple fondait en larmes et aurait voulu la délivrer. Les archers la livrèrent au bourreau. Celui-ci s'avança en tremblant. Elle demanda un crucifix; un Anglais rompit un bâton dont il fit une espèce de croix; elle la prit, la leva de ses mains affaiblies, l'approcha de sa bouche, puis monta sur le bûcher (*). Lorsqu'elle sentit que la flamme commençait à l'atteindre, elle invita le frère Martin avec un autre religieux, son assistant, qui étaient à côté d'elle, de se retirer. La douleur arracha quelques cris à cette pauvre, jeune et glorieuse fille, tandis que son âme céleste remontait vers le séjour de son divin auteur.

> A peine elle expirait, et du Ciel irrité,
> Une nuit nébuleuse éclipsant la clarté,
> Étonne tous les cœurs, remplis de noirs présages ;
> Trois fois un trait de flamme a percé les nuages,
> Et la foudre trois fois gronde du haut des airs ;
> Même on a vu, dit-on, au milieu des éclairs,
> La victime, de fleurs la tête couronnée,
> Des messagers divins monter environnée,
> Et, planant en triomphe, au son de leurs concerts,
> Se perdre dans les Cieux devant elle entr'ouverts.
>
> D'AVRIGNY.

Les Anglais étaient rassurés; ils n'entendaient cette voix que sur le champ du martyre. Le dernier mot que Jeanne prononça au

(*) Comme on voulait qu'il ne pût rester aucun doute sur la mort de cette héroïne, on l'avait placée sur un échafaud en plâtre, afin qu'elle fût distinctement aperçue de tous les assistants. Cette précaution rendit ses tourments beaucoup plus longs, parce que les flammes l'atteignaient à peine pendant la durée de cet affreux supplice. A travers les cris de douleur que la violence des tourments lui arrachait, on n'entendit sortir de sa bouche que le nom de Jésus. Le cardinal de Winchester fit jeter ses cendres dans la Seine.

milieu des flammes fut *Jésus,* nom du consolateur des affligés et Dieu de la patrie.

Quand on présuma que la Pucelle était expirée, on écarta les tisons ardents, afin que chacun la vît; tout était consumé hors le cœur, qui se trouva parfaitement intact. Ses cendres furent jetées dans la Seine (*).

Le peuple, indigné, poursuivit les juges à coups de pierre; ils furent sur le point d'être lapidés. Le bourreau lui-même se crut déshonoré pour avoir employé son ministère à l'exécution de cette sainte fille. Un grand nombre d'Anglais s'accusaient d'avoir souffert sa mort. L'un d'eux dit : « Nous sommes tous perdus et déshonorés par ce supplice affreux d'une femme innocente. » Un autre « qu'elle aurait mérité ses plus grands éloges, si elle était née Anglaise. » Mots qui, en lui rendant justice, prouvent que de tout temps ce peuple orgueilleux ne peut concevoir des vertus et du courage hors de chez lui; comme si la bonté des actions n'était pas absolue, et comme si, pour faire quelque chose qui fût digne d'éloges, la première condition était d'être né Anglais.

Ainsi périt, à la fleur de son âge, cette héroïne qui, dans l'antiquité, eût été honorée même de ses ennemis, et aurait obtenu des autels après sa mort. Les Romains lui eussent élevé des temples; étrangers aux guerres de religion, ils n'eussent point puni ce saint enthousiasme qui est si fertile en grandes choses; les Anglais la condamnèrent à mort comme hérétique (**).

(*) MORT DE JEANNE D'ARC.

A qui réserve-t-on ces apprêts meurtriers?
    Pour qui ces torches qu'on excite ?
    L'airain sacré tremble et s'agite.
D'où vient ce bruit lugubre? où courent ces guerriers,
Dont la foule, à longs flots, roule et se précipite?
    La joie éclate sur leurs traits ;
    Sans doute l'honneur les enflamme ;
Ils vont pour un assaut former leurs rangs épais.
    Non, ces guerriers sont des Anglais
    Qui vont voir mourir une femme.

    Qu'ils sont nobles dans leur courroux !
Qu'il est beau d'insulter au bras chargé d'entraves !
La voyant sans défense, ils s'écriaient, ces braves :
    Qu'elle meure ! elle a contre nous

(**) Voyez à la fin de la 1re partie la note n° 1.

Et ces choses arrivèrent le trentième jour de mai 1431.

Réparation tardive. — Révision du procès de Jeanne d'Arc. — Réhabilitation. — Peine du talion infligée à ses juges. — Lettre de Dunois à Xaintrailles au sujet de la mort de Jeanne d'Arc. — Conclusion. — La mémoire de Charles VII sera donc éternellement entachée de ce juste reproche qu'on a droit de lui faire, qu'il aurait dû racheter Jeanne d'Arc, la tirer des mains de l'ennemi par toutes sortes de sacrifices. Plus tard, il répara, il est vrai, cet inqualifiable oubli, du moins autant qu'il était en son pouvoir, en réhabilitant la mémoire de Jeanne, en bannissant du royaume ses juges et en confiscant leurs biens; réparation tardive !.... car ce ne fut que vingt-quatre ans après que l'arrêt de réhabilitation fut prononcé, à Rouen, le 7 juillet 1456. Quelques années ensuite, Louis XI, son fils, pen-

Des esprits infernaux suscité la magie.........
.... Que lui reprochez-vous ?
D'un courage inspiré la brûlante énergie,
L'amour du nom français, le mépris du danger :
    Voilà sa magie et ses charmes !
    En faut-il d'autres que des armes,
Pour combattre, pour vaincre et punir l'étranger ?

Du Christ avec ardeur Jeanne baisait l'image ;
Ses longs cheveux épars flottaient au gré des vents ;
Au pied de l'échafaud, sans changer de visage,
    Elle s'avançait à pas lents.
Tranquille, elle y monta ; quand, debout sur le faîte,
Elle vit ce bûcher qui l'allait dévorer,
Les bourreaux en suspens, la flamme déjà prête,
Sentant son cœur faillir, elle baissa la tête
    Et se prit à pleurer.

Ah ! pleure, fille infortunée !
Ta jeunesse va se flétrir
Dans sa fleur trop tôt moissonnée !
Adieu, beau ciel, il faut mourir,
Ainsi qu'une source affaiblie,
Près du lieu même où naît son cours,
Meurt en prodiguant ses secours
Au berger qui passe et l'oublie.

Ainsi, dans l'âge des amours,
Finit ta chaste destinée ;
Et tu finis abandonnée
Par ceux dont tu sauvas les jours.

sant que son père n'avait pas assez fait en cassant leur sentence,
les fit mettre en jugement ; presque tous étaient morts à cette époque ; il n'en restait plus que deux, qui subirent la peine du *talion*,
c'est-à-dire expirèrent ignominieusement dans les tortures d'un
bûcher en tout semblable à celui de l'infortunée Jeanne d'Arc. Mais
que fit à ses mânes ce sacrifice vengeur ?....... En a-t-elle moins
souffert de l'ingratitude de son souverain, de la cruauté de ses
ennemis ?....

Trente ans après, le fameux comte de Dunois, dans un âge également éloigné d'une jeunesse fougueuse et d'une vieillesse crédule,
affirmait encore avec serment que toutes les actions de cette fille,
qu'il avait presque toujours accompagnée, portaient un caractère
surnaturel, dont le souvenir se retraçait sans cesse à sa mémoire.

Tu ne reverras plus tes riantes montagnes,
Le temple, le hameau, les champs de Vaucouleurs,
   Et ta chaumière, et tes compagnes,
Et ton père expirant sous le poids des douleurs.

Après quelques instants d'un horrible silence,
Tout-à-coup le feu brille ; il s'irrite, il s'élance....
Le cœur de la guerrière alors s'est ranimé ;
A travers les vapeurs d'une fumée ardente,
   Jeanne, encor menaçante,
Montre aux Anglais son bras à demi consumé.
   Pourquoi reculer d'épouvante,
   Anglais ? son bras est désarmé.
La flamme l'environne, et sa voix expirante
Murmure encore : « O France ! ô mon roi bien-aimé ! »
Qu'un monument s'élève aux lieux de ta naissance,
O toi, qui des vainqueurs renversas les projets !
La France y portera son deuil et ses regrets,
   Sa tardive reconnaissance ;
Elle y viendra gémir sous de jeunes cyprès.
Puissent croître avec eux ta gloire et sa puissance !
Que sur l'airain funèbre on grave des combats,
Des étendards anglais fuyant devant tes pas,
Dieu, vengeant par tes mains la plus juste des causes !
Venez, jeunes beautés ; venez, braves soldats,
Semer sur son tombeau les lauriers et les roses !
Qu'un jour le voyageur, en parcourant les bois,
Cueille un rameau sacré, l'y dépose et s'écrie :
A celle qui sauva le trône et la patrie,
Et n'obtint qu'un tombeau pour prix de ses exploits !...

C. DELAVIGNE (Messéniennes)

Voici comme il s'exprimait au sujet de la mort de Jeanne d'Arc dans une lettre qu'il écrivait à Xaintrailles :

« Vieil et chier compaignon d'armes ,

« Jeanne a esté piteusement occise; ses ennemis félons, enragez,
« moult despitez et déceus dans leurs projects l'ont méchamment
« faict arder.

« Me sens plein de navrement et d'angoisses; plorons, chier
« Xaintrailles; ne verrons plus oncques icelle qu'aymions d'amour
« vif. Ne faut pas seulement se condouloir et se lamenter par pitié,
« faut se reconforter le cueur. Ne suffit point de hanter ès mous-
« tiers, d'offrir force menus dons, force chandelles bénites; jurons
« par sainct Georges que la vengerons.

« Par Charlemaigne, je navreray de playes ces lâches ennemis
« qui l'ont si vilainement frappée de mâle mort, lesquels ont appelé
« menteresse, pernicieuse, abuseresse des peuples, devineresse,
« supersticieuse, invocatrice du diable, cette gente guerrière si
« moult renommée pour sa chevance et braverie.

« Icelle n'eut oncques d'aultre magie ou sorcellerie que son es-
« pée de bon aloy, et le meschant vieil Cauchon l'a souventes fois,
« comme l'ay susdict, accusée traitreusement de menterie et de-
« vinerie.

« Est bien plus menteur, traitreux, excommunié, j'en jure par
« mienne espée, icelui qui trahit son maistre et condamne les féaux
« servants du sien roy.

« Je plore de rage dans mon cueur, arraisonnant ainsi avec moy;
« la vengeray; si feray-je ou y périray. Je le jure par Monseigneur
« sainct Denys; je me dédie au service de Jeanne.

« Serai chevalier recreu, deshonté, prinz pour foy mentie, si ne
« la venge, icelle que j'ai toujours suivie dans les entreprinzes ha-
« zardeuses.

« A donc Xaintrailles chassons les ennemis, que la chevaucheuse
« Pucelle, de tant glorieuse mémoire, a si moult battus. Leur
« roy Henry VI se croyait deia dans un sien roïaume, lequel Jeanne
« a honni et rudoyement guerroïé.

« Ains advint par un piteux meschief, que la pauvrette fust
« prinze en guerre; finalement son los devoit emerveiller ses enne-
« mis, voire ses faicts d'armes; mais iceux étaient trop capables de
« faintise et de meschants tours.

« Point n'est mémoire qu'on vist faire aux chrétiens plus aspres
« injustices.

« En compaignie d'un sien conseil, son principal juge, pervers

« assassineur, se print à luy dire : Tu renieras, si non seras arse.
« Le vieil, plein de cautèle, avisait ainsi en soy : Ne feras mie ce
« que luy ordonne, et l'occiseray.

« Que me quiers, dict la Pucelle tout tremblant, ne renieray
« point mon doulx Jésus.

« Tu arderas, dict l'aultre ; et tout incontinent cette-cy tomba en
« pamoison ; sa face découlourée avoit semblance de foilles automn-
« nières. Icelle se signa en croix recommandant sa pauvre âme à
« Dieu, et professa d'un ton lamentable : Mourray volontiers pour
« Jésus, mourray pour mon roy! Adonc l'occiseur tout en émoy la
« fit arder vive.

. . . .

« Ton tien ami et féal chevalier,

« Jean DE DUNOIS. »

*Jeanne Hachette. — Siége de Beauvais. — Le fou du duc de
Bourgogne.* — L'histoire de la lutte qui s'établit au xve siècle (1472)
entre le roi Louis XI, de cauteleuse mémoire, et l'un de ses plus puissants vassaux, Charles-le-Téméraire, est aussi curieuse qu'étrange;
elle n'est pas seulement remarquable par l'importance de ses résultats, mais encore par le caractère des deux champions. L'un combattant à armes courtoises, franchement, en soldat, s'exposant,
dans la fougue de son courage intrépide, comme le dernier de ses
hommes d'armes, incapable de dissimuler sa haine, ses projets et
ses désirs de vengeance ; l'autre, au contraire, diplomate adroit,
possédant à merveille l'art de dissimuler ses plus profondes pensées,
soupçonneux, pusillanime et cruel, préférant aux chances meurtrières du combat un moyen plus sûr et plus prompt de se défaire
d'un ennemi, et n'épargnant pas le sang, lorsqu'il pouvait, en le ré-
pendant, accroitre sa fortune ou sa puissance. « Le corps d'un enne-
« mi mort, disait-il quelquefois, sent toujours bon ; » et malheur à
qui, se fiant à sa parole royale ou à ses traitreuses promesses,
voyait se lever derrière lui le pont des fossés de Plessis-les-Tours.

Mais la profonde diplomatie de ce prince ne le mit pas toujours
à l'abri des dangers, et sans le dévouement d'une femme qui le protégea de son courage et de son épée, on ne sait où se serait arrêtée
l'audacieuse fortune de Charles de Bourgogne.

Cette femme était *Jeanne* de *Hachette.*

Le duc de Bourgogne, après avoir envahi et ravagé la Picardie,
se jeta tout-à-coup sur Beauvais à la tête de quatre-vingt mille
hommes. Cette ville était sans garnison, défendue par des fortifications en mauvais état et des murailles d'une médiocre hauteur : ses
faubourgs tombèrent sans obstacle aux mains des Bourguignons.

C'en était fait de la ville elle-même, si les habitants, soit par attachement pour leur roi, soit par haine de l'étranger, ou plutôt dans la crainte de perdre sous un nouveau maître leurs libertés, franchises et priviléges, ne se fussent excités l'un l'autre à se défendre vigoureusement; il s'armèrent à la hâte, et naguère artisans inoffensifs et citoyens paisibles, ils acceptèrent hardiment la lutte inégale contre des troupes nombreuses, bien armées, disciplinées, et aguerries par les fatigues et les combats. Les femmes et les enfants secondèrent puissamment leurs maris et leurs pères; ils dépavèrent les rues, et firent pleuvoir incessamment sur les assiégeants une grêle de pierres et de quartiers de rochers. Plusieurs femmes, plus audacieuses encore, prirent des armes, montèrent sur les remparts, et s'illustrèrent par des prodiges d'audace et de valeur. Une d'elles s'y fit surtout remarquer; c'était Jeanne Lainé, plus connue sous le nom de Jeanne Hachette. Cette femme, digne des siècles de Rome et de la Grèce, et inspirée peut-être par l'exemple de l'héroïne d'*Orléans*, monta sur la brèche, arracha le drapeau bourguignon qu'on y voulait arborer, et précipita le soldat qui le portait du haut des murailles dans les fossés. Le duc Charles, surpris d'une résistance aussi opiniâtre, ordonna la retraite, et à quelques jours de là, Beauvais n'eut plus qu'à ouvrir ses portes aux troupes du roi Louis XI, qui avançaient pour la dégager.

C'est en commémoration de la conduite des femmes de Beauvais en cette circonstance et pour en perpétuer le souvenir que Louis XI institua pour le 14 octobre une procession annuelle. Voici les termes de l'édit constitutif :

« .... Et non-seulement les hommes, mais pareillement les
« femmes et filles de la dicte ville, voyant, l'année dernière passée,
« au devant d'icelle ville, l'armée illicite et effrenée multitude des
« Bourguignons, nos rebelles et désobéissants subjects, par fourme
« de siége et hostilité, garnis de grosse artillerie, et les très oul-
« trageux présomptueux et impétueux assaulx et batterie de mu-
« raille qu'ilz y firent et répétèrent par plusieurs foiz et journées,
« cuidant la gaingner et soubzmettre à leur obéissance. Invoction
« par elles dévotement faicte au nom de Dieu nostre benoist créa-
« teur, et des mérites et intercessions de madame saincte Agadres-
« me, en l'aide et deffense de ladicte ville, de laquelle le très-glo-
« rieux corps et reliquaire y reposant fut lors porté en procession
« solempnelle par le clergié d'icelle ville, se rendirent lors aux
« crenaux et à la deffense de ladicte ville, et elles en très-grand
« audace, constance et vertu de force largement, oultre estima-
« tion du sexe féminin, mirent la main à la besoingne à l'imitation

« des hommes, et leur furent en aide tellement que lesdicts Bour-
« guignons finalement furent reboutez et se dispartirent tout hon-
« teusement de audevant de la dicte ville, et quelle demoura et est
« conservée en nostre obéissance. — Ordonne qu'une procession
« soict célébrée tous les ans aux dépens de nostre recepte et do-
« maine de ladicte ville, et ordonnons qu'icelles femmes aillent
« d'ores en avant en la procession et incontinent après le clergié et
« précédant les hommes icelui jour ; et en oultre que toutes le fem-
« mes et filles qui sont deprésent et seront et après en ladicte ville,
« se puissent à chacune d'elle a tousiours le jours et solempnité de
« leurs nosces et toutes autrefois que bon leur semblera, parer
« vestir et aourner de tels vestements, atours, parrements, joyaulx
« et aournements que bon leur semblera (parures et ornements
« que les femmes nobles pouvaient seules porter alors), et dont el-
« les pourront recouvrer, sans que pour raison de ce, elles, ne aul-
« cune d'elles ne puissent estre aulcunement notées, reprimées ou
« blasmées pour raison de quelque état ou condition qu'elles soient,
« ne aultrement. »

Jeanne Lainé eut une large part dans la munificence royale ; elle
fut, en raison de sa grande valeur et courage, mariée à Collin
Pillon, et le roi, par un édit du mois de février 1475, les exempta
de toutes tailles.

Un chroniqueur bourguignon, contemporain de Charles-le-Téméraire, rapporte qu'à quelque temps de là, ce prince étalait aux
yeux des seigneurs de sa cour et de quelques princes étrangers les
trophées de ses victoires sur Louis XI ; puis montrant de nombreuses pièces d'artillerie : Messieurs, s'écria-t-il, voilà les clefs des
villes de France ? Le fou du duc de Bourgogne, qui suivait partout
son maître, même à la guerre, et qui grâce à son titre de bouffon
pouvait se permettre impunément les saillies les plus vives, fit lors
quelques pas en se penchant et fixant la terre avec la plus grande
attention. — Que cherches-tu ? lui dit son maître. — Les clefs de la
ville de Beauvais, répondit le fou.

Priviléges et honneurs accordés aux chevaliers. —
Nous avons parlé, à la page 13, des priviléges et honneurs accordés aux anciens chevaliers ; aussi, n'entrerons-nous pas ici dans
de longs détails à cet égard, et nous ne ferons que compléter ceux
que nous avons déjà donnés.

Plusieurs marques d'honneur distinguaient les chevaliers : ils
avaient le droit d'avoir leurs chevaux de bataille couverts d'une
grande housse de taffetas ou autre légère étoffe, qui leur descen-

dait jusqu'aux pieds, et qui était ornée et remplie de leurs armoiries; ils avaient la prérogative d'avoir à eux un sceau particulier, sur lequel le chevalier était représenté à cheval, armé de l'épée levée. On enterrait avec eux leurs éperons dorés. De même qu'on leur donnait le nom de monsieur, de monseigneur et de messire; on appelait leurs femmes madame, tandis que celles des écuyers étaient appelées mademoiselle.

La chevalerie était si estimée, que quand ils recevaient cet honneur, on leur donnait anciennement une somme pour les dépenses qu'ils avaient à faire, et les rois accordaient une pension à ceux qu'ils recevaient chevaliers.

Mais si de tels honneurs attendaient le chevalier brave et courtois qui restait fidèle à ses devoirs, la dégradation la plus ignominieuse était réservée à ceux qui se déshonoraient par quelque crime ou lâcheté. C'est un tableau effrayant que la peinture de cette dégradation, telle que nous l'a laissée Lacurne de Sainte-Palaye.

Dégradation. — Punitions diverses d'un chevalier. — Lorsqu'un chevalier était coupable de trahison, de félonie et de tout crime qui entraînait la dégradation et méritait la mort ou le bannissement, on assemblait vingt ou trente chevaliers ou écuyers sans reproche, devant lesquels le chevalier traître était accusé de trahison, de lâcheté et de foi mentie, ou de quelque autre crime capital et atroce. Cette convocation se faisait par le ministère d'un roi ou d'un héraut d'armes, qui déclarait le fait, en rapportant les particularités, et nommait les témoins. Sur ce rapport, les chevaliers, constitués en tribunal, délibéraient, et si l'accusé était condamné à mort ou au bannissement, il était dit dans le jugement qu'il serait préalablement dégradé de l'honneur de chevalerie, et qu'il rendrait les insignes de l'ordre, s'il en avait reçu quelqu'un.

Pour l'exécution de ce jugement, on faisait dresser deux théâtres ou échafauds dans une place; sur l'un étaient assis les chevaliers juges, assistés des officiers d'armes, rois, hérauts et poursuivants; sur l'autre était le chevalier condamné, armé de toutes pièces, et son écu, blasonné de ses armes, planté sur un pal ou poteau devant lui, renversé la pointe en haut. A droite et à gauche du chevalier étaient assis douze prêtres revêtus de leurs surplis, et le chevalier était tourné du côté de ses juges. Une foule nombreuse assistait en silence à cette lugubre cérémonie, qui excitait d'autant plus la curiosité du peuple, toujours avide de ces sortes de spectacles, que celui-ci était plus rare. Quand tout était disposé, les hérauts publiaient la sentence des juges; alors les prêtres commençaient à chanter à haute voix les vigiles des morts ; à la fin de chaque psaume, ils faisaient une pause, pendant laquelle les officiers d'armes dépouillaient le condamné de quelques pièces de ses armes, commençant par le heaume et continuant de le désarmer pièce à pièce jusqu'à la fin. A mesure qu'ils ôtaient une pièce, les hérauts criaient à haute voix : « Ceci est le heaume, ceci est le collier, ceci « est l'épée du traître et déloyal chevalier. » La cotte d'armes était rompue en plusieurs lambeaux ; on finissait par l'écu de ses armes, que les hérauts brisaient en trois pièces avec un marteau.

Après le dernier psaume, les prêtres se levaient et chantaient sur la tête du chevalier le 108e psaume de David, *Deus laudem meam ne taciteris*, dans lequel sont contenues plusieurs imprécations et malédictions contre les traîtres, entre autres celles-ci :

« Lorsqu'il sera cité en jugement, il en sortira condamné ; et ses « défenses ne serviront qu'à le rendre plus criminel. Que le nombre « de ses jours soit abrégé. Qu'un autre reçoive la dignité dont il était « revêtu. Que sa femme devienne veuve et ses fils orphelins. Qu'ils « soient réduits à la mendicité et chassés de leur demeure. Qu'un « avide étranger pille et dévore ses richesses. Qu'il ne trouve per- « sonne pour le protéger. Que personne n'ait pitié de ses enfants. « Qu'ils meurent eux-mêmes sans postérité, afin que le nom du « traître périsse dans une seule génération, parce qu'il ne s'est « point souvenu d'exercer la miséricorde ; et que sans égard pour « l'oppression, pour la misère de l'homme juste, et pour la douleur « qui lui déchirait le cœur, il l'a persécuté jusqu'à lui porter le « coup de la mort. Puisqu'il aime la malédiction, qu'elle retombe sur « lui. Puisque la bénédiction n'a point pour lui d'attrait, qu'elle se « retire loin de lui. Puisqu'il s'est revêtu de la malédiction comme de « son manteau ; qu'elle s'insinue dans ses entrailles comme l'eau « dont il se désaltère ; qu'elle pénètre jusqu'à ses os comme l'huile « dont il se frotte. Semblable à un vêtement, qu'elle le couvre tout « entier ; de même qu'une ceinture, qu'elle lui serre sans cesse les « reins. » Ce chant étant achevé, le roi ou héraut d'armes demandait par trois fois le nom du chevalier dégradé ; un poursuivant d'armes, placé derrière lui, et tenant un bassin plein d'eau chaude, le nommait par son nom, surnom et seigneurie ; celui qui avait fait la demande répondait aussitôt qu'il se trompait, que celui qu'il venait de nommer était un traître, déloyal et foi mentie ; et, pour montrer au peuple qu'il disait la vérité, il demandait tout haut l'opinion des juges ; le plus ancien répondait à haute voix que, par sentence de chevaliers et écuyers présents, il était ordonné que ce déloyal que le poursuivant venait de nommer était indigne du titre de chevalier, et pour ses forfaits, il était dégradé et condamné à mort.

Lorsque ce jugement était prononcé, le roi d'armes renversait sur la tête du condamné le bassin plein d'eau chaude que lui présentait le poursuivant, après quoi les chevaliers-juges descendaient de leur échafaud, se revêtaient de robes et de chaperons de deuil et se rendaient à l'église. Le dégradé était aussi descendu de son échafaud, non par le degré par lequel il était monté, mais par une corde qu'on lui attachait sous les aisselles, et alors on le mettait sur une civière, on le couvrait d'un drap mortuaire et on le portait à l'église. Les prêtres chantaient alors l'office des morts et toutes les prières pour les trépassés. Lorsque cette cérémonie était finie, le dégradé était livré au juge royal ou prévôt, puis à l'exécuteur pour être mis à mort, si le jugement le condamnait à cette peine. Après cette exécution, le roi et les hérauts d'armes déclaraient les enfants et descendants du dégradé « ignobles et roturiers, indignes de porter les armes et de se trouver et paraître ès joûtes, tournois, armées, cours et assemblées royales, sous peine d'être dépouillés nus et battus de verges, comme vilains, nés d'un père infâme. » — Lacurne de Sainte-Palaye.

Une condamnation aussi terrible que celle que nous venons de rapporter, environnée de toute la pompe religieuse et lugubre que l'Église déploie dans les grandes solennités où elle prie pour les trépassés, devait produire sur tous les esprits une profonde et salutaire impression. Aussi, comme nous l'avons observé, de telles condamnations étaient très rares et n'étaient prononcées que pour les plus grands crimes. Quant aux fautes moins graves et aux autres crimes que pouvaient commettre les chevaliers, ils étaient punis de peines moins sévères, calculées et graduées selon la nature du délit. Ainsi on attachait à un pilori l'écu de leurs armes à la renverse avec un écriteau portant leur condamnation ; puis les officiers d'armes y retranchaient quelques pièces, y ajoutaient des marques et taches d'infamie ; ou bien le rompaient et le brisaient entièrement.

Le chevalier fanfaron et rodomont qui se vantait de beaucoup de choses et ne faisait rien qui vaille, était puni ainsi : on taillait d'or la pointe *dextre* du chef de son écu.

A celui qui avait lâchement et de sang froid tué un prisonnier de guerre, on accourcissait, en l'arrondissant par le bas, la pointe de son écu.

Si un chevalier était convaincu de mensonge, de flatterie ou de faux rapports à son prince, pour le porter à la guerre, on lui couvrait, pour punition, avec la couleur de gueules, la pointe de son écu, en effaçant les figures qui y étaient placées auparavant.

Celui qui s'était hasardé témérairement et indiscrètement aux coups de l'ennemi, et avait occasionné par là quelque perte ou déshonneur à son parti, en était puni par une pile ou pointe échancrée marquée au bas de son écu.

Quand un chevalier était convaincu d'adultère, d'ivrognerie ou de faux témoignage, on peignait deux goussets de sable sur les deux flancs de son écu.

L'écu du lâche, du poltron et du *couard*, était barbouillé sur le flanc *senestre* en façon de gore, qui était un gousset échancré et arrondi en dedans.

On peignait une tablette ou carré de gueules sur le cœur de l'écu de celui qui avait manqué de parole.

Lorsqu'un chevalier avait été vaincu dans un combat singulier, ordonné pour prouver son innocence d'un crime dont il était soupçonné coupable, s'il était tué sur le champ ou qu'il expirât après avoir confessé qu'il était coupable, les officiers d'armes faisaient traîner son corps avec ignominie sur une claie noire ou à la queue d'une cavale, puis ils le livraient à l'exécuteur de la haute justice, qui le jetait à la voirie. Ils faisaient pendre l'écu de ses armes à un pilori, la pointe en bas, trois jours de suite; puis le brisaient publiquement et déchiraient sa cotte d'armes en mille pièces.

Le vainqueur, au contraire, était honoré du roi et de le reine, et de toute la cour; il était conduit en grand triomphe par la ville, accompagné de tous les amis de la jeune noblesse; les trompettes, les tambours, les clairons le précédaient avec les rois et hérauts d'armes, portant devant lui l'arme avec laquelle il avait vaincu son ennemi, avec son pennon et sa bannière, et celle du saint qui était son patron. — LACURNE DE SAINTE-PALAYE.

Lorsqu'un chevalier était condamné à mort pour avoir trahi sa patrie, ou pour pillage ou incendie, en le conduisant au supplice on lui faisait porter un chien sur ses épaules, dans le voisinage du lieu où il avait exercé ses violences et ses crimes. Cette coutume avait pour objet de montrer au peuple que le chevalier félon était regardé comme bien inférieur à cet animal, emblème de la fidélité et de l'attachement à son maître.

Fin de la vie du Chevalier.— Honorables funérailles. — Du Guesclin. — Quand le brave chevalier était devenu cher à sa patrie en combattant vaillamment pour elle, que son nom était célèbre en France par les tournois, et chez l'étranger par ses emprises et pas d'armes ; s'il avait joint au courage la pratique des vertus qui lui étaient ordonnées, et qu'enfin, aimable autant que brave, il sût parler également de chasse, d'armes et d'amour, il pouvait alors aller requérir de sa dame le don de sa main, dont il s'était rendu digne. Cette main, si longtemps promise, lui était enfin accordée, et il emmenait, triomphant, sa jeune épouse au château de ses pères. C'est là, désormais, qu'il viendra passer les moments dont son devoir le laissera maitre, et se délasser de ses travaux guerriers près d'une femme aimante et sensible.

A l'époque du mariage, la damoiselle abdiquait l'empire despotique qu'elle avait jusqu'alors exercé, et une respectueuse soumission succédait chez elle au pouvoir le plus absolu. Confinée dans son antique castel, quand *son baron* (pour parler le langage du temps) revenait d'un combat, elle allait respectueusement au-devant de lui, tenait l'étrier pendant qu'il descendait de cheval, pansait ses blessures, s'il en avait reçu, et s'il amenait compagnie, après avoir aidé ses servantes à apprêter le repas, elle demeurait souvent debout pendant que ses hôtes étaient à table, afin de les servir.

Cependant, les années s'écoulent : après avoir donné pendant longtemps de glorieux exemples aux jeunes poursuivants d'armes, le chevalier commence à sentir le poids du haubert. Désormais sa patrie seule aura le droit de lui faire tirer l'épée. Il se décide à paraître pour la dernière fois dans la lice d'un tournoi, et, après avoir encore étonné ses jeunes rivaux par quelques beaux coups de lance, il dit adieu pour jamais à ces joûtes brillantes, mais maintenant inutiles à sa gloire.

C'était afin de consacrer le reste de leurs forces au service de leur pays que ces dignes chevaliers renonçaient à des exploits dont ils ne tiraient aucun fruit ; car ils acceptaient difficilement le triste bénéfice d'âge qui permettait aux sexagénaires de quitter entièrement le métier des armes. Mais cet âge même n'était pas pour eux sans quelque douceur. S'ils assistaient aux tournois comme simples spectateurs, ou armés de la baguette blanche des juges du camp, ils s'unissaient encore par le souvenir aux exploits des jeunes chevaliers, et leur voix nommait le plus vaillant. Mais, en encourageant leurs successeurs, ils rappelaient le temps de leurs prouesses, et trouvaient que tout était mieux dans leur jeunesse.

Telle était la vie d'un brave chevalier. Tant de vertu et de vaillance méritaient bien d'être honoré. A sa mort, la chevalerie en deuil lui faisait d'illustres funérailles. L'ordre des cérémonies, les ornements placés sur la sépulture, apprenaient les circonstances plus ou moins glorieuses dont le trépas du preux avait été accompagné. Sa bannière, son étendard et son pennon, placés ensemble sur sa tombe, signifiaient qu'il était *mort en bataille*. Ainsi, la gloire que les chevaliers avaient toujours cherché à obtenir les suivait jusque dans le tombeau.

Nous ne saurions mieux terminer ces détails sur les honneurs rendus, après leur mort, aux anciens chevaliers, qu'en racontant les cérémonies observées aux funérailles de Du Guesclin, surnommé la fleur des chevaliers français, connétable de France sous le règne de Charles V. Cependant, malgré la pompe et l'éclat de ces cérémonies, qui distinguèrent à peine les obsèques de Bertrand de celles d'un roi de France, peut-être sont-elles moins honorables à la mémoire de ce preux chevalier que l'hommage si remarquable et si extraordinaire qui lui fut rendu par les ennemis eux-mêmes le jour de sa mort. Ce trait, quoique bien connu, trouve naturellement sa place dans cet ouvrage, et mérite d'être cité parce qu'il est unique dans l'histoire et qu'il est le plus bel éloge de ce guerrier célèbre.

En 1380, Du Guesclin assiégeait Chateau-Neuf ou Castel-de-Randon, défendu par une garnison anglaise. Après plusieurs attaques sans résultat, on entra en pourparlers, et l'on convint d'une trève qui devait expirer le 12 juillet, époque à laquelle les assiégés s'engageaient de rendre la place, s'ils ne recevaient pas une secours suffisant pour faire lever le siége.

Pendant cette suspension d'armes, le connétable tomba malade, et les médecins reconnurent bientôt que sa maladie était mortelle. Cette nouvelle jeta la douleur et la consternation dans l'armée. « Généraux, capitaines, soldats, tous redoutaient de perdre un père et un ami précieux. Les autels étaient, jour et nuit, environnés de gens qui y portaient leurs vœux et leurs prières pour sa conservation ; les assiégés mêmes (chose étonnante), dès qu'ils en furent informés, firent des prières publiques et demandèrent à Dieu la guérison d'un ennemi si redoutable pour eux, mais si plein de vertus, si bon, si généreux dans la victoire, qu'ils s'estimaient glorieux de lui rendre les armes. » Du Guesclin sentit son état et ne s'en alarma point ; ayant fait apporter sur son lit l'épée de connétable, il la prit toute nue entre ses mains, avec autant de vigueur qu'il l'avait portée au milieu des batailles, la considéra quelques minutes en silence, comme pour se rappeler la gloire qu'il avait eue à l'obtenir et celle qu'il avait acquise en la portant. « Je viens, dit-il au maréchal de « Sancerre, d'examiner, en considérant cette épée, si j'ai manqué à « la bien employer ; j'avoue que d'autres que moi en auraient fait « meilleur usage, mais personne n'aurait eu des intentions plus

« pures ; je ne regrette en mourant que de n'avoir pas chassé tout-
« à-fait les Anglais du royaume, comme je l'avais espéré ; Dieu en
« a réservé la gloire à quelque autre qui en sera plus digne que
« moi ; c'est peut-être à vous, M. le maréchal, que le Ciel en fera la
« grâce ; je le souhaite et vous regarde comme l'homme du royau-
« me à qui l'honneur en appartient principalement ». Ensuite il se
fit découvrir la tête et dit au maréchal : « Recevez-la de ma main,
« et je vous supplie, en la rendant au roi, de lui exprimer toute ma
« reconnaissance de ses bienfaits, et mes regrets des fautes que je
« pourrais, par imprudence, avoir faites contre son service, mais
« qui n'ont jamais été volontaires ; assurez-le que je meurs son ser-
« viteur et le plus humble de tous. » Il embrassa tendrement ce
seigneur, qui reçut l'épée, fondant en larmes, et tous les assistants
comme lui. Puis, s'adressant aux vieux capitaines dont son lit était
environné : « Mes chers compagnons, vous voyez mon état, et que
« la mort qui me surprend me laisse privé de ce que j'aurais voulu
« faire pour vous ; mais que cela ne vous décourage pas : si je ne
« puis plus parler au roi en votre faveur, que vos services parlent
« pour vous ; continuez de le bien servir ; il est juste et généreux,
« et je compte qu'il vous récompensera comme vous l'avez mérité.
« Mais, avant de mourir, je veux vous dire encore une parole que
« je vous ai dite mille fois : souvenez-vous que, partout où vous
« ferez la guerre, les ecclésiastiques, le pauvre peuple, les femmes
« et les enfants ne sont point vos ennemis ; que vous ne portez les
« armes que pour les défendre et les protéger ; je vous l'ai toujours
« recommandé ainsi, et je vous le répète pour la dernière fois, en
« vous disant mon dernier adieu, et me recommandant à vous. »

« Il parla encore quelques moments ; ensuite, il demeura près d'un
quart d'heure en silence, les yeux fixés sur un Christ qu'il tenait à
deux mains, et dans cet état il fit deux ou trois soupirs, et rendit
à Dieu sa belle âme. Ce triste jour fut le 13 juillet 1380, à midi.
Du Guesclin était alors âgé de soixante à soixante-deux ans.

« Les Anglais n'ayant pas reçu le secours qu'ils attendaient, le
commandant de Castel-de-Randon, sommé par le maréchal de Sancerre de rendre la place, et ayant appris la mort du connétable, en
ressentit une douleur bien vive, et répondit à la sommation en homme généreux et de grand cœur : « Je ne vous ai pas promis de
« vous rendre ma place ; c'est à M. le connétable que j'ai donné ma
« parole et que je veux la tenir ; mais je veux que ce soit d'une
« façon extraordinaire, qui exprime l'honneur que je lui ai tou-
« jours porté, et que je conserve à sa mémoire. J'aurais eu honte
« d'ouvrir mes portes à tout autre qu'à lui : il est juste, tout mort

« qu'il est, de lui rendre ce que je lui dois ; je vais porter sur son
« cercueil les clefs d'une place dont il est réellement vainqueur. »

« L'armée française se rangea en bataille, les enseignes déployées
et les armes droites, en un mot avec l'appareil d'une victoire. Les
Anglais sortent de la ville, tambours battant, traversent le camp et
arrivent au logis du défunt. Ils le trouvent sur le même lit où il était
mort, entouré de hérauts d'armes ; son épée de connétable nue auprès
de son corps, sur un carreau de velours violet, semé de fleurs
de lis d'or, et l'appartement rempli par les plus grands de l'armée.

« Le maréchal de Sancerre introduisit le commandant anglais et
ses capitaines ; ils se mirent d'abord à genoux et firent leurs prières.
Le commandant, se relevant et portant la parole au connétable,
dit : « Ce n'est point à ce corps que je vois gisant et insensible, c'est
« à vous même, M. le connétable, que je rends ma place ; votre
« âme immortelle a eu seule le pouvoir de me réduire à la rendre
« aux Français, quoique j'aie juré au roi d'Angleterre de la lui con-
« server jusqu'à la dernière goutte de mon sang. » Cela dit, il
posa les clés aux pieds du mort, et se retira lui et les siens, tout
fondant en larmes. »

Toute la France pleura la mort de Du Guesclin ; mais la douleur
de Charles V fut inexprimable. Il envoya chercher son corps, avec
un cortège, pour le conduire à Saint-Denis, où ce prince avait fait
construire une chapelle pour lui et pour la reine, Jeanne de Bourbon, sa femme, qui y reposait depuis 1355. Ce fut dans cette chapelle et dans le même caveau qu'il fit inhumer le corps du connétable, pour que la mort n'eût pas le pouvoir de les séparer l'un de
l'autre. Le service se fit avec toutes les cérémonies, la pompe et la
magnificence observées aux obsèques des rois. Les ducs d'Anjou, de
Berri, de Bourgogne et de Bourbon, étaient à la tête du deuil, accompagnés de tous les plus grands et les plus illustres personnages
du royaume. Après cette cérémonie, plus martiale que lugubre,
l'évêque monta en chaire, et prononça l'éloge de Du Guesclin. C'est,
dit-on, le premier exemple d'une oraison funèbre, prononcée en
France dans l'église, au moins pour un particulier. L'éloquence du
prélat, et le tendre souvenir que l'on conservait encore pour le héros, firent fondre en larmes tous les auditeurs :

> Les princes fondirent en larmes,
> Des mots que l'évêque montroit ;
> Car il disoit : Pleurez, gens d'armes,
> Bertrand qui tretous vous aimoit.
> On doit regretter les faits d'armes
> Qu'il parfit au temps qu'il vivoit ;
> Dieu ait pitié, sur toutes ames,
> De la sienne, car bonne étoit

Dix ans après, Charles VI voulut honorer, par de nouvelles solennités funèbres, la mémoire de Du Guesclin.

On avait élevé, au milieu du chœur de Saint-Denis, une chapelle ardente, dont les torches et les cierges innombrables éclairaient la représentation de l'illustre connétable, placé au centre de la chapelle. Le deuil était conduit par messire Olivier de Clisson, connétable de France, et par les deux maréchaux messire Louis de Sancerre et messire Mouton de Blainville ; il était représenté par Olivier Du Guesclin, comte de Longueville, frère du connétable, et par plusieurs seigneurs de ses parents et de ses principaux amis. L'évêque d'Auxerre, qui célébrait la messe, monta en chaire, après l'offrande, pour faire l'oraison funèbre ; il prit pour texte : *Nominatus est usquè ad extrema terræ* : Sa renommée a volé d'un bout de monde à l'autre. Il fit voir, par un récit animé de ses grands travaux guerriers, de ses merveilleux faits d'armes, de ses trophées et de ses triomphes, qu'il avait été la véritable fleur de la chevalerie, et que le vrai nom de preux ne devait appartenir qu'à ceux qui, comme lui, se signalaient également par la probité, la valeur, la piété et la tendresse filiale (*). (GASSIER, *Histoire de la Chevalerie.*)

(*) LE JEUNE CHEVALIER A SES DERNIERS MOMENTS.

> Au banquet de la vie, infortuné convive,
> J'apparais un jour et je meurs.
>
> GILBERT.

Il n'est plus d'espérance, et la Parque inflexible
 A repoussé mes vains efforts ;
  J'entends déjà sa voix terrible,
  Elle m'appelle aux sombres bords !
Ma jeunesse n'a pu désarmer sa furie,
 Et je me vois mourir au printemps de ma vie !
 Encor si, dans les camps témoins de mes exploits,
 J'avais perdu le jour en servant la patrie,
 Sans accuser le sort je subirais ses lois !
Mais non, lorsque Bellonne, écartant la tempête,
 Aux foudres des combats a dérobé ma tête,
 Quand je viens consoler par mes embrassements
  Celle qui pleurait mon absence,
 Celle qui me portait dans ses bras caressants,
  Aux jours heureux de mon enfance ;
 Quand je viens, digne fils de mes vaillants aïeux,
 A leurs nobles travaux associant ma gloire,
 Jouir dans mes foyers du prix de la victoire,
  Le trépas m'attendait.... O Dieu !

Abaissement du titre de chevalier. — Nous avons vu, plus haut, que la dignité de *chevalier* était le premier titre d'honneur de l'ancienne milice. C'était, en effet, au moyen-âge, le *caractère* le plus noble, non-seulement en France, mais dans toute l'Europe occidentale, et les rois eux-mêmes s'honoraient de le porter. Mais bientôt, comme il advient de toutes les institutions humaines, ce caractère s'avilit, comme tant d'autres. Il y eut d'abord des distinctions entre chevaliers : on reconnut 1° les chevaliers de *haute noblesse*, chevaliers par naissance, reconnus souvent par convenance et courtisannerie ; 2° les chevaliers *bannerets*, possédant fiefs avec droit de bannière ; 3° les *chevaliers* ayant obtenu leur titre par leur valeur, etc., la plupart du temps sans fiefs attachés à ce titre ; 4° les chevaliers appartenant aux *ordres de chevalerie ;* 5° les *chevaliers de robe*, gens de loi, noblesse et chevalerie d'un

Ce monstre, en sa barbare joie,
Impatient de dévorer sa proie,
Déjà se présente à mes yeux !
Eloignez-vous, mère éplorée :
Vous déchirez le cœur de votre fils !
Et toi, dont l'image adorée
Sans cesse occupait mes esprits,
Tu sais, à mes serments combien j'étais fidèle !
Le temple d'Hyménée allait s'ouvrir pour nous ;
O ciel ! d'une flamme si belle,
Pourquoi les dieux sont-ils jaloux ?
Les lugubres cyprès ont caché les guirlandes,
Je suis environné de deuil,
L'autel n'est plus chargé d'offrandes,
Et la torche funèbre éclaire mon cercueil.
Si tes accords, ô ma lyre chérie !
Ont redit si souvent le nom de mon amie,
Fais parler ma douleur pour la dernière fois :
Confidente de mes alarmes,
Tes cordes, que mouillent mes larmes,
Demain ne pourront plus résonner sous mes doigts.
Ainsi, d'une voix affaiblie,
Edmond, jeune guerrier, que le dieu des combats,
Jusqu'aux déserts de la froide Scythie,
Dans sa fougueuse ardeur entraîna sur ses pas,
Accusait les destins et pleurait son trépas.
La mort a fermé sa paupière ;
Hélas ! il n'a revu son amante et sa mère
Que pour expirer dans leurs bras !

OLLIER

nouveau genre, dont quelque trace est restée dans nos grades universitaires, et dont l'origine remonte à celle du pouvoir des légistes, sous saint Louis, mais qui fut définitivement constituée sous François Ier. A cette dernière époque encore, le titre de *chevalier* fut conféré, comme signe de noblesse, à des individus qui n'étaient ni *nobles d'armes*, ni *nobles de robe*, mais seulement revêtus d'emplois civils. Remarquons bien que maint historien a cherché dans cette prodigalité du titre de *chevalier* une des causes de la décadence de la chevalerie, tandis qu'elle n'en était qu'un symptôme et en quelque sorte la formule. Vers la fin du xvie siècle surtout, où tant de gens, à la faveur des guerres civiles et religieuses, se firent, d'*aventuriers* qu'ils étaient, *nobles* de par leurs armes, leurs brigandages ou leur savoir-faire, le titre de *chevalier* fut pris par tous indistinctement. Chevalier devint synonyme de *noble*. Advinrent les fabricants de généalogies, advint, à partir de Henri IV surtout, l'étiquette de cour ; advint la distinction entre les *princes du sang* et les *pairs*, et, entre ceux-ci, l'établissement des degrés hiérarchiques, les distinctions des bancs, etc. On intervertit la valeur des anciennes dénominations féodales. Le titre de *baron*, par exemple, homme fort, homme puissant, avait été donné exclusivement aux premiers vassaux, à ceux qui avaient droit de se dire égaux entre eux, peut-être égaux au roi. Eh bien ! ce titre de baron prit un des derniers rangs dans l'échelle, non plus *féodale*, mais *nobiliaire ;* car entre la féodalité et la noblesse de cour, il y a une différence énorme. De même, le titre de chevalier avait été donné à tout homme de bonne *lignée* qui, riche ou pauvre, avait droit de combattre *à cheval* et s'était distingué par des exploits qui lui avaient valu les *éperons ;* le rang n'y faisait rien : rois, ducs, comtes, etc., simples nobles, tous étaient *chevaliers*. On pourrait dire que la chevalerie était pour les nobles de tout rang comme une *franc-maçonnerie* ou un *carbonarisme ;* c'est-à-dire une association qui avait aussi ses règles et comme ses mystères, basée sur une sorte d'égalité entre les *nobles*. Sans doute, par sa généralité même, par l'imprudence avec laquelle on la prodigua dès les xiiie et xive siècles, le titre de *chevalier* dut être donné, à défaut d'autres, à tous les nobles. Il devint trop commun. Les rois, ducs, comtes, tous les nobles du premier ordre l'abandonnèrent insensiblement ; il ne resta qu'aux nobles du dernier degré ; et comme dans les riches et puissantes familles, l'usage s'introduisit insensiblement de graduer les titres des enfants suivant leur ordre de naissance : si le père était *duc*, le fils était *marquis*, le second *comte*, le troisième *vicomte*, le quatrième *ba-*

ron ; et ici tous les titres étant épuisés, on fit un titre spécial de celui qui jadis avait été si universel : les derniers des fils s'appelaient *chevaliers* en entrant dans les ordres.

Cet ordre hiérarchique, introduit si rigoureusement dans les titres de dénominations nobiliaires, a dû commencer, au moins imparfaitement, dès le xive siècle. Lorsqu'il y eut, au commencement du xviie siècle des nobles et non plus des *vassaux de la couronne,* des *courtisans* et non plus des *seigneurs féodaux,* cette hiérarchie, déjà entrée dans les mœurs et dans les habitudes, a dû devenir une espèce de loi de convention, une règle héraldique, une des nécessités de l'étiquette. Il y avait longtemps que le titre de *chevalier* avait perdu son importance ; il fut remplacé, dans sa signification primitive de *noble par excellence,* par le mot de gentilhomme. Ceci vers le règne de Louis XI.

Plus tard, et sans doute encore en mémoire des violences et des exactions que commirent à une certaine époque (xive siècle), ces chevaliers qui, oubliant la noblesse et les devoirs de l'institution à laquelle ils s'enorgueillaient d'appartenir, reçurent et méritèrent le titre de *chevaliers de la proie,* on en vint à donner le nom de *chevalier d'industrie* à ces voleurs de bonne compagnie qui vont partout, vivant aux dépens d'autrui, et s'emparent de son bien avec plus ou moins d'adresse, de ruse ou de finesse, mais sans jamais employer la violence ou des moyens qui pourraient les rendre justiciables des tribunaux de police correctionelle ; espèce de fripons, d'autant plus dangereuse qu'elle est plus insinuante, et qu'il est plus difficile de se mettre en garde contre elle, et dont M. Alexandre Duval a fort bien esquissé le caractère dans une de ses comédies.

Avec cette espèce de *chevaliers,* dont nous ne sommes point délivrés, et le *chevalier de la Légion-d'Honneur,* dont le nombre s'est si fort augmenté depuis quelques années, nous avons encore les *chevaliers d'honneur,* attachés au service des reines et des princesses. C'est là à peu près tout ce qui nous reste de l'ancienne, belle et noble institution de la chevalerie au moyen-âge (*).

(*) ABAISSEMENT DU TITRE DE *CHEVALIER.*

Que maudit soit le jour où cette vanité
Vint ici de nos maux souiller la pureté !
Dans les temps bienheureux du monde en son enfance,
Chacun mettait sa gloire en sa seule innocence ;
Chacun vivait content, et sous d'égales lois,
Le mérite y faisait la noblesse et les rois ;

Et sans chercher l'appui d'une naissance illustre,
Un héros de soi-même empruntait tout son lustre ;
Mais, enfin , par le temps le mérite avili ,
Vit l'honneur en roture et le vice ennobli ,
Et l'orgueil , d'un faux titre appuyant sa faiblesse ,
Maîtrisa les humains sous le nom de Noblesse ;
De là vinrent en foule et Marquis et Barons ;
Chacun pour ses vertus n'offrit plus que des noms.

Aussitôt maint esprit, fécond en rêveries ,
Inventa le blason avec les armoiries ;
De ses termes obscurs fit un langage à part,
Composa tous ces noms de *Cimier* et d'*Ecart*,
De *Pal*, de *Contre-pal*, de *Lambel* et de *Face*,
Et tout ce que Segon dans son *Mercure* entasse.
Une vaine folie enivrant la raison ,
L'honneur, triste et honteux, ne fut plus de saison ;
Alors , pour soutenir son rang et sa naissance,
Il fallut étaler le luxe et la dépense ;
Il fallut habiter un superbe palais ,
Faire par les couleurs distinguer ses valets ;
Et, traînant en tous lieux de pompeux équipages,
Le Duc et le Marquis se reconnut aux Pages.

Bientôt, pour subsister, la noblesse sans biens,
Trouva l'art d'emprunter et de ne rendre rien ;
Et, bravant des sergents la timide cohorte,
Laissa le créancier se morfondre à sa porte ;
Mais, pour comble, à la fin, le Marquis en prison ,
Sous le faix des procès vit tomber sa maison.
Alors, le Noble altier, pressé de l'indigence ,
Humblement du faquin rechercha l'alliance ;
Avec lui , trafiquant d'un nom si précieux ,
Par un lâche contrat vendit tous ses aïeux ;
Et, corrigeant ainsi la fortune ennemie ,
Rétablit son honneur à force d'infamie.
Car, si l'éclat de l'or ne relève le sang ,
En vain on fait briller la splendeur de son rang;
L'amour de vos aïeux passe en vous pour manie ,
Et chacun pour parent vous fuit et vous renie ;
Mais quand un homme est riche , il vaut toujours son prix ;
Et l'eût-on vu porter la mandille à Paris ,
N'eût-il de son vrai nom ni titre ni mémoire ,
D'Hosier lui trouvera cent aïeux dans l'histoire.

. . . .

. . . .

CHAPITRE SECOND.

—

SOMMAIRE.

Vénération de l'épée. — Marques distinctives chez les Indiens. — Naturels du Mexique. — Moyen-âge. — Education d'un gentilhomme. — Lettres de noblesse et prérogatives accordées aux Maîtres d'armes sous Louis XIV. — Causes personnelles. — Tribunal d'honneur. — L'art des armes reconnu par nos rois comme la base du repos public. — Utilité de l'art des armes. — Ses avantages. — Considéré comme moyen hygiénique. — Opinion des docteurs Tronchet et Lallemand. — Défense personnelle. — Le duel au pistolet est un véritable assassinat. — La gymnastique n'est point salutaire aux jeunes élèves. — Son utilité pour les gens raisonnables. — L'art de l'escrime mathématiquement démontré. — Ses effets sur un jeune élève. — Ses germes de vertu et d'humanité. — Abandon de l'exercice des armes. — Distinction accordée aux Maîtres d'armes avant la Révolution. — Leur réception. — Académie royale des armes de Toulouse. — Aujourd'hui, le premier venu peut ouvrir une salle. — On n'exige plus de garantie. — Inconvénient. — Ère nouvelle. — Quelles sont les garanties qui pourraient être exigées pour être professeur d'escrime. — Vœu exprimé. — Maîtres d'armes dans les régiments. — Honorables fonctions qui leur sont attribuées. — Difficultés qu'ils peuvent rencontrer. — Moyen d'y remédier. — L'art des armes considéré sous le point de vue militaire. — Son incontestable utilité. — Extension. — Moyens de le remettre en vigueur. — Sous-Maîtres. — Prévôts. — Discipline. — Emulation. — Résultat. — Esprit de corps. — Conclusions. — Notes. — Gladiateurs. — Amphithéâtre. — Mort de Roland. — Chant conservé parmi les Basques sur la journée de Roncevaux. — Notes extraites de l'histoire du chevalier Bayard. — Morceaux de poésies en rapport avec le texte, etc.

Vénération de l'épée. — Moyen-âge. — Marques distinctives chez les Indiens. — Naturels du Mexique. — Education d'un gentilhomme. — L'arme si noble de l'épée fut, pendant le moyen-âge, l'objet d'un culte religieux de la part des hommes de cœur qui surent s'en servir loyalement pour la défense des intérêts les plus sacrés. Les noms de *Joyeuse* et de *Durandale* donné à leurs épées par Charlemagne et Roland, celui de Tisona donné par le Cid à la sienne, viennent à l'appui de nos paroles; alors, un guerrier, illustré par de hauts faits d'armes, n'était jamais enseveli sans la fidèle compagne de ses exploits. Le Cid et Roland (*) obtinrent cet honneur. Bayard, atteint d'un coup d'arquebuse à croc, dont la pierre vint le frapper au côté droit, lui rompit l'épine du dos, à la retraite de Rebec, en 1524, ce vaillant capitaine s'écrie aussitôt : *Jésus, mon Dieu, je suis mort !* On court à lui pour le retirer de la mêlée. « Non, dit-il, je me garderai bien « de tourner le dos à l'ennemi pour la première fois; car, *oncques,* « *je ne l'ai jamais tourné en guerre, et je ne veux pas commencer* « *à la fin de ma vie.* » Voyant approcher les Espagnols, il ranime sa voix mourante pour ordonner d'aller à la charge, et se fait placer au pied d'un arbre. « Mettez-moi de manière, dit-il, que mon « visage regarde l'ennemi. » C'est là, non loin du champ de bataille, qu'il se prépare à mourir en héros chrétien; priant Dieu de lui pardonner ses fautes, se confessant à son écuyer dans l'attente d'un prêtre, il prit son épée, et les yeux fixés sur la poignée qui lui représentait une croix, la baisa ; ensuite, il attendit sa dernière heure.

Le connétable de Bourbon, rebelle à sa patrie, et qui poursuivait l'armée des Français, venant à passer près de lui, le reconnut et lui dit : « J'ai grand pitié, Bayard, de vous voir en cet état. » — « Monsieur, répondit le chevalier mourant, il n'y a point de pitié « pour moi, car je meurs homme de bien ; mais j'ai pitié de vous, « qui portez les armes contre votre prince, votre patrie et votre « serment. » Peu de temps après, Bayard mourut comme presque tous ses ancêtres, les armes à la main, le 30 avril 1524, âgé de quarante-huit ans (**). *Voyez* l'enfance de Bayard, page 17.

(*) *Voyez*, à la fin de la première partie, la note n° 3.

(**) L'ERMITE DU VIEUX CHÊNE.

Ce roi dont les revers ont illustré Pavie
Venait d'abandonner la couronne et la vie ;
La France renaissait, et le trône des Lis
Devait un nouveau lustre au second des Henris ;
Quand du haut de ces monts qui bravent le tonnerre,
Aux plaines d'Italie appelé par la guerre,
Le valeureux Brissac, seul errant au hasard ,
Au pied d'un chêne antique aperçut un vieillard.

Il est aussi question de l'art des armes dans l'histoire des Indiens ;
et il est encore, dit-on, en si haute estime parmi eux, qu'on n'en permet l'exercice qu'aux princes et aux nobles. Ces grands personnages
portent sur leurs armes une marque distinctive, appelée, dans
leur langue *Esaru*, qui leur est donnée par les rois eux-mêmes,
avec de grandes cérémonies, à peu près semblables à celles employées lorsque l'on conférait nos ordres de chevalerie.

Les naturels du Mexique, d'après M. Grisier, à l'époque de l'invasion des Espagnols, avaient des épées de bois, dont ils se servaient avec une adresse qui aurait fait honneur à bien des peuples
européens. Nous pourrions multiplier les exemples ; on a donc le

Son front religieux, ses vêtemens austères,
Tout annonçait en lui l'un de ces solitaires
Qui cachent au désert leurs tranquilles destins ;
L'œil humide, il pressait de ses tremblantes mains
L'image d'un guerrier, sur le bronze tracée,
Et de profonds ennuis absorbaient sa pensée.

O vieillard ! dit Brissac, ému de ses douleurs,
Me pardonnerez-vous d'interrompre vos pleurs ?
Perdu dans les détours de la forêt prochaine,
J'ignore où m'a conduit cette route incertaine.
— Mon fils, répond l'ermite avec un long soupir,
Tu traverses des lieux pleins d'un grand souvenir :
La plaine de Rebec à tes yeux se présente ;
Et ce chêne lui-même, à la cime imposante,
Ce chêne, qui des ans brave l'effort jaloux,
Le trépas de Bayard l'a consacré pour nous.

— Quoi ! Bayard ! ce guerrier que nul autre n'efface,
Ces lieux l'ont vu périr ? O mon père ! de grâce,
Racontez-moi comment est tombé ce héros,
L'espoir de son pays, l'amour de ses rivaux.
J'étais bien jeune encore, et loin de l'Italie,
Quand ce trépas fatal sur la France affaiblie
Etendit tout-à-coup un voile de douleur.

— Eh ! qui peut mieux que moi retracer ce malheur ?
Reprit le solitaire en essuyant ses larmes ;
Ne crois pas que toujours loin du bruit et des armes
L'ermite du vieux chêne ait consumé ses ans ;
Non, mon fils, j'ai connu le tumulte des camps ;
Ce corps, ceint du cilice, a porté la cuirasse ;
Et ces yeux des combats respirèrent l'audace.

droit de s'étonner que Platon veuille prouver que là où il y a adresse
pour triompher de son ennemi, il n'y a pas de vertu ; si ce principe
était admis , chacun le comprend sans peine, il en résulterait, pour
ce qui concerne notre époque, par exemple, qu'un général n'aurait
aucune espèce de mérite par cela seul qu'il aurait, on suppose,
exercé son artillerie à bien pointer. Napoléon comprenait que la
bravoure ne suffit pas lorsqu'elle est opposée à la bravoure, et qu'il
faut y joindre l'adresse, et quoiqu'il commandât aux troupes les
plus braves de son temps, il n'aurait jamais renoncé aux ressources
que l'on peut trouver dans l'habileté en ce qui concerne la tactique
et le maniement des armes.

> Compagnon de Bayard , Bayard sauva mes jours ;
> J'étais là, quand des siens la mort trancha le cours ;
> Et, traînant ma douleur depuis ce coup funeste,
> L'image du héros est tout ce qui me reste.
> Contemple donc ces traits , où l'humble piété
> S'offrait toujours unie à l'intrépidité ;
> Et puissent mes accents te guider vers la gloire !
>
> (*) L'Eridan nous voyait sans force, et la victoire (1)
> De nos heureux drapeaux semblait se détourner.
> L'imprudent Bonivet, contraint d'abandonner
> Les remparts de Milan que défendait Pescaire ,
> Livrait la Lombardie à ce fier adversaire.
> Au poste du péril tour-à-tour expirants (2),
> Nous cédions à l'orage ; et sur nos derniers rangs
> Déjà de toutes parts l'Espagnol, moins timide,
> Précipitait les coups d'une grêle homicide.
> Ce fut dans ces moments de tumulte et d'horreur,
> Qu'à toi seul, ô Bayard ! fut décerné l'honneur,
> De sauver ces drapeaux , noble prix du courage ,
> Et ces bronzes, tonnans au milieu du carnage,
> Qui règlent désormais le destin des combats (3).
> Longtemps , sous ses efforts , et devant nos soldats ,
> L'ennemi confondu se replia lui-même (4),
> Longtemps l'heureux guerrier, dans ce péril extrême,
> Rompit des Espagnols le choc impétueux ;
> Puis, quand leurs bataillons s'avançaient plus nombreux,
> Tu l'aurais vu, mon fils, sans trouble , sans alarmes,
> Ramener, à pas lents, ses fougueux hommes d'armes ,
> Du même air qu'un grand prince, au sortir des festins ,
> Entouré de sa cour , traverse ses jardins,
> Et calme , élève un front où la fierté rayonne.

(*) Voyez, à la fin de la 1re partie, la note 4 , l'explication du renvoi désigné par le chiffre correspondant.

Toutefois, le Français, en tout temps, s'est fait un honneur de l'emporter sur ses voisins dans tous les exercices du corps, et l'éducation d'un gentilhomme était incomplète lorsqu'il n'avait point appris à faire des armes; disons mieux, il négligeait, dans les premiers temps, toute autre instruction. Tout le monde sait que le brave Du Guesclin n'avait jamais voulu apprendre à lire, par un préjugé qui heureusement n'existe plus; un gentilhomme ne connaissait que l'art des armes, méprisait toute autre science, comme indigne d'un véritable noble.

Lettres de noblesse et prérogatives accordées aux Maîtres d'armes sous Louis XIV. — Aussi l'art des armes

De Bayard, cependant, l'heure fatale sonne ;
C'en est fait ; la mort vole, et , devant ses drapeaux,
L'homicide arquebuse a frappé le héros (5) ; (*)
Il pâlit; des Français la phalange troublée
Soudain' veut le sauver de l'affreuse mêlée ;
Ses soldats , ses amis, s'empressent ; mais Bayard,
Les animant encor de son dernier regard :
    « Compagnons , leur dit-il, ma carrière est finie;
« Laissez, je ne veux pas, prêt à quitter la vie,
« Fuir devant l'ennemi pour la première fois. »
Près de ce chêne alors il s'arrête ; et sa voix
Contre l'Ibère altier, que sa chute encourage (6),
A donné de nouveau le signal du carnage ;
Sous la faulx du trépas, plus fier, plus affermi,
Il veut, même en mourant, regarder l'ennemi ;
Et, plaçant sous ses yeux la croix de son épée,
Qui du sang espagnol était encor trempée,
En ce moment fatal, sa pieuse ferveur,
Semble y voir des chrétiens le signe rédempteur ;
Il y porte une bouche où la mort est empreinte ;
Mais loin que la douleur lui dérobe une plainte ,
Tranquille à cette place il demande à mourir,
Console ses amis, les presse de partir (7).
Et , pour dernier souhait , pour unique prière ,
Les conjure , du moins, de sauver sa bannière.
Ils cèdent à ses vœux. Moi seul, en le pleurant,
Je soutiens dans mes bras le héros expirant ;
Seul, au défaut du prêtre , où sa foi se confie ,
Je reçois l'humble aveu des fautes de sa vie.

Alors Pescaire approche , et tout ce qu'un grand cœur
Sait donner de regrets et de soins au malheur ;
Tout ce que la vertu des généreux courages
Au brave qui succombe aime à rendre d'hommages ,

(*) C'est à la note 5 et non à la note 4 qu'on a voulu renvoyer le lecteur à la page ci-contre.

était-il protégé en France ; les rois en ont consacré l'institution par des réglements et des statuts qui honoraient à la fois le souverain et le Maître d'armes. Ces derniers furent érigés en corporation. Celle-ci a été la première qui ait pris le titre d'Accadémie ; elle date de Charles IX. Les priviléges que leur accorda Henri III furent confirmés par Henri IV et Louis XIII, et obtinrent, sous Louis XIV, une extension qu'on aurait peine à concevoir aujourd'hui. Des lettres patentes de ce prince, du mois de mars 1656, portent que « le roi, voulant traiter favorablement les vingt-cinq Maîtres en fait d'armes qui composent cette compagnie, sa Majesté veut que, dorénavant, ceux qui seront reçus Maîtres en fait d'armes, aient lettres de son

Bayard l'obtient de lui. Le vainqueur étonné (8)
Semble de sa victoire un moment consterné ;
Il écarte une troupe insolente et farouche,
Fait dresser une tente, et, sur sa propre couche,
Lui-même, du guerrier place le corps sanglant.
C'est là, mon fils, c'est là que parut, tout tremblant,
Ce superbe Bourbon, ce hardi connétable,
Qui perfide sujet, mais soldat redoutable (9),
Marchait aux premiers rangs, armé contre son roi !
« O Bayard, lui dit-il, que je vous plains ! Eh quoi !
« Vous dont je respectais, dont j'admirais sans cesse
« Et la valeur brillante et la haute sagesse,
« Déjà d'un coup mortel vous tombez foudroyé ?
« Hélas ! que votre sort m'inspire de pitié ! »
« — Seigneur, reprit Bayard, d'une voix assurée,
« D'inutiles regrets votre âme est pénétrée ;
« Fidéle chevalier, pour mon prince je meurs,
« Et ne vois rien en moi qui mérite vos pleurs ;
« C'est bien plutôt sur vous qu'il faut verser des larmes,
« Sur vous, qui, plus à plaindre, osez porter les armes
« Contre votre patrie et vos premiers serments. »

Ces mots, que proférait, à ses derniers moments,
Un brave, de l'honneur sacré dépositaire,
Ces mots frappent Bourbon d'un trouble involontaire.
Ainsi, quand, au milieu d'une profonde nuit,
Le parricide implore un repos qui le fuit,
La foudre, tout-à-coup, au loin retentissante,
Dans son âme abattue éveille l'épouvante.

(10) Mais le noble guerrier déjà touche à sa fin ;
Déjà sur lui s'étend une invisible main,
Qui, prête à l'entraîner, le saisit et le glace :
« O toi, dit-il alors, Dieu puissant ! dont la grâce

procureur du roi au Châtelet, dans lesquelles mention sera faite de
la profession, et que les Maîtres se rendront pardevant Sa Majesté
pour faire nomination entre eux jusqu'au nombre de six, auxquels
elle accordera lettres pour porter à l'avenir la qualité de noble,
après vingt années d'exercice actuel en la ville de Paris, à compter du jour de leur réception, de laquelle jouiront leur descendants.
Après le décès de l'un des six Maîtres, succèdera en sa place celui
qui aura ledit temps de vingt années d'exercice actuel, du jour de
la réception, auquel il sera accordé pareilles lettres sur l'information des vie et mœurs.

« Que personne ne puisse s'établir dans le royaume pour faire
ladite profession, qu'il n'ait été Prévôt sous lesdits Maîtres de Paris.

« Permet en outre Sa Majesté à ladite compagnie de prendre pour
armes le champ d'azur, à deux épées mises en sautoir, les pointes
hautes, les pommeaux, poignées et croisées d'or, accompagnées de
quatre fleurs de lis avec timbres au-dessus de l'écusson, et trophées
d'armes autour. Comme aussi de continuer à avoir des gentilshommes chez eux pour leur montrer l'exercice, et veut aussi, Sa
Majesté, qu'à l'avenir le nombre de Maîtres en fait d'armes soit réduit à vingt. »

« Est toujours assurée aux pécheurs repentants,
« Écoute mes soupirs, vois mes pleurs pénitents;
« A cette heure où le cœur devient son propre juge,
« Toi seul es à la fois ma force et mon refuge !.... »
Il se tait. Pénétré d'un deuil religieux,
J'ose alors m'avancer pour lui fermer les yeux ;
Et vers le roi des rois s'exhale, à mon approche,
L'âme du chevalier sans peur et sans reproche.

A peine le vieillard eut achevé ces mots,
Que du vaillant Brissac, les larmes, les sanglots,
Trop longtemps réprimés, s'ouvrirent un passage ;
Le chêne tressaillit, et son épais feuillage,
Dans le calme des airs agité sourdement,
Tout-à-coup fit entendre un long gémissement :
O généreux Bayard ! ombre chère et sacrée !
S'écria le guerrier d'une voix inspirée,
Je jure par ton nom, par tes derniers moments,
De mourir, comme toi, fidèle à mes serments,
Fidèle à mon pays, à cette belle France
Qu'enorgueillit ta mort autant que ta naissance !

Il dit ; et du vieillard baisant les cheveux blancs,
Triste et le front rêveur, il s'éloigne à pas lents.   Ed. Géraud.

Ces lettres patentes ont été enregistrées en parlement le trois septembre 1664.

Les cours de justice tenaient sévèrement la main à l'exécution des ordonnances. La moindre atteinte aux priviléges des Maîtres en fait d'armes était punie d'amendes, de peines corporelles. La salle ou chambre où le délinquant avait indûment donné ou paru donner des leçons, devait rester murée pendant six mois. Les chefs des hôtelleries ou autres établissements publics qui n'auraient pas dénoncé le délit au procureur du roi, étaient frappés d'interdiction. Louis XV montra la même bienveillance pour messieurs de l'Académie d'armes. Nous n'en citerons qu'un exemple : Le sieur Dollonneau de la Raye, Maître en fait d'armes, privilégié de S. A. R. le duc de Bourgogne, avait, en vertu d'un brevet spécial de M. le comte de Vauguyon, ouvert une salle d'armes. Il avait, comme ses nobles confrères, adopté l'enseigne d'usage : un bras colossal, armé d'une longue épée, annonçait l'entrée de la salle. A peine a-t-il commencé ses leçons, qu'un arrêt de la prévôté de l'hôtel, du 12 décembre 1759, ordonne « que dans le jour de la signification de ladite sentence, il sera tenu de fermer la salle qu'il tient ouverte, et d'abattre le bras et enseigne par lui placés au lieu de son domicile ; sinon permet aux Maîtres en fait d'armes des Académies du roi de faire abattre lesdits bras et enseigne aux frais et dépens dudit Dollonneau ; lui défend de s'aider à l'avenir du brevet par lui obtenu de M. le comte de Vauguyon, le 6 août 1658. » Cette sentence a été confirmée par arrêt du Grand Conseil, du 23 août 1760.

Causes personnelles. — Tribunal d'honneur. — Ces distinctions donnèrent à l'Académie, par une suite nécessaire, la faculté d'avoir ses causes commises au tribunal de MM. les Maréchaux de France pour ses actions personnelles sur le fait des armes et le point d'honneur. Elles semblaient d'autant plus lui être dues, qu'on ne peut disconvenir que la première noblesse est celle qui s'acquiert par les armes, et il était bien juste que des Maîtres qui, par leur état, ont l'honneur de mettre les armes à la main des princes pour leur montrer l'exercice, et qui deviennent, chacun en particulier, gouverneurs-nés de la jeune noblesse, fussent alors favorisés et distingués des communautés d'arts et métiers du royaume.

L'art des armes reconnu par nos rois comme la base du repos public. — Qu'y a-t-il, en effet, de plus noble et de plus utile qu'un art que nos rois avouent et reconnaissent dans leurs lettres patentes comme la base du repos public, de la discipline militaire et le soutien et la sûreté de l'État ? Veut-on le définir pour en donner une juste idée? Dans sa *nature*, c'est le principe de la vraie valeur et de la gloire des héros, le support des rois et de la justice; dans sa *pratique*, c'est la science de former en ordre, contre nos ennemis, une attaque sans danger, et de nous défendre également avec avantage quand ils nous attaquent; ou plutôt, c'est l'expérience fondée sur des principes que la théorie et la pratique ont démontrés avec une certitude physique; et si l'on veut encore, c'est le talent et l'adresse de se garantir aussi sûrement d'un coup mortel que d'en pouvoir porter un semblable avec supériorité. Passons à son utilité.

Utilité de l'art des armes. — Pouvoir jouir de soi-même sans être troublé par la crainte de perdre la vie vis-à-vis d'un ennemi cruel qui veut notre perte et qui nous recherche, ne sent-on pas que le cri de la nature n'aspire qu'à ce bonheur. Or, quel autre moyen plus certain de nous donner de la tranquillité, de la confiance et du courage que la science de se défendre avec autant de sûreté que de supériorité? Si l'exercice des armes est le protecteur et le conservateur de nos jours; s'il peut devenir même notre libérateur autant de fois qu'on voudrait y attenter, comment peut-on différer un instant à en étudier les principes pour se les rendre familiers.

Allons plus loin : comment un père qui, chérissant son fils, veut, avant de le produire dans le monde, lui donner une éducation convenable au parti qu'il doit lui faire embrasser, peut-il négliger de lui faire apprendre le seul exercice capable, non-seulement de le protéger contre les orages de sa bouillante jeunesse, mais même de faire germer dans son cœur les sentiments de l'honneur, du vrai courage et de la prudence, principaux attributs de l'art des armes? Si, après cela, il arrive que ce jeune homme s'est attiré, par son imprudence, une rixe ; ou si, faute d'avoir exercé les armes, il a péri pour soutenir un point d'honneur, en s'exposant avec trop de fermeté dans un combat singulier, fermeté qui n'est en cette occasion qu'une témérité, son père ne doit-il pas s'imputer la première cause de cet événement, quand il a négligé de lui faire apprendre ce qui devait servir autant à conserver sa vie qu'à éviter même de la mettre en danger? En donnant une épée à son fils, ne devait-il pas du moins lui faire apprendre la manière de s'en servir dans le besoin ?

Telle est l'indifférence actuelle de la nation, qu'il semble qu'elle désavoue les avantages qu'elle a retirés dans tous les temps de l'art des armes, tant il est tombé chez elle dans l'oubli depuis quelques années, malgré tout ce que ses plus habiles Maîtres font pour le porter à la plus haute perfection.

Ses avantages. — Cependant, que l'on veuille comparer les arts avec les arts : en est-il un dont on puisse tirer plus de fruit que celui des armes ? Lui seul assurément contribue plus essentiellement à former la constitution, le tempérament et le caractère d'un jeune homme, et lui acquiert plus de principes d'éducation et de bonnes qualités que toutes les sciences qu'on puisse lui faire pratiquer. En effet, c'est l'exercice de cet art qui, en fort peu de temps, développe son corps, l'affermit, le place sur ses jambes ; c'est lui qui lui fait prendre des mouvements justes, assure son port, lui donne de la force, de la souplesse, de la légèreté, de l'adresse, de la précision, de l'aisance, des grâces et de la noblesse ; c'est lui qui, dans les circonstances, règle son ambition, réprime sa témérité, tempère sa pétulance, adoucit son caractère et anime sa confiance ; c'est lui qui, lui apprenant à se vaincre pour vaincre les autres, lui imprime le respect et lui communique, avec la vraie bravoure, la douceur, la politesse, la modération, la circonspection, la prudence et la sagesse ; c'est lui, enfin, qui le perfectionne, le guide, le soutient, le transporte et l'élève au-dessus de lui-même.

Indépendamment de ces avantages, cet art entretient et fortifie encore la plus précieuse des facultés de l'homme : la santé ; fort rarement la voit-on dérangée quand on pratique les armes tous les jours avec modération, et proportionnellement à ses forces ; il forme le tempérament des jeunes gens, les rend forts et robustes, et leur restitue ainsi, par cet exercice, une santé souvent délabrée.

Considéré comme moyen hygiénique. — Opinion des docteurs Tronchet et Lallemand. — Après avoir démontré comment l'exercice de l'escrime donne une nouvelle vie à l'intelligence et à l'esprit, nous reviendrons encore sur l'influence qu'il exerce sur le corps, et, recourant aux lumières de plusieurs médecins distingués qui viennent à l'appui de notre assertion, notamment des célèbres docteurs Tronchet, membre de la Faculté de Médecine de Paris, et Lallemand, membre de la Faculté de Médecine de Montpellier, nous publierons, d'après M. Grisier, les notes que nous devons à leur haute science. On y trouvera la réunion des deux avantages physiques et moraux que présente l'escrime.

L'escrime serait indigne du rang honorable qu'elle occupe si elle se bornait à fournir au génie de la destruction une puissance nouvelle. Il nous serait facile, continue M. Grisier, de prouver que comme tous les arts nés de la réflexion, elle n'est pas étrangère aux nobles sentiments, et qu'elle concourt pour une assez large part à l'amélioration physique et morale; aussi l'hygiène et la philosophie sont-elles ses compagnes; l'une et l'autre s'en emparent, et toutes deux savent en faire une heureuse application.

« Au point de vue purement physique, l'escrime, comme hygiène, satisfait à toutes les exigences du médecin, et par elle il obtient tous les bons résultats de la gymnastique. La nécessité d'une garde avantageuse habitue à placer en un repos mesuré les muscles des membres et du thorax; les parades du poignet en tierce ou quarte, demi-cercle, prime, etc., etc., forment les muscles fléchisseurs ou extenseurs de la main, en même temps que les mouvements arrondis du bras dans certains coupés, les saluts et les feintes remplissent quant aux muscles de la poitrine et aux articulations huméro-scapulaire ou cubito-radiale, le rôle des *dombelles anglaises*. Celles-ci ajoutent le poids qui, loin d'exercer les muscles à se contracter, fausse la contractilité habituelle en la déplaçant pour un objet inusité, et l'éloigne par conséquent du but qu'elle doit remplir dans l'état normal. L'ordre et la mesure des mouvements, l'attention vis-à-vis de l'adversaire, qui modère l'impétuosité de l'action, font au contraire de l'escrime un exercice qui peut se prolonger sans fatigue et sans ennui, et qui alors est bienfaisant pour le sujet qui s'y livre.

« Aussi, doit-on le prescrire de préférence aux jeunes gens d'un tempérament lymphathique, à membres flasques et sans énergie, dont les muscles grèles ont besoin d'un exercice gradué pour acquérir l'embonpoint et la contractilité nécessaire aux fonctions qu'ils doivent remplir. La gymnastique, qui procède, au contraire, par temps précis, mais d'une action nette et violente, n'atteint pas aussi bien ce but.

« Le jeune sujet trouve encore dans l'escrime le maintien, cette seconde condition du bien-être. La bonne tenue consistera toujours dans le déploiement naturel des avantages physiques. Rien de ce qui est contraire à la nature ne peut atteindre à la véritable beauté; elle seule pose des règles esthétiques immuables. Par l'habitude des armes, l'homme porte le front élevé, regarde devant lui sans obliquité, caractère de franchise qu'il puise dans la connaissance intime de sa force. Il présente les épaules effacées, la poitrine légèrement saillante, et alors le diaphragme s'élève ou s'abaisse au gré de l'aspiration et de l'expiration atmosphériques. L'oxigénation du sang s'accomplit avec facilité, le cœur bat régulièrement, et l'imminence des affections de cet organe sinon disparaît, au moins s'éloigne d'un sujet normalement organisé et sagement conduit. Chez les jeunes gens disposés, par un principe de rachitisme, aux déviations de la colonne vertébrale, les muscles opposés à la courbure peuvent, par l'exercice et l'action, rétablir l'équilibre, et l'escrime devient alors un des bons moyens orthopédiques. Il suffit seulement, suivant le côté dévié, de porter le fleuret de la main droite ou de la main gauche.

« Quant aux extrémités supérieures et inférieures, nous avons dit que les muscles des bras prenaient un grand développement. C'est ce dont on peut s'assurer en prenant, aux premières leçons, la mesure du diamètre du bras ou de l'avant-bras. Après quelques mois, le membre exercé acquiert une notable augmentation.

« Par la bonne tenue du torse, les extrémités inférieures sont mieux placées, les genoux s'écartent, et les pointes des pieds forment une équerre parfaite. On sait que cette position est la plus conforme aux règles du beau dans la marche et le maintien. »

A cette savante description, M. Grisier ajoute, que la connaissance approfondie des armes réagit puissamment sur le moral de ceux qui les ont étudiées avec ardeur. Loin de donner au caractère un ton querelleur qui tendrait à provoquer incessamment une lutte injuste, l'homme a conscience de sa force, et, s'appuyant sur elle, il est plus disposé à l'indulgence et à une politesse digne et convenable. Peu d'hommes ont été assez vils pour utiliser, au bénéfice d'une nature violente et emportée, les connaissances qu'ils avaient de l'escrime. L'homme probe et fort connaît les dangers qu'il offrirait à un adversaire inhabile; il sait que son adresse, le sangfroid qu'il lui doit, le mettraient bientôt à sa discrétion, et, sans déroger à l'honneur, il accepte une médiation dont il n'a point à rougir.

En résumé, favorable comme exercice au maintien de la santé, l'escrime devient pour le médecin une ressource précieuse, soit pour prévenir, soit pour combattre un grand nombre de maladies. On peut même avancer, sans paradoxe, qu'en rendant les hommes forts, elle contribue à leur amélioration morale, puisqu'elle utilise la force au profit de la justice et des grandes actions.

Ainsi, pour nous résumer, dit encore M. Grisier, nous dirons en nous répétant, car nous ne saurions trop insister sur l'utile emploi de cette partie de la gymnastique, parmi les exercices prescrits par les médecins pour conserver ou rétablir la santé, l'escrime occupe, sans contredit, le premier rang. En effet, celui qui fait des armes tient dans une action continuelle la plupart des muscles du corps, et il est évident pour toutes les personnes qui ont assisté à un assaut

ou même à une simple leçon d'escrime, que, dans une foule de circonstances, un pareil exercice doit produire les plus heureuses
modifications. En effet, la circulation est accélérée, la figure s'anime, la sueur ruisselle sur la peau, et tous les organes éprouvent
une vive excitation. La médecine réclame donc avec raison ce
moyen gymnastique, qui convient parfaitement dans les maladies
entretenues par la langueur et l'inertie, et dans les cas si nombreux
où le praticien veut imprimer une forte impulsion aux systèmes circulatoires ou provoquer une abondante transpiration.

**Défense personnelle. — Le duel au pistolet est un
véritable assassinat.** — Mais si l'escrime est un exercice utile
au développement des forces physiques et morales, il est encore un
moyen de conservation dans le duel..... Tout a été dit contre le
duel : la philosophie ne lui a épargné ni ses éloquentes déclamations,
la religion ses anathèmes, la loi sa sévérité, et le duel pourtant est
resté dans nos mœurs. L'art de l'escrime, bien que perfectionné par
l'observation et les études approfondies de quelques habiles Maîtres,
semble aujourd'hui moins généralement répandu, moins cultivé
qu'autrefois. Faut-il s'en réjouir avec les nombreux adversaires du
duel? Oui, si, malheureusement, à côté du bien ne surgissait pas le
mal; si le pistolet, substitué à l'épée, ne rendait pas les rencontres
plus fréquentes et plus meurtrières. — Les duels à l'épée, entre
gens qui ne la portent plus au côté dans les professions civiles
étaient devenus fort rares; mais depuis que tous les quartiers de
Paris, toutes les villes de France ont leur tir, il n'est pas un gamin
de quinze ans, pas d'échappé de magasin, fier d'avoir fait une fois
sauter la renommée dans la récréation du dimanche, qui n'ait le
désir et ne saisisse l'occasion d'exercer son adresse sur un homme.
Le duel au pistolet dénature surtout le caractère national. On gémissait sur les funestes combats singuliers; mais nous n'étions pas habitués du moins à tuer de sangfroid. Quand votre adversaire a
tiré, manqué son coup, et attend sans défense, n'est-ce pas un véritable métier d'assassin que de lui enfoncer la poitrine ou de lui casser le crâne, alors que vous ne courez aucun danger? Or, la plupart des duels au pistolet sont de véritables assassinats (*). Toutes

(*) DUEL AU PISTOLET.

Si le glaive est des rois le soutien honorable,
Pour savoir s'en servir l'homme est-il donc coupable?
Ne deviendra-t-il pas à son pays plus cher,
Si l'art le rend habile à manier un fer

les blessures du coup de feu sont atroces, sinon mortelles, et entraînent toute la vie de cruelles souffrances. A l'épée (et notons bien ici que nous ne nous fesons pas les défenseurs du duel, sous quelque aspect qu'il se présente), à peine, sur dix duels, un seul a-t-il une issue fatale. Les coups, pour le plus grand nombre, ne sont pas dangereux, et guérissent aussi vite que la cause du combat est oubliée. Vous attaquez qui se défend ; vous n'emportez pas du champ clos, dans votre souvenir, l'image d'un homme tué par vous ou mutilé les bras croisés. — Il faut du courage pour regarder son ennemi en face, pied contre pied, pour voir la pointe du fer à six pouces (16 centimètres) de son corps ; il faut du courage, car, au lâche, quoi-

Qu'il ne sort du fourreau dans lequel il repose
Que pour servir des lois la glorieuse cause ?
Quand ceux à qui l'escrime est un art étranger,
Armés d'un fer cruel, brûlent de s'égorger ;
Quand deux jeunes rivaux, qu'un fol amour égare,
De tubes meurtriers arment leur main barbare,
Et qu'ils vont, possédés du démon du combat,
Commettre froidement un lâche assassinat.
Oui, lâche assassinat... le mot est convenable.
A ce duel horrible, atroce, abominable,
On jouit du hasard ; l'un ou l'autre rival,
Sans pouvoir se défendre, attend le coup fatal ;
Et d'un lâche souvent la balle meurtrière
A l'homme le plus brave a ravi la lumière.
Quand deux rustres, s'armant de longs bâtons noueux,
Succombent sous les coups de leurs bras vigoureux,
Pourra-t-on à l'escrime imputer leur furie ?
Lui reprochera-t-on leur coupable folie ?
Sans elle n'est-il pas mille moyens divers
D'accomplir ces desseins odieux et pervers ?
L'escrime fournit-elle aux passions humaines,
Aux coupables désirs qui brûlent dans nos veines,
Les homicides traits dont nous armons nos bras ?
Souffle-t-elle en nos cœurs la fureur des combats ?
L'homme au fond des forêts, encor rude et sauvage,
De l'escrime jamais fit-il l'apprentissage ?
Il se bat cependant comme au sein des cités,
Et les hommes ainsi par la rage emportés,
Pour se battre emploieront des armes plus cruelles
Que l'escrime n'en prête à des mains criminelles.
Blâmez donc de nos cœurs les penchants vicieux,
Et que l'escrime enfin trouve grâce à vos yeux.

LHOMANDIE.

que habile dans l'escrime, le cœur fait défaut, la tête est troublée, les jambes flageolent et la main tremble. Dans le duel au pistolet, le courage est de luxe ; un instant de respect humain, une détermination passive, voilà tout ce qui est nécessaire. Restez-là, fermez les yeux, si vous voulez, devant l'explosion; pressez la détente, et l'honneur est satisfait. Vous aviez une effroyable peur, et le hasard peut-être dirige votre balle dans les entrailles d'un brave adversaire, qui succombe sous la main d'un poltron. Cependant, il y a des amateurs exercés pour qui un duel au pistolet est un infâme jeu à coup sûr ; ils vous arrêtent tout court un homme à cinquante pas, et, presque sans voir, lui logent à volonté une balle dans l'œil gauche ou dans l'œil droit. L'habitude de l'escrime n'a jamais donné une aussi terrible supériorité ; elle ne supprime pas le danger d'un côté, elle vient en aide au courage; mais sans paralyser celui de l'adversaire. Si elle rend quelques mauvais sujets redoutables, elle régularise et modère la fougue d'un grand nombre de combattants, qui se jetteraient l'un sur l'autre en aveugles, comme des bêtes féroces pour se poignarder et s'égorger mutuellement. En définitive, stigmatisons le duel, sous quelque forme qu'il se présente, mais plus encore le duel au pistolet, car il est anti-national.

La gymnastique n'est point salutaire aux jeunes élèves. — Son utilité pour les gens raisonnables. — La gymnastique, rivale de l'escrime, lui a fait autant de tort que la manie du pistolet, qui, lié avec l'escrime, doivent être considérés comme science du combat. Quoique une expérience de tant de siècles eût démontré les avantages de cet exercice, de cet art tout français, qui nous faisait reconnaître à l'étranger par la grâce et la noblesse du maintien, notre époque, avide d'essais, à voulu substituer à l'escrime cet exercice renouvelé des Grecs, la gymnastique. Mais on commence à s'apercevoir que les bras, devenus les perpétuels auxiliaires, la doublure des jambes, les bras toujours tirés et tendus en avant pour grimper ou sauter, finissent par courber les épaules sur la poitrine, et les forcent à devenir les extrémités d'un demi-cercle permanent pour le plus grand malheur des élèves de M. Amoros. On ne parle pas des chutes, des coups, des efforts qui occasionnent dans la constitution de ces pauvres enfants des désordres dont les suites se font sentir tôt ou tard. L'on a compris, en partie du moins, les résultats que pouvait avoir le passage brusque de l'enfant sortant de la maison paternelle ou des écoles dans lesquelles ses études premières étaient en rapport avec ses forces, pour entrer dans la voie régulière d'un collége ou d'une institution.

On a vu que l'enfant auquel on avait permis, afin de développer ses forces, de se livrer aux amusements comportés par son âge, devait, aux dépens de la santé, se voir assujéti aux règles nécessairement sévères d'un établissement de l'Université. La gymnastique a été introduite, mais pas assez largement. Le temps des études littéraires n'est pas en harmonie avec celui des exercices corporels, et l'on a entendu bien souvent des praticiens distingués, des hommes d'une réputation européenne, entre autres le docteur Lallemand, membre de l'Institut, se plaindre devant des personnes recommandables de ce régime anti-hygiénique suivi dans les institutions.

L'exercice de l'escrime, toujours égal, toujours le même, toujours régulier, n'offre aucun de ces inconvénients ni aucun danger, avec les précautions nécessaires (se servir de la veste d'armes et les masques de nouveau modèle). Il est vrai que la gymnastique fait d'habiles sauteurs, moins habiles cependant, quoique doués d'une tournure aussi élégante et aussi gracieuse, que les singes des bois et les Arabes du désert. Ce qui n'empêche pas ceux-ci de se casser les jambes sur nos théâtres. — La gymnastique est d'ailleurs un exercice tout-à-fait matériel ; elle n'exerce que l'homme raisonnable, qui le rend fort et qui le rend sain de corps, et, alliant le courage à la dignité, elle tient un milieu entre la lutte, la course et l'équitation, c'est-à-dire un mélange régulier de mouvements dans le sens des muscles et selon le mode d'action. Cet art, d'une incontestable utilité, surtout pour les gens de guerre, se borne à donner une certaine assurance à la marche dans les lieux élevés et périlleux, développe les leviers musculaires par des suspensions ou des ascensions graduées, mais n'unit pas la grâce à la force, et surtout ne donne pas au moral cette puissance qui doit être le soutien assuré de la modération des passions.

L'art de l'escrime mathématiquement démontré. — L'escrime fait agir continuellement le cerveau, toutes les facultés sont en jeu, l'attention doit toujours être tendue, le coup d'œil vif, la pensée prompte, la volonté déterminée, la décision rapide, et entraînant une exécution instantanée, franche et hardie. Mais il faut à l'audace joindre la prudence, la circonspection, le jugement ; une leçon d'armes est une bonne leçon de philosophie !...

A l'appui de notre assertion, M. Grisier dit, dans son Traité d'armes : « Il est mathématiquement démontré qu'on ne peut réussir à toucher souvent et sûrement son adversaire qu'en lui trompant l'épée, c'est-à-dire les mouvements qu'il peut faire : or, ces mouvements se multipliant à l'infini, il faut penser sans cesse et surtout bien penser; ainsi, il faut savoir quelle est la parade que peut faire l'adversaire sur tel coup, puis discerner celle qu'il a choisie, et enfin, *lui tromper* cette même parade en saisissant pour cela l'instant favorable. Cette simple démonstration prouve d'une manière irrécusable, que l'escrime tient essentiellement l'esprit en activité.

« Ainsi donc, le génie des armes consiste à deviner son adversaire, à juger au premier coup d'œil ses moyens physiques, l'emploi qu'il en sait faire, et savoir s'il est homme de tête, et par conséquent difficile à émouvoir; si sa garde est régulière; s'il est pareur, ou si sa force et son adresse ne consistent qu'à attaquer; s'il est prudent ou téméraire; s'il donne au hasard ou si tout ce qu'il fait est réfléchi et compris dans l'ordre normal. Sans aucun doute, il est difficile d'acquérir sur-le-champ une complète certitude; il le faut cependant, si l'on veut sortir victorieux de la lutte.

« Nous croyons, dit encore M. Grisier, avoir suffisamment démontré que les combinaisons mathématiques qui servent de base à la science des armes font travailler l'esprit autant que le corps, et nous pourrions, aux exemples déjà cités, en ajouter bien d'autres pour achever de prouver combien cet exercice agit sur nos facultés intellectuelles. Il semble, en effet, réveiller notre intelligence de l'assoupissement où elle est souvent plongée; il lui fait honte en quelque sorte du repos qu'elle aime, au moment où tous nos organes devraient être en activité. Or, c'est de cette union de l'intelligence avec les forces physiques que naissent toutes les qualités si précieuses dans les soldats. Dès-lors le général ne commande plus une masse inerte et compacte, trop souvent incapable de saisir et de deviner sa pensée; ce sont des intelligences armées, qui, soumises aux lois d'une discipline sévère, exécutent l'ordre donné et remplissent jusqu'aux moindres intentions du chef. »

Ses effets sur un jeune élève. — On ne peut, au reste, douter que le travail continuel, joint à une application vive et ardente, ouvre nécessairement le jugement d'un jeune homme, et lui donne de l'amour pour les armes. Plus il s'exerce, plus il goûte le prix de l'exercice. Accoutumé d'être vaincu, sa confiance et son courage se refroidissent quelquefois; mais à mesure qu'il vient à bout, par l'adresse et l'habileté, de vaincre à son tour ceux qui avaient de la supériorité sur lui, son espérance renaît; son émulation s'échauffe et sa confiance se ranime. Il se convainc que le travail seul donnant la sûreté de la parade, apprend à écarter ou à prévenir le coup de son adversaire; et loin de se reposer sur tel ou tel autre coup incertain, il se prépare au contraire à faire valoir le premier que les circonstances et le jugement déterminent. Après avoir déjà réfléchi sur les écueils et les dangers que la pétulance et l'étourderie lui avaient fait courir plusieurs fois, il cherche les moyens de s'en garantir et de les vaincre. Forcé de s'étudier lui-même, il éprouve combien on doit se défier de ses forces et de son savoir; l'expérience lui démontre que si, d'une part, la timidité est une faiblesse, de l'autre aussi, le trop de valeur ou de présomption deviennent témérité, parce qu'étant vis-à-vis d'un homme aussi brave que lui, et qui a d'ailleurs acquis de l'adresse et de la précision par la pratique des armes, la bravoure devient insuffisante. Ainsi la crainte de rencontrer un homme plus fort que lui le retient dans les bornes de la circonspection; et bien loin d'être susceptible, de se piquer d'un mot, d'un badinage, d'une légère équivoque, et de rechercher des combats particuliers, qui dégradent au lieu d'illustrer, la sagesse et la prudence les lui font éviter sans se compromettre.

On a souvent remarqué que les élèves qui sont d'une force supérieure se respectent mutuellement, ont fort rarement des différends, et que si toutefois il en survient entre eux, la fin n'en est pas aussi fâcheuse que celle des divisions qui s'élèvent entre des écoliers peu expérimentés, parce que la connaissance du péril fait faire aux premiers la plus grande attention à se garantir des mauvais coups, tandis que les derniers, au contraire, qui ont moins de talent et de pratique, se livrent avec trop de témérité, et négligent, ou de se couvrir, ou de se relever avec la vitesse nécessaire.·

Ses germes de vertu et d'humanité. — Qui doutera, après cela, que tant et de si bons effets ne doivent, sinon corriger du moins adoucir insensiblement un caractère féroce? Qui ne pensera que de fréquentes réflexions sur les qualités aimables qui lient les hommes ne fassent multiplier dans le cœur d'un jeune Français les germes d'un beau naturel, et ne lui fassent naître, au lieu de ces passions vicieuses, de ces manières brusques et grossières, une secrète envie de faire voir des sentiments de paix dont, sans doute, il n'aurait jamais senti les atteintes, s'il ne se fût pas livré de bonne heure à l'exercice des armes? Oui, certes, en y faisant attention, on s'apercevra qu'un sentiment moral le portera souvent à faire grâce à un ennemi auquel il aura fait voir une supériorité décidée. Dans la suite, bien loin d'*agresser*, il ne se défendra que lorsqu'on ne lui laissera pas le temps d'invoquer le secours de la justice et des lois; et une voix intérieure, qui ne le commandera que dans la vraie nécessité, lui fera distinguer quand l'honneur crie légitimement. Il se souviendra que les véritables ennemis de l'État sont les seuls à combattre. Ami de ses concitoyens, il ne cherchera à se signaler parmi eux qu'en leur donnant l'exemple de ce zèle si bien entendu et de cet amour si tendre que nos ancêtres avaient pour le soutien de la patrie et de la gloire de leur souverain. C'est dans tous ces sentiments que se trouve et qu'alors il verra le véritable point d'honneur (*). Que ne nous est-il possible d'inspirer à la jeunesse française de se proposer toujours de semblables vertus si dignes d'elle !

Abandon de l'exercice des armes. — Mais, malheureusement, chacun n'est occupé que de ses plaisirs ; on préfère employer tout son temps aux promenades, à la chasse, aux jeux de société, au théâtre. Ce qui ne devrait faire qu'un délassement des labeurs, ou qu'un amusement honnête et passager, on en fait, pour ainsi dire, ses plus sérieuses affaires et son occupation ordinaire.

Après cela, l'oisiveté et l'intempérance, qui font prendre du dégoût pour les plus heureux passe-temps, conduisent insensiblement à ces jeux de hasard, source des plus grands désordres, où chacun compromet sa dignité et sa réputation. Là le spectateur livré à sa passion presque malgré lui, s'abandonne à la chaleur du jeu et jette au sort tout ce qu'il a. A-t-il perdu ? La honte, le dépit, les remords, le désespoir, animent sa fureur. Tout devient crime à ses yeux. Il se croit offensé de ce qui ne donnerait pas matière à la moindre équivoque ; bientôt il menace, puis il injurie, puis il veut se battre. Si l'on semble s'y refuser, il entend y contraindre absolument. Il n'a cependant reçu aucuns principes des armes, mais c'est précisément son ignorance qui l'aveugle et le rend plus téméraire. Se bat-il, enfin ; il finit, comme mille autres, par se faire tuer.

En vain crie-t-on sans cesse contre cette fatale ignorance et cette coupable témérité qui causent la perte de l'humanité. Les gens oisifs, les ferrailleurs et les petits-maîtres, qui, pour l'ordinaire, sont les moins braves, prétendent qu'à chacun la bravoure suffit, parce qu'on a vu, disent-ils, des gens sans théorie et sans pratique vaincre les plus expérimentés. *Quelle grossière illusion !* Que cela soit arrivé quelquefois, parce que ceux qui avaient des prin-

---

(*) *Voyez* à la 3ᵉ partie (*Dictionnaire*), au mot HONNEUR (du véritable point d').

cipes, connaissant leur supériorité sur leurs adversaires, les ont ménagés trop longtemps et peut-être aussi avec trop de confiance, s'ensuit-il qu'un homme qui a pratiqué les armes ne doit pas toujours avoir l'avantage sur un ignorant ou sur un maladroit? N'est-ce pas là s'abuser volontairement sur des événements rares dont on cache d'ailleurs les causes accidentelles?

Pourquoi se dissimule-t-on des milliers d'exemples contraires? Ceux qui parient cent contre un dans une chose incertaine, sont, sans doute, des fous; n'est-ce pas enchérir sur eux que de les imiter dans des combats où il s'agit de la vie? Il n'y a pas plus de raison à soutenir cette assertion qu'il n'y en aurait de tourner les armes contre soi parce qu'on n'aurait pu les faire servir selon ses désirs contre son ennemi. L'homme vaillant qui ne sait rien, ressemble à celui qui a une grande force sans adresse : le premier se précipite sans raison, le second épuise sa vigueur sans utilité. Ce n'est donc que lorsqu'on cesse d'être téméraire que l'on commence à être véritablement brave; et s'il est un point au-delà duquel la plus grande bravoure n'a aucun pouvoir, c'est précisément dans cet instant où cet homme, qui n'a pour lui que sa témérité, se bat contre celui qui réunit à la valeur le savoir, l'expérience et l'adresse.

Mais, disons-le, l'oubli de la raison est de caresser la mollesse et la paresse pour autoriser une dangereuse ignorance; et il semble que bien des gens qui pourraient faire le bien de l'Etat, vivent au hasard, sans viser à aucun but. Ils se vouent au service militaire; ils mettent toute leur présomptueuse confiance dans une bravoure qu'ils ne connaissent point, et dont ils font souvent un mauvais emploi ; et ils ne pensent pas que l'exercice des armes pourrait leur donner de la vivacité, de la force et de l'adresse pour défendre leur vie dans une infinité de circonstances.

Distinction accordée aux Maîtres d'armes avant la Révolution. — Académie royale des armes de Toulouse. — Toutefois, nous dirons en nous répétant, avant la Révolution, les Maîtres d'armes, à Paris, formaient une corporation qui portait le nom d'Académie, et dont les membres, au nombre de vingt, avaient seuls le droit de tenir salle ouverte. Pour en faire partie, il fallait un noviciat de six années comme Prévôt-garde-salle, et subir une épreuve publique en tirant avec trois Maîtres reçus. Ces entraves apportées à la liberté de l'enseignement de l'escrime; ces garanties qu'on exigeait de ceux qui s'y livraient, et les récompenses concédées à une longue pratique, dans quelques villes de

France, notamment à Toulouse (*), prouvent l'importance qu'on attachait à l'art des armes. (Voyez page 139 et suiv.)

Aujourd'hui le premier venu peut avoir une salle. — On n'exige plus de garanties. — Inconvénients. —

Aujourd'hui, d'après l'observation de M. Possilier, dit Gomard, le premier venu peut ouvrir une salle ; il n'y a plus de noviciat ni de réception ; les seuls moyens de contrôle pour le talent des Maîtres actuels sont les *assauts publics* ; c'est là que chacun d'eux va recevoir de l'opinion publique la place que son savoir-faire lui assigne. Ces épreuves modernes ont perdu les formes courtoises et solennelles des anciennes, et la plupart des athlètes s'y présentent avec la résolution de vaincre à tout prix ; c'est pourquoi, dans ces sortes de réunions, les assauts laissent souvent beaucoup à désirer, sous le rapport de l'art. Les tireurs n'y apportent pas la confiance et l'abandon nécessaires ; chacun d'eux tient encore plus à éviter le coup de bouton qu'à le donner ; de là ces *demi-temps*, ces *fausses attaques*, ces *absences d'épée*, ces *hésitations*, ces *retraites*, qui paralysent l'attaque et nuisent à l'entrain de l'action. Il faut dire aussi que c'est la faute du public si ces choses se passent ainsi,

---

(*) ACADÉMIE ROYALE DES ARMES DE TOULOUSE.

Sous le règne de Louis XIII, les Maîtres en fait d'armes de Toulouse, pour ranimer l'émulation de leurs jeunes élèves, proposèrent deux prix : ils firent faire, à leurs dépens, deux épées, l'une de vermeil, qui fut le *premier* prix, et l'autre d'argent pour le *deuxième*. Ils les distribuèrent eux-mêmes pendant quelques années. Les Capitouls et le Corps de ville, reconnaissant l'avantage de cette institution, voulurent décharger les Maîtres de la dépense des prix ; et pour rendre cet établissement plus solide, ils délibérèrent de donner eux-mêmes, aux frais de la ville, deux épées semblables, sur lesquelles ils firent graver les armes de Toulouse ; ils érigèrent l'Ecole d'armes en Académie ; ils accordèrent divers priviléges à ceux qui remporteraient les prix à l'avenir, et entr'autres celui d'avoir l'entrée franche aux spectacles, et celui d'entrer à l'hôtel de ville avec l'épée ; ils firent autoriser leur délibération par arrêt du Conseil, et se réservèrent le droit de juger du mérite des concurrents ; ils s'associèrent ensuite pour le jugement ceux qui avaient remporté le prix ; ils firent autoriser ces réglements et leur délibération par arrêt du Conseil. La distribution se fit dès-lors en la même forme qu'elle se fait aujourd'hui (1754) ; mais, soit par la négligence des Capitouls, soit à cause de la misère des temps, cette Académie se détruisit peu à peu, et les Capitouls cessèrent de distribuer les prix. Ils furent rétablis avec plus de lustre que jamais sous le règne de Louis XIV, par les soins de M. de Montaudier, célèbre avocat et Capitoul. On ne peut aspirer à ce prix si l'on n'est d'une famille noble, ou du moins honnête. Nos rois ont accordé la noblesse aux Maîtres en fait d'armes après vingt ans d'exercice. Le plus ancien Maître de l'Académie est le sieur Plate, dont les père, aïeul et bisaïeul ont exercé la même profession, sans interruption, depuis près de trois siècles ; le bisaïeul fut un de ceux qui donnèrent lieu à l'institution des prix.

11

puisque la masse des spectateurs ne juge du mérite d'un tireur que par le résultat numérique des coups touchés. La belle tenue, la grâce, la pureté d'exécution, sont les qualités qu'on apprécie, sans doute, mais qui ne sont comptées à celui qui les possède que quand il n'a pas l'infériorité numérique. Un jeune homme à la mode veut avant tout que son Maître brille dans les assauts publics par le nombre de coups touchés ; quand il prend un Maitre d'armes, il ne s'informe pas s'il possède à fond la théorie de son art ; s'il sait donner leçon et s'il est capable de former un élève ; mais il s'informe s'il est fort, s'il touche beaucoup ; il ne se doute pas que la pratique de la leçon demande autant de peines et d'études que celle de l'assaut, et qu'un fort toucheur peut être un très mauvais Maître. Je conviens, ajoute encore M. Gomard, qu'il est bon qu'un Maître réunisse la dextérité de l'exécution à la pratique de la leçon, et que le contact d'une main habile profite à l'élève comme la lucidité et le savoir de la démonstration. Mais, dans tous les arts, on a vu des Maîtres médiocres pour l'exécution, posséder cependant le secret de l'enseignement et produire de bons élèves. Il faut dans le choix d'un Maître, s'informer, non-seulement de son habileté d'exécution, mais aussi de l'école dont il est sorti et des élèves qu'il a produits. Un bon démonstrateur ne se forme que par une longue pratique. Il en est des Maîtres d'armes comme des médécins : les premiers ne deviennent habiles que quand il leur est passé un grand nombre d'élèves dans les mains, comme les seconds quand ils ont traité un grand nombre de malades.

Ère nouvelle. — En cet état de choses, saluons l'ère nouvelle ! Louis-Napoléon a, d'un mot, résolu le problème de notre temps, lorsqu'il a répété avec son Grand oncle : « Qu'il fallait tuer l'ancien « régime en rétablissant tout ce que ce régime avait de bon ; qu'il « fallait tuer l'esprit révolutionnaire en faisant triompher partout les « bienfaits de la Révolution. »

Une nouvelle impulsion est désormais donnée à l'activité de notre siècle ; il fallait au mouvement décisif qui entraine aujourd'hui tous les esprits vers des entreprises considérables, deux conditions fondamentales : la sécurité dans le présent, la confiance dans l'avenir.

La civilisation française peut donc développer désormais tous les genres de progrès et de prospérité que nos secousses politiques ont comprimés depuis si longtemps. L'industrie, le commerce, les sciences et les arts peuvent s'élancer vers de nouvelles régions; elles savent que le gouvernement est décidé à seconder leur élan, et qu'il ne sacrifiera jamais leurs grands intérêts au souci égoïste de son utilité personnelle.

Tous ces résultats, toutes ces espérances, tout cet avenir, la France les possède. La société commence aujourd'hui cette grande campagne, qui a pour but les conquêtes fécondes de la paix; elle a pour chef celui qui, après avoir sauvé la France de l'anarchie, veut développer tout ce qu'il y a en elle de puissance créatrice, de progrès moral et de prospérité matérielle.

Quelles sont les conditions qui pourraient être exigées pour être professeur d'escrime. — Vœu exprimé. — Nous terminerons cet aperçu sur l'art de l'escrime, en *émettant un vœu*, en *formulant une pensée* qui nous ont été inspirés par nos sentiments, dans l'intérêt de cette partie de l'instruction publique, qui a besoin aussi d'encouragement et d'amélioration, ainsi exprimé :

« A l'avenir, celui qui voudra ouvrir une salle d'escrime ou « donner des leçons de cet exercice dans les lycées, les collèges « ou institutions, devra se pourvoir d'une autorisation ministérielle, « qui pourra lui être délivrée, sur requête, par M. le général com- « mandant la division militaire, pour exercer dans la ville désignée « dans sa circonscription. Il devra joindre à l'appui de sa demande : « 1° un certificat de bonne vie et mœurs; 2° son brevet; 3° un « certificat de capacité nouvellement délivré par trois Maîtres d'ar- « mes avec lesquels il aura subi une épreuve publique dans un « assaut.

« Dans les principales villes de France, le gouvernement pour- « rait encore accorder, à titre d'encouragement, à un professeur « d'escrime déjà établi, qui se sera fait remarquer par sa bonne con- « duite et par les bons résultats obtenus à son école, le titre d'*Ecole* « *impériale d'Escrime*, qu'il pourra prendre, et s'en servir partout « où besoin sera, dans l'intérêt de son art. »

Maîtres d'armes dans les régiments. — Honorables fonctions qui leur sont attribuées — Difficultés qu'ils peuvent rencontrer. — Moyen d'y remédier. — Dans les régiments, les Maîtres d'armes sont honorés de la confiance et de l'estime des chefs de corps; on ne peut que louer leur science et surtout l'exactitude qu'ils mettent à remplir les devoirs que leur impose le professorat. Souvent des querelles plus ou moins sérieuses s'élèvent entre militaires; alors le Maître d'armes, transformé en juge du point d'honneur, reçoit l'exposé des faits qui peuvent motiver un duel, en fait son rapport; il approuve ou condamne : comme dans les anciens tournois, il est juge du camp, prononce le *laissez aller !* ou refuse l'autorisation de combattre. Le plus souvent, il sert de médiateur entre les parties, qui d'ordinaire terminent leur différend, et se réconcilient, à leur grande satisfaction.

Cependant, au Maître d'armes il arrive quelquefois de ne pouvoir remplir ses honorables fonctions, à raison de sa position et du grade modeste de sergent ou de *maréchal-des-logis* dont il est investi. Dans le régiment, par exemple, deux sergents-majors ont une dispute ; ils sont appelés en duel, le colonel recommande aux Maître d'armes d'informer et de s'interposer, afin d'obtenir une réconciliation entre les parties. La différence de grade qui existe entre les champions peut être la cause indirecte de la non conciliation.

Pour remédier à ce grave inconvénient, ainsi qu'à d'autres circonstances imprévues, contraires au professorat, il serait à désirer « que le maître d'armes fût nommé *Adjudant premier Maître* en fait d'armes ; alors, par son grade, il serait classé en dehors du cadre des sous-officiers, et se trouverait rapproché autant que possible de celui de l'officier, ce qui lui donnerait une plus grande étendue de pouvoirs.

« Lorsqu'il y aurait lieu de nommer, dans un régiment, un premier Maître en fait d'armes, un concours serait ouvert à cet effet, qui serait annoncé au moins trois mois à l'avance par des affiches et insertions dans les journaux pour lui donner toute la publicité désirable.

« Messieurs les aspirants au titre de premier Maître auraient à subir, dans ce concours, les épreuves de leur capacité et à répondre à toutes les exigences du progamme. Celui qui serait reconnu apte à être élévé à cette noble fonction, il lui serait délivré, avec éloge, par un ordre du jour, son grade d'adjudant, acquis en même temps.

« Trois premiers Maîtres de différents corps assisteraient aux épreuves et signeraient le titre délivré sur parchemin, d'après l'invitation de M. le colonel commandant le régiment.

« En vue de récompenser le mérite, l'Adjudant-premier-Maître pourrait être porté sur le tableau d'avancement, et, à son tour, devenir officier. »

Toutefois, par suite de nouvelles exigences conformes aux besoins de notre époque, le gouvernement serait dans l'intention de donner à l'escrime tous les développements dont elle est susceptible. Or, comment relever cet art, si ce n'est en rehaussant la dignité de ceux qui le professent ?

Ainsi, l'amélioration de la position de ces professeurs touche aux questions les plus importantes de l'art des armes et les plus délicates de l'organisation militaire ; il suffit de l'indiquer pour espérer que le gouvernement de l'Empereur, dont la sollicitude envers le soldat est bien connue de l'armée, accordera certainement quelques faveurs, inspirées par sa sagesse, dans l'intérêt de ces modestes instructeurs des régiments. C'est, au reste, le vœu de plusieurs personnes distinguées ; c'est aussi le nôtre.

L'art des armes considéré sous le point de vue militaire. — Son incontestable utilité. — Extension. — Hâtons-nous d'ajouter maintenant que l'exercice en général, et celui de l'escrime en particulier, est pour les gens de guerre d'une incontestable utilité, pour entretenir et augmenter les forces et la santé. Il n'est personne qui ne soit aujourd'hui convaincu de cette vérité. Les anciens, et particulièrement les Grecs, semblaient avoir été pénétrés de cette idée : que la santé de l'esprit ne va pas sans la santé du corps, et que pour conserver celle-ci dans un état parfaitement satisfaisant, nul moyen n'est plus efficace qu'un exercice sagement réglé.

Au reste, à considérer cet art sous le point de vue militaire, il est un des plus utiles ; car, d'après M. La Boëssière, il se trouve des circonstances où, malgré l'artillerie et les baïonnettes, l'épée est d'une utilité absolue : par exemple, quand les grenadiers sont obligés de gravir un roc, ils ne peuvent faire usage que du sabre, qui n'est autre chose qu'une épée tranchante. Il faut donc qu'ils sachent tailler, pointer et parer à propos. L'on conviendra que ce n'est que par un long usage et par les principes d'une méthode raisonnée qu'ils acquerront cet avantage.

La plupart des anciens militaires assurent que le soldat exercé aux armes en était d'autant plus adroit dans une mêlée, et conséquemment plus nuisible à l'ennemi. Le cavalier qui ne s'est pas rendu familier à l'usage de son arme ne porte que des coups larges et mal dirigés ; ce sont comme des mouvements convulsifs qui, communiquant des secousses à la bouche de son cheval, inquiètent l'animal et exposent celui qui le monte. Un tel cavalier, loin d'être utile avec son arme, qu'il ne sait pas manier, ne peut être qu'un voisin embarrassant et dangereux (*).

Ainsi, d'après les bienfaits que procure l'escrime, il serait à désirer que, dans l'armée, tout militaire en profitât, et qu'une décision ministérielle intervînt et décidât qu'à l'avenir, dans les régi-

(*) Voyez, à la fin de la première partie, la note n° 6.

ments, l'exercice d'escrime serait obligatoire, non facultatif, et que dans ceux de cavalerie les militaires seraient encore astreints de suivre, pendant quelque temps, l'exercice de l'espadon (*contre-pointe*), et qu'il ne serait accordé d'exemption de la leçon qu'aux élèves reconnus assez forts pour pouvoir les en dispenser.

Moyen de le remettre en vigueur. — Sous-Maîtres. — Prévôts. — Discipline. — Émulation. — Résultat. —

Néanmoins, pour éveiller et encourager l'émulation dans l'armée, il importerait encore que l'on plaçât, par chaque deux compagnies ou escadrons, un sous-Maître, avec le grade de Sergent ou de Caporal, qui serait secondé par un Prévôt (*simple soldat*) pour donner des leçons d'escrime aux hommes de sa division.

Un Officier par bataillon serait désigné pour veiller au maintien de l'ordre ; un Capitaine par régiment serait chargé de la discipline et de tout ce qui a rapport aux armes, en instruirait directement le Colonel, soit par des rapports journaliers, soit immédiatement, d'après l'exigence des cas.

L'Adjudant-premier-Maître serait tenu d'exécuter ponctuellement les ordres du capitaine et des officiers chargés de la surveillance des salles, donnerait des leçons d'escrime aux sergents-majors, aux officiers qui le désireraient et aux sous-Maîtres et Prévôts ; il veillerait rigoureusement à ce que ces derniers communiquassent avec zèle et sollicitude l'instruction à tous les militaires du régiment, gradés ou non gradés.

Les sous-Maîtres et Prévôts seraient tenus de rendre compte de tous les faits concernant les armes au premier Maître, qui en informerait ses supérieurs sans retard, afin que ces derniers pussent en donner connaissance au colonel.

On pourrait établir un concours d'émulation, qui aurait lieu tous les trois mois. Là, sur la proposition d'un jury nommé à cet effet, des encouragements seraient distribués aux militaires reconnus les plus méritants en fait d'armes, récompenses en *avancement, permissions*, etc.

Devant M. l'inspecteur-général, c'est-à-dire tous les ans, ce concours aurait encore lieu, où des récompenses seraient accordées au mérite, en *avancement* ou bien en *signes distinctifs*.

Un chef de bataillon pourrait avoir la haute-main sur tous les actes ayant rapport aux armes : *point d'honneur, conflits, querelles, offenses, indélicatesses*, etc.

Telle est l'organisation pour laquelle nous faisons des vœux profonds, en raison des succès éminents qu'elle doit produire dans les combats. En effet, quel bien ne résulterait-il pas pour le service, si l'on prenait les précautions, peut-être les seules capables, en prévenant l'engourdissement dans lequel la nation la plus belliqueuse semble vouloir tomber, de remettre en vigueur l'exercice des armes autant qu'il put l'être dans les temps de paix, chez les Athéniens et les Romains ?

Après être rentré dans les détails qui nous ont paru propres à prouver la nécessité indispensable à la jeunesse et surtout à l'homme d'épée d'exercer les armes, remplissons la tâche que nous nous 'sommes imposé. C'est uniquement pour vous, Guerriers français, qui devez soutenir la gloire de la nation, que nous avons fait des efforts pour seconder ceux que vous devez faire à la défense de la Patrie. Pourriez-vous avoir moins d'attachement pour l'exercice des armes que les étrangers, qui n'épargnent ni travail, ni dépenses, ni voyages pour l'apprendre ? Combien serait-il humiliant pour vous de leur voir acquérir, sous vos yeux, un avantage que vous avez toujours conservé sur eux ! Quelle honte serait-ce pour vous d'ignorer un art dont ils s'instruisent avec tant d'exactitude, et qui s'accorde si singulièrement avec votre zèle, votre ardeur, votre vivacité, votre dextérité et votre valeur !

C'est par l'épée qu'on obtient la noblesse. A défaut de laisser un héritage à sa famille, un militaire peut laisser un nom et un titre. C'est par les faits d'armes surtout qu'on acquiert de la renommée, et la gloire pourra le consoler de la pauvreté. Pour remplacer les liens de famille, il y a un esprit de corps (*), un amour du drapeau,

---

(*) *L'Esprit de Corps*, dit M. Bescherelle aîné, a pris naissance avec la formation de nos vieux régiments. Les nobles services, les souvenirs attachés au drapeau d'un régiment, l'émulation, la rivalité avec les autres corps, ont entretenu et fécondé jusqu'à nos jours ce sentiment militaire qui a enfanté tant de prodiges « Vous ne savez pas, dit un écrivain militaire, M. Ambert, vous ne savez pas la puissance de ce mot : *Esprit de Corps*. Oh ! si vous aviez vu autrefois, comme nous étions beaux de fraternité, et, dans nos malheurs, admirables d'union. Français ! Français d'abord, puis soldats du grand chef. Enfin, cuirassiers ou artilleurs, fantassins ou dragons, nous étions les enfants de tel ou tel corps, de tel ou tel régiment ! La France était la patrie ; l'Etat était la province, au dialecte particulier, aux mœurs différentes ; l'arme était le village ; nous savions le son de notre cloche et le vêtement de nos voisins ; le régiment était la famille. Nous dormions ensemble, nous nous chauffions au même feu, nos repas étaient en commun. Là, nous trouvions les conseils paternels des anciens, et leur expérience guidait nos pas ; nos enfants, c'étaient quelques fils de pauvres grenadiers ; nous jouions avec eux, nous leur apprenions à balbutier les mots honneur et patrie....

« Les mères, les sœurs que nous protégions, et qui pansaient nos blessures, c'étaient les veuves de braves cammarades emportés par les boulets..... Quel est le vieux militaire qui

une affection au régiment, sentimens qui durent encore lors même que ce régiment renouvelé ne compte plus dans ses rangs un seul des anciens braves qu'on y a connus.

Ainsi donc, un militaire doit faire le sacrifice de son indépendance, de sa fortune, de ses affections et de sa vie.

Contre tant de dangers, de privations et de sacrifices, on lui a prodigué les honneurs, les titres, et on a placé sa profession avant toutes les autres.

N'oublions pas que, dans tous les temps, nos ancêtres ont cultivé et fait fleurir les arts et les sciences, et ils ont dû à leur émulation cette haute distinction qu'ils ont su mériter. Souvenons-nous donc, à leur exemple, que nous ne forcerons les nations de continuer à nous redouter et à nous estimer, qu'en conservant une supériorité sur elles par notre bravoure et nos talents dans le maniement des armes.

A notre égard, nous nous estimerons heureux, si, ne songeant qu'à vous démontrer les mots techniques et les faits d'armes qui nous paraissent les plus certains pour vous faire vaincre autant de fois que vous aurez votre vie à défendre, notre travail et nos réflexions pour la perfection de cet art peuvent vous devenir aussi salutaires que nous le désirons.

ne vous parle encore, les larmes aux yeux, de la 3e demi-brigade légère ou de son 10e dragons ?... Il sait tous les noms, et pour chaque nom une petite anecdote. Il vous dit le nombre de batailles de son régiment, les morts, les croix, les bivacs, les traits remarquables, tout enfin ; il vous chantera la chanson de sa brigade, chanson grossièrement satirique, mais qui, par la vigueur même de ses attaques envers les autres armes, prouve toute la puissance de l'esprit de corps. Le houssard de l'ancienne armée fredonne encore les vieilles rimes contre le dragon ; celui-ci n'a pas oublié les quolibets orduriers qu'on jetait aux fantassins, et le fantasssin retrouve dans sa bouche et lance la cynique allusion qui fouaille le cavalier. Toute cette poésie de corps de garde se traduisait quelquefois en coups de sabre. On se battait pour un mot, pour un geste, pour soutenir la taille d'un tambour-major ou le droit de priorité dans la maison de débauche. Le voltigeur toisait le grenadier, et tout deux croisaient le fer. Mais ce n'étaient que des bouderies d'amants ; le soir tout était oublié, les liens se resserraient. On rivalisait de beauté, de grandeur, de courage et d'union. Le général Foy l'a dit : L'armée formait alors une masse homogène et individuelle ; du conscrit enrôlé depuis six mois on arrivait au maréchal d'empire sans rencontrer de passage heurté dans la manière de voir et de sentir. »

NOTES HISTORIQUES

Note 1ʳᵉ, page 3.

Les gladiateurs étaient des hommes qui combattaient dans l'amphithéâtre (Colysée) ou ailleurs, pour amuser le peuple romain. Cette coutume fut, dit-on, inventée par les Étrusques, et prit son origine de l'usage où ils étaient de tuer des esclaves et des prisonniers sur le tombeau de ceux qui avaient été tués à la guerre. Ce ne fut qu'après l'expulsion des rois, et dans les premiers temps de la République qu'on commença à voir, dans les funérailles, des combats de gladiateurs.

Cependant, comme il parut barbare de les massacrer comme des bêtes, on établit qu'ils se battraient les uns contre les autres, et qu'ils feraient de leur mieux pour sauver leur vie, et pour l'ôter à leurs adversaires ; cela parut moins inhumain, parce qu'enfin ils pouvaient et ils ne devaient s'en prendre qu'à eux-mêmes, s'ils ne l'évitaient pas. Alors la profession de *gladiateur* devint un art : il y eut des maîtres pour l'enseigner ; on apprit à se battre, on s'y exerça, et on en fit des jeux publics. Les gladiateurs se servaient ordinairement de deux épées ou poignards, et de là, *à gladio*, vint le nom de *gladiateur*.

La première exhibition de ces jeux sanglants dont il est fait mention à Rome eut lieu l'an 264 avant Jésus-Christ, dans le *Forum Boarium*, par l'ordre de Marcus et de Décimus Brutus, aux funérailles de leur père (*). D'abord les gladiateurs ne parurent que dans les funérailles publiques ; mais plus tard des combats eurent lieu aux obsèques de la plupart des personnages d'un rang élevé et même à celles des femmes. Quelquefois des particuliers laissaient une somme d'argent destinée à payer les frais d'un spectacle de ce genre. Les combats de gladiateurs avaient aussi leur place dans les réjouissances publiques, et particulièrement dans les fêtes que donnaient au peuple les édiles et les autres magistrats ; dans ce cas, le nombre des combattants était souvent considérable. Il s'accrut encore et s'éleva à des chiffres presque incroyables, sous l'empire, quand la passion des Romains pour ces spectacles fut parvenue

---

(*) Les Romains croyaient honorer les morts en obligeant des hommes à se battre à toute outrance autour du bûcher de celui dont on faisait les funérailles, et la pompe funèbre était estimée plus ou moins grande à proportion du nombre de ces misérables victimes.

à son apogée. Après le triomphe de Trajan sur les Daces, on fit paraître devant le peuple plus de dix mille gladiateurs.

Dès qu'on aperçut, par l'affluence du peuple, le plaisir qu'il prenait à ces sortes de spectacles, on apprit aux gladiateurs à se battre, on les forma, on les exerça ; et la profession de les instruire devint un art étonnant, dont il n'y avait eu jamais d'exemple.

Les gladiateurs étaient soit des prisonniers de guerre, des esclaves ou des malfaiteurs condamnés par jugement, soit des citoyens libres qui combattaient volontairement. Parmi ceux qui combattaient dans l'arène par suite d'une condamnation, les uns étaient condamnés *ad gladium*, et ils devaient être tués dans le délai d'un an au plus ; les autres étaient condamnés *ad ludum*, et ils avaient des chances pour eux ; leur peine leur était remise, et ils devenaient libres au bout de trois ans. Les hommes libres qui exerçaient pour de l'argent ce dangereux métier s'appelaient *auctorati*, et leur salaire *auctoramentum* ou *gladiatorium*. A leur entrée au service ils prononçaient un serment dont Pétrone nous a conservé les termes : « Nous jurons de nous laisser enchaîner, brûler, battre et tuer de glaive, et « de souffrir tout ce que les gladiateurs légitimes souffrent de leur maître, « engageant très religieusement le corps et l'âme à son service. » Même sous la République, des hommes libres combattirent en qualité de gladiateurs ; mais ils paraissaient avoir appartenu aux basses classes. Sous l'Empire, on vit descendre dans l'arène des chevaliers, des sénateurs, et jusqu'à des femmes. Enfin, Sévère mit un terme à ces excès.

Les gladiateurs étaient gardés dans des écoles *(ludi)*, où ils étaient instruits et préparés par des maîtres appelés *lanistæ* (maîtres d'escrime). La réunion des gladiateurs qui se trouvaient confiés aux soins d'un *lanista* était appelée *familia*. Ils étaient quelquefois la propriété des *lanistæ*, et ceux-ci les louaient aux magistrats ou aux citoyens qui voulaient donner des jeux ; d'autres fois, ils appartenaient aux citoyens eux-mêmes, qui payaient des *lanistæ* pour les instruire. La haute-main sur toutes les écoles de gladiateurs qui appartenaient aux empereurs était confiée à un personnage de haut rang appelé *curator* ou *procurator*. Les gladiateurs s'exerçaient, dans les écoles, avec des épées de bois. On réglait avec soin leur régime, et on leur donnait une nourriture fortifiante, destinée à entretenir et à augmenter leur vigueur corporelle. Il y avait un grand nombre d'écoles de gladiateurs à Ravenne, à cause de la salubrité renommée du climat.

Les combats avaient lieu quelquefois auprès des bûchers funéraires, quelquefois dans le Forum, plus souvent dans l'amphithéâtre. L'individu qui voulait faire combattre des gladiateurs publiait, quelques jours d'avance, le programme du spectacle ; ce programme portait le nombre et quelquefois les noms des combattants. Au jour dit, on les amenait dans l'arène, on leur en faisait faire le tour, et on les appareillait par couples, puis on examinait leurs épées, pour voir si elles étaient convenablement aiguisées. Le spectacle commençait par une sorte d'assaut préliminaire appelé *prælusio*, et pour lequel on se servait d'épées de bois ; après quoi, les trompettes donnaient le signal du véritable combat. Quand un gladiateur était blessé, le peuple criait : *habet* ou *hoc habet* (il en tient) ; le vaincu laissait tomber ses armes en signe de soumission et levait la main pour demander merci. Son sort dépendait alors des spectateurs, qui élevaient leurs mains en tournant le pouce vers la terre, s'ils voulaient lui faire grâce, et en tenant le pouce en l'air, s'ils désiraient sa mort. Ce signe était l'ordre formel de recevoir le dernier coup *(ferrum recipere)*. Ce que les gladiateurs faisaient en général avec le plus grand courage. Si la vie du vaincu était épargnée, il avait fini ta tâche pour ce jour-là ; ce congé était appelé *missio*. Il y avait des combats de gladiateurs *sine missione*, c'est-à-dire où la vie des vaincus n'était jamais épargnée. Ce genre d'exhibition fut défendu par Auguste.

On donnait ordinairement des palmes aux vainqueurs ; parfois aussi ils recevaient une gratification en argent. Les vieux gladiateurs, quelquefois même ceux qui n'avaient exercé que peu de temps, recevaient leur congé de celui qui donnait les jeux, à la requête du peuple, qui leur présentait une épée de bois *(rudis)*; et de là ceux qui avaient reçu ce congé étaient appelés *rudiarii*. Ils rentraient alors dans la condition qu'ils occupaient, libres ou esclaves, avant d'être gladiateurs. Cependant, il restait sur le nom de celui qui avait exercé ce métier une tache infamante, et il lui était interdit, à ce qu'il paraît, de faire partie de l'ordre équestre, si par la suite il devenait assez riche pour aspirer à cet honneur. Celui qui était entré esclave dans une école de gladiateurs, et qui avait été affranchi, n'acquérait pas, par là, tous les droits attachés d'ordinaire à l'affranchissement ; il entrait seulement dans la classe des *peregrini dediticii*.

Les combats de gladiateurs furent abolis par Constantin. Cependant ils paraissent avoir été en usage jusqu'au temps d'Honorius, parce qu'ils furent définitivement supprimés.

Les gladiateurs étaient divisés en différentes classes, qui tiraient leurs noms de leurs armes, de leur manière de combattre. On en fit combattre sur des chariots, d'autres à cheval, d'autres les yeux bandés ; il y en avait sans armes offensives ; et il y en avait qui étaient armés de pied en cap, et d'autres n'avaient qu'un bouclier pour les couvrir. Les uns portaient pour armes une épée, un poignard, un coutelas ; les uns n'étaient que pour le matin, d'autres pour l'après-midi ; enfin, on distingua chaque couple de combattants par des noms, dont il importe de donner l'explication par ordre alphabétique.

Andabatæ (andabates). Ils portaient des casques où il n'y avait pas d'ouverture pour les yeux, de sorte qu'ils combattaient sans y voir, ce qui excitait au plus haut point l'hilarité des spectateurs.

Catervarii (de Caterva, troupe). C'était le nom donné aux gladiateurs qui combattaient, non par paires, mais plusieurs contre plusieurs.

Dimacheri (dimachères). Ils paraissent avoir été ainsi désignés, parce qu'ils combattaient avec deux épées.

Equites. C'étaient ceux qui combattaient à cheval.

Essedarii. C'étaient ceux qui combattaient sur des chariots, à la manière des Gaulois et des Bretons.

Fiscales, Cesariani. Les fiscaux, les césariens, étaient ceux qu'on entretenait aux dépens du fisc ; ils prirent leur nom de *Césariens*, parce qu'ils étaient destinés pour les jeux où les empereurs assistaient ; et comme ils étaient les plus braves et les plus adroits de tous les *gladiateurs*, on les appela *postulés*, parce que le peuple les demandait très souvent.

Hoplomachi, nom donné à ceux qui combattaient armés de toutes pièces. Juste-Lipse pense qu'ils n'étaient autres que les Samnites, dont la dénomination, tombée en désuétude sous l'Empire, avait été remplacée par ce terme nouveau.

Laqueatores. Ceux-ci se servaient d'un lacet (*laqueus*), pour saisir et terrasser leurs adversaires.

Meridiani. On nommait ainsi les gladiateurs qui paraissaient vers le milieu du jour, après les combats avec les bêtes féroces, lesquels avaient lieu dans la matinée; ils étaient armés à la légère.

Murmillones. Ce nom leur venait, dit-on, de ce qu'ils portaient sur leur casque l'image d'un poisson. Les armes des murmillons étaient semblables à celles des Gaulois. Ils combattaient ordinairement contre les rétiaires ou contre les Thraces.

Ordinarii. On désignait ainsi les gladiateurs réguliers, qui combattaient par paires, selon la manière habituelle.

Postulatitii. C'étaient des gladiateurs supplémentaires, que celui qui donnait les jeux ajoutait, sur la demande du peuple, aux combattants déjà fournis par lui.

Provocatores. Ceux-ci combattaient contre les Samnites; c'est là, avec leur nom, tout ce que nous savons sur eux. Il en est fait mention dans les inscriptions.

Retiarii. Ils portaient pour toutes armes une lance à trois pointes, appelée *trident* ou *fuscina*, et un filet, dans lequel ils cherchaient à envelopper leur adversaire.

Le retiaire était vêtu d'une courte tunique et avait la tête nue; s'il manquait son coup en jetant son filet, il prenait la fuite, tandis que son adversaire le poursuivait à travers l'arène, et tâchait de le frapper avant qu'il pût se préparer pour un nouvel essai. Cet adversaire était ordinairement un sécuteur ou un murmillon.

Samnites. Ils étaient ainsi appelés à cause de leurs armes semblables à celles de ce peuple; ils étaient distingués surtout par leur bouclier long.

Secutores. Quelques écrivains disent que ceux-ci étaient ainsi nommés parce que, en combattant les rétiaires, ils les poursuivaient comme nous l'avons dit plus haut. D'autres pensent que cette appellation désignait la même chose que ce qu'on entendait par *supposititii*, c'est-à-dire des gladiateurs prêts à remplacer ceux qui étaient tués ou mis hors de combat.

Thraces ou *Thræces*. Ils étaient armés à la manière des Thraces, avec un bouclier rond et une courte épée, appelée par Juvénal *falx supina*; ils combattaient d'ordinaire, ainsi que nous l'avons déjà dit, contre les murmillons (*).

On employa souvent des *gladiateurs* dans les troupes, surtout dans les guerres civiles de la République et du Triumvirat, et l'on continua cette pratique sous le règne des empereurs. Othon allant combattre Vitellius, enrôla deux mille *gladiateurs* dans son armée; on en entretenait toujours à ce dessein un grand nombre au dépens du fisc. Sous Gordien III, on en comptait jusqu'à deux

----

(*) Traduction Léon Renier (*Encyclopédie moderne*).

mille paires; Marc-Aurèle les amena dans la guerre contre les Marcomans; et le peuple romain les vit partir avec douleur, craignant que l'empereur ne lui donnât plus des jeux qui lui étaient si chers.

Il y avait déjà longtemps qu'on voyait ce peuple en faire ses délices, lorsqu'il fut défendu, sous la République, par la loi tullienne, à tout citoyen qui briguait les magistratures, de donner aucun spectacle de *gladiateurs* au peuple, de peur que ceux qui emploieraient ce moyen ne gagnassent sa bienveillance et ses suffrages au préjudice des postulants.

Mais la fureur de plusieurs empereurs pour ces jeux sanguinaires perdit l'Etat en les multipliant. Néron, au rapport de Suétone, fit paraître en grand nombre, dans ces tragiques scènes, des chevaliers et des sénateurs, qu'il obligeait de se battre les uns contre les autres, ou contre des bêtes sauvages. Dion assure qu'il se trouva même des gens assez infâmes dans ces deux ordres pour s'offrir à combattre sur l'arène comme les *gladiateurs*, par une honteuse complaisance pour le prince. L'empereur Commode fit plus, il exerça lui-même le métier de *gladiateur* contre des bêtes féroces.

A cette époque, ainsi que nous l'avons déjà dit, on vit aussi les dames romaines exercer publiquement cet indigne métier, et combattre dans l'amphithéâtre les unes contre les autres, se glorifiant d'y faire paraître leur adresse et leur intrépidité.

Enfin, après l'établissement de la religion chrétienne, et le transport de l'empire à Bysance, de nouveaux usages commencèrent à naître; des mœurs plus douces semblèrent vouloir succéder. Nous serons charmés d'ajouter, avec la foule des écrivains, que Constantin abolit les combats de *gladiateurs* en Orient; mais nous trouvons seulement qu'il défendit d'y employer ceux qui étaient condamnés par leurs forfaits, ordonnant au préfet du prétoire de les envoyer plutôt travailler aux mines. Son ordonnance est datée du premier octobre 325, à Béryte, en Phénicie. Les empereurs Honorius et Arcadius tentèrent de faire perdre l'usage de ces jeux en Occident; mais ces affreux divertissements ne finirent en réalité qu'avec l'empire romain, lorsqu'il s'affaissa tout-à-coup par l'invasion de Théodoric, roi des Goths, vers l'an 493 de J.-C.

Note 2, page 3.

De tous les monuments de l'ancienne Rome, dont les ruines font l'orgueil et la beauté de la Rome moderne, aucun ne laisse dans l'âme une impression plus profonde que l'amphithéâtre Flavien, ainsi nommé de deux empereurs de cette famille, Vespasien et Titus, dont l'un le fit commencer et l'autre le vit finir. C'était un vaste édifice de figure ronde ou ovale, destiné aux spectacles des grands jeux, comme des gladiateurs, des chasses, des combats des bêtes féroces contre des criminels, etc. Ce monument de la puissance romaine fut bâti en cinq années par les Juifs, emmenés en esclavage par Titus, après la destruction finale de Jérusalem et du temple, et terminé l'an 79 de l'ère chrétienne. On explique diversement son nom moderne de Colysée, altération du nom latin *Colossus* ou *Colosseum*, qui lui vint très probablement de ses proportions colossales. Jamais appellation ne fut en effet mieux méritée. A l'extérieur, le Colysée semble une tour énorme par sa largeur, comparée à sa hauteur qui est peu considérable (150 pieds), et que les terres amoncelées autour de sa base contribuent encore à diminuer. Il est composé de trois rangs d'arcades, ornées de colonnes en demi-relief de différents ordres d'architecture, dorique au rez-de-chaussée, ionique et corinthien au-dessus. Une haute muraille avec sa corniche forme un quatrième étage, qui manque de rapport avec les autres, et même de goût. Quatre-vingts arcades, élevées de deux marches seulement au-dessus du sol, dessinaient l'immense circonférence de l'amphithéâtre. Quatre de ces arcades, situées aux extrémités des deux axes de l'ellipse, dont le plus long comptait 620 pieds, et le plus court 513, servaient d'entrée aux grands animaux, tel que l'éléphant, etc. On voit encore à l'architrave de chacune de ces arcades le numéro qui guidait les spectateurs, dont les billets d'entrée *(tesseræ)* étaient également numérotés, et leur faisaient ainsi trouver facilement la section de l'amphithéâtre où leur rang donnait droit de se placer. Trois autres rangs d'arcades circulaires s'ouvraient derrière le premier, et recevaient la foule dans les mauvais temps ; elle pouvait d'autant mieux se promener à l'aise, que les étages supérieurs avaient aussi leurs galeries couvertes.

Vingt grands escaliers et trente-deux petits conduisaient du rez-de-chaussée au premier étage, où se trouvaient les issues par lesquelles entraient et sortaient les flots du peuple, et que, pour cette raison, les Latins appelaient expressément *vomitoria*, vomitoires. Ces escaliers en marbre recouvraient des chambres ou cabinets destinés peut-être à renfermer les malheureux qui allaient verser leur sang sous le fer ou sous la griffre des bêtes féroces, pour désennuyer les Romains.

On montait par quelques-uns des cinquante-deux escaliers à la terrasse nommée *podium*, qui entourait l'arène. Elle était revêtue de marbre et avait treize pieds de largeur sur quatorze de hauteur ; c'était là que se plaçait l'empereur, qui occupait un siége un peu plus élevé que les autres ; les sénateurs, qui faisaient apporter leurs chaises curules par des esclaves ; et enfin les vestales, qui, chose étrange ! avaient aussi leurs places marquées à ces spectacles de sang. Un peu plus loin étaient les ambassadeurs et les rois alliés de Rome. Malgré l'élévation du *podium*, pour mieux garantir l'assemblée de la brusque visite des lions et des tigres, on avait adapté au parapet diverses défenses, telles que des cylindres tournant sur leur axe, des pointes de fer, des grillages en fil d'or. L'arène mesurait près d'un arpent. Le peuple, assis sur les gradins du Colysée, se trouvait a l'abri des injures du temps, sous des toiles qui, au moyen de cordages, traversant tout l'édifice et se croisant au centre, s'étendaient ou se repliaient à volonté.

Derrière la terrasse impériale *(podium)*, régnaient les premières et secondes classes de gradins, chacune composée de quarante-quatre bancs circulaires, contenant, dit-on, vingt-cinq mille spectateurs. Plus loin, s'élevait une troisième classe de neuf bancs, siéges ou gradins circulaires où les femmes se plaçaient ; et, plus haut encore, une quatrième et dernière classe de gradins, décorée d'un portique qui couronnait, tout à l'entour, le vaste plan incliné de l'amphithéâtre. On a écrit que le Colysée pouvait donner place à quatre-vingts et même à cent mille spectateurs ; c'est évidemment une exagération irréfléchie ; le nombre de quarante-quatre mille, fixé par un voyageur moderne, nous paraît plus vraisemblable et encore assez prodigieux.

Voilà ce Colysée d'une magnificence, d'une immensité incomparables, à la construction duquel travaillèrent douze mille malheureux prisonniers Juifs, et qui coûta une somme égale à cinquante millions de francs. Certes, il n'y avait qu'un grand peuple qui pût élever de pareils monuments. Mais que dire de l'usage auquel il les réservait, qui n'excite en même temps le mépris pour ce peuple ? C'est ici que se révèle toute la férocité des mœurs romaines ; c'est ici qu'on peut s'expliquer pourquoi l'art dramatique, dépravé par ces goûts barbares, est resté, à Rome, si loin de ce qu'il avait été dans la Grèce.

Ainsi que nous l'avons déjà dit, dans l'arène du cirque descendaient des gladiateurs de deux espèces : ceux que l'on forçait à ce métier, et ceux qui l'exerçaient volontairement. C'étaient les esclaves vendus dans ce but, les criminels, les prisonners que l'on réservait pour les jeux publics, après les avoir fait servir à orner les triomphes des généraux ; et, enfin, les condamnés pour rébellion. On voyait encore parmi les gladiateurs quelques citoyens libres, poussés à cette dégradation ou par l'appât de l'argent, ou par ambition. Des chevaliers, des sénateurs, finirent même par paraître dans l'arène. On y fit aussi combattre des femmes et des nains. Juste-Lipse a dit qu'aucune guerre ne fut jamais plus destructive pour le genre humain que les jeux du cirque. Le peuple, dans sa férocité, montrait quelquefois de l'impatience à la vue d'un combat qui durait un peu plus que de coutume, sans que l'un des deux adversaires fût blessé ou tué. Dans d'autres circonstances, c'étaient des bêtes féroces qui combattaient entr'elles. On a peine à croire combien d'animaux étaient ainsi sacrifiés pour apaiser la soif du carnage qui dévorait le peuple romain. Lorsque Titus ouvrit pour la première fois le Colysée, il y eut cinq mille animaux de toute espèce, depuis le renard jusqu'au lion et au tigre, depuis l'éléphant jusqu'à la gazelle, qui périrent dans les jeux d'un seul jour. Le sang inondait l'arène, et les hurlements des mourants étaient couverts par ceux de la multitude, plus cruelle encore que les monstres qui s'entre-déchiraient à ses yeux. D'autres fois, c'étaient des victimes humaines qu'on livrait à leur fureur. Une fresque antique représentait un malheureux esclave entrant par un étroit passage dans l'arène, qu'il devait traverser au milieu des tigres et des lions pour aller déposer, à l'extrémité opposée, des œufs qu'il tenait dans ses mains ; à ce prix, s'il échappait, il obtenait sa liberté. Ce fut ensuite le tour des chrétiens, dont un grand nombre scellèrent de leur sang, dans l'arène, le triomphe d'une religion qui fit enfin cesser ces sacrifices humains.

Aujourd'hui, le signe révéré du christianisme s'élève sur un autel au milieu de cette même arène, et quatorze autels plus petits ont été construits à sa circonférence par les ordres du pape Benoît XIV, qui voulut sauver le Colysée d'une destruction totale en mettant ces belles et colossales ruines sous la sauve-garde de la foi religieuse. Aussi, tout est-il contraste maintenant dans cet édifice païen. Une tranquillité profonde, une vaste solitude ont remplacé l'appareil orgueilleux du rang suprême et la présence d'un peuple innombrable. Au carnage a succédé la paix ; aux cris de rage ou de joie, un silence qu'interrompt à peine, tantôt un moine, son rosaire à la main, tantôt quelques paysans prosternés au pied de la croix, et dont les aïeux ont peut-être crié dans le cirque : « *Les chrétiens aux bêtes !* »

Note 3, page 136.

En 778, des émirs sarrasins, qui possédaient quelques souverainetés en Espagne, pressèrent Charlemagne de les secourir contre Abderame, le plus puissant d'entre eux, qui voulait les subjuguer ; Charles passa les Pyrénées, prit Pampelune et Saragosse, fit exempter les chrétiens des tribus qu'ils payaient aux musulmans, et reçut les hommages de ceux qui avaient imploré sa puissance.

Il revenait avec sécurité, lorsque ayant presque entièrement repassé les montagnes, il vit son arrière-garde attaquée à l'improviste par les Basques.

Loup II, duc des Gascons, que tant de motifs d'intérêt et de vengeance animaient contre Charlemagne, avait respecté la marche des Français à leur entrée en Espagne, se réservant de leur couper le retour en les renfermant entre les Sarrasins et les montagnes. Il attendit, en effet, l'armée de Charlemagne, qui défilait sur une ligne étroite et longue, comme l'y obligeait la conformation du terrain resserré. Les Aquitains et les Navarais, commandés par Loup, se mirent en embuscade sur la crête de la montagne, qui, par l'étendue et l'épaisseur de ses bois, favorisait leur stratagème ; de là, se précipitant sur la queue des bagages et sur l'arrière-garde, destinée à protéger ce qui la précédait, elle fut écrasée sous les roches qu'on roulait sur elle du haut des montagnes et culbutée au fond de la vallée ; ils tuèrent, après un combat opiniâtre, tous les hommes jusqu'au dernier, pillèrent les bagages, et, protégés par les ombres de la nuit, s'éparpillèrent en divers lieux avec une extrême célérité. Les Basques avaient pour eux, dans cet engagement, la légèreté de leurs armes et l'avantage de leur position. La pesanteur des armes et la difficulté du terrain rendaient, au contraire, les Franks inférieurs en tout à leurs ennemis. Egibard, grand-maître de la maison du roi ; Alselme, comte du palais ; Roland, margrave de Bretagne, comte de la Marche ; Olivier, et plusieurs autres héros, périrent dans cette occasion. Le souvenir de ce cruel échec obscurcit grandement dans le cœur du roi la joie de ses succès en Espagne. Le duc Loup II espérait sans doute que sa perfidie resterait ignorée de Charlemagne, puisqu'il ne se cacha pas ou se cacha mal au second passage du monarque. Il fut arrêté et pendu sur-le-champ, sans autre forme de procès.

Voici maintenant ce que l'imagination des historiens a ajouté à ce fait :

La chronique de Turpin suppose que ce fut d'après les avis du perfide Ganelon, de Mayence, jaloux de la renommée de Roland, que deux rois sarrasins (et non le duc de Gascogne) attaquèrent l'arrière-garde de l'armée française, commandée par Roland et Olivier. Roland, après avoir fait des prodiges de valeur, après avoir vu périr le brave Olivier, son ami et son compagnon d'armes, prêt à succomber sous le nombre, eut recours à sa dernière ressource.

Il avait un cor magique qui rendait au loin des sons, tantôt gais, tantôt effrayants, et qui lui servait également à sonner l'alarme et à célébrer ses victoires. Il se mit à en donner de toute sa force. Charlemagne, qui avait déjà passé les montagnes, l'entendit, et voulut voler au secours de son neveu. Mais Ganelon sut si bien lui persuader que c'était un son de victoire, et non un signal de détresse, que Charlemagne poursuivit sa route. Après un intervalle de temps, pendant lequel Roland, presque écrasé sous un monceau de morts, avait suppléé par son désespoir au secours qu'il attendait en vain, le son du cor se fit entendre une seconde fois d'une manière si épouvantable, que Charlemagne, ne pouvant plus être trompé sur le danger de son neveu, et trop éloigné alors pour que l'armée pût arriver à temps près de lui, se hâta d'y envoyer Baudoin, frère de Roland, et Théodoric, son ami. Ceux-ci le trouvèrent expirant. Les veines de sa gorge s'étant rompues par la violence dont il avait donné du cor, le sang sortait à gros bouillons de sa bouche et de ses narines, ainsi que des nombreuses blessures qu'il avait reçues, et baignait l'arène où il était couché.

Roland reconnut cependant son frère et son ami, il leur demanda un peu d'eau à boire, et ranimé un moment par ce léger secours, il leur fit sa confession, et mourut dans leurs bras, et dans ceux de l'archevêque Turpin.

Charlemagne, n'ayant pu sauver son neveu, voulut du moins le venger ; il tailla en pièces les Sarrasins, tua un de leurs rois, et fit expirer dans les tourments le traître Ganelon, dont la perfidie fut découverte.

La chronique ajoute que les restes de Roland et d'Olivier furent transportés à Blaye, où ils reposent dans un belle église. On eut soin d'ensevelir avec Roland les morceaux de son épée, la fameuse *Durandal*, qu'il avait brisée en mourant, de crainte que l'ennemi ne pût s'en servir, et le cor magique dont il avait tant sonné en vain. — *Traduction* Amable Tastu.

CHANT POPULAIRE

Conservé parmi les Basques sur la journée de Roncevaux.

« Un cri s'est élevé du milieu des montagnes Escualdunacs ; et le Basque,
« debout devant sa porte, a prêté l'oreille et a dit : Qui vient ? Que me veut-
« on ? Et le chien qui dormait aux pieds de son maître, s'est levé, et il a rem-
« pli d'aboiements les environs d'Altabicar. Au col d'Ibaneta un bruit re-
« tentit, il approche en frôlant, à droite, à gauche, les rochers. C'est le mur-
« mure sourd d'une armée qui vient. Les nôtres y ont répondu du sommet
« des montagnes ; ils ont soufflé dans leurs cornes d'urus, et le Basque aiguise
« ses flèches. Ils viennent ! Quelle haie de lances ! que de bannières diversi-
« colores flottent au milieu ! quels éclairs jaillissent des armes ! Combien sont-
« ils ? Enfant, compte-les bien. Un, deux, trois, quatre, cinq, six, sept, huit,
« neuf, dix, onze, douze, treize, quatorze, quinze, seize, dix-sept, dix-
« huit, dix-neuf, vingt. Vingt et des milliers d'autres encore ! On perdrait son
« temps à les compter. Unissons nos bras nerveux, déracinons ces rochers,
« lançons-les du haut des montagnes jusques sur leurs têtes ! Écrasons-les !
« Tuons-les ! Et qu'avaient-ils à faire dans nos montagnes, ces hommes du

« Nord? Pourquoi sont-ils venus troubler notre paix? Quand Dieu fait des
« montagnes, c'est pour que les hommes ne les franchissent pas. Mais les
« rochers en roulant tombent; ils écrasent les troupes; le sang ruisselle; les
« chairs palpitent. Oh! combien d'os broyés! quelle mer de sang! Roland
« met l'oliflan à sa bouche et en sonne de toutes ses forces : les montagnes sont
« bien hautes; mais la voix du cor est plus haute encore. Elle va roulant d'é-
« chos en échos; Karl et tous ses compagnons l'entendent : « Oh! dit le roi,
« nos gens bataillent. » Mais Ganelon lui répondit, au contraire : « Si un au-
« tre disait cela, on le prendrait pour un grand mensonge. » L'infortuné Ro-
« land, à grand effort, à grand peine et avec grande douleur, sonne toujours
« de l'oliflan. Le sang coule à flots de sa bouche; son crâne se fend et se
« romp; mais le bruit du cor éclate dans le lointain; Karl l'entend une seconde
« fois au moment où il atteint le port; Naisme, le duc, l'ouït aussi avec tous
« les Franks. « Ah! s'écrie le roi, j'entends le cor de Roland! il n'en sonnerait
« pas s'il n'était aux prises avec l'ennemi. » Mais Ganelon dit : « Il n'y a point
« de combat. Vous connaissez assez le grand orgueil du comte : à présent, il
« fait le fier devant ses pairs. Chevauchons donc; pourquoi s'arrêter? La
« grande terre est loin encore devant nous. » Le sang coule de plus en plus des
« lèvres de Roland; son crâne laisse presque le cerveau à nu. Cependant, il
« essaye de nouveau de faire retentir le cor. Karl l'entend et ses Franks comme
« lui. « Ah! s'écrie le roi, le cor a longue haleine! » — Barons, répondit le duc
« de Naisme, j'en ai le cœur navré, j'en jurerai Dieu! Revenons donc sur nos pas,
« appelez vos enseignes et secourons notre gent qui est en péril. » Karl fait
« sonner les trompettes, les Franks descendent et se couvrent de fer. Les pics
« sont élevés et les ténèbres épaisses, les gorges profondes et les gaves impé-
« tueux. Derrière et devant l'armée frémissent les trompettes. Le roi Karl che-
« vauche en grand émoi; sa barbe blanche tremble sur sa poitrine. Mais il arrive
« trop tard. Fuyez! fuyez! ceux à qui il reste de la force et un cheval. Fuis,
« roi Carloman, avec tes plumes noires et la cape rouge! Ton neveu, ton
« plus brave, ton chéri, est étendu là-bas. Son cor ne lui a servi à rien, et
« maintenant, Escualdunaes, laissons les rochers, descendons vite, en lançant
« nos flèches à ceux qui fuient. Ils fuient, ils fuient, ils fuient! Où donc est
« la haie de lances? où sont ces bannières diversicolores, flottant au milieu.
« Les éclairs ne jaillissent plus de leurs armes souillées de sang. Combien
« sont-ils? Enfant, compte-les bien. Vingt, dix-neuf, dix-huit, dix-sept,
« seize, quinze, quatorze, treize, douze, onze, dix, neuf, huit, sept, six,
« cinq, quatre, trois, deux, un; un! il n'y en a même plus un! C'est fini,
« montagnard, vous pouvez rentrer avec votre chien, embrasser votre femme
« et vos enfants, nettoyer vos flèches, les serrer avec votre corne d'urus, et
« ensuite vous coucher et dormir dessus la nuit; les aigles viendront manger
« ces chairs écrasées, et tous ces os blanchiront dans l'éternité. »

La Tour d'Auvergne trouva ce chant, le 5 août 1794, dans un des couvents
de Fontarabie. Il existe plusieurs versions conservées traditionnellement sur la
montagne. Le texte qui sert ici de base, formé des meilleures variantes par
M. Duhald, a été traduit, en 1834, par M. E. C., inséré dans le *Journal de
l'Institut historique*. — *Encyclopédie catholique*.

Note 4, page 115.

Tout ce qui touche Jeanne d'Arc nous semble devoir exciter l'intérêt. La fille simple et courageuse, que les malédictions d'un peuple abusé poursuivirent à sa mort, a droit à la vénération de la postérité.

Voici quelques fragments renfermant des détails curieux qu'on ne trouve pas dans la chronique de la Pucelle :

« L'opinion, dit M. Walkernaer, était fixée sur son compte : tous les Français partisans de Charles VII ne doutaient point qu'elle était inspirée de Dieu. Les Anglais, au contraire, la croyaient magicienne et sorcière, et la terreur dont elle les avait frappés paralysait les forces de leurs armées de France, habituées à la victoire; les guerriers qui étaient en Angleterre n'osaient traverser la mer et aborder sur le sol fatal protégé par la puissance surnaturelle de la magicienne d'Orléans. — Son ascendant sur le peuple (français) était sans bornes; mais il n'en était pas de même des généraux et des courtisans : plusieurs étaient jaloux de sa gloire et de ses hauts faits, et humiliés de la supériorité qu'une fille sans naissance avait usurpée sur tant d'illustres capitaines et tant de nobles chevaliers. Elle eut avec quelques-uns des altercations assez vives; mais, occupée d'accomplir sa mission, pour faire tout concourir à ses vues et assurer le succès de ses armes, elle ne craignit pas de prendre le ton du commandement et même de la menace. — Animée d'une horreur invincible pour les femmes de mauvaise vie et les concubines, la Pucelle leur avait formellement défendu son approche, et prenait de grandes précautions pour qu'elles ne pussent s'introduire dans l'armée. Dans tout le reste, Jeanne se montrait simple, pleine d'humilité, de douceur, recherchant avec soin la retraite et la solitude, et passant une grande partie de son temps dans les exercices de la piété; elle éprouvait une grande joie à s'aller mêler et à communier avec les jeunes personnes; elle ne se confessait jamais sans que le repentir de ses fautes ne lui fît mouiller de pleurs le tribunal de la pénitence. On la vit souvent se lever la nuit, se prosterner dans l'ombre, croyant n'être pas vue, et prier Dieu pour la prospérité du Roi et du Royaume. Elle se plaisait dans la compagnie des personnes de son sexe, et partageait sa couche avec une ou plusieurs femmes, les plus considérées de l'endroit, préférant de jeune vierges et refusant les femmes âgées. Quand on ne pouvait trouver des personnes convenables de son sexe, pour partager sa couche, elle reposait tout habillée. Sa sobriété était si grande, qu'on s'étonnait qu'elle pût soutenir ses forces avec aussi peu d'aliments. Elle aimait mieux s'abstenir de toute nourriture, que de toucher aux vivres qu'elle savait ou qu'elle soupçonnait avoir été enlevés par la violence. Elle ne tolérait aucun pillage, ni aucune vengeance après le combat. »

Le lendemain du sacre, Jeanne d'Arc, décidée à se rejeter de nouveau dans cette existence de guerre et de politique qu'elle voulait quitter, et, ayant vu avec grand'peine cette place, que son triple titre de pair du royaume, pour la Flandre, l'Artois et la Bourgogne, le duc Philippe avait laissé vide au sacre du Roi, elle fit venir, le même soir, le frère Paquerel, qui lui servait de secrétaire, et lui dicta, pour le duc de Bourgogne, ennemi juré de Charles VII, la lettre suivante qu'elle signa de sa croix :

Jésus Maria!

« Haut et redouté prince de Bourgogne, Jeanne vous requiert de par le roi
« du ciel, mon droiturier souverain seigneur, que le roi de France et vous
« fassiez bonne paix, ferme, qui dure longuement. Pardonnez-vous l'un à
« l'autre de bon cœur, entièrement, ainsi que doivent faire loyaux chrétiens,
« et s'il vous plaist de guerroyer, allez sur le Sarrazin. Prince de Bourgogne,
« je vous prie, supplie et requiert, tant humblement que je puis requérir, que
« ne guerroyiez plus au saint royaume de France; et faites retirer incontinent
« et brièvement vos gens qui sont en aucunes places et forteresses dudit
« royaume. De la part du gentil roi de France, il est prêt de faire la paix avec
« vous, sauf son honneur. Et je vous fais savoir de par le roi du ciel, mon
« souverain et droiturier seigneur, pour votre bien et pour votre honneur,
« que vous ne gagnerez point de batailles contre les loyaux Français, et
« que tous ceux qui guerroyent audit saint royaume de France, guerroyent
« contre le roi Jésus, roi du ciel et de tout le monde. Et je vous requiers et
« vous prie à mains jointes que vous ne fassiez nulle bataille ni ne guerroyiez
« contre nous, vous, vos gens et vos sujets. Croyez sûrement, quelque nombre
« de gens que vous ameniez contre nous, qu'ils n'y gagneront rien, et ce sera
« grand pitié de la grand'bataille et du sang qui sera répandu de ceux qui y
« viendront contre nous. Il y a trois semaines que je vous ai écrit et envoyé
« de bonnes lettres par un hérault, pour que vous fussiez au sacre du roi, qui
« hier dimanche, 17e jour de ce présent mois de juillet, s'est fait en la cité de
« Rheims. Je n'en ai pas eu de réponse ni onoques depuis n'ai pas eu de nou-
« velles du hérault.

« A Dieu vous recommande et soit garde de vous, s'il lui plait, et prie Dieu
« qu'il y mette bonne paix. Ecrit audit lieu de Rheims, le 18 juillet 1429. »

A l'appui de ces renseignements, nous citerons une pièce qu'un des associés les plus zélés de l'Académie des Antiquaires de France, M. Tailhand, président de la Cour Impériale de Riom, a découverte sur Jeanne d'Arc, en inventoriant et classant les archives de la même ville. Cette pièce fournit un nouveau document qui prouve que la Pucelle n'était pas l'instrument de Charles VII, et qu'elle n'agissait pas non plus par l'impulsion de son enthousiasme, malgré l'opinion de plusieurs écrivains qui ont cherché à prouver le contraire.

Voici cette pièce ; c'est une lettre avec cette adresse :

« A mes chers et bons amis les gens d'Église, bourgeois et habitants
« de la ville de Riom.

« Mes chers et bons amis, vous savez bien comment la ville de St-Pierre,
« le-Moustiers a été prinse d'assault (Voyez page 105.) (et à l'aide de Dieu ai
« l'intention de faire vuider les autres places qui sont contraires au roi);

« mais pour ce que grand despense de pouldre, traits et autres habille-
« ments de guerre, a été fait devant ladite ville, et que petitement les sei-
« gneurs qui sont en cette ville et moi en sommes pourvus pour aller mettre
« le siége devant la Charité, où nous allons prestement, je vous prie, sur tant
« que vous aimez le bien et l'honneur du roi et aussi de tous les autres, de
« par deçà que veuilliez incontinent envoyer et aider pour ledit siége, de
« pouldre, salpêtre, soufre, traits, arbalestres fortes, et d'autres habille-
« ments de guerre, et en ce faistes tant que pour faulte des pouldres et au-
« tres habillements de guerre, la chose ne soit pas longue et que on vous
« puisse dire en ce estes négligens ou refusans..... Chers et bons amis, Notre-
« Seigneur soit garde de vous. — Escrit de Moulins, le neuvième jour de no-
« vembre 1429. »

✝

La courte apparition de Jeanne d'Arc a jeté tant d'éclat sur le long règne de Charles VII, que tous les autres événements sont, pour ainsi dire, restés dans l'ombre. Les merveilleux exploits de Jeanne d'Arc semblent former seuls la série des faits militaires qui ont expulsé les Anglais du royaume.

Tandis que Jeanne d'Arc était traduite devant les juges auxquels les Anglais confiaient le soin de sa condamnation et de son supplice, Charles VII, retiré au-delà de la Loire, voyait sa cour divisée par les querelles de son connétable Richemont et de son favori La Trémouille, querelles souvent sanglantes, et qui se terminèrent, en 1433, par l'exil du favori.

L'Angleterre, épuisée par la lutte sanglante des maisons d'York et de Lancastre, n'était plus désormais capable de soutenir celle de France. Par cette circonstance, comme par les exploits de Charles VII, de sa noblesse et de son peuple, fut terminée la guerre dite de *Cent Ans* entre la France et l'Angleterre. Dès-lors nos rois n'eurent plus d'autre voisin à redouter que cette colossale maison de Bourgogne, dont la domination s'étendait du Rhône et du Jura jusqu'au Zuider-Zée, c'est-à-dire, sur la Flandre, la Hollande et le Brabant, le Hainaut et la Bourgogne proprement dite. C'était une étendue de pays presque égale à celle de la France.

Les Anglais avaient espéré que la mort de Jeanne d'Arc allait ramener la victoire sous leurs drapeaux. Elle ne fit qu'accroître la haine des Français contre les meurtriers de la sainte fille. Ainsi qu'elle en montrait le désir par ses lettres qu'elle écrivait au duc de Bourgogne, ce dernier, honteux d'avoir été si longtemps l'allié des ennemis de sa patrie, fit sa paix avec Charles VII (21 septembre 1435). Le 13 avril suivant, Paris ouvrit ses portes aux troupes royales et bourguignonnes réunies. Une amnistie générale fut publiée.

Note 5, page 138.

Notes extraites de l'histoire du chevalier Bayard, par Guyraud de Berville.

(1) L'amiral Bonnivet, qui n'avait pas assez de forces pour résister à celles de l'Empereur, et qui voyait tous les jours son armée diminuer par les maladies, assembla le conseil de guerre, dont le résultat fut qu'il n'y avait rien de mieux à faire en l'état où ils étaient que de se retirer.

(2) L'ordonnance de la retraite fut réglée, suivant laquelle l'amiral et Bayard se tinrent à l'arrière-garde, et intimidèrent tellement les ennemis, qu'ils n'osaient les approcher, mais les saluaient de loin à coups de mousquets, d'arquebuses et de fauconneaux. Le lendemain, les Français continuèrent à se retirer, et les ennemis à les suivre. Ceux-ci avaient jeté sur les deux bras du chemin un nombre d'arquebusiers à la faveur desquels, sur les huit heures du matin, ils firent une furieuse charge, en laquelle fut blessé le seigneur de Vandenesse, lequel mourut peu après de sa blessure, regretté de toute l'armée.

(3) L'amiral reçut aussi un coup dans le bras, et fut obligé de se mettre dans une litière et de se retirer, laissant toute la charge à Bayard, auquel il dit :

« *Je vous prie et conjure, pour l'honneur et gloire du nom français, que vous défendiez aujourd'hui l'artillerie et les enseignes que je vous remets et consigne entièrement à votre fidélité, valeur et sage conduite; puisque il n'y a personne dans l'armée du roi qui en soit plus capable que vous, soit pour la valeur, l'expérience et le conseil.* »

(4) Bayard fit, en effet, pendant deux heures, tant et de si vigoureuses charges sur les Espagnols, qu'il les obligeait à se rejoindre d'abord au corps de leur armée, et puis il revenait avec ses hommes d'armes, d'un air aussi tranquille que s'il eût été dans un jardin et tout au petit pas.

(5) L'artillerie et les enseignes étaient passées, et en sûreté, lorsqu'enfin, sur les dix heures du matin, il fut tiré un coup d'arquebuse à croc, dont la pierre vint frapper Bayard au côté droit et lui rompit l'épine du dos. Quand il sentit le coup, son premier cri fut : *Jésus! ah mon Dieu! je suis mort !* Ensuite, il baisa la croisée de son épée, en guise de croix ; il changea de couleur, et ses gens le voyant chanceler, allèrent à lui et voulurent le retirer de la mêlée; son ami d'Alègre l'en pressa beaucoup, mais il ne voulut pas le permettre.

« C'est fait de moi, leur disait-il; je suis mort, et je ne veux pas, dans mes « derniers moments, tourner le dos à l'ennemi, pour la première fois de ma « vie. »

(6) Il eut encore la force d'ordonner que l'on allât à la charge, voyant que les Espagnols commençaient à s'avancer; puis, il se fit descendre à l'aide de quelques Suisses, au pied d'un arbre : « *En sorte*, disait-il, *que j'ai la face « regardant les ennemis.* »

(7) Ses domestiques fondaient en larmes ; Bayard les consolait lui-même. Ensuite, faute de prêtre, il se confessa à son gentilhomme, à qui il recommanda qu'on le laissât en la place où il était. « *Laissez-moi*, disait-il, *le peu que j'ai à vivre pour penser à ma conscience, je vous supplie de vous retirer de peur d'être faits prisonniers, et ce serait pour moi un surcroît de douleur si cela arrivait.* »

Alors tous se retirèrent, et prirent de lui le dernier congé, avec des cris et des gémissements qui furent entendus de l'armée ennemie, au pouvoir de laquelle il demeura.

(8) Dans le moment arriva auprès de lui le marquis de Pescaire, qui, les larmes aux yeux, lui dit ces belles paroles :

Plût à Dieu, seigneur de Bayard, avoir donné de mon sang ce que je pourrais perdre sans mourir, et vous avoir mon prisonnier en bonne santé, vous connaîtriez bientôt combien j'ai toujours estimé votre personne, votre bravoure, et toutes les vertus qui sont en vous, et que depuis que je me mêle des armes, je n'ai jamais connu votre pareil.

Aussitôt ce seigneur fit apporter son propre pavillon avec son lit, le fit tendre autour du mourant, et lui-même aida à l'y coucher en lui baisant les mains. Il lui donna une garde pour qu'il ne fût ni fouillé, ni pressé, ni offensé, et lui-même amena un prêtre auquel Bayard se confessa avec une connaissance parfaite et une piété édifiante.

(9) Toute l'armée espagnole s'empressa, depuis le plus grand jusqu'au plus petit, à venir admirer ce héros expirant. Le connétable de Bourbon, qui, comme nous l'avons dit, était passé au service de l'empereur, y vint comme les autres, et lui dit : *Ah! capitaine Bayard, que je suis marri et déplaisant de vous voir en cet état ; je vous ai toujours aimé et honoré pour la grande prouesse et sagesse qui est en vous ; ah! que j'ai grande pitié de vous.* Bayard rappela ses forces, et lui dit d'une voix assurée : *Monseigneur, je vous remercie ; il n'y a point de pitié en moi qui meurs en homme de bien, servant mon roi ; il faut avoir pitié de vous qui portez les armes contre votre prince, votre patrie et votre serment.*

(10) Bayard demeuré seul, ne pensa plus qu'à mourir, il récita dévotement le psaume *Miserere mei, Deus ;* après lequel il prononça à haute voix cette prière : *Mon Dieu, qui avez promis un asile dans votre miséricorde aux plus grands pécheurs qui retournaient à vous sincèrement et de tout leur cœur, je mets en vous toute ma confiance, et toute mon espérance dans vos promesses. Vous êtes mon Dieu, mon Créateur, mon Rédempteur. Je confesse vous avoir mortellement offensé, et que mille ans de jeûne au pain et à l'eau dans le désert ne pourraient acquitter mes fautes ; mais, mon Dieu, vous savez que j'étais résolu d'en faire pénitence, si vous m'eussiez conservé la vie ; je sens toute ma faiblesse, et que par moi-même je n'aurais jamais pu mériter l'entrée en votre paradis, et que nulle créature ne peut l'obtenir que de votre infinie miséricorde....... Mon Dieu, mon Père, oubliez mes fautes, n'écoutez que votre clémence..... Que votre justice se laisse fléchir par les mérites du sang de Jésus-Christ.......* La mort lui coupa la parole ; son premier cri, quand il se sentit blessé à mort, fut le nom de *Jésus ;* et ce fut en invoquant ce nom adorable, que le héros rendit son âme à son créateur, le 30 avril 1524.

Traduction de l'épitaphe du chevalier Bayard.

Pierre du Terrail, seigneur de Bayard, à peine hors de l'enfance, porta les armes. Ses beaux faits d'armes devancèrent ses années. Ses coups d'essais furent les chefs-d'œuvre d'un guerrier consommé. Il se signala dans sa patrie et dans les pays étrangers. Mais l'Italie fut le théâtre où il parut avec plus de gloire, et où les lis et les lauriers partagèrent l'honneur de le couronner. Devenu homme par la vigueur de l'âge et par l'expérience, il égala tout ce que l'antiquité fabuleuse a raconté de ses héros. Le surnom de Chevalier sans peur et sans reproche lui fut commun avec Hercule. Sa réputation, répandue généralement, avait attaché à son nom seul l'idée de toutes les vertus réunies. Il servit et commanda sous trois rois, pendant près de trente-cinq ans. La vertu lui avait décerné l'honneur du triomphe, qu'il estimait plus que les richesses; mais le char plia sous le poids des lauriers et des victoires dont il était surchargé; nommé lieutenant-général pour le roi en Dauphiné, ce qu'il y eut de plus glorieux pour lui, fut d'être supérieur à sa dignité. Chevalier de l'ordre du roi, il reçut moins une grâce que le prix de ses exploits, et il eut l'honneur de donner à son tour l'ordre de chevalerie à son souverain. Enfin, il ne manquait aux victoires d'un si grand capitaine que de triompher de la mort. Il en triompha; elle fut étonnée elle-même du courage avec lequel il s'offrit au coup mortel. Elle rougit de sa défaite et d'un trait si précipité. Sitôt qu'il l'eut reçue, il se fit descendre de son cheval au pied d'un arbre; là, succombant sous ses trophées, et le regard encore tourné vers l'ennemi, il ferma les yeux à la lumière, en l'année 1524.

Le temps pourra détruire ce monument, mais les dépouilles qu'il renferme seront immortelles.

Note 6, page 159.

Nous ne saurions mieux terminer les notes de cette première partie qu'en insérant quelques fragments, extraits du *Littérateur universel*, d'un poême en dix chants, par le célèbre lieutenant-général comte Du Pont, intitulé :

L'ART DE LA GUERRE.

LE PORTRAIT DU JEUNE SOLDAT.

L'arène où le destin, jeune guerrier, t'appelle,
Veut que tout en ses rangs soit généreux comme elle :
Des théâtres humains elle est le plus pompeux.
Toi donc, qu'elle consacre à ses superbes jeux,
Il faut que les trésors d'une mâle jeunesse,
A ton rôle éclatant égalent leur noblesse.
S'il n'est point de dangers dont s'étonne ton cœur,
Il faut qu'à sa fierté réponde ta vigueur ;
Que rien ne la surmonte, et que dans la carrière,
Ton ardeur, sans fléchir, la fende tout entière.
Vous, dont l'œil belliqueux veille sur le drapeau
Et maintient sa splendeur, dans le soldat nouveau,
Connaissez à quels traits les dons de la naissance
Feront, dans ses exploits, éclater leur puissance :
Sous son front martial scintille un vif regard ;
Le siége de la vie a chez lui pour rempart
Un sein large, d'où vole une abondante haleine ;
Sous ses muscles épais court une ardente veine ;
Ses pas de la vitesse ont les rapides feux ;
A son agile main s'unit un bras nerveux.

Et tous ses mouvements, images de son âme,
En révèlent soudain l'énergie et la flamme :
Tel, guerrier véritable, il naît pour les combats.
Il saura, s'il le faut, vaincre tous les climats,
Gravir de hauts sommets les indomptables cimes,
Des sauvages vallons franchir les noirs abîmes ;
Il saura triompher des plus âpres hivers,
Et surmonter l'ardeur des torrides déserts.
Son sein, vivant acier, qu'a trempé la nature,
Bravera de la faim les traits et la torture ;
Tout verra sa constance, et ses virils trésors
Iront, sans s'épuiser, luire sur tous les bords.

Assistons maintenant à l'exercice du fantassin :

Dans son air martial, contemplez l'attitude
Dont le nouveau soldat fait d'abord son étude.
Il affermit son pied, il relève son front,
Et son aspect superbe à sa valeur répond.
Il marche, et de ses pas mesurant l'étendue,
A son guide aligné fixe sur lui sa vue.
La voix de la cadence est son habile appui ;
Elle instruit son oreille et s'avance avec lui.
Des mouvements guerriers cette heureuse lisière
Ainsi veille aux essais de sa jeune carrière ;
Dans ces rangs qu'elle anime et soutient à la fois,
D'une vitesse égale elle imprime ses lois ;
Ils en verront le prix au jour de la victoire,
Et ce pas, faible encore, est un pas vers la gloire.

Du mousquet éclatant, là renaissent les jeux.
Il s'instruit à lancer de plus rapides feux.
Sous la main du guerrier, tout à coup il s'apprête,
Et, devant sa poitrine, il s'élance et s'arrête ;
Le doigt, en ce moment, repousse un vif acier
Qui du tonnerre éteint couvre le noir foyer.
Dans ce canal obscur, le nitre se dépose ;
Prompte à se rallumer, l'étincelle y repose ;
Dans le tube aussitôt, sur le sol appuyé,
Se glisse la cartouche, et, le bras déployé,
Deux fois, d'un long cylindre en se hâtant la presse :
La baguette, au repos, revole avec adresse ;
Le fusil se relève ; et, d'un rapide élan,
Porte au niveau de l'œil son docile volcan,
S'aligne vers son but, et la mire fidèle
Suit, dans l'air, le rayon que lance la prunelle ;
La pierre aiguë alors, qu'un pied léger conduit,
Fond sur la batterie, et mort l'acier qui fuit ;
L'éclair jaillit, la foudre, au même instant s'allume,
Tonne, et du tube en feu la bouche ardente fume.

Voyez encore comme il termine les évolutions du cavalier :

Un essor martial , des palmes précurseur,
Semble d'un choc sanglant annoncer la fureur ;
Les rangs , à cet aspect, d'un doux orgueil frémissent ,
Et les coursiers émus d'écume se blanchissent.
Le régiment s'avance, il s'anime, et ses pas
S'enflamment par degrés , tels que pour les combats.
Le suprême signal , si cher à la vaillance,
Se fait alors entendre , et sans frein tout s'élance.
Le sabre étincelant se lève dans les airs ;
Des nuages poudreux jettent de longs éclairs ;
Les cieux sont obscurcis , et la terre ébranlée,
Gronde et paraît gémir sous l'ardente mêlée.
Mais une voix s'élève et tonne en longs échos ;
De ces torrents au loin elle couvre les flots ;
A ces mâles accents , tout cède , et la tempête
Se raidit tout à coup et dans son vol s'arrête.
Tels, beaux d'un vaste ensemble, et de fougue éclatants,
La charge simulée instruit les combattants.

PETIT VOCABULAIRE

DE LA

LANGUE ROMANE.

A

ABAHIR, être surpris, étonné.

ABALOURDIR, *abaubir*, hébéter, étourdir, étonner, déconcerter, troubler, rendre lourd et stupide par de mauvais traitements, se pâmer, se trouver mal.

ABAUBIR, *ébaudir*, étonner, effrayer, déconcerter.

ABCIS, *abcisé*, coupé, taillé.

ABET, rusé, finesse, fraude, action d'attendre, de guetter.

ABLO, cri d'exclamation qui veut dire vive! courage! allons! ferme!

ABSOLTE, *absoulte*, *absoute*, absolution.

ACCOL, *accolade*, *accolée*, *accolement*, *accolerye*, baiser que recevait sur la joue gauche celui qu'on ordonnait chevalier; il se disait aussi du coup d'épée qu'il recevait sur les épaules.

ACCOLER, embrasser, caresser.

ADEXTRE, *adestre*, favorable, adroit, vif, prompt.

ADMONESTÉ, instruit, averti, prévenu, repris.

ADMONESTEMENT, *admonestiement*, avis, avertissement, instruction.

ADMONESTER, avertir, reprendre, instruire, remontrer, prévenir.

ADMONESTEUR, *admonestreresse*, celui ou celle qui donne des avis, qui fait des remontrances.

ADMONT, plus haut.

ADONC, *bon*, alors.

ADONQUES, *adoncques*, *adonkes*, *adunques*, ainsi, donc, alors.

ADOUBER, accommoder, boucher, radouber, ajuster, orner, parer, habiller, préparer, armer des vêtements et armes de la chevalerie.

ADREXTRER, marcher à la droite de quelqu'un.

ADURER, *adurrer*, amener, conduire, apporter, aller chercher, cotoyer, aborder, échouer; il se dit aussi de rendre dur, flétrir, ternir, noircir.

ADVENANT, poli, courtois, gracieux.

AER, combat.

AFAUTRER, harnacher, habiller.

AFFOLÉ, blessé, meurtri, estropié.

AFFOLER, *affolier*, *affollir*, blesser le cœur, devenir presque fou d'amour, rendre passionné, perdre l'esprit, le sens; ce mot signifie encore faire enrager, nuire à quelqu'un, causer quelque dommage, détruire, perdre, estropier, blesser de manière à ne jamais pouvoir parfaitement guérir.

AFFOLEURE, *affolure*, blessure, meurtrissure; au figuré, une amourette.

AGACER, *agacier*, *agasser*, *agatier*, *agazer*, quereller, exciter, à badiner ou à quereller, provoquer, harceler, piquer, irriter, aiguillonner.

AGRAPHINER, prendre, saisir, accrocher.

AGREMIR, bruire, appréhender, redouter, craindre.

AGRESTE, *agrieste*, rustique, rude, grossier, âpre.

AGRIESTÉ, dureté, âpreté.

AINZ, *ains*, mais, avant, auparavant.

ALORI, lié, attaché avec une courroie.

ANGARIE, violence, injustice, dol, fraude.

ANGOISSEMENT, avec chagrin, avec affliction.

ANGOISSER, presser vivement, persécuter, serrer, étrécir.

ANGOISSEUX, triste, chagrin, fâché, ennuyé, qui a le cœur serré, accablé de douleur, de tristesse.

ANTRUSTION (être en), être vassal et dans la foi du roi.

AOUCIR, tuer, immoler.

AOURNER, orner, ajuster, embellir.

APRENDRE, s'instruire, apprendre; prendre en étendant la main.

APPENSER, penser, agir avec prudence.

APPERT, il paraît, découvert, connu.

ARAMIE, *aramis*, furie, rage, guerre déclarée, carnage, obligation qu'on s'est imposée pardevant le juge.

ARAMIR, *arramir*, faire preuve de courage en se battant en duel, promettre, engager, attaquer, jurer, faire serment.

ARBALESTE, *arbalestre*, ancienne arme composée d'une monture ou fût de bois, au haut duquel est un arc en fer, une corde et une fourchette; elle se bandait avec effort par le secours d'un fer (espèce de clef) propre à cet usage.

ARDER, *ardoir*, brûler, briller, rougir.

ART, brûlé.

B

BAN, peine, punition, exil, bannissement.

BAN, ARRIÈRE-BAN, assemblée de vassaux et arrière-vassaux; il diffère du *ban* assemblée.

BAHOURDER, *behourdir*, *beorder*, *boorder*, *border*, lutter, galopper, caracoler, joûter, caqueter, trop parler, passer le temps à se réjouir.

BALER, *baller*, danser, sauter, s'agiter, remuer, se divertir.

BALERIE, *ballerie*, danse, divertissement.

BALIER, voltiger, agiter, balancer.

BANDOULIERS, voleurs de grands chemins.

BANERET (chevalier), celui qui peut lever des soldats pour marcher sous sa bannière, qui a droit de porter bannière à la guerre.

BANIE, *bagnie*, *banage*, *bandiment*, *bannie*, ban, publication, droit de ban, édit, loi, proclamation, assemblée, banalité et amende, peine imposée aux infracteurs de la loi.

BARATEUR, *barateaulx*, *baratcuse*, trompeur, trompeuse.

BARDE, armure d'un cheval de bataille; elle lui couvrait le poitrail et les flancs.

BARDES, poètes gaulois, qui chantaient en s'accompagnant d'instruments; ils louaient la vertu et blâmaient le vice; c'étaient les chantres de la nation.

BARNAGE, *burgnage*, baronage, la noblesse d'une province, les hommes, les sujets d'un roi, d'un prince, les hommes qui sont à leur suite.

BARNAGE, désordre, confusion, état des gentilshommes de la cour d'un souverain, baronnie.

BASSINET, chapeau de fer en forme de bassine, qu'un certain nombre de soldats portaient.

BASTILLE, *bastion* (ung); un château de bois, un fort, tour en bois qu'on élevait contre les murs pour assiéger une ville.

BASTILLÉ, fortifié avec des tours et des créneaux.

BATAILLER, combattre, attaquer, se défendre.

BATAILLEUR, qui aime à se battre, un bon soldat.

Bay, *bayan*, de couleur brune, rousse.

Baye, coutelas, épée courte.

Bedaine, *bedondaine*, ventre, boulet, de là vient qu'on disait *jeter bedaines*, pour dire jeter boulets.

Béfroi, cloche qui servait à sonner l'alarme ; on croit que ce mot a été emprunté des Arabes.

Behourdie (jour du), jour de combat à la lance, à la joûte.

Behours, *bahours*, *behords*, galop, caracoles, joûtes, combats.

Beneoit, *benoit*, saint, béni.

Bénivolence, bienveillance, affection.

Benoist, sot, benêt.

Bergaman, coutelas, poignard ; ainsi nommé de la ville de Bergame, où on les fabriquait.

Bergeret, houlette, bâton de berger.

Bergerot, jeune berger.

Bernil, fort, puissant, vigoureux.

Bersailler, *bersaulder*, *berseiler*, couvrir de contusions, blesser, action de tirer des flèches.

Besagüe, *besaigüe*, hache à deux taillants, outil de charpentier.

Bombarde, canon, engin de guerre avec lequel on lançait des pierres.

Bigame, mari qui a deux femmes à la fois.

Bourder, combattre à la lance, joûter.

Bragamas, sabre ou épée courte.

Brandir, secouer, remuer.

Braquemart, *braquement*, épée courte et large, sabre.

Bruire, faire du bruit.

C

Camise, chemise et sorte d'habillement.

Castel, *chastel*, *chastiau*, château.

Castille, querelle, différend, débat.

Chapel, couronne de fleurs, guirlande.

Chaperon, espèce de capuchon que les hommes et les femmes de tous rangs portèrent jusqu'au 15e siècle. Il était en drap, et ressemblait à un bourrelet, avec des pendants aux deux côtés du chaperon.

Chatelain, gouverneur d'un bourg qui avait droit de château.

Chatelaine, l'épouse du châtelain ; dame ou damoiselle d'un château.

Chetif, *chaitif*, mesquin, de peu de valeur, malheureux, pauvre, infortuné.

Chevalier, *chevalerie*, nom et profession les plus honorables qui fussent chez nos aïeux ; ce n'était que par une suite de belles actions qu'on pouvait y arriver. Aussi, la jeune noblesse qui s'y destinait veillait-elle sans cesse sur elle pour ne rien faire qui la rendît indigne de cet honneur, et les chevaliers, à leur tour, fiers d'une profession qui les rendait les appuis du royaume, et de laquelle tous nos Rois s'honoraient d'être, s'appliquaient de plus en plus à fixer les regards de la France et du souverain sur eux. Toutes ces considérations donnèrent aux siècles de la chevalerie une élévation d'idées que nous regardons à présent comme romanesque, et qui alors étaient communes. *Dieu, mon Roi, ma dame, et l'honneur*, telle était leur devise.

Chevaucher, aller à cheval, se disait des chevaliers errants. *Chevaucher par monts et par vaux*.

Choist, *choit*, abattu, fatigué, tombé.

Cil, *cist*, celui-ci, celui-là, ce, ceux-ci.

Clos, de clore, renfermé.

Combien, malgré que.

Confort, soulagement, soutien, aide, secours, consolation, encouragement.

Conquester, *conquerre*, conquérir.

Corsu, fort, robuste.

Cotte d'armes, petit manteau qui ne descendait que jusqu'au nombril, et que les chevaliers portaient en tout temps sur leur armure. Il avait des manches courtes et était ouvert par les côtés ; sa fourrure était d'hermine ou de vair, et chacun y faisait broder ses armes en matières précieuses. La cotte d'armes était volante, et souvent composée de plusieurs bandes de différentes couleurs alternées et mises en différents sens, ce qui faisait qu'on l'appelait quelquefois *divise*.

Courtois, civil, affable, gracieux, honnête, courtisan.

Courtoisie, manières prévenantes envers les dames.

D

Dague, *daigue*, sorte de poignard, de courte épée.

Daguer, poignarder, frapper avec la dague.

Damoisel, *damisel, dameisel, damoiseau, damoiseaulx*, jeune gentilhomme, jeune homme de noble extraction qui n'était pas encore reçu chevalier et qui aspirait à l'être. Ce nom se donnait même à l'héritier présomptif de la couronne ; mais ce titre se perdait lorsqu'on était parvenu à la chevalerie.

Deable, *Deauble*, l'esprit malfaisant, le diable.

Déconfort, affliction, tristesse, douleur, accident fâcheux, état malheureux d'une personne abandonnée de tout le monde, état approchant du désespoir.

Déconforter, affliger, désoler, décourager, abattre.

Decoulourer, décolorer, changer de couleur.

Defaute, interruption, cessation.

Deloyal, perfide, traître, manquant de foi.

Deloyauté, perfidie, fausseté, trahison.

Deprier, prier, avec instance, supplier, invoquer.

Despiter, dédaigner, faire peu de cas, mépriser.

Despitance, méchanceté, mauvaise humeur, dédain, mépris.

Despitement, avec colère, d'un air fâché.

Desvé, *desvée*, rempli de chagrin, d'amertume, rebuté, fâché, fou, hors de sens.

Dextre, *destre*, à droite, du côté droit, la main droite.

Dextrement, adroitement, avec adresse, avec prudence.

Dextrier, *detrier, destrier*, cheval de main et de bataille propre à un homme d'armes, cheval dressé au manége pour les chevaliers qui s'en servaient aux fêtes, aux joûtes, aux tournois et à l'armée. Le *destrier* s'appelait encore *courrier, cheval de lance, de service, courserot*.

Dict, *dicte, dictier, dicton*, récit d'une aventure, discours, traité, harangue, proverbe, poême, vers, livre, conte, fabliau, satire, maxime, sentence.

Discourtois, incivil, malhonnête envers les dames.

Discourtoisie, grossièreté, incivilité, impolitesse.

Dissonant, qui n'est point d'accord, *dissonir*, n'être point d'accord.

Dolor, *dolour, dolur, doulor*, peine, affliction, douleur, souffrance.

Don, *doncques; voyez* Oncques.

Dru, *drud, drue, druhe, drus*, gros, épais, fort, robuste, gai, gaillard, formé, nubile, ami, amant, favori, galant, amoureux, élevé, serviteur, fidèle ami, compagnon.

Drue, amie, amante, chère, fidèle, maîtresse.

Duel, *doel, dueil*, duel, combat de deux personnes ; *duellum*, peine, ennui, tristesse, chagrin, deuil, *faire duel*, s'attrister, gémir.

Durandal, *durandart*, nom de l'épée de Charlemagne et de celle de Roland.

E

Ebahir, *esbahir*, être surpris, s'étonner, être dans l'admiration, *ébahissement*, étonnement, surprise.

Ecu, *escu*, arme défensive que la gendarmerie, en combattant avec la lance, portait au bras. L'écu avait la forme d'un bouclier léger ; on s'en servait ordinairement dans les tournois, et alors on y faisait peindre des devises et ses armoiries.

Efantel, jeune enfant, jeune garçon.

Emoi, crainte, surprise, admiration, émotion, souci, inquiétude.

Emprise, *emprinse, enprise*, entreprise, projet.

Enforcer, *enforcier*, fortifier, augmenter.

Enganer, *enganner*, séduire, tromper, abuser.

Engien, *engein, engig, engignement, engignoison, engin, engueigne*, esprit, volonté, génie, invention, découverte, art, industrie, machine de guerre, instrument, ruse, finesse, subtilité, détour, fourberie, tromperie.

Engoisser, *engosser*, serrer de près, opprimer, tourmenter, causer de la peine, du chagrin, affliger.

Enragement, avec rage.

Escremie, *escremye*, escrime, combat à l'écu et à l'épée qu'on faisait la veille du tournoi, art de combattre, de se défendre.

Escremir, escrimer, combattre, attaquer, défendre, résister.

Esjouir (s'), se réjouir.

Estoc, ligne, pointe, pieux, poteau, tronc d'arbre, *il fiert d'estoc et de taille* : il frappe de la pointe et du tranchant.

Estoc, source, race, origine, ligne.

Estocade, action de combattre de la pointe, de frapper de la pointe.

Estocader, frapper de la pointe, combattre à la pointe.

F

Fabel, *fableaus, fabliax, flaveau*, récit d'une aventure, petit conte, ordinairement en vers, *fabliau*, roman, histoire, discours.

Fausser, percer d'outre en outre, rompre tout-à-fait.

Fausser la cour, c'est appeler d'un jugement.

Fellon, *felon*, méchant, faux, cruel, inhumain, violent, emporté, barbare, perfide, capricieux, brutal, dur, téméraire, insensible, dangereux, à craindre, traître, rebelle.

Fermaille, agrafe, boucle.

Férir, *férer, ferrir*, darder, frapper, lancer, heurter, battre, piquer, blesser.

Fert, il bat, il frappe : du verbe *férir*.

Feru, battu, blessé : du verbe *férir*, frapper.

Ferue (à la), à mesure, à proportion.

Flamberge, la bonne épée de Regnault de Montauban.

Forlignement, dégénération, mauvaise action, mauvaise habitude.

Forligner, *forsligner, fourligner*, dégénérer de la valeur de ses ancêtres, démentir sa race, son origine, agir contre le droit, sortir de la droite ligne du chemin.

Fors, dehors, excepté, hormis.

Frique, beaux, galans, amoureux.

G

Gaber, *gabber, gabeler*, railler, se moquer, d'où *gaberie*, dérision.

Gambaison, *gambeson, gambais, gambeison, gaubison*, pourpoint garni et piqué, qui se mettait sur la chair et sur lequel on posait le haubert; c'était un plastron de linge et d'étoupes qui empêchait que l'armure ne fît du mal et ne blessât celui qui le portait.

Gart, il garde.

Gens, *gent, gente*, gentil, gentille, joli, aimable, gracieux.

Gonfanon, écharpe ou bandelette terminée en pointe, et dont les chevaliers ornaient leurs lances, oriflamme, étendard, bannière.

Gorgias, glorieux, vain, luxurieux, beau, joli, agréable, qui aime le faste, la parure, les habillements recherchés.

Guerroyeur, *guerrieur*, guerrier, homme de guerre, militaire.

Guerdonner, *guerredonner*, récompenser, faire un présent.

Guerdonneur, *guerrodonneur*, bienfaiteur, rémunérateur.

Guerroier, faire la guerre, poursuivre quelqu'un, tourmenter, combattre.

GUERPIR, *guirpir*, *gulpir*, *gurpir*, laisser, quitter, se séparer, céder, abandonner.

GUIMPLE, espèce de voile.

H

HANTER, fréquenter, se lier, s'attacher à quelqu'un.

HAHAY, *Haha*, *hahan*, *hahay*, peine, fatigue, travail; cri pour réclamer justice ou pour demander du secours.

HAQUENÉE, jument de prix, cheval de parade pour les dames.

HAST, nom qu'on donnait à toutes les armes qui s'emmanchaient au bout d'un long bâton, comme la pique, la lance, la hallebarde.

HAUBERT, *habere*, *habergeon*, *haberjon*, *haultbert*, cotte de mailles qui couvrait la poitrine jusqu'au défaut des côtes, et descendait jusqu'aux genoux; les nobles et les chevaliers avaient seuls le droit de la porter; elle se mettait sur le gambeson.

HAUBERT, *hault-ber*, *hautbert*, grand seigneur, haut baron, homme de haute taille, de grand courage, d'où est venu *haubereau*, simple gentilhomme qui n'était pas encore chevalier.

HEAUME, *héaulme*, *hiaume*, casque à visière, armure de tête, sommet, toit de *helmus* qui se trouve dans les lois ripuaires pour *galea*.

HEBERGE, *hebergement*, *hebergerie*, *heberiage*, *heberje*, *herberjage*, tente d'armée, mesure pour désigner l'étendue d'un héritage ou d'un bien, logis, demeure, hôtellerie, maison, auberge, logement en général.

HEBERGIER, *heberger*, *heberjier*, héberger; loger, nourrir, bâtir, construire, réparer un édifice.

HEUR, bonheur, félicité.

HONIR, *honier*, *honnir*, *hontager*, *hounnir*, mépriser, blâmer, déshonorer, maltraiter, diffamer.

HORION, meurtrissure, coups qu'on reçoit à la tête; mot corrompu *d'oreillon*, *de boins horions*, de grands coups.

HOUSSER, *houzer*, mettre ses *housses*, se botter.

I

IANGLER, mentir, jaser, caqueter.

ICE, *icel*, *icelle*, *icelui*, *ce*, *cette*, *celui-ci*, *celle-là*, *ceux-ci*, *ceux-là*, *ces*, *cela*.

ICEUX, *icelles*, eux, elles, ceux, celles.

ISSE, sorte, sortir.

ISSIR, *essir*, *exir*, *uscir*, sortir, se retirer, s'en aller, partir.

J

JADIS, anciennement, autrefois, il y a longtemps.

JAINGLER, jaser, parler beaucoup, mentir et railler, se moquer.

JANGLER, *jangleour*, *jangleur*, menteur, flatteur, babillard, causeur, crieur, railleur, moqueur.

JAVELOT, dard, flèche, trait d'arbalète.

JUS, à bas, à terre, dessous, *mettre jus*, quitter, abandonner, terrasser, abattre, faire mourir; *jus en terre*, sur terre, couché par terre; *ruer jus*, *jeter jus*, jeter bas, jeter par terre; *chair jus*, tomber par terre; *venir jus*, descendre à terre; *ca-jus*, ici-bas; *jus*, *flechiet*, baissé, renversé.

L

LAI, *lais, laisse, lait, laiz, lay, lays,* plainte, gémissement, cri, complainte, lamentation, pièce de poésie qui répondait à nos romances, et qui contenait ordinairement le récit d'une aventure amoureuse, les sentiments d'un amant pour sa maîtresse, les tourments qu'un cœur bien épris ressent par les contraintes qu'il endure.

LAMENTEUSE, pleureuse, femme qui pleure et se plaint.

LARMER, *larmoyer, lermer,* pleurer, verser des larmes.

LAS, *lasse,* malheureux, languissant, triste, abattu, infortuné, affligé.

LICE, *liche, lyce,* barrière, barricade, retranchement, clôture, palissade, chaussée soutenue par des pieux, lieu où l'on combattait, joûte, course, combat simulé, tournoi.

LIÉMENT, joyeusement, gaîment.

LIESSE, joie, gaîté, plaisir, allégresse.

LIGÉE, serment d'hommage lige ou de fidélité, qui liait le vassal à son seigneur, qualité d'un fief qu'on tient nûment d'un seigneur, et en raison de quoi on devient son homme lige, promesse, obligation, assurance, foi, convention.

LOCHIER, *locher,* placer, arranger, loger.

LOCHER, ébranler, vaciller, secouer, mouvoir.

LOS, *loz,* consentement, approbation, biens, possessions, héritages.

LOS, sort, destin, tirer au sort.

LOS, *loz,* louange, conseil, avis, gloire, faveur, approbation, récompense, bruit, réputation, renommée.

M

MAILLES (cote de), tissu de plusieurs filets ou chaînettes en fer, dont on formait une sorte de chemise, qu'on mettait pour aller au combat.

MALE, mauvais, méchant.

MALE, mauvaise, méchante.

MALE MORT, mort funeste et tragique.

MALE PART, mauvaise part.

MALE RAGE, faim extraordinaire, enragée.

MANDILLE, petit manteau ou casaque que portaient les seuls laquais, et qui les faisaient distinguer des autres valets.

MANOIR, maison, habitation.

MANTEL, manteau.

MATRONE, sage-femme.

MENESTREL, *menestrier,* joueur d'instruments de telle espèce que ce soit, bouffon, chanteur, musicien, chef d'une compagnie de jongleurs ou de conteurs, homme qui courait les châteaux, et les villes pour amuser le public, en lui récitant des contes et des chansons, homme à louage qui allait de côté et d'autre servir à des festins publics.

MENESTRIER, voyez *menestrel.*

MENUVAIR, *menuveir,* lisez *menu-vair, menu-veir,* étoffe, fourrure de couleur gris de lin, parsemé de petites taches, étoffe à petites fleurs de différentes couleurs.

MESCHEF, *meschief, mechef,* malheur, accident, faute, catastrophe.

MIE, amie, maîtresse, amante.

MIE, *miez,* pas, point, non, ce mot est encore en usage dans la Champagne, l'Artois, la Flandre, et principalement en Picardie.

MONTJOIE, *montjoye, mont-joie,* cri de guerre des rois de France.

MORION, casque, armure de tête.

MOULT, plusieurs, beaucoup, grand nombre.

MOURUEUX, paresseux, casanier, qui reste au coin du feu.

MOUSTIER, monastère, couvent, église.

N

Navré, blessé, balafré, atteint d'un coup.

Navrer, *navréer*, blesser fortement.

Navreur, celui qui frappe, qui blesse.

Navreure, blessure, plaie.

Noel, ancien cri de joie, qui correspond au cri de vive l'empereur de nos jours.

O

Occir, *occere, occire, occiser, ocere, ochir, ochirre, ocir*, assommer, assassiner, tuer, massacrer.

Occis, tué, assassiné, massacré.

Occise, meurtre, assassinat, carnage, massacre.

Occisent, tuent, massacrent, assassinent

Oi, *oy* (j), j'entends, j'entendis, j'eus.

Olifant, *oliphant*, éléphant, cornet d'ivoire dont les écuyers des chevaliers se servaient dans les châteaux, pour attirer et défier l'ennemi.

Oncques, jamais, autrefois.

Ordalie, sous ce nom étaient comprises les différentes épreuves de l'eau, du feu, du duel, etc., qu'on faisait subir aux accusés. Dans les anciens missels, on trouve des messes pour ces *ordalies, ordalium*.

Ore, *ores*, à présent, maintenant.

Ormel, orme, ormeau.

Oy, entendu, ouï, écouté.

Oyez, *oiés*, écoutez, entendez.

Oyr, *ouer*, entendre, ouïr, écouter.

P

Pal, *paladel, pau*, pieu, piquet, gros bâton.

Paladin, héros, aventurier, chevalier qui cherchait des aventures.

Palefroi, cheval de parade, de cérémonie.

Pamoison, *pâme*, défaillance, état d'une personne pâmée.

Pas d'armes, lieu qu'un chevalier entreprenait de défendre, et qu'on ne pouvait traverser sans combattre ledit chevalier, qui, préalablement, avait attaché à un arbre ou à un pieu l'écusson de ses armes. Le téméraire qui voulait lui disputer le pas touchait l'écu du bout de sa lance ou de son épée, ensuite ils se battaient, et le vaincu donnait au vainqueur le prix dont on était convenu avant le combat.

Pennon, petite bande de drap qu'on mettait près du fer de la lance, et ensuite étendard, enseigne, bannière, plus particulièrement celle des bacheliers, et qu'on attachait également aux girouettes, soit des tours, soit des maisons, et au-dessus des tentes; le *pennon* différait de la bannière en ce que celle-ci était carrée et que l'autre était long.

Peoir, pouvoir, puissance, autorité, avoir de la puissance, du crédit de l'autorité.

Peor, *paor, peour*, effroi, peur, épouvante,

Peregriner, voyager, courir le pays étranger, aller en pèlerinage.

Pertuisane, *pertuiseigne*, sorte de hallebarde, composée d'une hampe et d'un fer large, aigu et tranchant, on s'en est servi jusqu'en 1670.

Piqueman, bâton garni d'un fer pointu.

Pistole, courte et légère arquebuse qu'on tenait d'une seule main, elle fut inventée à Pistoie, ville d'Italie, et c'est de là que lui vient son nom.

Pitéable, *pitoux, piteux*, pitoyable, miséricordieux, sensible, digne de pitié, digne de compassion, misérable, infortuné, dévot, compatissant.

Plaid, *plait*, querelle, dispute, débat, audience, lieu où l'on juge les procès.

PLÈBE, peuple, populace; *plebs*, en bas-bret., *pleiber*, *expression plebe*, expression basse, populaire, *plébéiens*, le peuple, la commune.

PLORÉIR, *plorer*, *ploureir*, *plourer*, pleurer, s'affliger.

PLOREUX, pleureur, qui pleure, lieu où l'on pleure.

POTE (homme ou terre de), qui était sujet à des servitudes, *main pote*, la main gauche.

POURSUIVANT, amoureux, aspirant à plaire.

POURSUIVANT D'ARMES, aspirant à la chevalerie.

POURPOINT, cotte d'armes.

POUVRE, indigent, misérable.

PREAU, petit pré.

PREINDRE, prendre.

PREINT, il prit.

PREUX, prudent, sage, courageux, hardi, vaillant, généreux.

PRINSE, prix.

PROUESSE, *proesce*, action d'éclat.

PRUD'HOMME, homme sage, prudent.

PRUD'HOMMIE, probité, prudence, sagesse.

Q

QUIDER, *cuider*, croire, soupçonner, estimer, penser, avoir doute.

QUIEZ, je cherche, je demande, pourrait, personne ne m'en pourrait priver.

R

RECOILLIR, recueillir, ramasser, récolter.

RECONFORTER, consoler, redonner des forces, rassurer.

RECLAIM, cri de guerre.

RECLAINS, plaintes, réclamation en justice.

RECREU, lâche, poltron, négligent, paresseux, lassé, fatigué.

REMENBRANCE, image, portrait, ressemblance, se dit aussi, mémoire, souvenir.

REMEMBRER, *membrer*, *rememorer*, se ressouvenir, se rappeler en mémoire.

REPOUS, caché, mis dans un lieu secret.

RUBESTE, fort, robuste, rude, âpre, sauvage.

RUDERIE, grossièreté, rudesse, impolitesse.

RUDIAIRE, gladiateur âgé, ancien, qui peut passer pour vétéran.

RUDOUR, rudesse, sévérité.

RUDOYR, rudoyer, traiter durement, avec sévérité et avec rigueur.

S

SENESTRE, main gauche.

SENESTREMENT, mal, gauchement, maladroitement, d'une façon désavantageuse, *parler senestrement*, médire, parler à tort et à travers.

SERVAGE, service, obéissance.

SERVANT, service, esclave.

SIMPLESSE, candeur, simplicité.

SI, employé quelquefois pour *ainsi*.

SIRE, maître, seigneur.

SOULAZ, *soulas*, plaisir, consolation.

SOUVENANCE, mémoire, souvenir.

T

TALOCHE, espèce de bouclier.

TENSON, *voyez* la note page 59.

TOLLER, *tolir*, *tollir*, ôter, enlever, ravir, usurper, effacer, exercer des concussions, annuler, anéantir, détruire.

TOLLU, enlever.

TOSTE, *tostée*, soufflet, coup de la main sur la joue.

TOURNOI, *tournoyement*, *tournéement*, *tournoiement*, joûte, combat à cheval à la lance.

TRAITEL. *traiteur, traitor*, lâche, perfide, traître.

TRAITOUR, *traitor*, traître, lâche, imposteur.

TRAIXON, trahison, lâcheté, imposture.

TRESPASSER, traverser.

TRESTOS, *tertout, trestout, trestoz*, tout, tous, en général, sans exception, tout-à-fait, entièrement, sans réserve.

TRIOMPHAMENT, glorieusement.

TROUBADOUR, poëte provençal.

TROUVÈRE, inventeur de contes, de fabliaux, de romans, gens qui allaient (ainsi que les troubadours) les débiter dans les châteaux. Les *trouvères* et non les *troubadours*, après avoir ouvert la carrière théâtrale, ont préparé les beaux jours de la littérature française.

U

UNG, un.

V

VAIR, fourrure dont les taches étaient si petites qu'on avait de la peine à distinguer laquelle des couleurs était la plus dominante.

VANTEUR, orgueilleux.

VASAL, *vassaus, vassaux, vassal, vassaulx, vasseuls*, sage, brave, courageux, intrépide, suivant plusieurs dictionnaires, qui se sont également trompés ; c'est, en général, un homme au-dessous d'un autre, qui lui est subordonné, un gentilhomme qui n'était point chevalier, un amant. En matière de fief, chacun sait que *vasal* ou *vassal*, était une personne qui possédait un fief, qui relevait d'un terre plus considérable par sa dignité, et qui, par cette raison, devait au seigneur suzerain et au grand feudataire des droits suivant les différentes coutumes, et principalement foi et hommage, ou serment de fidélité, pour ainsi dire comme un sujet à son maître.

VILAIN, *vilein*, serf, roturier, homme de main-morte, homme du peuple.

VILAIN, *vilainz, vilein*, au féminin *vileinne*, vil, abject méprisable.

VILAINIE, *vilanie, vilenie*, injure, outrage, insulte, mauvais traitement, affront.

VILANER, *vilainer*, injurier, outrager, insulter, battre, maltraiter, déshonorer.

VOIRE, vérité.

VOIREMENT, vraiment, certainement, assurément, mais, à propos.

FIN DE LA PREMIÈRE PARTIE.

HISTOIRE DE FRANCE

DANS SES RAPPORTS AVEC

L'ESCRIME ET LE DUEL.

ANALYSE RAISONNÉE

DE

L'HISTOIRE DE FRANCE

DANS SES RAPPORTS AVEC

L'ESCRIME ET LE DUEL.

DEUXIÈME PARTIE.

CHAPITRE PREMIER.

La Gaule avant la domination romaine. — Constitutions des Gaulois. — Conquête de la Gaule par Jules César. — Pendant cette domination.

§ 1er.

La Gaule considérée sous un point de vue général. — Confédération des peuples germains. — Origine du nom de Frank. — De la Gaule sous l'Empire. — Première expédition des Franks dans la Gaule. — Fameuse expédition sous Probus. — Bardit, ou chant guerrier des Franks. — Suite des invasions. — Les Franks sont mêlés aux affaires intérieures de l'État. — Leur passion pour la guerre et la chasse. — Éducation. — L'épée et la francisque.

La Gaule, habitée autrefois par la race belliqueuse des Celtes, des Galates et des Galls ou Gaulois, devint successivement l'empire des Franks, puis des Français. Les Gaulois, avant de se trouver mêlés avec les Franks, passèrent six siècles sous la domination de Rome. Cette soumission détruisit absolument leur existence politique, et leur fit presque abandonner leur langage.

La nation gauloise était une des plus nombreuses et des plus puissantes de l'antiquité. Son origine, confondue avec celle des Celtes, se perdait dans la nuit des temps. Elle était divisée en une multitude de grands et de petits Etats, la plupart indépendants les uns des autres, mais se réunissant souvent ou par esprit de conquête ou pour la défense commune. Chaque Etat était divisé en familles ou tribus. La nation forma alors une sorte de république fédérative dont les constitutions, fondées sur un même principe, celui de l'élection et de la volonté du plus grand nombre, variaient néanmoins suivant les circonstances et les localités (*). La paix ou la guerre se décidait dans les assemblées générales. Il y avait des rois, mais ils n'étaient, à proprement parler, que les chefs de l'armée. Les druides, prêtres du paganisme, qui demeuraient dans les bois où ils sacrifiaient des victimes humaines en l'honneur de leur dieu Teutatès (Mercure), exerçaient une grande influence sur l'esprit de

(*) CONSTITUTIONS DES GAULOIS.

On peut les réunir sous trois classes générales :

1° Gouvernement des *notables* et des prêtres formés en *sénat*, nommant un juge ou vergobret (homme pour le jugement) investi du droit de vie et de mort sur tous les citoyens. Ce qui contre-balançait cette dictature redoutable, c'est que le *vergobret* était annuel, qu'il ne pouvait pas sortir des limites de la cité ; qu'il ne devait avoir eu dans sa famille aucun *vergobret* encore vivant ; qu'aucun de ses proches ne devait siéger dans le sénat pendant la durée de sa charge ; enfin, qu'il y avait dans les circonstances importantes, un chef de guerre non moins puissant que lui et nommé par la multitude.

2° Gouvernement des *notables*, formés en sénat souverain, ou élisant des chefs civils ou militaires, temporaires ou à vie.

3° *Démocratie* pure, où le peuple, en corps, nommait soit des *sénats souverains*, soit des *magistrats* et des *rois*, et où la multitude conservait tout autant de droits sur le chef que le chef sur la multitude....

Tout le système politique de la Gaule reposait sur l'esprit d'association. De même que les individus clients se groupaient autour d'un patron, de petits Etats se déclaraient clients d'un Etat plus puissant et s'engageaient sous son patronage ; les Etats également puissants s'alliaient ensuite et se fédéraient entre eux. Des lois fédérales invariables et universellement reconnues réglaient les rapports de tous les Etats, grands ou petits, fixaient les services mutuels, déterminaient les droits et les devoirs.

Un peuple conquis par les armes devenait sujet et était enclavé comme tel dans les frontières du peuple conquérant ; il lui payait tribut, il en recevait des lois, et il lui fournissait des ôtages perpétuels en garantie de sa fidélité.

Au-dessus de la condition de sujet, était celle de client. Le peuple client reconnaissait le gouvernement du peuple qu'il avait choisi pour patron ; il ne prenait et ne déposait les armes que par son ordre ; il n'avait d'amis que ses amis, d'ennemis que ses ennemis. En retour, il exigeait de lui une protection entière au-dehors, et de grands ménagements dans les rapports d'administration intérieure. Les liens de la clientèle n'étaient pas indissolubles, et les Etats clients pouvaient, pour des raisons graves, abandonner un patron ou trop faible ou trop tyrannique.

la multitude, mais la principale autorité était dans le corps de l'État. Les villes se gouvernaient par elles-mêmes.

Le caractère belliqueux des Gaulois les engagea souvent à porter la guerre au-delà des bornes de leur patrie. « Nation, dit Strabon, irritable et folle de guerre, prompte au combat, intrépide à l'attaque, du reste simple et sans malignité. » Le génie de cette nation remuante n'est d'abord autre chose que mouvement, attaque et conquête. Peuple de guerre et de bruit, ils courent le monde l'épée à la main ; une partie de l'Italie est conquise par l'armée de Bellovèse. Vers l'an 580 avant J.-C, une autre armée pénètre au-delà du Rhin, et s'établit, sous les ordres de Ségovèse, dans cette partie de la Germanie connue depuis sous le nom de Bohême ou pays des Boïens. 300 ans après, les descendants de ces mêmes Boïens se jettent sur la Pannonie : Rome est prise et saccagée par Brennus ; le temple de Delphes est pillé, la Macédoine et la Dardanie sont ravagées par deux autres princes de ce même nom. La Grèce, la Thrace, l'Eolide, l'Eonie, la Propontide, et tout le pays qu'arrose le fleuve Halis, tombent aussi au pouvoir des Gaulois, et ne s'arrêtent qu'au centre de l'Asie-Mineure en formant le royaume des Galates. Mais, enfin, leur valeur audacieuse et sans discipline, doit

Deux peuples également puissants et placés au même rang de la hiérarchie fédérale, mettaient quelquefois en commun leurs intérêts, leurs lois, leur gouvernement ; ils devenaient *frères* (1), suivant l'expression consacrée ; c'était l'alliance la plus intime et la plus sainte. Des motifs d'une extrême gravité pouvaient seuls légitimer entre eux une rupture ; mais quelle que fût la dissidence de leurs opinions, au milieu de l'animosité des guerres civiles, ils n'oubliaient jamais que des liens sacrés les avaient jadis unis, et qu'ils avaient échangé le nom de frères.

Les petites confédérations se liaient entre elles le plus ordinairement par de simples traités offensifs et défensifs.

A des intervalles réglés, les cités de chaque confédération envoyaient des députés à une assemblée particulière qui s'occupait des affaires de la confédération. Des assemblées générales de toute la Gaule avaient lieu aussi en certaines circonstances, et toutes les cités, sans exception, devaient s'y faire représenter.

Chaque membre admis dans ces assemblées s'obligeait par serment à garder le plus profond silence sur les matières mises en délibération : l'indiscret et le traître eussent encouru un châtiment rigoureux.

Dans quelques cités, les magistrats étouffaient, par des précautions sévères, les rumeurs fausses ou imprudemment répandues qui auraient pu agiter la multitude. Tout voyageur ou étranger apportant d'un autre lieu des nouvelles qui intéressaient la cité, devait les déclarer d'abord aux magistrats, et, si le secret paraissait nécessaire, il lui était enjoint de le garder, sous des peines graves. — Amédée THIERRY (*Histoire des Gaules*).

(1) *Voyez* Fraternité d'armes, 1re partie, page 81.

succomber devant la savante tactique des légions romaines; l'Italie entière étant devenue la conquête du peuple romain, les Gaulois, divisés, durent s'attendre à bientôt éprouver le même sort. Tant qu'ils combattirent sous les mêmes étendards, tant qu'ils se rallièrent à la voix de la patrie, ils furent indomptables. Jules César paraît, il sait flatter les intérêts privés, trouve des traîtres, sème partout la division, entretient la discorde; ces peuples ne marchent qu'à la mort quand ils croient voler à la victoire. Les héroïques efforts de Vercingetorix sont impuissants; dans dix années, tout est soumis, et la patrie de Brennus, le vainqueur de Rome, devient une province romaine.

Réunie à la ville éternelle, la Gaule en partage la 'gloire et toutes les vicissitudes. Libre et heureuse sous Auguste, elle devint bientôt la plus belle partie de l'empire. Adoptant les arts, la religion, la langue et les mœurs de Rome, gouvernée par ses lois, s'enrichissant de ses colonies, elle parvint en peu d'années à un très haut degré de civilisation. Les vaincus sont confondus avec les vainqueurs. Les premières familles consulaires s'établissent dans les Gaules, et dès le temps même de Cicéron, un grand nombre de Gaulois sont admis dans le Sénat. De toutes parts il s'élève des villes florissantes : Narbonne, Arles, Lyon, Autun, Trèves, deviennent des cités immenses; Marseille est l'émule de Rome et d'Athènes, et Nîmes a la gloire de voir naître dans ses murs et de donner au trône du monde les deux Antonins.

Toutefois, vers l'année 241 de J.-C., sur les frontières septentrionales de la Gaule, dans la contrée bornée par le Mein, le Rhin, l'Océan et le Weser, s'était formé une ligue ou confédération de peuples germains, devenue bientôt célèbre sous le nom de *Franks*. Ce nom, qui signifie *libre*, fait suffisamment connaître le but de cette association, qui était de maintenir leur indépendance contre tout agresseur et de ne jamais reconnaître une domination étrangère. Les principales tribus qui étaient entrées dans la confédération, les Saliens, les Sicambres, les Bructères, les Ripuaires, les Kattes, les Chérusques, les Angrévariens, et d'autres encore, se réunissent contre les Romains, qui cherchaient toujours à étendre leurs frontières, passent le Rhin, et font une invasion dans la Gaule. Ils sont repoussés près de Mayence. Pour la première fois, le grand nom de Frank paraît dans l'histoire. Les soldats d'Aurélien, depuis empereur et alors tribun d'une légion gauloise, se dirigent vers les frontières orientales de l'Empire, en chantant : « Nous avons tué mille Franks, et mille Sarmates ; maintenant « nous chercherons mille, mille, mille Perses. »

Depuis cette époque jusqu'à leur établissement définitif dans la Gaule, ils passèrent souvent le Rhin. Ce fut ainsi que ces hordes barbares formèrent une puissance, qui, après deux cents ans de revers et de succès mélangés, anéantit celle de Rome dans les Gaules. Toujours en armes, souvents défaits, jamais soumis, leur histoire se lie à tous les événements de l'histoire militaire des Romains, soit qu'ils en deviennent pour un temps les auxiliaires, même les défenseurs, soit qu'ils restent leurs adversaires ; et on les voit, au milieu de tant de vicissitudes, conserver jusqu'à la fin leur humeur belliqueuse et indépendante, leur caractère indomptable et aventureux. Sont-ils obligés de céder devant la tactique et les forces des armes de l'Empire, leurs revers les rendent plus furieux, et, comme l'hydre aux têtes renaissantes, ils ne reparaissent jamais plus terribles qu'après leurs défaites.

La deuxième expédition eut lieu sous le règne de Gallien ; elle se termina par un traité avec leur chef, qui s'engagea à défendre les passages du Rhin. Ainsi, dès l'origine, on voit les Franks alliés à l'empire romain. Leur politique constante sera de s'interposer entre cet empire et les autres peuples barbares (an 255).

La troisième expédition eut lieu après la mort de l'usurpateur Posthumius. A cette époque, les tribus franques ayant pillé la Gaule, se jetèrent sur l'Espagne et dévastèrent Taragone (en 263). Quelques guerriers même, affrontant le détroit, allèrent jusqu'en Afrique. Pendant douze ans, les Franks furent la terreur de l'Espagne. Tétricus ayant succédé à Posthumius, beaucoup d'entre eux renforcèrent ses troupes. Aurélien, devenu empereur, se porte rapidement dans les Gaules pour y combattre Tétricus, le seul adversaire qui lui reste ; mais Tétricus, fatigué d'être l'esclave et le jouet de ses soldats, ne voit qu'un libérateur dans Aurélien, et lui écrit, en se l'appliquant, ce demi-vers de Virgile : « Homme invincible, délivre-moi de ces maux. » — Il fait plus, il se hâte d'abdiquer, passe avec son fils dans le camp d'Aurélien et lui livre son armée le jour où le succès d'une bataille pouvait le rendre le maître du monde. Le vainqueur, méprisant sa trahison, le fait servir, avec Zénobie, reine de Palmire, dont il avait été vainqueur, à l'ornement de son triomphe (en 273).

Une quatrième irruption eut lieu sous le règne de Tacite, en 277. Les Franks, les Bourguignons, les Vandales avaient franchi le Rhin, après la mort de Vespasien ; soixante-dix villes de la Gaule étaient tombées en leur pouvoir ; ils dévastaient les campagnes et les cités ; lorsque l'empereur Probus traverse les Alpes, à la tête de ses légions, entre dans les Gaules, défait les Franks en trois batailles, et les rejette au-delà du Rhin ; il fait construire ou réparer, en Germanie, du Rhin au Danube, une muraille de soixante lieues, afin de protéger la Gaule contre de nouvelles invasions. Par une barbarie digne de la férocité qu'il reprochait à ses ennemis, il encourage ses soldats au meurtre, en payant une pièce d'or pour chaque tête de Frank. Il saccage leur pays, leur tue quatre cent mille hommes, force le reste à lui livrer dix mille de leurs plus jeunes et de leurs plus vaillants soldats, qu'il incorpore dans ses troupes, et il traîne à sa suite, en rentrant dans les Gaules, une foule innombrable de captifs. Les Franks étaient les plus turbulants ; il croit les dompter en transportant une de leurs tribus à l'extrémité de l'Orient sur les bords du Pont-Euxin. Mais cette poignée de guerriers intrépides se révolte, brise ses fers, s'empare de quelques vaisseaux romains, traverse le Bosphore, la Propontide, l'Hellespont, ravage les côtes de la Grèce et de l'Asie-Mineure, saccage Syracuse, répand l'effroi sur les rivages de l'Afrique, et après avoir franchi le détroit de Cadix, affronte l'Océan, longe les bords de l'Espagne et de la Gaule, et, rentrant dans sa patrie par les bouches du Rhin, vient rallumer dans le cœur des Franks, par le récit de cette aventureuse expédition et au chant de leur bardit (*), l'ardeur des combats et la haine contre les Romains.

(*) BARDIT, OU CHANT GUERRIER DES FRANKS.

« Pourquoi t'enorgueillir de la victoire, ô Probus ! Les Franks sont tombés aux portes
« de l'honneur ; leurs blessures étaient par devant ; leurs visages de mort étaient terribles ;
« ceux qui leur survécurent, accablés par le nombre et fatigués de carnage, ont été vain-
« cus par la nature plus que par ton épée, orgueilleux César ! Redoutant leur aspect, tu
« les fis entraîner sur les bords de l'Euxin, et la barrière des mers put seule tranquilliser
« ton âme.

« Que deviendront ces guerriers abandonnés vers des plages lointaines ? Vont-ils périr,
« ces enfants des braves, sur une terre d'exil et d'oubli ? Non, ils vont étonner l'univers
« par leurs exploits ; déjà ils ont saisi des navires retenus au rivage ; ils se lancent avec
« leurs enfants et leurs compagnes sur les vagues de l'Hellespont et du Bosphore, et bien-
« tôt la Méditerranée accueille leur flotte aventurière.

« La rame et l'épée passent tour-à-tour dans leurs mains ; tantôt hardis matelots, ils
« font bouillonner l'onde sur les flancs des nefs rapides ; tantôt, valeureux combattants,
« ils s'élancent sur les rivages habités en poussant le cri de la guerre ; leur francisque fend
« les portes des villes, et, fiers du sang qui les couvre, ils rejoignent leurs navires.
« Leurs amantes les accompagnent, portant sur leurs têtes les boucliers de ces héros,
« chargés des trésors conquis comme de vastes corbeilles que remplissent les moissons de
« la guerre. O doux prix de la valeur ! La beauté jouit de nos exploits et mêle à des chants
« de triomphe les secrètes paroles de l'amour. C'est ainsi que nos frères parcourent les
« côtes de la Grèce et de l'Asie, et qu'ils paraissent devant la Sicile étonnée.

C'est à l'occasion de cette victoire que Probus écrivit une lettre au Sénat, dans laquelle on remarque le passage suivant :

« Je rends grâces aux dieux immortels, pères conscrits, de ce
« qu'ils ont confirmé le jugement que vous avez porté sur moi. J'ai
« soumis la province germanique dans toute son étendue ; neuf
« rois de différentes nations se sont jetés en suppliants à mes pieds,
« ou plutôt aux vôtres ; c'est pour vous que les Barbares vont labou-
« rer la terre ; c'est pour vous qu'ils s'armeront désormais. Remer-
« cions donc les dieux selon l'usage. Quatre cent mille ennemis sont
« tombés sous le fer romain, seize mille ont déposé les armes ; je
« leur ai repris soixante-dix villes. La Gaule est sauvée, et toutes
« ses cités m'ont offert des couronnes d'or. Je vous en fais hom-
« mage, pères conscrits, pour que vous les consacriez au grand
« Jupiter. »

Depuis la mort de Probus, en 282, les Franks, jusqu'en 286, ne firent pour ainsi dire qu'une expédition continue. Tandis que leurs

« Reine des champs siciliens, ô toi qui les domines d'un front noble et majestueux,
« ville antique et superbe, Syracuse ! Syracuse ! Tes palais sont plus beaux que les caba-
« nes des Sicambres ; mais les Sicambres sont maîtres de tes murs. Les vois-tu forcer tes
« ports ! Vois-tu s'agiter leurs panaches élevés ! Vois-tu briller les colliers d'or sur leur
« poitrine, plus blanche que l'écume des flots du Vahal ! hâte-toi donc d'acheter leur dé-
« part en déposant à leurs pieds ces vases célèbres et ces coupes ciselées avec art que tu
« réservais pour les jours de l'hyménée et le festin des funérailles, car tu es renommée
« par tes richesses, ô Syracuse ! Syracuse !

« Les Franks quittent la Sicile et tournent leurs proues vers l'Afrique ; ils descendent
« près de Carthage ; à leur approche, du milieu des ruines s'élève un nuage d'oiseaux de
« proie qui demandent du sang aux maîtres de l'épée.

« Montagnes de Calpé et d'Abyla, détroit de Gaditan, qu'un demi-dieu ne peut franchir,
« nos héros s'élancent vers vous, et déjà ils voient l'Océan périlleux bondir avec fureur.
« Chaque vague ressemble à un monstre marin mugissant autour de nos vaisseaux, prêt
« de les engloutir. Sans crainte à la vue du péril, on croirait les Franks sur l'onde fami-
« lière du fleuve accoutumé ; ils dédaignent les clameurs de la tempête, sourient à la rage
« des flots, et sifflent un air de l'enfance au milieu des noirs écueils.

« Ces vaillants hommes cotoient l'Ibérie et les Gaules, accumulant toujours sur leurs
« poupes surchargées les dépouilles des peuples vaincus ; ils pénètrent dans le canal bri-
« tannique, et terminent enfin leur course immortelle : ils reviennent par la Batavie sur le
« sol natal.

« La patrie, qui les crut perdus, reconnaît de loin ses enfants à leurs marques de gloire ;
« elle a fait un signe : soudain cent bardes célèbrent leurs exploits ; la douce liqueur, com-
« posée du suc des fleurs, écume dans la corne d'urus, et les flambeaux résineux éclai-
« rent la fête du retour. »

Tels étaient les exploits que les bardes rappelaient dans leurs chants rémunérateurs, quand les guerriers allaient à l'ennemi.

troupes ravagent les bords du Rhin, leurs pirates désolent les côtes de la Gaule.

Maximien voulut les repousser. Afin de mieux les contenir, il forma sur les côtes du détroit des Gaules une grande station maritime, dont il donna le commandement à Caurausius, ménapien d'origine ; mais ce dernier, loin d'arrêter les brigandages des Franks et des Saxons qui les imitaient, se révolta. Ligué avec eux, il s'empare de Boulogne et de la Grande-Bretagne, s'y fait proclamer empereur en 287, et reste pendant sept ans maître de cette île.

Maximien, qui avait pu juger par lui-même de la valeur de ce peuple, prit alors à sa solde divers corps de ces guerriers, avec le titre de *læti* ou suivants. Atech (en 288) commandait, en ce temps-là, aux Franks entre le Rhin et l'Escaut. Génaubaude était en outre roi des Franks, que Maximien rétablit.

Constance Chlore eut aussi à combattre les Franks, surtout ceux qui s'étaient établis entre le Rhin et l'Escaut, et les bandes de la Grande-Bretagne. Il transporte dans les environs dépeuplés de Beauvais, d'Amiens, de Troyes et de Langres, un grand nombre de Chamaves prisonniers. Ces Chamaves, établis dans de bonnes terres, devaient prendre les armes au premier appel, et marcher avec les troupes de l'empire.

Constance, en mourant (en 306), avait déclaré Constantin son successeur. Maxence, fils de l'empereur Maximien, s'était fait déclarer Auguste, et se tenait renfermé dans Rome, qu'il opprimait, refuse de s'accommoder avec Constantin. Celui-ci, qui méditait déjà d'embrasser le christianisme, marche contre son rival, voit dans les airs, au-dessus du soleil, une croix lumineuse avec cette inscription : *In hoc signo vinces* (tu vaincras par ce signe), la fait représenter sur l'enseigne romaine appelée *labarum*, bat trois fois Maxence, qui se noie dans le Tibre, entre en triomphe à Rome (en 312). Constantin, par cette victoire, devient maître de l'Italie et de l'Afrique ; il embrasse le christianisme, qui devient la religion de l'empire romain (en 325).

Son ambition et sa facilité à se laisser prévenir lui firent commettre de grandes fautes ; il ordonna la mort de Crispus son fils, de sa propre femme, et de plusieurs autres victimes, parmi lesquelles on regretta particulièrement Licinius, enfant de douze ans.

Cette conduite barbare le fit détester des Romains ; il quitta Rome et fixa sa demeure à Bysance (en 329). Placée sur la mer Noire, dans la situation la plus avantageuse de l'univers, qu'il reconstruisit en dix ans, sur le modèle de l'ancienne Rome, après l'avoir

agrandie et après l'avoir ornée de superbes édifices. — La dédicace
en fut faite en 332.

La fondation d'une seconde Rome donna lieu à Constantin de
diviser ses Etats en deux empires, l'un d'Orient et l'autre d'Occident. Le premier contenait tout le pays compris depuis le Danube
jusqu'aux extrémités de l'Egypte, et depuis le golfe Adriatique jusqu'aux frontières de la Perse. Le reste des possessions romaines
formait l'empire d'Occident.

Les Franks, comme tous les autres Germains, ne se croyaient
plus engagés quand le prince avec lequel ils avaient traité mourait. Ils recommencèrent donc leurs invasions à la mort de Constance.

Cette manière d'agir excita contre les Franks la colère des empereurs romains; Constantin Ier, fils de Constance Chlore, les battit en
307, fit prisonniers leurs rois Aslarich et Radagaise, lesquels furent
exposés dans les arènes de Trèves. En mémoire de cette victoire
signalée, Constantin institua des jeux publics, appelés *ludi francici*
(jeux franks), qui se célébraient annuellement pendant six jours.
Dès-lors, une inimitié terrible s'alluma entre les impériaux et les
Franks orientaux ou Ripuaires; car les Franks occidentaux ou Saliens restaient neutres, gardant la foi des traités.

Les premiers essayèrent quatre invasions, qui furent repoussées
(310, 311, 313, 320).

Quoi qu'il en soit, les armes de Constantin-le-Grand, les menaces
de Constantin II, son fils (en 341), ne les continrent pas longtemps.
Les conjonctures augmentèrent l'avidité et la hardiesse des Franks.
Y avait-il plusieurs tyrans qui aspirassent à l'empire d'Orient,
les Franks vendaient leurs secours à celui qui leur donnait le plus,
et changeaient de parti autant de fois qu'il y avait quelque avantage
à espérer. Cependant, ces fiers courages que l'adversité ne pouvait
ni abattre ni fléchir, cédèrent à un trait de générosité. L'empereur
Julien (en 360), qui leur fit longtemps la guerre, parvint à les réduire à une telle extrémité, qu'ils vinrent lui demander la paix.
Pour première condition, le vainqueur exigea le fils de leur roi
pour ôtage. Ce malheureux père se rend lui-même avec confiance
auprès de Julien, et se présentant à lui les larmes aux yeux : « Tu me
« demandes mon fils pour ôtage, dit-il, hélas ! je n'en avais qu'un,
« et il a péri dans le premier combat que je t'ai livré. » Julien, touché, fait paraître aussitôt un jeune captif : « Voilà cet enfant que tu
« pleures comme mort; tombé en mon pouvoir, il a reçu par mes
« soins une éducation digne de sa naissance et de son rang. Je te
« le rends aujourd'hui. Puisse ce don servir de garantie à la paix

« que je t'accorde, et devenir le lien d'une amitié durable entre les
« Romains et les Franks ! »

Cette espérance ne fut point trompée ; ces peuples tous fiers et
tous sauvages qu'ils étaient, se montrèrent sensibles à cette noble
magnanimité, et restèrent les alliés fidèles de Julien et de son successeur. Ils les aidèrent à repousser les Bourguignons et les autres
Barbares du Nord, et devinrent le boulevard d'un empire dont ils
étaient naguère l'effroi.

Déjà ceux que Probus avait enrôlés dans son armée, et d'autres à
qui Maximien Hercule avait accordé des terres sur la rive gauche
du Rhin, avaient pris du service dans les troupes romaines. Dès ce
moment, ils remplirent les camps et même la cour des empereurs.
Les Romains, qui les craignaient, appréciaient cependant leur valeur et leurs brillantes qualités, et l'on vit des capitaines franks
commander les armées de l'empire et la garde impériale elle-même,
et occuper à la cour les places les plus importantes et les premières
dignités. La fierté du grand Constantin ne crut pas s'abaisser en
changeant en leur faveur une des lois de la république et de l'empire, par laquelle il était défendu aux Romains d'épouser une femme
étrangère ; il excepta formellement les filles des Franks de cette
disposition, et ce décret était conservé gravé sur une table de
pierre dans l'église de Sainte-Sophie, d'après le rapport de Constantin Porphirogénète, empereur grec et auteur d'un livre intitulé
De l'administration de l'Empire, dans lequel on trouve un passage
curieux qui prouve la considération dont les Franks jouissaient
chez les Romains :

« Quelqu'une des nations infidèles et méprisables du Nord re-
« cherche-t-elle l'alliance d'un empereur romain, demande-t-elle
« en mariage sa fille, sa veuve ou celle de son fils, on rejette sa
« proposition absurde en disant : *Nous avons une loi formelle, un*
« *réglement inviolable qui s'y opposent.* Cette loi a été faite par le
« grand et saint empereur Constantin ; elle est gravée sur la table
« sacrée de l'église de Sainte-Sophie ; elle défend aux empereurs
« romains de contracter une alliance avec les peuples dont les
« mœurs sont en opposition avec les constitutions de l'empire ro-
« main. La défense est encore plus expresse s'il s'agit d'un peuple
« dont le culte est différent, et qui surtout n'ait pas reçu le bap-
« tème, à moins que ce ne soient les Franks. Constantin a fait une
« exception en leur faveur, parce qu'il était originaire du même
« pays qu'eux, et qu'il avait égard à l'affinité, à la liaison étroite
« qui subsiste entre les Franks et les Romains. Les Franks sont
« donc les seuls avec lesquels il est permis aux empereurs romains

« de contracter des alliances. C'est un avantage *dû au lustre*
« *éclatant, à la haute noblesse qui distingue depuis longtemps*
« *cette nation.* Un empereur n'a pas le pouvoir de s'allier à tout
« autre peuple, etc. »

Bientôt après, Constantinople vit la fille d'un Frank assise sur
le trône du successeur de Théodose, dont un général de la même
nation commandait en chef les armées.

Les auteurs de cette époque ne parlent qu'avec un étonnement
mêlé d'admiration de ces hommes, naguère sauvages, qui appa-
raissent tout-à-coup au milieu de la civilisation de Constantinople ;
ils ne peuvent contenir leur surprise en dépeignant leur stature,
leur extérieur belliqueux et étrange, leurs mœurs et leur caractère indépendant.

En effet, les Franks, appelés aux premières dignités de l'Empire,
et tout en éblouissant les courtisans jaloux de l'appareil de leurs
richesses et de leur faste guerrier, conservaient néanmoins, au
milieu du luxe et de la mollesse de la cour impériale, leur âpre
énergie. On les voyait dans les palais, les cirques et les places publiques, se distinguer de la foule par leur démarche, leur langage,
et la singularité de leur costume national ; ils se polirent et s'éclai-
rèrent pourtant dans le commerce avec ce que Rome et Constantinople renfermaient d'hommes savants et illustres. Ils surent se préserver en même temps de la lâcheté et de la corruption, générales
alors dans ces cours dépravées. L'histoire nous en a conservé la
preuve dans un discours d'un général frank, où respire à la fois une
noble audace, une mâle franchise et un mélange d'urbanité romaine.

Les courtisans de Constance, jaloux de la gloire et de la faveur
de Sylvain, frank d'origine, et dont la valeur venait de sauver
l'État, tramèrent sa perte. Deux de ses compatriotes, Malaric et
Mellobaude, qui commandaient la garde impériale, s'empressèrent
de prendre sa défense.

« Il est indigne, disait Malaric, d'avilir par l'imposture un homme
« d'honneur qui a sauvé l'Empire. Je propose à César d'aller cher-
« cher moi-même mon illustre ami ; il viendra, n'en doutez pas,
« confondre ses calomniateurs. Je laisse à l'empereur ma femme et
« mes enfants pour ôtages ; ou, si l'on veut charger Mellobaude
« de cette mission, j'offre ma tête ou ma liberté pour caution de
« l'innocence de Sylvain. »

Ces éloquentes et généreuses paroles furent étouffées au milieu
des intrigues d'une cour qui ne conservait pas même assez de vertu
pour en comprendre la grandeur ; et la mort de Sylvain, en
irritant les Franks, exposa de nouveau la Gaule à leurs ravages.

14

Tant que les Franks demeurèrent au-delà du Rhin, ils s'embarrassèrent fort peu de cultiver la terre ; d'autres peuples, ainsi qu'il en sera parlé plus loin, semaient pour eux ; ils tombaient à main armée sur leurs voisins et ne se retiraient qu'avec d'abondantes récoltes ; ce n'était guère qu'à la pointe de l'épée qu'ils acquerraient quelques richesses. Leurs habitations étaient sur les bords de vastes forêts, et assez ordinairement auprès de quelque marais, derrière lesquels ils se retiraient si un ennemi trop puissant venait les attaquer. Leurs maisons, ou plutôt leurs cabanes, bâties sans art et dispersées sans aucun ordre, composaient leurs villages, et ces villages formaient différents cantons ; chaque canton avait un chef qui se faisait reconnaître par une longue chevelure : c'était la marque distinctive du commandement.

La guerre et la chasse étaient les seules occupations des Franks ; leurs troupeaux et les esclaves qui en avaient soin faisaient toutes leurs richesses. L'empire romain, qui craignait leur valeur farouche, tenta de les civiliser pour les amollir ; après avoir obtenu par hasard quelque avantage sur eux, il put exiger qu'ils se soumissent à cultiver la terre. Il voulut les attacher au pays qu'ils habitaient, pour les forcer à aimer le repos ; mais dès que leurs forces furent réparées, ils regardèrent cette loi comme un affront, continuèrent à croire que tout appartient aux plus braves et aux plus forts, et qu'il ne convient qu'à des lâches de ne pas conquérir leurs subsistances. Les Gaules, qu'ils regardèrent comme un pays ennemi, parce qu'elles leur offraient un riche butin, furent continuellement pillées, ou obligées de se racheter du pillage en achetant la paix par des traités qui étaient bientôt violés. Comment les Franks auraient-ils soupçonné qu'il pût y avoir un droit des gens, que deux nations voisines eussent des devoirs réciproques à remplir, et qu'il leur importait de respecter la foi des traités ? A peine savaient-ils qu'ils étaient citoyens et qu'ils formaient une société.

En effet, au lieu de lois ils n'avaient pour toute règle que des coutumes grossières conservées par tradition, et dont un père instruisait ses enfants, en leur apprenant à se servir de son épée et de sa *francisque*. On les accoutumait à tout oser et à tout attendre de leur courage. Quelque soldat distingué par sa valeur ou son expérience formait-il une entreprise hasardeuse, il devenait le capitaine de tous ceux à qui il avait communiqué son audace et ses espérances, et l'on vit souvent de ces bandes d'aventuriers se séparer de leur nation, infester les mers, piller, ainsi que nous l'avons dit plus haut, des provinces d'Espagne et d'Italie, et porter leurs ravages jusques sur les côtes mêmes de l'Asie-Mineure. Chaque famille formait en quelque sorte une république séparée, qui avait ses intérêts particuliers, et qui, se réunissant pour venger les injures ou les dommages faits à quelqu'un de ses membres, se faisait elle-même justice par la voie des armes. Cet état de guerre empêchait qu'il ne se formât parmi les Franks les liens les plus nécessaires à l'ordre de la société ; et leurs querelles particulières les auraient infailliblement ruinés, si les maux mêmes qu'elles produisaient ne les eussent forcés de se plier à une sorte de police favorable aux faibles, et qui peint encore mieux que tout le reste leur ignorance et la barbarie de leurs mœurs.

Au quatrième siècle, les ligues des peuples germains sous le nom de Franks et d'Allemands, devinrent plus fortes et plus menaçantes : presque toujours en lutte avec l'Empire, quelquefois vaincus, mais jamais domptés, ces peuples ne cessèrent de poursuivre le dessein qu'ils avaient formé de s'emparer des Gaules à la faveur des guerres qui occupaient les armées de l'Empire.

Les Romains, attaqués par les Perses, le Scythes, les Goths, les Vandales, avaient divisé l'Empire entre plusieurs princes dont chacun était chargé de la défense d'une partie des frontières.

Quelques tribus franques avaient même fait alliance avec l'empereur et s'étaient établies sur les terres qu'il leur avait accordées, au nord de la Gaule, à condition d'en défendre la frontière ; dès-lors, les incursions germaniques s'arrêtèrent, jusqu'à la fin du règne du grand Théodose.

Cependant, en 388, trois chefs franks, Génobald, Markhomer et Sunnon, passèrent le Rhin ; ils défirent les légions romaines envoyées contre eux à Nuys.

Un peu plus tard, se place la guerre entre l'usurpateur Eugène, soutenu par Arbogard et les Franks, et Théodose-le-Grand ; ce dernier fut vainqueur. Cette victoire termine l'histoire des Franks avant la division de l'empire romain en empire d'Orient et d'Occident, et avant leur établissement définitif dans la Gaule.

§ 2.

Suite des expéditions des Franks en Gaule jusqu'à Théodose-le-Grand. — Manière dont les Franks faisaient leurs récoltes. — Ils se réunissent pour ne former qu'une nation. — Princes antérieurs à Pharamond. — Génaubaude, Atech, Aslarich, Radagaise, Mellobaude, Théodemir, Priam, Markhomer, Sunnon.

A la mort de l'empereur Théodose (en 395), et suivant ses dernières volontés, ses deux fils Arcadius et Honorius lui succèdent.

Arcadius régna à Constantinople, sous la tutelle de Rufin ; Honorius reste à Milan, sous celle de Stilicon. Ces deux ministres étaient jaloux l'un de l'autre. Leur rivalité fit sortir les Visigoths de leurs cantonnements des deux Moésies. Sous la conduite d'Alaric, qui reçut d'eux le titre de roi, ils se précipitèrent sur les provinces de l'empire d'Occident, et ravagèrent l'Italie, dont Stilicon les repoussa, moitié par les armes, moitié par politique. Il fait la paix avec les Franks ; Markhomer et Sunnon, chefs Franks, se soumettent.

En 399, les Allemands et les Franks recommencent la guerre et mettent la Gaule dans le plus grand danger. Ils détruisent, par le feu, Trèves et son cirque. Markhomer excite le mécontentement ou la défiance de Stilicon, qui le fait arrêter et conduire en exil, en Toscane. Sunnon veut prendre les armes pour venger son collègue ; il est assassiné par les siens.

Toutefois, Stilicon, à la vue du déchirement prochain qui menaçait l'Empire, eut recours au dangereux moyen d'acheter son repos de quelques-uns des farouches ennemis que les faibles enfants de Théodose n'avaient pas le courage de combattre. Il paya fort cher l'alliance des Franks. Ce peuple remplit ses engagements avec une scrupuleuse fidélité, tant que les empereurs tinrent leur promesse ; mais les désordres des finances amenant le retard des tributs, les courses recommencèrent.

Dès ce jour, les Gaules excitèrent les désirs d'un peuple belliqueux, qui ne prononçait qu'avait mépris le mot de paix ; à qui toute autre profession que celle des armes paraissait triste et même avilissante, et qui joignait l'amour du pillage à celui des plaisirs. Ce fut bientôt le fer à la main, que sa jeunesse fit ses récoltes qui fournissaient aux besoins de la peuplade entière. Les incursions, toujours rapides, se renouvelaient dès que les provisions, prêtes à finir, annonçaient la nécessité de s'arracher du sein du repos et des jouissances. Quelques partis éprouvaient-ils des échecs, d'autres revenaient, sans que la fierté nationale parût jamais abattue par les revers.

Au moment où ces événements se passaient, les Franks, divisés en différents peuples, se réunissent pour ne former qu'une nation, sous un même chef ; ils nomment Théodemir, fils d'Aschila et de Ricimer, consul romain.

Il fallait d'abord que les Franks en vinsent au point de renoncer à cette dangereuse multiplicité de chefs sans pouvoir, qui commandaient dans les nombreuses tribus de leur ligue ; il fallut qu'ils reconnussent la nécessité de n'avoir qu'un seul roi.

Il fallut ensuite que ces rois, devenus puissants par la concentration du commandement militaire, tentassent tour à tour, de fréquentes expéditions à travers les Gaules, afin que le jour arrivât où l'un d'entre eux recueillant le fruit de leurs longs efforts, réussît enfin à s'arrêter stable et inexpugnable dans ces provinces, et à y asseoir, au lieu d'un camp, un empire.

Pharamond, Clodion, Mérovée et Childéric sont des princes dont le règne occupe l'intervalle de ces trois époques. Pharamond marque la première, ses trois successeurs, la seconde. La dernière ne vint qu'après eux.

Avant eux, il y eut bien d'autres rois. Mais lequels, mais combien? mais comment élus, et dans quels lieux établis? L'histoire ne l'a jamais su, ou l'a oublié. Quelques noms à peine percent ces ténèbres: Génaubaude, que Maxime remit sur le trône; Atech, à qui le même empereur accorda la paix; Aslarich et Radagaise, que surprit Constantin-le-Grand, et que ce prince, qui les appelait barbares, fit barbarement exposer aux bêtes, dans l'amphithéâtre de Trèves; Mellobaude, que défit et tua Macrin, roi des Allemands; Théodemir, que Castinus, après avoir triomphé, fit mettre à mort, avec sa mère Aschila; Priam, père de Sunnon, et Markhomer, qui fut tué dans une bataille perdue contre Andragathe; Sunnon qui périt de la main même des Franks; Markhomer, enfin, qui, vaincu par Stilicon, alla mourir en Toscane, et de qui était né Pharamond.

Pharamond fut roi; c'est toute son histoire. La nation entière subit son autorité; mais il ne pénétra point dans les Gaules. C'était assez pour lui de s'asseoir et de s'affermir.

§ 3.

Aperçu sur les causes de la décadence de l'empire romain. — Despotisme impérial. — Les Antonins essayèrent en vain de réhabiliter la vertu. — Politique de Constantin. — L'avilissement. — Impôts excessifs. — Terre abandonnée par son possesseur. — Effroyable tyrannie. — Les Gaulois cherchent à s'affranchir de cette tyrannie.

L'empire romain avait recouvré, sous Théodose-le-Grand, sa grandeur et son unité; mais la mort de ce prince le laissa retomber dans une décadence ou plutôt une dissolution qui ne devait plus s'arrêter ni se ralentir jusqu'à la chute de Rome. Cette crise fut amenée par le concours et l'action commune de causes permanentes et de circonstances accidentelles. Il importe donc de reporter nos regards en arrière pour étudier, d'une part, les principes antérieurs de ruine qui préparèrent la grande catastrophe de l'empire, et les causes étrangères qui la terminèrent ; d'autre part, le théâtre où s'engagea la lutte des Romains avec les Barbares, et les contrées d'où étaient sortis les agresseurs. Ce tableau parallèle, en exposant la dégradation des uns, les vertus guerrières des autres, expliquera d'avance la chute de Rome et le succès de l'invasion germanique.

Le despotisme impérial, né du sein de l'anarchie politique et du pouvoir militaire, conservait les caractères de sa double origine : la corruption et la violence. Aucune institution civile ou religieuse ne tendait à mettre les sentiments romains en harmonie avec la forme du gouvernement qui avait succédé à la République, ni à leur donner les vertus tranquilles de la Monarchie. L'obéissance était devenue servile et la résistance légale périlleuse. Le Sénat, résigné à l'opprobre, s'était fait un instinct de servitude et de bassesse, et ce corps, dépouillé de ses anciennes prérogatives, ne servait plus qu'à donner une couleur légitime aux caprices de la tyrannie et aux excès de la soldatesque.

Les Antonins essayèrent en vain de réhabiliter la vertu. La faveur de ces princes produisit au grand jour des citoyens honorables et fit éclore quelques beaux génies ; mais ni leur suffrage, ni leur exemple, ne purent faire revivre dans les cœurs le sentiment du devoir et le respect de soi-même. La populace, descendue au dernier degré d'avilissement, ne demandait plus à ses maîtres que du pain et des jeux, et, dans les rangs élevés, la philosophie d'Epicure, vainement combattue par celle de Zénon, avait flétri toutes les âmes. Impuissante auxiliaire de la morale, la vieille religion de l'empire n'avait conservé que les honteux exemples de ses dieux et la licence de ses fêtes publiques. Conseillère de vices pour les uns, objet de mépris pour les autres, elle se trouvait désormais sans appui et tombait en ruines de toutes parts.

A Rome, le patriotisme avait fait place à l'indifférence du bien public, et les déclamations puériles ou adulatoires des rhéteurs y tenaient lieu des nobles débats du Forum ; dans les camps, les liens de la discipline, respectés par les subalternes, étaient chaque jour enfreints par les généraux. La garde prétorienne et les légions de la frontière se disputaient l'honneur de disposer du trône, et le Sénat approuvait toujours le choix du plus fort ou du plus prompt. Les usurpations étaient d'autant plus fréquentes, que la succession impériale n'avait été réglée ni par une loi fondamentale ni par une coutume constante. L'Empire était au plus offrant, et Rome, livrée à la garde des troupes étrangères, recevait, toujours avec un égal enthousiasme, des Césars de toute origine et de toute nation.

Constantin entreprit de constituer une monarchie régulière et de la mettre à l'abri de l'insubordination militaire. Mais ce grand homme, qui mérita si bien de l'humanité en proclamant la victoire du christianisme, arriva trop tard pour réformer avec succès la constitution de l'État, et la sagesse même de ses mesures tourna à la ruine de l'Empire. Effrayé de l'indiscipline des soldats et de l'ambition des chefs, il sépara l'autorité civile du pouvoir militaire, cassa la garde prétorienne, et dispersa dans l'intérieur des provinces les armées préposées à la garde des frontières. Mais, en voulant prévenir la rébellion, sa politique, à bon droit défiante, ouvrit l'entrée de l'empire aux Barbares, et la translation du siége impérial à Byzance, en 329, prépara la division du monde romain en deux monarchies.

Cette grande innovation politique eut lieu à l'avénement de Valens, en 364, et devint permanente après la mort de Théodose-le-Grand, en 395. Dans l'intervalle de ces deux partages, il éclata, dans le nord de l'Europe, à la suite de l'arrivée des Huns, une commotion violente qui rapprocha les hordes sauvages de l'Asie des tribus barbares de la Germanie, et rompit les barrières qui séparaient la barbarie de la civilisation, les nations idolâtres des nations chrétiennes. — Des Michels.

La pourpre impériale s'avilit de plus en plus sous les règnes d'Anthémius et d'Olybrius. Augustule est chassé par Odoacre, roi des Hérules, qui se fait proclamer roi d'Italie. L'univers étonné voit s'éteindre la plus grande nation de l'antiquité : l'ancienne Rome, attaquée par le génie du christianisme et la vengeance des Barbares, les derniers Romains se retirent à Constantinople, où ils finissent, au xi⁰ siècle, par se fondre dans la nation grecque.

D'un autre côté, pendant la durée de l'Empire, les impôts furent toujours excessifs, les exactions des gouverneurs et les rapines des agents du fisc accablèrent les peuples ; mais, vers le iv⁰ siècle surtout, le despotisme des empereurs ne connaissant plus de frein, ne respectant plus les lois, les cités furent soumises à tout ce que l'arbitraire et la violence purent imaginer pour extorquer de l'argent.

D'abord les impôts étaient payés par tout homme libre, depuis quatorze ans jusqu'à soixante-cinq ; puis, les empereurs ayant accordé des dispenses, des priviléges à toute la classe aristocratique, il en résulta que les curiales seules payèrent l'impôt. Ils étaient chargés de le répartir et de le percevoir, et, en cas de non recouvrement leurs biens étaient responsables. Traquée et dépouillée par le fisc, la classe des curiales disparut peu à peu ; les propriétaires se sauvaient chez les Barbares, se faisaient colons ou esclaves, abandonnant leurs

terres. « Le monde, dit Le Huërou, fut témoin alors d'un étrange
« spectacle. La terre, pour la première fois, se vit répudiée par son
« possesseur, et ce fut à qui ne posséderait rien, pour n'avoir rien
« à payer. » Les terres devinrent désertes, sans culture. L'or et
l'argent de la Gaule passaient à Rome. Les esclaves ou bagaudes se
révoltaient de toutes parts et commettaient en répressailles, les
plus affreuses violences. C'est là que se trouvent les vraies causes
de la décadence et de la chute de l'Empire. La tyrannie effroyable
des empereurs et du fisc, la corruption inouïe des mœurs, avaient
ruiné l'édifice d'Auguste, lorsque les Barbares s'en emparèrent.

A plusieurs reprises, la Gaule chercha à s'affranchir de la tyrannie des empereurs romains ; à l'époque des trente tyrans (au IIIe siècle), Posthumius et Tétricus furent de vrais empereurs des Gaules.
Retombée sous le joug de Rome, la Gaule accepta son sort, et attendit le moment de la délivrance. Ce moment arriva à la chute de
l'Empire. Mais quelle délivrance ! Les Barbares à la place du fisc...

CHAPITRE II.

Histoire sommaire de la Gaule et principalement des Franks, depuis l'établissement des Barbares jusqu'à l'avénement de Mérovée.

§ 1er.

Commencement du cinquième siècle. — Terrible invasion des Barbares. — **Lettre de saint
Augustin.** — Les Franks moins barbares que les autres peuplades. — **Elégant costume.**
— Quel était le but des Franks en faisant la guerre. — Armes, manière de combattre,
mœurs, usages. — Alaric, roi des Goths. — Siége de Rome. — Destruction, meurtre,
incendie, description.

Au commencement du cinquième siècle, quand les peuples du
Nord vinrent fondre sur l'empire romain, la Gaule fut une des premières provinces exposées à l'invasion des Barbares. Les uns, tels
que les Vandales, les Suisses, les Alains, les Suèves, les Gépides,
l'avaient ravagée, en passant, en allant s'établir en Espagne et même
en Afrique ; les autres, tels que les Goths, les Bourguignons et les
Franks, s'y fixèrent et y fondèrent des royaumes.

Avant de raconter quels événements furent la conséquence de
cette terrible invasion, il convient de dire quelque chose de ces

peuples nouveaux venant renverser la civilisation antique et fonder, par le mélange de leurs mœurs avec les lois et les habitudes romaines, une civilisation qui, pénétrée par les principes féconds du christianisme, devait placer l'humanité dans une voie d'amélioration et de perfectionnement.

Pendant six ans, de 406 à 412, les Gaules furent le théâtre du pillage et de la dévastation. Voici en quels termes saint Augustin parle de la désolation de cette contrée malheureuse : « Des nations « féroces et innombrables, dit-il, ont occupé toutes les Gaules ; tout « ce qui se trouve entre les Alpes et les Pyrénées, entre l'Océan « et le Rhin est dévasté par le Quade, le Vandale, le Sarmate, « l'Alain, le Gépide, l'Hérule, le Saxon, le Bourguignon, l'Allemand, « et le Panonien lui-même, qui, pour le malheur de la république, « est aussi devenu ennemi. Les châteaux bâtis sur les rochers, les « bourgades situées sur les plus hautes montagnes, les villes envi- « ronnées de rivières n'ont pu garantir les habitants de la fureur « de ces Barbares, et l'on a été partout exposé aux dernières ex- « trémités. Mayence, autrefois ville illustre, a été prise et détruite ; « plusieurs milliers d'hommes y ont été massacrés dans l'église. « Worms a été ruinée par un long siége ; la puissante ville de « Rheims, Amiens, Arras, Thérouane, situées à l'extrémité des Gau- « les ; Tournay, Spire, Strasbourg, ont vu tous les habitants trans- « portés dans la Germanie. Tout est ravagé dans les Aquitaines, la « Novempopulanie, les Lyonnaises et Narbonnaises, à la réserve « d'un petit nombre de villes que le glaive menace au-dehors et « que la faim tourmente au-dedans. Je ne puis sans verser des « larmes parler de Toulouse. Si cette ville n'est pas encore prise, « c'est aux vertus et à la prière de son saint évêque Exupère qu'elle « le doit. L'Espagne est dans la consternation, et se sent à la veille « de sa perte. »

Sortis par masses des forêts de la Franconie et de la Germanie, aux terres incultes, au climat âpre et rigoureux, ils se répandirent d'abord dans la Belgique, la Gaule, puis, franchissant les monts des Alpes, ils allèrent porter la terreur et la dévastation dans les riches provinces du Latium et de la Campanie. L'imagination de ces peuplades fut frappée tout d'abord par cette imposante civilisation : à la vue de ces richesses, de ce luxe qui leur étaient inconnus, de la législation romaine, et du culte majestueux des chrétiens, leur première pensée fut de tout détruire. Alaric, roi des Goths, marchant sur Rome, disait : Ce n'est pas ma volonté qui me conduit, j'entends sans cesse à mes oreilles une voix qui me crie : Marche, Alaric, et va saccager cette capitale. Et le premier mot d'Attila, en entrant dans les fertiles vallées 'que fécondent le Pô, le Tésin et l'Adda, fut celui-ci : *L'herbe ne doit plus croître partout où elle aura été foulée par mon cheval.*

Mais bientôt la fureur de ces hordes sauvages se ralentit ; après avoir porté le fer et la dévastation dans ces belles contrées, et tracé sur leur passage un sillon d'incendie et de ruines, ils arrivèrent à des sentiments de conservation, et permirent aux vaincus de se livrer à l'agriculture et aux arts utiles ; mais ils gardèrent un profond mépris pour la civilisation romaine ; et, maîtres de l'Empire, ils laissèrent tout périr, législation, beaux arts et industrie.

« Cependant, dit un historien contemporain, Sidonius-Apollina-« rius, les Franks, mêlés depuis quelque temps aux Romains, étaient « moins barbares que les autres peuplades.

« Leur jeune chef marchait à pied au milieu des siens ; son vê-« tement d'écarlate et de soie blanche était enrichi d'or ; sa cheve-« lure et son teint avaient l'éclat de sa parure. Ses compagnons « portaient pour chaussure des peaux de bêtes garnies de tous leurs « poils ; leurs jambes et leurs genoux étaient nus ; les casaques bi-« garrées de ces guerriers montaient très haut, serraient les han-« ches et descendaient à peine au jarret ; les manches de ces casa-« ques ne dépassaient pas les coudes ; pardessus ce premier vête-« ment se voyait une saie de couleur verte brodée d'écarlate, puis « une rhenone fourrée retenue par une agraphe. Les épées de ces « guerriers se suspendaient à un étroit ceinturon, et leurs armes « leur servaient autant d'ornement que de défense ; ils tenaient « dans la main droite des piques à deux crochets ou des haches à « lancer ; leur bras gauche était caché par un bouclier aux limbes « d'argent et à la bosse dorée. »

Cette description pompeuse de l'élégance du costume et des mœurs des Franks, est malheureusement contredite par plusieurs historiens, également contemporains.

Ce portrait ne convient qu'aux Franks qui commençaient à se civiliser. On les représente ici comme les plus habiles guerriers de leur temps ; ils avaient toujours été du nombre des plus braves ; mais quand ils sortirent pour la première fois de leurs forêts, ils se battirent en désordre et sans aucun art ; leur valeur faisait tout ; dans la suite, ils connurent des règles, et ce furent les Romains qui leur apprirent à vaincre leurs maîtres eux-mêmes.

La guerre, avant que les Franks songeassent à conquérir les Gaules, n'avait pour but que de se défendre ou de piller ; quand on avait repoussé l'ennemi, une partie de l'armée se dispersait, et prenait tout ce qui convenait à ses besoins. Le butin était mis en commun, et le sort décidait de la part que chacun devait avoir ; le général n'avait pas plus de droit de choisir que le dernier des soldats. Avant le passage du Rhin, les Franks étaient un peuple libre, autant qu'il est permis de l'être. Les princes, ou pour mieux dire les principaux, n'étaient que leurs chefs, et non leurs maîtres. A l'armée, il fallait strictement obéir au général, aux officiers ; hors de là, on ne se soumettait qu'aux coutumes, qui tenaient lieu de loi.

Les Franks n'avaient point de villes, et habitaient partout où se rencontraient l'eau et le bois ; dans les hivers rigoureux, une caverne leur servait de refuge. La guerre était leur vie ; ou si la paix imposait à leur valeur un loisir forcé, ils l'exerçaient alors contre les bêtes terribles de leurs forêts. En tout autre temps, ils se tenaient dans une inaction absolue, laissant aux esclaves et aux femmes les soins du ménage.

Au combat, les Franks comptaient plus sur eux-mêmes que sur leurs armes, et pour plus de sûreté, s'apprenaient à être eux-mêmes leurs armuriers. Ils marchaient à l'attaque la tête et la poitrine nues, se couvrant seulement du bouclier. Leur ardeur allait jusqu'à une sorte de furie. Ils méprisaient les armes de jet, l'arc et la fronde, ils avaient pour armes offensives la fameuse francisque ou hache à deux tranchants, dont ils frappaient et de près et de loin, en la lançant dans la mêlée ; l'angon ou hang, lance armée de crochets, avec laquelle ils renversaient les cavaliers, ou attiraient à eux leurs ennemis, et dont la forme supérieure aurait, suivant quelques historiens, donné naissance à l'usage de placer des fleurs de lis dans les armes de France. L'épée complétait cet armement ; au repos, elle pendait sur la cuisse, et le bouclier sur le côté gauche ; quelques-uns y joignaient des épieux durcis au feu.

Au reste, on peut ajouter, sans craindre d'avancer un paradoxe, que c'est de tous les peuples connus celui qui entend le mieux les mouvements et les évolutions militaires. Ils sont d'une adresse si singulière, qu'ils frappent toujours où ils visent ; d'une légèreté si prodigieuse, qu'ils tombent sur l'ennemi aussitôt que le trait qu'ils ont lancé ; enfin, d'une intrépidité si grande, que rien ne les étonne, ni le nombre des ennemis, ni le désavantage des lieux, ni la mort même avec toutes ses horreurs ; ils peuvent perdre la vie, jamais ils ne perdent le courage.

Lorsqu'un combattant perdait son bouclier il n'osait plus se présenter à la salle des fêtes et aux tables du banquet ; la liqueur du genévrier et les caresses de son amante ne le réjouissaient plus ;

seul il errait au fond des bois, et mourait de douleur sur les bords d'un torrent inconnu.

Après le combat, les Franks chantaient le *bardit* en l'honneur du brave qui n'était plus ; on déposait ses armes dans la tombe ; chaque guerrier remplissait son casque avec de la terre, qu'il venait jeter sur le corps de son compagnon ; cette terre de l'amitié s'élevait en pyramide, sur laquelle on plantait souvent un étendard.

Un des usages les plus remarquables des Franks était celui des Ghildes (*gulda*), associations fraternelles placées ordinairement sous la protection d'une des divinités du ciel d'Odin, et inaugurées ou entretenues par des banquets. Chaque membre de la même ghilde était tenu, sous les peines les plus sévères en ce monde et dans l'autre, à secourir ses associés. Cet usage survécut à l'introduction du christianisme.

Toutefois, depuis l'année 406, époque si fameuse dans les fastes de la décadence romaine, par la plus formidable incursion des Barbares que l'Empire ait eu à supporter, jusqu'en 476, époque où un roi barbare (Odoacre, roi des Hérules) déposa le dernier empereur (Augustule), l'Italie et la Gaule ne furent qu'un vaste théâtre de carnage et de désolation, où vingt peuples se précipitèrent les uns sur les autres, et s'entrechoquèrent avec furie.

Les Vandales, chassés des Gaules, fondent sur l'Afrique et l'Ibérie, dont Genséric fut l'impitoyable vainqueur. Les Visigoths les imitent ; ils obéissent au terrible Alaric, qui marche sur Rome. Provoqué sans cesse à la vengeance par la perfidie des Romains, il se présenta de nouveau devant le Capitole et serra Rome de très près ; le siége fut long. Le 24 du mois d'août 409, le prince goth entra dans la ville, dont quelques traîtres lui ouvrirent les portes durant la nuit. Rome fut saccagée par le soldat furieux. Ses richesses, ses meubles précieux, ses temples, ses maisons, devinrent la proie des flammes. Le sang des citoyens inonda les rues et les places ; les femmes furent outragées et immolées sur les cadavres de leurs maris et de leurs pères égorgés ; les enfants furent écrasés entre les bras de leurs mères.

Le ciel sembla s'armer de concert avec les Goths pour punir Rome : la foudre réduisit en poudre ce que les flammes avaient épargné (*) ; puis, avec un traité qu'ils font avec l'empereur Hono-

---

(*) LA DESTRUCTION DE ROME.

Comme au bord d'un étang dont on lâche la bonde
L'on voit confusément bondir onde sur onde,

rius, enfermé dans Ravenne, les Barbares s'enfoncent dans l'Italie méridionale. Ce fut le dernier exploit d'Alaric. Il mourut en 409 à Cosenza, dans la Calabre, où il s'était rendu pour une expédition qu'il méditait contre l'Afrique. Ses soldats, pour protéger son corps contre les profanations, détournèrent le Vésento pour y creuser une fosse, où ils le déposèrent avec d'immenses richesses ; et, rétablissant la rivière dans son lit, ils élurent ensuite pour roi Ataulphe, frère de la femme d'Alaric.

Rome était tombée. Après avoir subjugué l'univers, elle avait perdu l'art de se gouverner elle-même. Chancelante sous le poids de sa grandeur, ses forces disparurent avec ses anciennes vertus. Aux beaux jours de la liberté, si féconds en héros, succédèrent les attentats du despotisme le plus incroyable, et de là cette foule d'hommes avilis qui, par leur bassesse, semblaient le justifier. Cette terreur qu'elle avait inspirée à l'univers, elle l'éprouve à son tour ; ses provinces sont inondées de Barbares, qui vengent les Carthaginois et les Grecs ; et l'empire romain, ouvert de toutes parts, tou-

Se suivre l'une l'autre, et si fort se presser ,
Que presque rien ne passe où tout cherche à passer.
Ainsi des fiers soldats mille files pressées
Sur la brèche de Rome étaient embarrassées ;
Tous d'une égale ardeur vers la brèche marchaient ;
Tous y voulaient entrer, et tous s'en empêchaient ;
Mais comme de cette eau redouble la furie,
Lorsqu'après cet obstacle elle est dans la prairie ,
Qu'elle la couvre toute, et qu'on la voit partout
Bondir et ravager de l'un à l'autre bout,
De même de ces Goths les troupes retenues
S'élargissent après dans les prochaines rues ,
S'y mettent en bataille, et marchent plus avant,
Avecque la terreur qu'ils font aller devant.
Le feu qui des maisons fait sa funeste proie,
N'eut jamais de tel jour depuis la nuit de Troie ;
Et le flambeau fatal qui perdit Ilion
Semble être rallumé dans cette occasion ;
Car des palais tombés par la flamme allumée
Vole confusément la poudre et la fumée ;
Et le sang des Romains qui s'y mêle à grands flots
Donne de la tendresse au cœur même des Goths.
Comme entre deux rochers les ondes retenues
Font éclater un bruit qui monte jusqu'aux nues ,
La flamme, retenue en ces palais détruits ,
Éclate horriblement par mille étranges bruits.

che à son démembrement, pour servir de leçon, s'il se peut, à l'ambition effrénée des peuples conquérants.

§ 2.

Depuis quelle époque les Franks cherchaient à mettre les pieds dans les Gaules. — Circonstances. — Les Franks abhorraient le nom romain. — L'épreuve du combat. — Pharamond, chef frank, est élevé sur le pavois. — Son fils Clodion-le-Chevelu lui succède. — Ses conquêtes.

Les Franks, qui, depuis cent cinquante ans, tiraillaient avec des succès divers pour mettre le pied dans les Gaules, et qui, partie par force et partie par concession des empereurs, étaient parvenus à se former un petit établissement vers Cologne, entre le Rhin et la Meuse, éprouvèrent les premiers les funestes effets d'un semblable passage ; une résistance inégale leur prépara une défaite dé-

> Le soldat, cependant, tout fier de sa victoire,
> Pousse toujours plus loin et ses pas, et sa gloire ;
> Et, tout brillant d'acier et chargé de butin,
> Il monte au Capitole, il va sur l'Aventin ;
> Sur le mont Cœlius il étend son ravage ;
> Au haut du Janicule il porte son courage ;
> Du fameux Vatican il passe au Quirinal ;
> Du superbe Esquilin il monte au Viminal ;
> Et sur le Palatin, d'un bras fort et robuste,
> Il fait alors tomber le grand palais d'Auguste.
> Alors, se souvenant de l'ordre de son roi,
> De l'ordre souverain qui lui tient lieu de loi,
> Il porte le flambeau dans les superbes Thermes ;
> Il détruit les plus beaux, il abat les plus fermes ;
> Celui du grand Trajan et celui d'Antonin ;
> Le Therme d'Agripine avec l'Alexandrin ;
> Le Travail de Néron, le Therme Néronique,
> Accroit de son débris la ruine publique ;
> Et l'orgueil insolent de ces grands bâtiments
> Tombe avec les Romains jusqu'à ses fondements.
> De là poussant plus loin la flamme qui dévore,
> Sur les arcs triomphants elle triomphe encore.
> Celui qui de Romule accrut le haut renom
> A peine de ces feux peut garantir son nom.
> L'arc du fameux Trajan et celui de Sévère
> Tombent sous les efforts de l'ardente colère ;

sastreuse, après laquelle les Barbares inondèrent sans obstacle, ainsi que nous l'avons déjà dit, les deux Germaniques, la Belgique, la Gaule, l'Espagne et jusques sur les côtes de l'Afrique. Mais à peine les Goths et les Bourguignons se furent-ils séparés de leurs alliés pour se fixer dans la Gaule, ceux-ci vers les Alpes, ceux-là vers les Pyrénées, ces exemples redoublèrent l'ardeur des Franks. Le reste de ce beau pays leur coûta peu à conquérir, tant il était épuisé et mal défendu. Ce fut Pharamond qui commença cette conquête, l'an 415 ou 420; Clodion l'étendit jusqu'à la rivière de la Somme, Mérovée jusqu'à la Seine, Childéric jusqu'à la Loire et Clovis jusqu'aux Pyrénées....

Les circonstances qui accompagnèrent l'expédition des Franks méritent notre attention; il est curieux de voir reparaitre à cette époque l'oracle dont parle Censorinus : selon ce dernier, lorsque Romulus jetait les fondements de sa cité, il vit planer douze vautours sur les rives du Tibre, et les augures crurent remarquer dans ces oiseaux le gage assuré de douze siècles de gloire pour l'em-

Les arcs de Gallien et de Domitien,
Du Tibre, de Camille et du vieux Gordien ;
L'arc qu'on nomme Corlite, et l'arc de Théodose,
A peine de ces feux sauvent aucune chose,
Et l'on ne voit debout que l'arc de Constantin,
Ouvrage conservé par son heureux destin.
Pour punir les plaisirs des peuples idolâtres,
Le feu, le feu vengeur consume les théâtres,
Celui du grand Pompée et celui de Scaurus,
De Balbe, de Galbique, et du grand Marcellus.
L'on te vit choir alors, superbe Colisée,
Dont la haute masure est encore tant prisée ;
L'on te vit trébucher, et ton faîte orgueilleux
Cacha dans la poussière un éclat merveilleux.
Le cirque de Maxime et celui des Florales,
Perdirent en ce jour leurs beautés sans égales ;
Et l'on vit lors périr, au champ de Tuberon,
Le cirque d'Alexandre et celui de Néron.
De là, gagnant toujours de nouvelles couronnes,
Le Goth infatigable abattit les colonnes :
La Trajane en tomba, l'Antonine en périt ;
La Rostrate du feu la colère nourrit ;
Et le soldat, passant dans les places publiques,
Fit tomber à leur tour les superbes portiques :
Ceux du fameux Auguste et du sage Antonin
De ce feu dévorant devinrent le butin ;

pire romain ; cet oracle, oublié pendant la prospérité de l'Italie, revint à la mémoire des peuples dans le cinquième siècle, terme des succès promis à cet empire. Oroze et Zozime rapportent qu'on s'en entretenait publiquement dans les Gaules, et les émissaires que Clodion avait envoyés dans cette contrée répandirent, à leur retour parmi les Franks, ces récits prophétiques.

Ceux-ci s'en réjouissaient d'autant plus qu'ils abhorraient le nom romain ; ils n'avaient point oublié que Constantin livra deux chefs de leurs tribus, Aslarich et Radagaise, aux lions et aux léopards des cirques de Trèves ; ils n'avaient point oublié que deux de leurs rois, Markhomer et Sunnon, tombèrent victimes de la politique romaine.

Plus de retard, plus de délai : on met en présence les deux champions de l'épreuve ; le bouclier des chefs fait *mugir les sept voix de la guerre ;* les Franks vont chercher dans le sanctuaire des forêts les drapeaux qu'on y suspendait en temps de paix ; ils teignent leur chevelure avec une liqueur rouge ; ils consultent les

> Celui de la Concorde et celui de Neptune
> Ajoutèrent leur perte à la perte commune ;
> Et celui de Mercure, et celui de Vénus,
> Par ce fameux malheur devinrent plus connus.
> Obélisques pompeux, que l'Egypte vit faire,
> L'on vit ramper sur vous cette flamme si claire ;
> Et près du Mausolée, et dans le Champ-de-Mars,
> Votre effroyable chute occupa les regards.
> L'obélisque du Cirque eut la même fortune,
> Et celui du Soleil, et celui de la Lune,
> Comme du Vatican, tombèrent enflammés,
> Avec le peuple fier qui les avait aimés.
> L'on vous vit trébucher, colosses effroyables,
> Dont les vastes grandeurs paraissent incroyables,
> Simulacres de Mars, de Néron, d'Apollon,
> De qui l'immense corps remplirait un vallon ;
> Vous tombâtes alors, masse énorme et superbe,
> Et votre orgueilleux front fut se cacher sous l'herbe,
> Pour apprendre aux neveux qu'il n'est rien de si grand
> Qui ne soit renversé lorsque Dieu l'entreprend.
> Étonnement des yeux ! pyramides connues,
> De qui la vanité se cachait dans les nues,
> Ce ne fut plus debout que le monde vous vit ;
> Et le courroux du Ciel alors vous abattit.

femmes, et font hennir le cheval sacré ; ils saisissent leurs javelots, leurs framées, leurs cuirasses, faites de la dépouille des taureaux sauvages, armes héréditaires groupées en trophées à la colonne qui soutient les toits du Sicambre.

Pharamond, un de leurs chefs, est élevé sur le pavois (cérémonie militaire pratiquée dès longtemps parmi eux), passe le Rhin en s'emparant, sur les Romains, des pays entre la Meuse et la Moselle, et établit à Tournai, en 420, le siége de sa domination. Nos chroniqueurs le regardent comme le fondateur de la monarchie française ; nos meilleurs historiens en rapportent tout l'honneur à Clovis. Sans discuter sur ce sujet, nous ferons remarquer, en passant, que Pharamond, ses successeurs et Clovis même, avant ses conquêtes, n'étaient que les chefs de leurs compagnons et non leurs maîtres ; qu'ils étaient élus par eux pour les conduire au combat, quand ils paraissaient les plus dignes ; qu'ils n'obtenaient qu'une part égale dans le butin, qu'ils n'administraient pas la justice ; que les lois étaient la volonté de tous (*voyez* Constitution des Gaulois, page 194) ; qu'elles se faisaient en assemblée générale ; que les leudes ou les notables, conjointement avec le premier chef d'armes, prince ou roi, n'importe le titre, veillaient simplement à leur maintien, en étaient les premiers exécuteurs ; que nul n'avait le droit d'oppression (droit qui n'a jamais pu exister), parce que tous avaient le droit, le pouvoir et la volonté de se défendre.

L'invasion de Pharamond force l'empereur Honorius à transférer dans la ville d'Arles les États de la Gaule, qui, jusque-là, s'étaient toujours rassemblés à Trèves. — Il est reconnu roi de la Taxandrie (la Campine, Pays-Bas) et fait alliance avec les Sicambres, les Ménapiens, les Tongriens et les Arborikes. Il commande également aux Franks et aux Belges, et demeure tranquille dans les limites fixées à sa nation.

Les mêmes historiens prétendent qu'aussitôt qu'il se vit installé dans ses nouvelles conquêtes, il chercha à adoucir par de sages lois l'humeur sauvage de ses guerriers ; que quelques-uns de ses lieutenants, nommés Wisigaste, Bodogaste, Salogaste et Windogaste, furent chargés par lui de visiter les provinces de la Germanie voisines du Rhin, et d'y étudier les mœurs et usages des différentes tribus qui les habitaient ; c'est d'après ce premier travail que Pharamond aurait établi le fameux CODE SALIQUE (en 423).

Après Pharamond, parait Clodion aux longs cheveux, noble successeur des Théodemir et des Pharamond, chef des Franks-Saliens. Il est suivi de ses guerriers, de leurs familles, de leurs chars, de leurs bateaux de cuir, de leurs troupeaux ; ils s'avancent en tumulte vers les bords du fleuve qui les sépare de la Gaule.

Cependant Clodion a franchi le Rhin et traversé la grande forêt qui couvrait une partie du Hainaut et du Brabant ; il pénètre tout-à-coup dans les murs de Cambrai et marche brusquement vers Tournay ; là les troupes romaines veulent en vain s'opposer à sa course triomphale ; il les défait, et entre dans cette ville où il établit le siége de sa monarchie (en 445).

Enhardis par leurs succès, les Franks en poursuivent le cours, et soumettent tout le pays situé entre Cambrai et les rivages de la Somme.

Ils marchent ainsi de victoire en victoire, électrisés par les hymnes de leurs bardes ; car, comme tous les peuples septentrionaux, ils n'allaient au combat qu'au récit de la gloire de leurs ancêtres.

Déjà l'armée de Clodion couvre les plaines de l'Artois ; déjà elle menace Arras, quand tout à coup Aétius, genéral romain, secondé de Majorien, maitre de la cavalerie, la surprend campée en désordre dans le village d'Eléna, petit hameau, aujourd'hui *Evin*, sous le Boulingrin (*ruisseau bouillant*). C'était une petite rivière, la plus célèbre des Pays-Bas, aujourd'hui inconnue par les changements qu'ont éprouvé les terrains qu'elle arrosait, et qui se jetait dans la Scarpe. Le camp de Clodion s'étendait sur tout le flanc d'une colline, depuis *Moncheaux* jusqu'auprès d'*Estricourt*. Un des chefs de son armée se mariait, tous les Franks s'étaient réunis à Moncheaux. Aétius, qui en avait été informé, s'était avancé vers son ennemi, qui alors était sans défiance à cause de la sécurité que lui inspirait sa position.

Au milieu de la fête des épousailles, l'armée tombe à l'improviste sur les Franks, surpris et désarmés, passe les premiers gardes au fil de l'épée, fond sur l'assemblée des chefs, enlève la nouvelle mariée et disperse toute l'armée de Clodion (447).

Les Franks ne purent résister à cette attaque imprévue, et leurs bandes mutilées cédèrent une partie de leurs conquêtes.

Aétius, qui ne savait pas toujours profiter de sa victoire, et qui d'ailleurs craignait de pousser dans leurs derniers retranchements des ennemis dont il connaissait l'intrépidité, aima mieux, pour marcher sans retard aux autres guerres que l'empire d'Occident avait à soutenir, faire une espèce de paix avec les Franks. Ceux-ci restèrent en possession de Cambrai et de Tournay ; mais leur humeur guerrière les appela bientôt hors de l'enceinte de ces villes, pour réparer l'échec qu'ils avaient éprouvé.

CHAPITRE III.

Situation de la Gaule depuis le règne de Mérovée jusqu'à l'avénement de Clovis.

§ 1er.

Mérovée succède à Clodion. — Les Franks et les Romains. — Invasion des Huns. — Geneviève de Nanterre. — L'évêque d'Orléans. — Défaite d'Attila. — Léon-le-Grand et Attila. — Mérovée donne son nom aux Mérovingiens. — Childéric, fils de Mérovée, monte sur le trône. — Egydius remplace Childéric. — Viomade et la pièce d'or. — Basine, épouse du roi de Thuringe, vient trouver Childéric. — Conquête.

Mérovée, que l'on croit gendre de Clodion, lui succéda ; il est constant qu'il entra dans les Gaules, et qu'il pénétra jusqu'à la Seine. Aétius marche contre lui pour s'opposer à ses conquêtes ; mais dans le même temps, Attila, roi des Huns, surnommé le *fléau de Dieu*, comme il s'intitulait lui-même, étant venu dans ces contrées avec une armée innombrable, Aétius, pour arrêter le torrent, se joignit à Mérovée. Le roi barbare fut pleinement défait dans les plaines de Châlons, et son armée dissipée, ainsi que nous allons le raconter.

Attila partageait avec son frère Bléda, le trône de Rugilas, leur oncle, en 432. Bléda gênait Attila, il fut assassiné, et le stupide enthousiasme des Huns, adora le seul maitre de toute la Scythie, puis d'une partie de la Germanie et de la Scandinavie.

Il faut lire les épouvantables détails de l'invasion d'Attila en Gaule (en 461). Metz est détruite, avec vingt autres villes déjà saccagées quarante-cinq ans auparavant par les Vandales, et il ne reste de la première qu'une petite chapelle de saint Etienne pour dire au passant : « Ici fut Metz.... » Troyes allait subir le même sort. Salvien Prosper et Paulin Lupus, à la fois pasteurs élus et défenseurs de leur cité, viennent, la croix à la main, arracher au Tartare le salut de leurs villes et des campagnes voisines ; de là, descendant la Seine, il arrive devant Lutèce, dont les habitants effrayés parlent déjà de déserter leurs remparts et de se réfugier dans les sombres forêts que ceignent d'un voile impénétrable les deux rives du fleuve d'où surgit leur ville insulaire. Geneviève, de Nanterre, les rassure, et le ciel justifia par un miracle son pieux et héroïque enthousiasme.

On sait quels charmes la vie de cette sainte fille répandent dans la légende ; on sait, et vingt historiens l'attestent, que cette patronne de Paris en écarta deux grands fléaux, la famine et Attila.

Non loin de cette ville, dans les prés que domine le mont Valérien et que couvrent les réseaux de l'Anserina, Geneviève, simple bergère, faisait paître ses moutons ; c'est là, qu'assise à l'ombre d'un tremble, sur les bords du fleuve aux cent détours, la vierge de Nanterre apprenait à aimer Dieu en contemplant ses ouvrages ; un amour divin et une sorte d'inspiration céleste se peignaient dans ses yeux d'azur et révélaient en elle un être surnaturel.

Combien de fois, tandis que les filles de Lutèce, le front paré de roses champêtres et s'abandonnant aux plaisirs de leur âge, dansaient en cercle dans la forêt qui couvrait les ruines du temple d'Isis, ou faisaient voguer leurs radeaux vers les îles des Treilles ou du Pasteur ; combien de fois Geneviève, jeune comme elles, pénétra dans la prison obscure ou dans l'hospice infect pour consoler et pour guérir ! Il n'était point de souffrance qui ne cédât à l'efficacité de ses prières ; l'idolâtre l'appelait le génie de l'espérance ; le chrétien croyait voir en elle l'épouse du Seigneur.

Ce n'est pas sans raison, ô Geneviève ! que la ville de Paris vous a choisie pour patronne : c'est à vous qu'elle doit d'avoir échappé à sa ruine ; sans vous, les ronces sauvages croîtraient parmi des débris, à la place où les maisons s'élèvent. Les Barbares du Nord avaient traîné leur camp jusque sous les murailles de Lutèce ; déjà ses habitants, frappés de terreur au nom seul d'Attila, voulaient, ainsi que nous l'avons dit, abandonner leurs foyers : vous osâtes leur conseiller la résistance, car l'Éternel vous avait suscitée pour sauver votre malheureux pays. Comme dans d'autres siècles les héroïnes que nous avons cité, votre voix se fit entendre dans les rues, dans les églises, sur les remparts, où la foule se réunissait autour de vous : « Espérez en Dieu, disiez-vous, désarmez sa colère à « force de prières et de larmes ; il ne permettra pas que l'Empire « auquel il a promis de si brillantes destinées soit écrasé en nais- « sant par le pied insolent d'un Barbare. Priez Dieu de jeter un « bandeau sur les yeux de ces hordes farouches, et de les empê- « cher de voir notre ville ; mais s'il faut tirer le glaive, s'il faut « combattre, osez le faire avec une grande foi dans la justice du « ciel ; je vous prédis que vous triompherez ! » C'est ainsi, Geneviève, que vous arrêtâtes nos aïeux au moment qu'ils consommaient leur perte ; c'est ainsi que vous leur rendîtes le courage et l'espoir. Attila s'éloigna de Lutèce sans livrer l'assaut à ses murailles ; et qu'il faille attribuer cette retraite à la contenance ferme de ses habitants ou à un miracle de la Providence, c'est toujours à vous qu'ils durent leur salut !

Ainsi, de ruine en ruine, de prodige en prodige, nous nous avançons dans ce ténébreux et poétique moyen âge, où la légende c'est la vérité, comme dans les premiers temps de la Grèce, la fable c'est l'histoire. Quoi qu'il en soit, Attila, sans entrer à Lutèce, passe la Seine en dessous de cette ville, et pousse jusqu'à Orléans, qui barre le passage de la Loire. Cette ville, par sa généreuse résistance, sauve une première fois la nationalité de notre vieille Gaule. Un vieil évêque, inspiré comme Jeanne d'Arc, par ce patriotisme qui enfante des miracles, conçoit la pensée d'arrêter Attila. Son pieux enthousiasme électrise les habitants; leur résistance donne le temps à l'armée libératrice d'Aétius, général romain, d'arriver; Attila se replie jusque dans les plaines catalauniques qui s'étendent entre Méry et Châlons-sur-Marne. Là, se donne cette terrible bataille, où contre les innombrables hordes d'Attila la victoire se déclare pour les armées des Romains et des Franks, commandées par Aétius et Mérovée, qui fondaient, pour ainsi dire, dans les nombreuses phalanges des Barbares. En vain Attila haranguait ses soldats avec la chaleur accoutumée; en vain il les avait conviés joyeusement aux jouissances de la journée; la cause de l'humanité, de la civilisation, de la justice, l'emporta cette fois, comme elle l'avait emporté cinq siècles auparavant dans les plaines de Verceil, au temps des Cimbres et des Teutons, comme elle devait l'emporter, deux siècles plus tard, dans les plaines de Tours. Attila, vaincu, mais non lassé, envoya à Valentinien, dès le printemps suivant (452), l'ordre de lui préparer un palais; il lui demandait en même temps la main de sa sœur Honoria, princesse qui, pour échapper à un odieux célibat, avait envoyé son anneau au roi des Barbares. Attila avait d'abord reçu ses avances avec beaucoup de froideur; mais réfléchissant que Valentinien mort sans postérité, Honoria pourrait prétendre à l'Empire, il s'était ravisé. Attila vit sa demande repoussée par Valentinien, et Honoria fut reléguée dans une forteresse. La Vénitie ravagée, Aquilée détruite, furent les premiers exploits de cette campagne, durant laquelle on entendit Attila dire avec orgueil : « *Là où mon cheval a passé, l'herbe ne repousse plus.* » Il poursuit ensuite sa marche jusqu'à Milan, et les villes, par leur empressement à ouvrir leurs portes, obtiennent la pitié du vainqueur. Bientôt Attila marche sur Rome, et c'est encore un vieillard, un prêtre du Christ, le pape Léon-le-Grand; grand, en effet, par sa piété, par son zèle contre l'hérésie, par son éloquence, par son courage. Valentinien le fit appeler dans son palais : « Mon père, lui dit-il, tout fuit et tout abandonne l'empereur. Hélas! l'empereur s'est abandonné lui-même! Quelle résistance opposer à cet Attila, à ce Barbare, qui accepte avec orgueil le titre de fléau de Dieu? S'il est vrai qu'en effet Dieu l'ait suscité contre les hommes dans un moment de colère, vous seul pouvez arrêter et conjurer cet envoyé funeste, vous que l'Éternel a jeté parmi nous dans un moment de bonté! La voix qui a renversé l'hérésie d'Euthychès ne peut-elle calmer la fureur d'un Barbare? Allez donc au-devant de lui, et par tous les moyens tâchez de le fléchir. Rome a pu survivre à l'invasion d'Alaric; survivrait-elle à l'invasion d'Attila? Oh! sauvez l'empereur et le peuple! Mon père, n'avez-vous pas dit bien des fois *que dans les calamités publiques, un bon pasteur est la meilleure ressource de son troupeau.*

« — J'espère prouver avant peu la vérité de mes paroles, répondit saint Léon à Valentinien, et j'allais moi-même proposer à César la démarche qu'il vient de m'ordonner. Je vais au-devant de ce Scythe farouche. Adieu, César! Ne craignez rien pour ma vie, c'est Dieu qui en est le maître; Attila seul ne peut rien contre moi. »

Peu d'instants après cet entretien, saint Léon sortit de Rome, accompagné seulement d'Aviénus, personnage consulaire, et de Trigétius, préfet du prétoire. Les trois ambassadeurs rencontrèrent Attila près de Ravenne, au passage du Mincio. Par un contraste qui faisait cruellement sentir la différence des temps et l'abaissement de Rome, Attila était campé sur l'héritage que César Auguste avait donné à Virgile. Léon-le-Grand s'avança vers lui :

« Grand roi, lui dit-il, l'empereur et le peuple romain, autrefois
« le vainqueur du monde comme vous l'êtes aujourd'hui, m'en-
« voient implorer votre clémence. Je le fais sans rougir, car c'est
« pour la vie de mon troupeau que je vous conjure, et je suis le
« ministre du Dieu qui relève ceux qui s'humilient; ce Dieu qui
« protége le faible, abandonne souvent l'orgueilleux. N'abusez pas
« de vos forces et de la terreur de ce malheureux peuple; conten-
« tez-vous d'avoir vu le chef de l'Eglise apostolique et l'ambassa-
« deur des Romains abaissés devant vous. De tous les événements
« qui ont illustré votre vie, c'est le plus mémorable et le plus glo-
« rieux. »

Pendant que saint Léon parlait ainsi, une expression divine animait son visage. Le roi des Huns admirait avec un étonnement et un trouble dont il ne pouvait se défendre la majesté sereine du pontife, et la douceur éloquente de ses paroles. Tout à coup, au dire de plusieurs écrivains sacrés, deux personnages célestes (saint Pierre et saint Paul) apparurent au-dessus de Léon-le-Grand; ils agitaient dans leurs mains des épées flamboyantes, et d'un geste mefiaçânt, ils montraient à Attila le Nord, d'où il était venu. Le roi barbare fut saisi de consternation et de frayeur : « Qui que tu sois, « dit-il à saint Léon, homme ou ange, Rome et l'Italie te devront « leur salut. Vieillard, tu as plus fait en un instant et avec quel- « ques paroles que Valentinien et le Sénat n'auraient pu faire avec « toutes leurs armées. Rends-en grâces au Dieu que tu sers ; Attila « se reconnaît vaincu par toi et par lui. »

En peu de jours, la paix fut conclue. Attila repassa les Alpes et se retira dans la Pannonie, sur les bords du Danube. Là, il méditait de nouveaux ravages, lorsque à la suite d'une fête, il s'endormit sur le sein de sa femme qu'il venait d'épouser, la fille du roi des Bac- triens, et par suite d'une hémorrhagie, il ne revit plus la lumière (en 453).

Les funérailles d'Attila furent la ruine de sa nation. *Le fléau de Dieu* avait disparu ; la mission (*) des hommes à l'aide desquels il

(*) ATTILA ,

ROI DES HUNS, ET SCYTHE DE NATION ; IL FUT SURNOMMÉ *le fléau de Dieu*.

Un jour, des profondeurs du céleste silence,
Dieu fit dans son courroux tomber sa voix immense :
  Le monde ému trembla trois fois ; .
Les saints furent troublés ; les anges se voilèrent :
De l'antique néant les bornes s'animèrent,
  Au bruit fécond de cette voix ;
Puis, une âme en sortit, frémissante, éperdue,
Et, sous les triples feux de l'éternelle nue,
  Le Seigneur lui dicta ses lois.

« Va ! je veux des humains punir enfin les crimes !
« Mon bras à tes fureurs livrera des victimes ;
  « Je guiderai tes pas errants ! »
L'âme en frémit d'orgueil : dans sa joie homicide,
Son vol précipité l'emporta hors du vide,
  Au monde lointain des vivants ;
Là, quand d'un corps hideux elle anima la poudre,
Une voix vint d'en haut qui disait dans la foudre :
  « Attila, parais, il est temps ! »

Un roi parut alors pour demander le monde.
Fier, triste, l'œil hagard, comme un esprit immonde,
  Le front marqué du sceau de Dieu,
Il brandit sans pâlir une épée inconnue,
Qu'un vieux pâtre, au désert, trouva, sanglante et nue,

avait flagellé la terre, était accomplie; il n'avait plus rien à faire au monde.

Les troubles, ou plutôt les dernières convulsions de l'empire d'Occident, ébranlé et entamé de toutes parts après la mort d'Aétius, assassiné lâchement par ordre de l'empereur Valentinien, permirent à Mérovée de s'étendre et d'affermir sa domination. Des historiens ont même parlé d'un traité entre Théodoric, Aétius et Mérovée, par lequel il était convenu que chacun d'eux conserverait les pays dont il pourrait s'emparer dans la guerre contre Attila. Par là cette époque serait doublement mémorable, puisqu'elle marquerait l'établissement légalement reconnu des Francks dans le nord de la Gaule, sous l'auteur de la première race de nos rois, qui, de lui, furent appelés *Mérovingiens*.

Si les Franks prirent Childéric pour chef, à cause des exploits de son père Mérovée, il n'eurent pas lieu de s'applaudir d'avoir aban-

On ne sut jamais en quel lieu ;
Et son coursier sans mors, sombre, inquiet, superbe,
Du seul vent de son vol courbe les fleurs et l'herbe,
Qui meurent sous ses pieds de feu.

Mais les cris du combat roulent de plage en plage,
Et des peuples épars la famille sauvage,
Le Sarmate aux noirs boucliers,
Les Huns aux traits affreux, les Alains, les Gépides,
Le Vandale debout sur ses barques rapides,
Le Scythe aux agiles coursiers,
Tous viennent, Dieu les guide, et, par lui seul formée,
Des mers, des monts, des bois, sort une horrible armée :
Attila ! voici tes guerriers !

Marchons ! le noir coursier hurle, bondit, s'élance,
Passe avec la terreur sous les murs de Byzance,
Court sur le monde épouvanté,
Vole, franchit l'Ister, et, suivi des batailles,
Va brisant sous ses pieds les tours et les murailles,
Le long du Rhin ensanglanté,
Comme un vent du désert, au souffle ardent, avide,
Qui, traînant dans les cieux une lueur livide,
Brûle en courant l'immensité.

Dieu ! que d'hommes détruits ! que de mères qui pleurent !
Attila fait un pas, et les empires meurent
A l'ombre de ses étendards.
Sous de sanglants débris que la flamme dévore,

donné en sa faveur leur ancien mode d'élection, d'après lequel c'était le mérite du candidat et non sa naissance qui le faisait élever sur le pavois.

De honteux excès flétrirent le commencement de son règne. Plein d'attraits et de grâces, Childéric partageait trop aisément les sentiments qu'il faisait naitre. Bientôt les fatales délices, les soupirs, les molles langueurs changent le Sicambre farouche en un mortel efféminé; de riches vêtements remplacent la cuirasse et la saye des guerriers; des réseaux de perles enveloppent les tresses parfumées que naguère, pour les combats, teignit une couleur sanglante.

Les Franks murmurent d'un si lâche repos, et s'indignent de ne voir dans le fils de Mérovée que le suborneur de leurs épouses et de leurs filles : « Eh quoi ! se disent-ils, quand nous sommes environ- « nés d'ennemis qui nous disputent une conquête mal affermie; « quand nos tribus sont resserrées en d'étroites limites, nous nous

> Tout l'Orient désert souffre et palpite encore
>   Loin de ses funestes regards.
> L'Occident écrasé lutte , gémit, expire ;
> Sous les deux mains de fer qui pressent leur empire,
>   Déjà tremblent les deux Césars.
>
> Un fol orgueil enfin saisit ce roi sinistre.
> Lui , de vos saints arrêts vil et frêle ministre,
>   Il se crut fort sans vous, Seigneur ;
> Mais, dès l'heure où son âme eut pensé le blasphème ,
> Il sentit sur son front, courbé par l'anathème,
>   Peser toujours un bras vengeur ;
> Et , dans son camp muet, seul, veillant sous la tente ,
> Il vit , durant les nuits , comme une ombre sanglante ,
>   Passer l'Ange exterminateur.
>
> N'importe : au fier Sicambre apportant la conquête ,
> De ses peuples lassés qu'un doigt puissant arrête ,
>   Il presse encore les tourbillons ,
> Et sur le sol gaulois, dans sa marche agrandie ,
> Avec le sang des morts et l'errant incendie ,
>   Creusant d'infertiles sillons ,
> Aux lieux où , sur la foi d'une humide couronne ,
> Paris lève ses murs que la Seine environne ,
>   Il ose asseoir ses pavillons.
>
> Mais, sur ces bords sacrés , la vierge de Nanterre ,
> Pour les fêtes du ciel, grandit, loin de la guerre,
>   Seule , avec ses agneaux naissants.

« arrêtons sur le chemin de la victoire; les harpes restent muettes
« et les armes oisives ! N'avons-nous donc refusé la couronne aux
« femmes que pour la réserver à leur esclave, et ne proclamons-
« nous un chef sur le pavois, où il doit se tenir debout et sans ap-
« pui, que pour le voir languir ensuite dans la couche adultère !
« Non, non, et puisque Childéric cesse d'être brave et vertueux, il
« renonce à nous gouverner. »

Ainsi parlaient entre eux les chef des Franks, qui résolurent d'appeler à leur tête le romain Egydius. Cependant quand Childéric
perdait un trône, il lui restait un ami : le fidèle Viomade avait de-
viné les complots des Franks; il conseilla à Childéric de se réfugier
à la cour de Basin, roi de Thuringe (Allemagne); puis, rompant en
deux une pièce d'or, il lui en remit une part en disant : « Je garde
« l'autre moitié; lorsqu'un messager vous la présentera, revenez
« sans crainte, j'aurai frayé le chemin de votre retour. »

> Mêlée aux blancs essaims des cygnes de la rive,
> Ses chants religieux charment l'onde attentive,
>   Et le vol moins léger des vents.
> Un bruit d'armes soudain a fait bondir son âme :
> L'esprit du ciel descend dans le sein d'une femme ;
>   Dieu l'appelle au secours des Francs.
>
> Paris tremble : elle y court, jeune, belle, inspirée,
> Le front étincelant d'une splendeur sacrée,
>   Les yeux fixés sur l'avenir ;
> Un peuple fugitif s'arrête devant elle ;
> L'air porte au loin les sons de sa voix solennelle ;
>   Les cieux tonnent pour la bénir ;
> Dans les drapeaux du camp meurent de longs murmures,
> Et, pleins d'un vague effroi sous l'or de leurs armures,
>   Les Huns ont vu leur chef pâlir.
>
> Mérovée obéit à l'appel des alarmes :
> Il crie, et sa tribu s'élance, et prend les armes....
>   Scaldes ! interrogez le sort !.....
> Le jour brise ses feux sur l'acier des framées ;
> Le sol tremble et se plaint sous les pas des armées :
>   Les Francs suivent l'abeille d'or.
> Géants aux blonds cheveux, ils marchent, et leur foule,
> Comme un sombre torrent, grossit, s'alonge, roule :
>   « L'ennemi! le combat! la mort! »
>
> L'ennemi les attend, et le combat commence.
> Salut ! plaine de deuil ; salut cercueil immense,

Les amis se séparèrent, le fils de Mérovée se rendit à Thuringe, et Viomade resta près d'Egydius, dont il gagna si bien la confiance qu'en peu de temps il devint son ministre et son favori ; alors il lui donna de perfides conseils, et lui suggéra les actions les plus capables de le faire haïr. Lorsqu'il eut ainsi façonné un tyran tel qu'il le fallait pour ses desseins, il vit les auteurs mêmes de l'exil de Childéric se repentir de leur conduite et redemander ce prince à Viomade, qui d'abord garda avec eux un silence sévère ; mais lorsqu'il se fut assuré de la sincérité de leurs regrets, il leur tint un discours éloquent, dans lequel il imputait au jeune Childéric des passions que le malheur et les années avaient sans doute apaisées ; il rappela les qualités de ce prince, le pur sang des Théodemir, des Clodion, des Mérovée, de tous ces chefs valeureux que déjà il avait imités aux champs catalauniques ; il leur dit quelle honte c'était pour les Franks d'obéir à un Romain qui les traitait en esclaves,

Terre aux souvenirs belliqueux,
Où, tels qu'aux anciens jours une sainte hécatombe,
Trois cent mille soldats ont mesuré leur tombe,
    Sous la hache de nos aïeux ;
Où le sang amassé rougit longtemps la terre ;
Où, frappé dans son vol par de longs cris de guerre,
    L'aigle étonné tomba des cieux !

Quel bras dans l'air fumant agite encor ce glaive ?
C'est le roi des vaincus dont l'orgueil se relève ;
    Le ciel retarde son trépas.
Pour mieux braver ce Dieu qui lutte contre un homme,
Il cherche une autre armée, et marche droit à Rome,
    Car la honte ne l'instruit pas.
Sa voix saisit d'horreur l'Italie ébranlée ;
Dans les gémissements de la triste Aquilée,
    Rome entend le bruit de ses pas.

C'en est trop ! montrez-vous, milices éternelles !
Un ange étend sur toi ses menaçantes ailes,
    Fléau de Dieu, bourreau des rois.
Du bâton pastoral aidant son pied débile,
Déjà le vieux Léon paraît, seul et tranquille :
    Attila s'arrête à sa voix ;
Puis, en voyant les saints, debout sur l'étendue,
Lever un fer brûlant qui frémit dans la nue,
    Il fuit pour la dernière fois.

et il finit par les engager à se rendre dans la ville de Bar, où bientôt il leur ferait revoir Childéric, pour qu'ils le proclamassent de nouveau leur souverain. Les Franks remercièrent Viomade et allèrent à la rencontre de Childéric, auquel un messager porta la moitié de la pièce d'or, signal convenu d'un retour sans péril. A peine le messager de Viomade lui a-t-il remis la moitié de la pièce d'or, qu'il sent se réveiller en lui le courage et l'honneur.

Après de tendres adieux, il se rend à Bar, où il trouve les chefs de la nation, dont il reçoit de nouveau les serments. A la tête de ses sujets, il attaque Egydius, recouvre son royaume, qu'il agrandit par des conquêtes, s'empare de Paris et d'Orléans et combat les Visigoths sur les rives de la Loire. Il repousse vigoureusement les Saxons débarqués sur les côtes de l'Océan, et dont les armes s'étaient étendues jusqu'aux murs d'Angers.

Il était dans la destinée de Childéric d'opérer des merveilles ; Basine quitta pour lui son époux le roi de Thuringe, et vint le rejoindre. *Si je connaissais*, lui dit-elle, *un homme plus brave et plus galant que vous, j'irais le chercher jusqu'aux extrémités de la terre.* Childéric l'épousa, et de ce mariage adultère naquit le grand Clovis. Basin se vengea par des excursions réitérées sur le territoire des Franks. Enfin, le prédécesseur de Clovis eut à combattre les invasions des Allemands. Il s'unit contre eux avec un chef Saxon, nommé Odoacre, et les repoussa. Il mourut à Tournay, en 481. Son fils, Clovis, lui succéda, comme chef de sa tribu.

A cette époque, les *Hérules* font partie d'une de ces nombreuses peuplades de l'Allemagne. Odoacre, à la solde des empereurs romains, ainsi qu'un grand nombre de Barbares, se révolte, prend le titre de roi des Hérules, détrône Augustule, et renverse l'empire d'Occident, en 476.

C'est ainsi que s'évanouit, douze cent trente années après la fondation de Rome, et sous le règne de Childéric, ce colosse de puis-

Il mourut : loin des cieux alla tomber son âme ;
Sa cour vit sur son front luire une sombre flamme ;
   Un cri s'échappa des enfers ;
Dans leurs antres alors tous ses peuples coururent ;
Son glaive et son coursier à la fois disparurent,
   Comme un feu qui meurt dans les airs :
Souvent, des loups du Nord quelque bande égarée,
Court, et de pas nombreux bat sa tombe ignorée,
   Dans le silence des déserts.

Guilhaud de Lavergne

sance qui avait écrasé la terre. Cet empire, autrefois si vaste, était réduit alors à l'Italie, à la Dalmatie, et à quelques cantons épars dans la Gaule, lesquels, n'ayant plus de point de contact avec le reste des possessions, devaient nécessairement tomber bientôt entre les mains des Franks. Cette conquête était réservée à Clovis.

§ 2.

Coup-d'œil rétrospectif. — Jules César, historien. — Quel peuple étaient les Gaulois, lorsqu'ils passèrent sous la domination des Romains. — Fausses divinités. — Les Druides. — La Gaule après la conquête. — Son asservissement. — Décadence de l'Empire. — Sa chute.

Avant de passer au règne de Clovis, qu'on regarde comme le premier roi de France, parce qu'il fut le premier roi chrétien, nous allons résumer sommairement l'histoire des Franks, jusqu'à la chute de l'empire romain.

César est le premier historien qui nous ait donné des notions certaines sur les Gaules et leurs habitants; c'est lui qui nous a instruits, dans ses *Commentaires*, de l'ancienne étendue de notre patrie, ainsi que du caractère et des coutumes religieuses et civiles de nos ancêtres à l'époque où il fit la conquête dont il a si bien écrit l'histoire.

Quel peuple étaient les Gaulois, lorsqu'ils passèrent sous la domination des Romains, après une guerre de dix ans? Une nation barbare, divisée, ainsi que nous l'avons déjà dit, en un certain nombre de peuplades, qui, se gouvernant chacune par ses propres lois, avaient néanmoins une religion commune, un caractère et des usages communs depuis les rivages de l'Océan jusqu'aux bords de la Méditerranée. Les fausses divinités recevaient leurs adorations, et des prêtres féroces, nommés *druides*, offraient sur leurs autels des sacrifices dont les hommes étaient souvent les victimes. Les fonctions religieuses n'étaient pas les seules dont les prêtres s'acquittassent à l'égard de leurs concitoyens. Ils tenaient le premier rang dans l'État; ils jugeaient les différents des particuliers; ils instruisaient la jeunesse; ils encourageaient par leurs chants les troupes aux combats; ils se rendaient arbitres de la paix et de la guerre, et, créateurs des lois, ils les faisaient aussi exécuter.

Les ministres des dieux n'étaient pas seuls à exercer sur leur nation une influence plus ou moins redoutable. Les femmes, admises dans les conseils, y voyaient souvent dominer leurs avis, et les questions les plus épineuses étaient soumises à leur sagacité; peut-être les affaires publiques n'en allaient pas plus mal. Nous remarquérons ici que ce sont les peuples les plus civilisés qui ont exclu ce sexe de toute participation directe au gouvernement.

Si les Gaulois étaient barbares et superstitieux, ils n'en étaient pas moins braves dans les combats. Enflammés d'amour pour la patrie, ils bravaient tous les dangers pour la défendre ; intrépides, ils se faisaient tuer sur le champ de bataille plutôt que de se résoudre à chercher leur salut dans une honteuse fuite. Quand toutes les nations de l'Europe étaient belliqueuses, l'histoire ne prononçait que leur nom, ou le prononçait avant celui de toutes les autres. Tout Français qui lit les histoires ancienne et romaine, sent son cœur palpiter d'orgueil, au récit de leurs expéditions en Grèce et en Italie, et surtout en apprenant que les Romains, après la journée d'Allia (Voyez page 3), tremblèrent longtemps au seul nom des Gaulois. Le sang généreux qui coulait dans les veines de ces héros coule encore dans les nôtres, et nos derniers exploits prouvent bien que nous n'avons pas dégénéré de la valeur de nos ancêtres.

Après que César eut soumis les Gaules, cette vaste contrée devint, ainsi que nous l'avons dit, une province de l'empire romain. Gouvernée par des préteurs, elle conserva presque toutes ses coutumes, à l'exception de celles qui outrageaient l'humanité. Elle dut principalement ses progrès dans la civilisation à la prédication de l'Évangile, à l'introduction des lois romaines, et à la culture des lettres, que plusieurs empereurs eurent soin d'y entretenir.

Les Gaules, associées aux destinées de l'Empire romain, eurent les mêmes ennemis, et ressentirent le contre-coup de ses révolutions. Plusieurs nations de la Germanie, voisines du Rhin, ne cessèrent, pendant plusieurs siècles, de passer ce fleuve en différents temps, et de faire d'hostiles incursions sur leurs frontières. En vain les légions romaines étaient là pour les repousser ; la multiplicité de leurs attaques prouvaient une persévérance qui devait, à la longue, être couronnée du succès. A ses ennemis du dehors se joignaient les troubles intestins, qui, de temps en temps, désolaient la capitale et les provinces de l'Empire, lorsque plusieurs rivaux prétendaient au trône des Césars.

Après que le siége de l'Empire eut été transféré, ainsi que nous l'avons dit, par Constantin, de Rome à la nouvelle Byzance, les provinces occidentales de cette vaste monarchie (*) ne furent plus

(*) L'Empire romain avait une étendue de mille lieues de longueur (3,000 milles), depuis l'Océan jusqu'à l'Euphrate, et près de sept cents lieues de largeur (2,000 milles), de la Calédonie à l'extrémité de la Mauritanie. Cent vingt millions d'habitants occupaient son territoire. Quatre cent cinquante mille soldats suffisaient à sa sécurité.

l'objet que d'une surveillance éloignée. Les liens qui les unissaient auparavant se relâchèrent peu à peu ; et si les préfets, qui avaient remplacé les préteurs, y exerçaient par délégation, l'autorité impériale, ils manquaient des forces nécessaires pour la faire respecter, ou ils la rendaient odieuse par des vexations et des abus d'autorité dont les peuples se plaignaient en vain, et désiraient d'être affranchis par quelque moyen que ce fût.

L'Italie était dans cette disposition lorsque les Goths y portèrent leurs armes, et telle était celle des Gaules quand les peuples germains, qui habitaient au-delà du Rhin, et les Bourguignons, y entrèrent de différents côtés avec les Franks.

Or, l'Empire romain tombait en ruines : Rome, la métropole de l'univers, la maîtresse orgueilleuse de toutes les cités, le centre rayonnant autour duquel l'histoire de tous les peuples avait tourbillonné pendant six siècles, Rome n'était plus que le fantôme d'elle-même, et ses habitants n'étaient que les fantômes des anciens Romains. Du jour où le barbare Alaric avait fait camper ses soldats dans l'enceinte de la ville immortelle, de ce jour Rome avait perdu, aux yeux des nations, son auréole de victoire et son prestige de grandeur ; de ce jour, Rome et l'Empire avaient cessé d'être (*).

(*) DÉCADENCE DE ROME.

Rome dégénérant de sa grandeur antique,
N'avait plus la splendeur qu'avait la République ;
Ni le solide appui des armes et des lois,
Qui la fit redouter lorsqu'elle avait des rois ;
Des premiers des Césars la valeur indomptable
Était mal imitée, ainsi qu'inimitable ;
Jule, Auguste et Trajan, en leurs nobles travaux,
Parmi leurs successeurs n'avaient plus de rivaux ;
Tous ces grands empereurs que l'histoire révère,
Tite, Vespasien, Alexandre, Sévère,
Le savant Marc-Aurèle et le sage Antonin,
Parmi leurs grands tombeaux, gardaient leur grand destin.
Aucun nouveau phénix ne sortit de leur cendre ;
Rome au lieu de monter achevait de descendre ;
L'Empire, divisé, paraissait affaibli,
Et perdait tout l'éclat qui l'avait ennobli.
Arcade en Orient acquérait peu d'estime ;
Son frère en Occident était peu magnanime ;
Et ces maîtres du monde, accablés sous le faix,
Achetaient lâchement une honteuse paix ;
Devenaient à leur tour esclaves volontaires,
En payant des tributs, même à leurs tributaires ;

Il est superflu d'énumérer ici les causes accidentelles de la décadence de l'Empire des Césars (puisque nous l'avons déjà dit à la page 207 et suiv.). La monarchie romaine devait tomber, parce que toutes les choses qui ont un commencement doivent aussi avoir une

> Et des bouts de la terre , où l'aigle avait volé ,
> On venait requérir son butin signalé.
> Rome , de qui cent rois avaient porté les chaînes ,
> A peine commandait aux provinces prochaines ;
> Et toute sa puissance , en ses plus grands efforts ,
> A peine était encor l'ombre de ce grand corps.
> La molle volupté de la Grèce domptée
> Surmontait la valeur qui l'avait surmontée ,
> Et régnant à son tour sur ces illustres cœurs,
> Les vices des vaincus triomphaient des vainqueurs.
> L'aigle , qui fut longtemps plus craint que le tonnerre ,
> N'osait plus s'élever, et volait terre à terre ;
> Et ce superbe oiseau , loin des efforts premiers ,
> Se cachait tout craintif dessous ses vieux lauriers.
> Le faible Honorius, confiné dans Ravenne ,
> N'était d'un empereur que la chimère vaine ,
> Et s'il voulait agir pour le peuple Romain ,
> Le sceptre trop pesant lui tombait de la main ;
> Le Sénat n'avait plus de sages ni de braves ;
> Il était composé d'affranchis et d'esclaves ,
> Que la fortune aveugle élevait en ce rang ,
> Plutôt que la vertu, ni que le noble sang.
> La majesté des lois paraissait méprisée :
> Par cent divers tyrans Rome était maîtrisée ;
> Les puissants opprimaient le faible impunément ,
> Et l'on ne vit jamais un tel dérèglement.
> Dans ce siècle de fer, les Muses désolées,
> Comme Ovide autrefois se voyaient exilées ,
> Après avoir souffert un indigne mépris ,
> Et l'ignorance crasse offusquait les esprits.
> Chacun s'abandonnait aux passions brutales ;
> La terre eût dû s'ouvrir pour toutes les vestales ;
> La vertu recevait cent outrages mortels ,
> Et le crime insolent allait jusqu'aux autels ;
> La vanité, l'orgueil , la fourbe , l'impudence ,
> Le luxe , les plaisirs , la paix et l'abondance,
> Avaient si fort changé la reine des cités ;
> Tellement appauvri ses bonnes qualités ,
> La faisaient à tel point toute une autre paraître ,
> Qu'on cherchait Rome en Rome, et sans la reconnaître ;
> Et dans ces fâcheux temps, si honteux aux humains ,
> On voyait des Romains qui n'étaient plus Romains.

fin. Tout ce que la Providence établit sur la terre porte en soi,
par le fait seul de sa création, des germes de développement et de
mort. Les hommes, comme les sociétés, gravissent une haute montagne; quand on est parvenu au sommet, il faut descendre. La
religion seule ne peut périr, parce qu'elle émane de Dieu et qu'elle
était de toute éternité dans sa pensée.

Au reste, la chute de l'Empire romain s'accordait merveilleusement avec l'établissement du christianisme. A une religion nouvelle, il faut des sociétés nouvelles. La corruption des vainqueurs
du monde avait jeté de fatales semences parmi tous les peuples
vaincus; Dieu laissa tomber l'Empire romain et suscita les invasions
des Barbares pour punir et régénérer les hommes; autrefois, et
dans un même but, il avait suscité le déluge. (Voyez Attila,
pages 221 à 225.)

CHAPITRE IV.

Conquête de la Gaule par les Franks (481-511). — Toutes les forces des
Franks sont concentrées dans cette conquête. — Fondation définitive de la
Monarchie française.

§ 1er.

DE CLOVIS JUSQU'A SA CONVERSION (481-496).

Bataille de Soissons et mort de Syagrius. — Histoire du vase de Soissons. — Affection
de Clovis pour les catholiques. — Message d'Aurélien. — Gondebaud accorde Clotilde
à Clovis. — Mariage de Clovis et mort d'un de ses fils. — Invasion des Allemands et
bataille de Tolbiac. — Conversion de Clovis. — Résultat de cette conversion.

Clovis n'avait pas plus de quinze ans lorsqu'il monta sur le trône,
ou plutôt lorsqu'il fut élevé sur le pavois et reconnu roi, après la
mort de son père Childéric, en 481. L'Empire romain d'Occident
n'existait plus depuis 476. Odoacre, après la déposition d'Augustule, le dernier empereur, s'était fait proclamer roi d'Italie, et avait
invité ses confrères, les Barbares des Gaules, à s'attribuer comme
lui la souveraineté des provinces qu'ils occupaient; en effet, jusqu'à
cette époque les Bourguignons et les Visigoths, quoique indépendants de fait, reconnaissaient la supériorité de l'Empire. On pense

bien qu'ils n'eurent pas de peine à suivre l'invitation d'Odoacre. Cependant, une partie des provinces appelées la seconde, la troisième et la quatrième Lyonnaises et des deux Belgiques (la Normandie, l'Ile de France, la Champagne, la Picardie, etc.) n'avaient point passé à de nouveaux maîtres, et demeuraient toujours attachées à un État qui n'existait plus. Syagrius commandait encore dans les provinces en qualité de gouverneur romain, mais avec toute l'autorité d'un roi, et peut-être avec la secrète pensée d'en prendre bientôt le titre. Peut-être aurait-il réalisé cet espoir, s'il n'avait pas eu pour voisin un prince jeune, ardent, ambitieux, et qui voulait, lui aussi, avoir sa part des dépouilles du grand Empire. « Peu de de princes, dans ces circonstances, dit Mably, ont été aussi propres que Clovis, je ne dis pas seulement à conquérir, mais à former un empire. Sous cette férocité qui caractérise son siècle et les héros de la Germanie, ce prince, supérieur à sa nation et à ses contemporains, avait des lumières, des talents et même des vertus qui auraient honoré le trône des empereurs romains. » On peut lui reprocher bien des crimes et des cruautés qui tiennent à la barbarie de son temps, mais sa politique, et non le désir de répandre le sang, lui dictait ces actions atroces : pourvu qu'il parvînt à son but, peu lui importait par quels moyens. « Dans une nation policée, observe encore Mably, la cruauté et la fourberie annoncent une âme faible, lâche et timide ; chez un peuple encore sauvage, elles s'associent souvent avec une âme grande, noble et fière..... Clovis, qui n'avait pour toute règle de morale que les préjugés de sa nation, son estime ou sa censure, se permit, pour réussir dans ses desseins, tout ce qui ne pouvait pas le rendre odieux. Mais la manière différente dont il se comporta, suivant la différence des conjonctures, avec les Gaulois, les Franks, les Bourguignons, les Visigoths, les empereurs d'Orient et les peuples de la Germanie, fait voir en lui un génie aussi droit et ferme dans ses vues, que fécond en ressources, et un courage propre à réussir dans tous les temps, et trop supérieur aux événements pour recourir par nécessité à des moyens bas et honteux. »

Il commença ses conquêtes par la défaite de Syagrius, qui commandait dans les Gaules pour les Romains. La bataille eut lieu auprès de Soissons, l'an 486. Syagrius échappe presque seul du combat, et la crainte que lui inspira le vainqueur, l'emporta jusqu'à Toulouse, où il ne se crut en sûreté que sous la protection d'Alaric, roi des Visigoths ; mais livré bientôt par ce roi, qui tremblait pour ses États, au victorieux Clovis, celui-ci le tint prisonnier, l'amusa quelque temps par de fausses promesses de liberté, au moyen desquelles il facilita plusieurs de ses conquêtes, puis lui fit trancher la tête secrètement (en 487). La domination romaine fut anéantie ; et les Franks se virent possesseurs de toutes les provinces situées entre le Rhin et la Loire.

L'habile vainqueur se présentait aux Gaulois comme un libérateur, et semblait ne vouloir que les soustraire à la tyrannie romaine ; il avait surtout grand soin de ménager les évêques et tout le clergé, afin de gagner plus facilement le peuple par ce moyen ; on eût dit qu'il n'était point d'une religion contraire au christianisme. Cependant, comme les soldats ne voyaient encore que le butin dans les guerres que l'on entreprenait, il ne put empêcher que quelques églises ne fussent pillées, et entre autres celle de Reims. *Saint Rémy*, évêque de cette ville, qui passait pour l'homme le plus éloquent des Gaules, et jouissait dans le pays celtique d'un crédit prodigieux, encouragé par la bienveillance du jeune monarque, le supplie de lui rendre un vase d'un grand prix qui avait été enlevé par les Franks ; Clovis promit de le lui remettre. On allait faire à Soissons le partage du butin ; les lots, selon l'ancienne coutume, devaient se tirer au sort, même celui du prince. On ne tarda pas à découvrir le vase précieux parmi les dépouilles rassemblées sous une tente, au milieu de la place publique de Soissons. « *Mes braves compagnons*, dit alors Clovis aux Franks qui se pressaient autour de leur chef, *il ne vous sera pas désagréable que je prenne le vase et que je le rende aux gens qui le réclament ?* Les officiers et les soldats de s'écrier : *Comment ! ne pouvez-vous pas le prendre sans le demander ? N'êtes vous pas le maître, et ce que nous avons ne vous appartient-il pas ? — Non ! certes*, dit un guerrier brutal et jaloux, *vous ne prendrez ce vase que si le sort vous le donne ;* et d'un coup de sa francisque il le brisa. Clovis garda le silence et n'osa se venger sur-le-champ d'une hardiesse que l'ancienne coutume autorisait ; il prit le vase que l'armée lui offrait, le rendit à saint Rémy, et attendit en silence l'occasion de punir le soldat brutal qui lui avait refusé sa demande. Elle se présenta un an après, au champ de Mars, dans un revue générale. Le roi reconnut le soldat, dont l'audace grossière avait invoqué la loi du partage, et remarqua que ses armes n'étaient point en état, et d'une main conduite par le ressentiment, lui arracha des mains sa francisque et la jeta par terre, en lui disant : *Il n'est pas dans toute l'armée des armes plus mal tenues que les tiennes : ta framée, ton épée, ta francisque* accusent ta négligence et ta lâcheté. Tandis que le soldat se baissait pour la ramasser, Clovis prit sa hache et lui fendit la tête d'un seul coup : *Voilà*, s'écria-t-il, *ce que tu as fait au vase de*

Soissons. Tel fut l'acte de royauté qui frappa de crainte et de respect tous ses soldats, rompit l'espèce d'égalité qui avait régné jusqu'alors entre les guerriers qui, partageant les mêmes périls, partageaient aussi la même autorité, leur inspira la soumission, et établit une grande distance entre eux et lui. C'est ainsi que pour persuader des Barbares, il fallait une action barbare.

Or, le roi Clovis résolut de prendre une épouse; et, suivant la coutume des chefs de sa race, il envoya Aurélien en ambassade, auprès de Gondebaud, roi des Bourguignons, dont la nièce, nommée Clotilde, était célèbre par ses grâces, ses vertus et ses malheurs. Soit qu'il fût touché de sa beauté, comme le disent quelques historiens, soit plutôt qu'il voulût faire une alliance avantageuse, il la fit demander en mariage. Gondebaud aurait bien voulu pouvoir la lui refuser; mais il n'osa, parce qu'il n'était pas en état de résister à la puissance du guerrier qui voulait absolument s'allier à lui. La princesse, jeune et infortunée, fuyait sans peine un oncle inhumain, qui avait assassiné son père pour usurper son trône; elle avait vu une partie de sa famille massacrée presque sous ses yeux; elle cherchait partout des protecteurs, prête à se jeter dans les bras qui s'ouvraient pour la recevoir.

Tels étaient les malheurs qui avaient désolé l'enfance de Clotilde, élevée par sa mère dans la foi catholique. Aurélien fut frappé de sa ravissante beauté, de l'éclat de ses vertus, et revint promptement auprès du roi des Franks, dont l'imagination s'enflamma aussitôt, d'après le portrait qu'il lui en fit.

« Ami Aurélien, se prit à dire Clovis, retourne au pays des
« Burgondes de toute la vitesse de mon meilleur coursier, et porte
« mon anneau aux pieds de cette jeune fille si belle ! »

Alors il mit à son doigt un brillant anneau, et Aurélien revint au pays des Burgondes (Bourguignons). Il laissa ses compagnons dans un bois voisin de la tour où Clotilde était gardée, quitta les riches habits de son rang et se revêtit des haillons de mendiant; puis il se mêla à la foule de ceux à qui la pieuse fille de Chilpéric distribuait les aumônes, à l'issue de l'office divin. Lorsque vint son tour de recevoir le denier de cuivre qui lui était destiné, il saisit la main de la princesse, releva la manche qui la couvrait et lui appliqua un baiser respectueux. La vierge fut vivement émue de cet acte de hardiesse, et une pudique rougeur colora son visage. Néanmoins, comme l'action du pauvre n'était point chose ordinaire, la princesse, dont tous les mouvements étaient observés par les gens de Gondebaud, résolut d'obtenir, au moment où elle serait seule, l'explication d'une conduite si étrange. Lorsqu'elle fut rentrée dans la tour, elle envoya donc chercher le pauvre par sa plus intime compagne. Aurélien était encore assis sur un banc de pierre aux portes de la tour, et il se rendit avec empressement à l'invitation de la jeune fille, qui vint à lui.

« — Homme, lui dit la princesse en langue romaine, car elle pensa bien qu'il était de basse condition, qui t'a fait si hardi pour appliquer tes lèvres sur ma main toute nue ? »

« — Noble fille de Chilpéric, répartit Aurélien en s'agenouillant devant elle, reçois-moi s'il te plaît en ta merci. Je suis envoyé auprès de toi par le roi chevelu Clovis, de la forte race de Mérovée, et qui commande à la vaillante tribu des Franks-Saliens ; reçois cet anneau en signe de la vérité de mes paroles et de l'amour du roi des Franks ; car il te demande cette main que j'ai osé baiser en son nom. »

La jeune princesse reçut l'anneau d'une main tremblante ; puis, pour cacher la rougeur de son front, elle laissa tomber son voile sur son visage.

Alors elle ajouta :

« — Je reçois avec une joie respectueuse, et comme cela convient à une pauvre orpheline, le message de Clovis, le roi chevelu. Tu es sans doute un de ses fidèles ; pardonne l'erreur que m'a fait commettre le déguisement sous lequel tu as caché ta dignité. »

« — Tes paroles, noble princesse, dit Aurélien, tombent sur moi comme les grâces d'un maître sur un serviteur indigne. Si je t'ai trompée un moment en revêtant ces lambeaux indignes de mon rang, c'était dans l'espoir de pouvoir plus facilement ainsi te parler sans témoins. Apprends, fille de Chilpéric, que mon roi est puissant, et qu'il commande à de vaillants guerriers, mais qu'il n'a pas voulu que ta main lui fût accordée par d'autres que par toi ; il a désiré savoir si ton cœur était libre..... »

« — J'ai ouï parler du roi des Franks, noble leude, continua Clotilde ; la renommée de ses exploits a retenti dans ma solitude. Mais j'ai ouï dire aussi que l'eau sainte du baptême n'avait point encore été répandue sur son front, et qu'il demeurait attaché aux dieux de ses pères.

« — On t'a dit la vérité, princesse, répliqua tristement Aurélien, Clovis et ses guerriers inclinent encore leurs fronts victorieux devant l'idole insensible d'Irmensul. Mais écoute, fille de Chilpéric, toi qui seule es restée pure au milieu de ta nation, reçois favorablement les vœux du roi des Franks. Par la permission de Dieu, la timide et faible gazelle adoucira le lion superbe. Viens parmi ces Barbares apporter les paroles de l'Évangile, ô Reine ! ta douceur et ta piété seront plus puissantes sur eux que les prédications de nos saints évêques. Que le Seigneur soit avec toi et t'inspire une résolution qui consolera l'Église affligée et qui recommandera ton nom aux prières des chrétiens dans ta postérité la plus reculée ! »

Clotilde étendit la main vers Aurélien pour lui prescrire le silence et lui ordonner de quitter la position de suppliant qu'il avait conservée. Elle s'agenouilla ensuite elle-même devant une croix et pria avec ferveur le Dieu des rois et des peuples. Puis, elle se leva tout à coup et dit :

« —Que la volonté de Dieu soit faite, et qu'il advienne de sa servante tout ce qu'il commandera ! Va donc trouver mon oncle Gondebaud, fais-lui part du message du roi chevelu ; car je consents à te suivre auprès de lui. Oui, mon frère dans le Seigneur, j'ai eu souvent des visions dans le mystère des nuits qui m'ont annoncé cet événement, et le saint évêque de Vienne, Avitus, me les a expliquées en me disant que le fruit de mon ventre serait béni. Que la volonté de Dieu soit faite ! »

Cette demande jeta Gondebaud dans une étrange perplexité. Consentir, c'était s'exposer un jour à de fâcheuses représailles de la part de Clovis, devenu gendre d'un beau-père assassiné ; refuser, c'était courir risque d'une guerre immédiate. Gondebaud crut le péril présent plus redoutable que le péril à venir ; il consentit. Les ambassadeurs présentèrent un sou et un denier, selon l'usage, et fiancèrent Clotilde au nom de Clovis.

Clotilde partit avec Aurélien. Gondebaud ayant changé d'avis, envoya des gens à sa poursuite ; mais la princesse fit tant diligence qu'elle leur échappa, et parvint saine et sauve auprès du roi des Franks. Aurélien fut récompensé par le duché et le territoire de Melun ; premier exemple d'un Gaulois élevé par les conquérants au rang de leude et de fidèle. La politique de Clovis lui dictait cette conduite envers les vaincus.

Clotilde fut accueillie avec amour par son époux, et elle ne tarda pas à exercer sur la nation des Franks cet empire irrésistible que Dieu a mis dans la vertu. Elle protégea les saints lieux et les prêtres du Seigneur contre la fureur des soldats, et comme dans la tour solitaire où elle avait passé sa jeunesse, elle devint la mère des pauvres et des affligés. Les Franks se disaient entre eux, émerveillés de sa grâce et de sa bonté : « Cette fille des Burgondes n'adore point notre Dieu Irmensul ; elle ne chante point les sages de nos ancêtres ; mais elle est parmi nous comme un esprit protecteur. Elle prie pour nous, et son Dieu nous donne la victoire ; elle secourt les infortunés ; elle visite les blessés et leur dit des paroles mystérieuses qui endorment leurs douleurs. Quel est donc le Dieu des chrétiens que notre reine Clotilde adore?.... »

Chaque jour elle parlait de l'Évangile au roi des Franks ; elle lui montrait son ange marchant à la tête de ses bataillons et lui soumettant tous ses ennemis. Puis, elle le conjurait, les larmes aux yeux, de renoncer à l'idole sanglante à laquelle les Franks rendaient hommage. Le roi Clovis était ému, mais il n'osait renoncer aux croyances de ses ancètres, dans la crainte que les Franks irrités cessassent de suivre sa bannière. Cependant, elle chercha constamment à lui inspirer deux sentiments : la foi au Dieu qu'elle adorait, et la haine des assassins de son père. Elle le suppliait avec tant de grâces de vouloir son propre bonheur, son bonheur éternel ; elle employait avec une adresse si éloquente les insinuations de l'amour le plus tendre, que si ses efforts ne furent pas d'abord heureux, du moins ils lui laissèrent l'espérance d'arracher un époux qu'elle aimait aux erreurs monstrueuses du paganisme. Clovis flottait indécis entre sa conviction encore incomplète, et le danger d'offenser les vieilles idolâtries des Franks. Les vérités du Christ se manifestaient à lui confusément et avec lenteur. Déjà incrédule aux idoles, il tardait à devenir croyant au seul Dieu. La politique lui persuadait à la fois le christianisme, et l'en dissuadait.

Mais que ne peut la persévérance d'un saint zèle, surtout quand il se manifeste par l'organe d'une beauté tendre, qui, non contente de faire le bonheur d'un époux, embrasse encore sa félicité éternelle ?

Pendant qu'il doutait et délibérait, Clotilde lui donnait un fils. La pieuse reine, profitant avec habileté de la joie du roi, exigea que l'enfant fut fait chrétien. Clovis, déjà ébranlé, consentit. Il trouvait bon d'avoir cette occasion d'éprouver les dispositions de ses Franks. Le jeune prince eut donc le baptême. Mais à quelques jours de là, il mourut, et le roi troublé retourna en arrière, et se repentit.

Clotilde eut un second fils : elle insiste, et obtient encore pour lui le baptème. Mais voilà que l'enfant est tout-à-coup saisi du même mal que son frère. Clovis éclate en reproches, s'imaginant que la colère de ses anciens dieux le poursuit. Clotilde, deux fois malheureuse, est consternée et désespérée ; mère, elle pleure ; chrétienne, elle prie ; avec elle prient aussi ses chrétiens ; enfin, la mort est fléchie et l'enfant guérit. Clovis, encouragé, commence à croire au Dieu de Clotilde.

D'autres événements survinrent, sur le territoire enfermé entre le Danube, le Rhin et le Mein, où deux peuples étaient établis, les Suèves et les Allemands. L'exemple donné par les Franks, les Visigoths et les Bourguignons, les excitaient à chercher à leur tour un meilleur établissement dans de plus heureuses contrées. Ayant uni leurs forces, ils marchent, et rencontrent, au passage, les Ripuaires, alliés des Franks, et enfants comme eux des anciens Sicambres ; ils font effort pour les surmonter. Ceux-ci appellent les Franks, et Clovis accourt. Il n'avait garde de leur refuser une protection dont il comptait leur faire comprendre et payer le prix.

On combattit à Tolbiac, auprès de Cologne. Sigebert, de la race de Clovis, gouvernait ce pays avec le titre de roi. Ce fut lui qui commença l'attaque, tombant sur les Allemands avec une grande résolution. Mais il succomba ; ses troupes, rebutées reculèrent, et, renversé lui-même et blessé, son fils ne le retira qu'à grand peine de la mêlée. Tout fut alors, chez les Franks, terreur et désordre ; chez les Allemands, l'ardeur et l'acharnement redoublaient. En un instant, Clovis, pressé et environné, se vit dans un extrême péril ; il allait perdre sa gloire. En cet instant, il eut recours au Dieu de son épouse, dont elle lui avait si fréquemment parlé, et levant alors les yeux au ciel, il fit cette prière : « Dieu de la reine Clotilde, « vous que l'on dit le fils du Dieu vivant, et qui donnez du secours « et la victoire à ceux qui vous implorent, j'invoque votre assis- « tance ! Si vous me faites vaincre, je croirai en vous, et me ferai « baptiser. J'ai invoqué mes dieux qui ne me secourent pas ; secou- « rez-moi et je vous adore. » Cette prière qui ressemblait à un marché, produisit cependant un grand effet ; elle ranima le courage des soldats gaulois sans alarmer les Franks, qui, sans doute, avaient peu de zèle pour leurs dieux. Clovis ramena ses troupes à la charge, enfonça les bataillons ennemis, et les mit en fuite ; il entra ensuite dans l'Allemagne, dissipa les restes de l'armée vaincue, imposa le joug à une nation jusqu'alors indomptée, et la rendit tributaire (en 496).

Vainqueur, Clovis comprit facilement tous les avantages politiques qu'il devait en recueillir, s'il se montrait fidèle au vœu fait sur le champ de bataille. Il n'ignorait pas que sa conversion lui assurerait la bienveillance et l'obéissance des Gaulois, au milieu desquels il voulait établir son empire, et dont les évêques le soutiendraient de toute leur influence contre les rois ariens des Bourguignons et des Visigoths. Dans cette disposition, et après la victoire de Tolbiac, il ne fut pas difficile à l'éloquent saint Rémy de persuader au roi des Franks que le Dieu qui gagnait des batailles et qu'adorait Clotilde était le seul qu'il fallait adopter. La crainte de blesser les préjugés religieux des Franks le retint encore quelque temps : et, fidèle à sa promesse, il choisit la ville de Reims pour l'accomplir. Il engagea plusieurs de ses soldats à l'imiter. Instruit par saint Rémy, il se chargea de leur rendre les instructions qu'il avait reçues de l'évêque, et se joignit au clergé pour les catéchiser.

Bientôt le jour du baptême vit s'ouvrir les portes de l'église Saint-Martin, à Reims, dont les murs étaient couverts de draperies et de fleurs; Clovis s'avance, suivi de ses deux sœurs et de trois mille de ses sujets, altérés des eaux du salut.

Saint Rémy, comme un envoyé céleste, s'approcha du monarque, lui parla avec une magnanimité singulière. « Sicambre, dit le prélat, « en lui adressant la parole, autrefois si fier, si farouche, et que « la grâce rend aujourd'hui si humble et si soumis, courbe la tête, « adore ce que tu as brûlé et brûle ce que tu as adoré. »

A ces mots s'élèvent de toutes parts des parfums et des hymnes : les nouveaux chrétiens sortent des sources sacrées, vêtus de robes blanches, emblèmes de leur pureté, et font tomber au pied de l'autel les fers des captifs que leur livra la victoire (*).

(*) CLOVIS,

CONSIDÉRÉ COMME LE FONDATEUR DE LA MONARCHIE FRANÇAISE.

Environné d'écueils sur une mer sanglante,
Le précieux berceau de l'Eglise naissante
Triomphait des enfers déchaînés contre lui ;
Le bras de l'Éternel lui prêtait son appui.
Cette superbe ville, au mensonge livrée,
Rome, du sang chrétien si longtemps altérée,
Avait, sur les débris de Janus et de Mars,
Arboré de la croix les divins étendards ;
L'Orient renversait ses antiques idoles ;
Mais l'erreur, sous ses lois, tenait encore les Gaules ;
Et la foi ne jetait que de faibles rayons
Sur la nuit qui couvrait ces vastes régions.
Aveuglé par ses dieux, et cruel pour leur plaire,
Un héros protégeait leur culte sanguinaire ;
Clovis était son nom. La valeur de son bras
Avait du joug romain affranchi ses États ;
La superstition, la fraude et l'ignorance
Ravageaient, sous ses yeux, la face de la France ;
Des prêtres imposteurs, fanatiques, cruels,
Du sang de ses sujets arrosaient leurs autels.
Vainement à leur fourbe, opposant leurs prodiges,
Les disciples du Christ confondaient leurs prestiges,
La mort était leur prix.... Le ciel à d'autres mains
Réservait le bonheur d'accomplir ses desseins.
Par le nœud de l'hymen, sa bonté souveraine
Avait joint à Clovis une jeune chrétienne ;

La conversion de Clovis au christianisme (en 496), fut de sa part,
ainsi que nous l'avons dit, une œuvre politique, qui prouve toute

Le bruit de ses vertus, l'éclat de ses appas
Au trône de la France avaient guidé ses pas :
Telle que l'humble Esther, dans ses destins prospères,
Clotilde était fidèle à la foi de ses pères,
Et pour son cher époux, victime de l'erreur,
Elle adressait au ciel tous les vœux de son cœur.
Dieu Sauveur, disait-elle, écoute ta clémence,
Et daigne enfin tourner tes regards sur la France ;
Ce peuple infortuné qui méconnaît tes lois
Sur ton cœur paternel a-t-il perdu ses droits ?
Aux pièges de Satan livreras-tu son maître ?
Clovis était-il né pour ne pas te connaître ?
Sous le joug des enfers abandonneras-tu
Cette ame généreuse où règne la vertu ?
Grand Dieu ! lance sur elle un trait de ta lumière.
Le fils de l'Éternel entendit sa prière :
Les temps étaient venus où l'empire des lys,
De ses divins bienfaits devait goûter le prix.
Les accents de sa voix, tels qu'un bruyant tonnerre,
Ebranlent tout-à-coup et les cieux et la terre ;
Il appelle l'esprit qui préside aux combats,
Et qui change à son gré la face des États.
Celui de qui la main redoutable et puissante
Fit un affreux désert des bords féconds du Xante,
De la Perse et de l'Inde asservit les destins,
Et livra leurs vainqueurs à l'aigle des Romains :
Toi, dit-il, qui du sort gouvernes l'inconstance ;
Qui, semant dans les cœurs la crainte ou l'espérance,
Ame des combattants, maître de leur courroux,
Détournes, affaiblis, ou diriges leurs coups,
Aux yeux des nations va montrer ma puissance,
Et dérobe aux enfers l'empire de la France.
L'ange exterminateur s'envole vers Paris.
Quel spectacle d'horreur frappe ses yeux surpris ?
De la France, à grands cris, franchissant les frontières,
Un peuple de brigands (*), avides, sanguinaires,
Semaient partout la mort, le ravage et les feux ;
Clovis au même instant accourt et fond sur eux ;
Mille vaillants guerriers, guidés par son courage,
Dans leurs rangs, sur ses pas, se frayaient un passage ;
L'ange, dans ce moment, pour éprouver son cœur,
Voulut par les revers l'appeler au bonheur.
Déjà le sang coulait ; déjà les deux armées,
D'une fureur égale au carnage animées,

(*) Les Allemands : on veut parler de l'affaire de Tolbiac.

l'habileté de son esprit. Dès ce moment, sa conquête s'agrandit dans
la Gaule presque sans effusion de sang : toutes les villes du Nord-

> Obscurcissaient les airs d'un nuage de dards,
> Et sur un tas de morts plantaient leurs étendards,
> La victoire flottait autour d'eux incertaine....
> Les Français sont saisis d'une frayeur soudaine....
> Un invisible bras, par d'effroyables coups,
> Les abat, les confond, et les disperse tous ;
> C'est en vain que Clovis, indigné de leur fuite,
> Au devant de leurs pas vole et se précipite,
> Les rappelle au combat et ranime leur cœur :
> « Arrêtez, revenez, connaissez votre erreur,
> « Compagnons ; quel démon glace vos cœurs timides ?
> « Livrerez-vous Clovis aux mains de ces perfides ? »
> Ils ne l'entendent pas dans ce trouble mortel.
> Le héros désolé lève les mains au ciel ;
> Dieu des chrétiens, dit-il, j'implore ta puissance ;
> De mes soldats tremblants ranime l'espérance ;
> Je fais vœu désormais de n'adorer que toi.
> O prodige ! à l'instant, bannissant leur effroi,
> Les Français furieux revolent au carnage ;
> Les brigands étonnés poussent des cris de rage ;
> A ce fougueux torrent ils cèdent à leur tour ;
> Dans leurs rangs enfoncés les Français se font jour,
> Et vengeant dans leur sang leur défaite première,
> Ils remportent sur eux une victoire entière.
> Tels jadis, Gabaa, sous tes puissants remparts,
> Après avoir deux fois succombé sous leurs dards,
> Les enfants de Lévi, retournant sur leur trace,
> De leurs vainqueurs altiers confondirent l'audace.
> Clovis, au même instant, sans quitter ses drapeaux,
> Assemble ses soldats et leur parle en ces mots :
> Français, vous l'avez vu, de mortelles alarmes
> De vos tremblantes mains faisaient tomber les armes ;
> Le grand Dieu de Clotilde, attendri par mes pleurs,
> Dans ce danger terrible a raffermi vos cœurs ;
> De son bras tout-puissant votre gloire est l'ouvrage ;
> Il nous sauve des fers : qu'il ait seul notre hommage.
> Le discours de Clovis entraîne ses soldats.
> Ils adorent ce Dieu qu'ils ne connaissent pas ;
> Leurs yeux sont dessillés. Cette onde salutaire
> Qui lave les humains du péché de leur père,
> Porte dans tous les cœurs l'innocence et la paix,
> Et du joug des enfers les dégage à jamais.
> Le messager des cieux, à ses ordres fidèles,
> Revole sous les arcs de la voûte éternelle.

Ouest jusqu'à la Loire ouvrirent leurs portes à ses soldats. Les corps de troupes qui stationnaient dans ces villes passèrent au service du roi germain et gardèrent, au milieu de ses guerriers, vêtus de peaux, les armes et les enseignes romaines. Bientôt les limites du royaume des Franks furent reculées vers le Sud-Est, et, à l'instigation de ceux qui l'avaient converti, le néophyte entra à main armée sur les terres conquises par les Burgondes (Bourguignons).

§ 2.

DE CLOVIS, DEPUIS SON BAPTÊME JUSQU'A SA MORT (496-511).

Soumission des Bretons. — Guerre contre les Bourguignons. — Contre les Visigoths. — Bataille de Vouillé. — Ambassade d'Anastase à Clovis. — Clovis se défait tour à tour de Sigebert, de Cararie, de Ragnacaire et de Regnomer. — Clovis divise le royaume en duchés et en comtés. — Unité du royaume frank. — Résumé. — Clovis meurt avec le titre de fondateur de la Monarchie française.

Les Romains conservaient encore quelques places fortes, aux extrémités de la Gaule, le long des fleuves, au bord de la mer. La soumission des Armoriques (nom que l'on donnait dès le temps de César aux habitants des bords de l'Océan, depuis la Flandre maritime jusqu'à la Bretagne) détermina celle des garnisons romaines qui gardaient encore ces villes; elles firent un traité avec Clovis, lui jurèrent fidélité, sous la condition seulement de conserver leurs lois, leurs coutumes, leurs vêtements, et de porter à la guerre leurs enseignes particulières. A ces conditions, ils entrèrent dans la grande association des Franks.

Un peu plus tard, Clovis vint aussi dans cette province, que les Romains avaient donnée aux Bretons quand ils les recueillirent, chassés de leur île par les Anglais et les Saxons. Il réduisit Nantes, Rennes et Vannes. Il ôta au prince le titre de roi, le mit en sa sujétion, et lui fit payer tribut pour le territoire qu'il lui laissait.

Alors, des bouches du Weser jusqu'à Bâle, de Bâle jusqu'à la Loire, un peu au-dessous de Nevers; de la Loire à Vannes et à Rennes, de Rennes à la mer, de la mer au Rhin et au Weser, tout fut à Clovis. Cette contrée commença alors à prendre le nom de France, qu'elle porta longtemps avant que ce nom ne fût devenu commun au reste de la Gaule. Quant aux habitants, ils restèrent pendant de longues années encore divisés en Gaulois ou Romains et en Franks. Clovis promulgua une loi pour fixer les droits de ses nouveaux sujets et établir les rapports entre les Franks et les Romains, ainsi que nous le dirons aux chapitres suivants. C'est cette loi connue sous le nom de SALIQUE, dont une seule disposition est restée en vigueur, relativement à la succession à la couronne.

A peine Clovis avait-il achevé de réduire sous son commandement les provinces romaines qui n'avaient encore subi le joug d'aucun autre peuple barbare, qu'il songea à disputer aux Bourguignons et aux Visigoths celles où ceux-ci avaient formé leurs établissements. Son armée ne se maintenait que par la guerre ; ses soldats ne s'enrichissaient que des dépouilles des vaincus, et, pour continuer à régner sur les Franks, il avait besoin de les mener toujours de victoire en victoire.

A cette époque, la Gaule n'était donc plus partagée qu'en trois grands Etats, les Franks, les Bourguignons et les Visigoths ; c'est contre ces deux derniers que Clovis résolut alors de tourner ses armes.

Le roi des Bourguignons, Gondebaud, fut attaqué le premier et vaincu dans une bataille qui eut lieu près de Dijon. Il abandonna à Clovis Lyon et Vienne, et courut se renfermer dans Avignon. Clovis lui accorda la paix et revint chargé des dépouilles des riches contrées qu'il avait traversées. Bientôt il choisit Paris pour la capitale de son royaume ; mais ce royaume n'avait pas encore l'étendue qu'il voulait lui donner. Alaric, roi des Visigoths, et Clovis s'observaient mutuellement ; celui-ci excita ses guerriers contre les Visigoths en leur disant :

« Il me déplait que les Visigoths, qui sont ariens, occupent la
« meilleure partie des Gaules ; allons sur eux, avec l'aide de Dieu,
« et chassons-les ; soumettons leur terre à notre pouvoir ; nous fe-
« rons bien, car elle est bonne. »

Les Franks approuvèrent cette proposition ; ils l'accueillirent avec enthousiasme, et bientôt ils se dirigèrent vers cette bonne terre du Midi. La terreur de leur approche, disent les vieux historiens, retentissait au loin devant eux. Les habitants effrayés en furent frappés aussi vivement que si Attila lui-même se fût avancé avec ses hordes. C'est le premier acte de ce grand drame du Nord de la France, barbare et féroce, cherchant à imposer sa loi au Midi, florissant, civilisé : drame politique et social, qui a traversé les quatorze siècles de notre vieille monarchie, et dont la révolution de 1789 a formé l'épilogue sanglant.

Enfin, l'armée des Franks et celle des Visigoths se rencontrèrent dans une vaste plaine, coupée par le Clain. Le combat fut acharné. Alaric fut tué de la main même, dit-on, du roi des Franks. Celui-ci, après sa victoire, et au moment où il poursuivait l'ennemi qui fuyait de toutes parts, faillit tomber sous les coups de deux cavaliers Visigoths, qui le frappèrent ensemble de leurs épieux ; mais la cuirasse du roi résista, et les deux agresseurs tombèrent bientôt sous les coups des soldats Franks, accourus pour tirer leur roi du péril. Ce ne fut plus dès-lors que fuite et carnage. L'armée des Visigoths, entièrement rompue, s'enfuit jusqu'à la Garonne et ne put se rallier qu'auprès de Bordeaux. Clovis ne lui donna pas le temps de respirer ; il l'attaque de nouveau et l'anéantit. Dès ce moment, rien ne s'opposa plus à la marche victorieuse du roi des Franks. Il parcourut à pas de géant la Touraine, le Poitou, le Limousin, l'Angoumois, le Périgord, la Saintonge, le Bordelais, le Rouergue, l'Auvergne ; en un mot, il soumit à son empire tout le pays qui s'étend depuis la Loire jusqu'aux Pyrénées. Il trouva à Toulouse les riches trésors des rois goths, dont il s'empara.

Au moment où il venait de cette brillante expédition, il rencontra à Tours les ambassadeurs d'Anastase, empereur d'Orient, qui lui envoyait le titre et les ornements de patrice, de consul et d'Auguste. Clovis, reconnaissant, célébra cet événement par des fêtes et des largesses ; il monta à cheval, le diadème en tête, revêtu de la robe et du manteau de pourpre ; il prit dès-lors le titre d'Auguste, nom toujours cher et vénérable des Gallo-Romains, et qui leur rappelait le bonheur et la gloire dont ils avaient joui sous l'Empire.

A son retour de la guerre gothique, Clovis vint s'établir à Paris ; il fixa sa résidence dans un palais élevé au midi de cette ville et habité jadis par les empereurs Julien et Valentinien. Jusqu'ici il avait marché de succès en succès, par une route que l'honneur et la gloire pouvaient avouer ; mais il souilla la fin de sa vie par le meurtre et l'assassinat de ses parents : pour pouvoir satisfaire son ambition insatiable, et pour assurer l'unité de l'armée barbare, Clovis résolut de les faire tous périr, et il le fit par une suite de perfidies ou d'atrocités. Le plus puissant de ces princes était Sigebert, souverain de Cologne. Clovis envoya en secret vers Chloderic, fils de Sigebert et lui manda : *Voici que ton père est vieux, et qu'il boite de son pied malade* (il avait été blessé à Tolbiac) ; *s'il venait à mourir, son royaume t'appartiendrait de droit, ainsi que notre amitié.* Il arriva que Sigebert sortit de Cologne pour aller se promener dans la forêt de Buconia ; comme il s'endormit dans sa tente, sur le midi, son fils, séduit par l'ambition, appela des assassins et le fit tuer. Puis il députa vers Clovis : *Mon père est mort,* lui annonçait-il, *et j'ai en mon pouvoir ses biens et son royaume ; dépêche-moi quelques-uns des tiens, et je leur remettrai volontiers les trésors qui te plairont.* Clovis fit comme demandait Chloderic. Tandis que ce dernier examinait avec les messagers les trésors de Sigebert, il dit tout à coup : *Voici le coffre où mon père avait coutume d'amasser ses pièces d'or.* Les envoyés lui répondirent : *Plonge ta main jusqu'au fond pour voir si rien n'y reste*, et pendant qu'il se baissait, l'un d'eux leva sa francisque et lui brisa le crâne. Clovis vint alors à Cologne, convoqua le peuple, et dit : *Chloderic a mis à mort son père ; lui-même a été assassiné, je ne sais par qui, au moment où il ouvrait les trésors de Sigebert ; je ne suis nullement complice de ces choses ; mais puisqu'elles sont arrivées, je vous donne un conseil ; s'il vous est agréable, acceptez-le : ayez recours à moi et mettez-vous sous ma protection.* Le peuple accueillit ces paroles avec des cris de joie et des battements de mains ; on éleva Clovis sur le pavois et on le proclama chef de la tribu.

Clovis marcha ensuite contre Cararic, roi de Térouane, en tardives représailles de la conduite peu loyale qu'il avait tenue vingt ans auparavant. A la bataille de Soissons, Cararic fut pris avec son fils, et Clovis commanda qu'ils fussent ordonnés prêtres, après qu'on leur eut coupé leur longue chevelure. Un jour que Cararic pleurait sur son abaissement, son fils se prit à dire en montrant sa tête tonsurée : *Ces branches-là ont été coupées d'un arbre vert et vivant ; il ne séchera point, et en produira de nouvelles. Plaise à Dieu que celui qui a fait ces choses ne tarde pas davantage à mourir !* Ces paroles furent rapportées à Clovis, qui punit une simple menace par la mort des deux princes.

Ce double meurtre réunit à l'empire salien, les Franks qui occupaient les environs de Térouane, chez les Atrébates.

Ragnacaire, chef frank de Cambrai, son plus ancien allié, et qui le premier l'avait secondé dans l'expédition contre Syagrius, était païen et fort débauché. Clovis profita des dérèglements de ce chef pour le décrier parmi les siens, et donna à ses antrustions des baudriers et des bracelets d'or pour les engager à trahir leur maître ; puis, il parut inopinément avec une armée devant Cambrai. Ragnacaire, investi à l'improviste et trahi par ses propres soldats, fut arrêté et chargé de fers. *Pourquoi as-tu fait honte à ma famille en te laissant enchaîner ?* lui dit Clovis. *Ne valait-il pas mieux mourir ?* Il lui fendit la tête d'un coup de hache ; puis, se tournant vers *Richaire*, frère de Ragnacaire : *Si tu avais porté du secours à ton frère, il n'eût pas été enchaîné ;* et il le frappa aussi de sa francisque.

Clovis fit ensuite périr Regnomer, roi du Mans, et son frère, et plusieurs autres rois ou princes qui se trouvaient à la tête de tribus moins considérables parmi les Franks. Il s'empara de leurs territoires, et se trouva, ainsi, seul roi des Franks; mais ce n'était pas tant pour joindre à ses États quelques petits royaumes de plus, que pour être assuré de transmettre à ses enfants, dans toute son intégrité, le vaste empire qu'il avait conquis. Tous ces rois, en effet, tous ces princes qu'il fit si cruellement, si impitoyablement mettre à mort, étaient comme lui descendants de cette race des rois chevelus, parmi lesquels les Franks choisissaient toujours leurs rois. Le seul moyen d'assurer à ses enfants la paisible succession de ses États, était donc de les débarrasser des concurrents qui pourraient la leur disputer. Politique odieuse, infâme, mais qui paraissait commune alors chez les Barbares.

L'œuvre de Clovis était achevée. Son empire, qui, du côté du Midi, s'étendait maintenant jusqu'au-delà de Toulouse, était paisible, stable et puissant. L'amitié d'Anastase, la paix de Théodoric, roi d'Italie, l'abaissement des Bourguignons et des Visigoths, la ruine de ceux qui, parmi les siens, pouvaient encore inquiéter son ambition, tout concourait à sa grandeur et à son repos. C'en était assez d'une telle œuvre pour un chef barbare, nouvellement sorti de ses forêts. Il chercha à faire plus encore. La Gaule fut ensuite divisée en duchés et en comtés. Clovis avait à récompenser ses compagnons d'armes, il en fit des comtes et des ducs. Ces titres étaient électifs, ils ne devinrent héréditaires que sous les rois de la seconde race.

Ainsi les Franks, après avoir arrêté, autant qu'il fut en eux, les courses des Barbares, purent former une nation en corps, et les armes de Clovis reproduisirent, à son insu, une partie des effets que le législateur le plus clair-voyant aurait opérés. Il sut connaître et deviner, comme par instinct, le génie guerrier de la nation; et, ce qui est plus étonnant encore, il sut l'entretenir et le guider avec une sorte d'adresse. Il sut multiplier ses forces et créer ses ressources; et quoique le gouvernement fut barbare, il eut une supériorité réelle sur des ennemis qui auraient pu renverser cet empire naissant; il sut reconnaître et saisir d'heureuses et infaillibles occasions de succès, de conquêtes, de domination, de grandeur. Les Gaules l'attendaient; il le comprit et n'y faillit point. Il fit ce qu'avec son peuple et son siècle, il pouvait tenter et achever de plus vaste. Il n'y a point d'autre grandeur pour les chefs de peuple, ni d'autre génie.

Tels sont, en résumé, les titres de gloire de Clovis. Chef électif d'une tribu guerrière, mais indisciplinée et barbare, il parvint dès son début, par un acte de sanglante fermeté, à plier ses soldats à la discipline. (V. l'histoire du vase de Soissons, p. 237.) Il traverse le

Rhin, détruit la dernière armée romaine, agrandit jusqu'aux Pyrénées son royaume naissant, lui laisse des lois fondamentales, et meurt (le 27 nov. 511) avec le titre de *Créateur de la monarchie française* (*).

CHAPITRE V.

Idée générale de l'état de la Gaule, depuis le cinquième siècle, jusqu'à la fin de la seconde race. — Institutions mérovingiennes.

§ 1er.

De la division du peuple. — Les Francs, les Romains, les Gaulois, les Bourguignons, les Goths et les Bretons. — Établissement. — État des personnes, état des terres. — Gouvernement, administration et institution judiciaires. — Royauté.

Nous avons dit que les Francs ne combattaient que pour le butin, et croyaient que le droit du vainqueur était de tout faire impunément : on peut juger par là de ce que les Gaulois eurent à souffrir à leur arrivée. En effet, l'esprit railleur des Gaulois fut l'obstacle le plus difficile à surmonter. Des Barbares d'une stature gigantesque, et tout-à-fait étrangers aux manières de la société, choquaient la vue et l'odorat des hommes que les jouissances raffinées du luxe avaient amollis. Les sons âpres et gutturaux de divers dialectes de la Germanie, blessaient des oreilles accoutumées aux sons harmonieux de la langue de Cicéron et de Virgile. Enfin, les amusements rustiques, la joie bruyante et l'appétit de ces nouveaux maîtres, dégoûtaient les vaincus, qui trouvaient une espèce de consolation dans le triste plaisir de donner des ridicules à leurs vainqueurs. Cette simple ressource laisse encore échapper quelques traces, que le Français effacera sans retour dès qu'il sera bien pénétré de la grandeur et de la dignité que lui doivent inspirer ses vastes destinées.

Les Francs, les Romains, les Gaulois, les Bourguignons, les Goths et les Bretons, confondirent à la longue leurs goûts, leurs qualités et leurs vertus. Semblables aux sources qui, s'épanchant dans le même lit, forment un fleuve majestueux, ces hommes d'origines différentes donnèrent naissance à un peuple que, depuis qua-

(*) La monarchie fondée, nous écrirons *Francs* au lieu de *Franks*.

17

torze siècles, l'Europe admire avec une inquiète jalousie. Les Français, gais, actifs, spirituels, sensibles, généreux, galants et braves, supportent les rigueurs du sort sans jamais être abattus, repoussent les séduisantes douceurs de la mollesse, cueillent les palmes des arts, des talents et du génie, secourent et respectent le malheur, protégent l'innocence, célèbrent, adorent et charment la beauté, sont fidèles à l'honneur, cherchent les combats; enfin, idolâtrent la gloire. Leurs jeunes gens répètent sans cesse des chants militaires; leurs hommes faits se pressent autour des enseignes, et leurs vieillards sentent un feu sacré qui les embrase au premier cri de guerre : *Vaincre ou mourir!* tel est, dans cette immense et redoutable association, le sentiment commun à tous les âges comme à toutes les classes, et qui vivifie des moissons abondantes de lauriers.

Au reste, rien ne nous instruit de la manière dont les vainqueurs acquirent des terres; on ne sait si, à l'exemple des Visigoths et des Bourguignons, ils forcèrent chaque propriétaire à leur abandonner une certaine partie de leurs possessions, ou s'ils se répandirent sans ordre dans les provinces qu'ils avaient subjuguées, et s'emparèrent de ce qui était à leur bienséance. Quoi qu'il en soit, la victoire les rendit insolents et brutaux; ils s'accoutumèrent à faire des injures aux Gaulois; et quand ils écrivirent leurs coutumes et qu'ils les rédigèrent en lois, ils établirent, ainsi qu'il en sera parlé au troisième paragraphe, une différence humiliante entre eux et les vaincus. Mais l'avarice des empereurs romains et la tyrannie de leurs officiers avaient accoutumé les Gaulois aux affronts et à la patience; ils ne sentirent point l'avilissement où les jetait la domination française, comme aurait fait un peuple libre. D'ailleurs les anciens impôts qui pesaient sur eux se trouvèrent diminués sous le gouvernement de leurs nouveaux maîtres. Un autre avantage, c'est que les Gaulois conservèrent leurs lois, et eurent même la liberté de devenir Français, en déclarant, devant le prince ou ses délégués, qu'ils renonçaient à la loi romaine pour vivre sous la loi Salique. Cette déclaration était enregistrée, et il fallait s'y tenir, ainsi qu'on le voit en quelques endroits des capitulaires de Charlemagne. Ils eurent, en outre, l'avantage bien plus grand d'être jugés par leurs pairs et les hommes de leur nation.

Clovis avait conquis les Gaules, et il en usa comme envers un pays conquis.

Les Francs, à qui profitait la conquête, n'avaient nulle raison pour se plaindre de leur établissement et des tributs que ce prince avait imposés aux vaincus; les vaincus, à leur tour, n'avaient aucun moyen de se soustraire aux tributs.

Il trouva le cens déjà établi sur les terres; c'était l'ouvrage des Romains; il lui suffit de le maintenir. La victoire lui avait transmis leurs droits; il lui suffit de vouloir, pour les exercer avec rigueur ou avec clémence.

Ainsi, la conquête achevée et le dessein formé de s'y maintenir, il fallut songer à la distribution des terres. Comme on n'exterminait point l'ancienne population du pays et qu'on ne la réduisait pas non plus en esclavage, il ne se pouvait pas qu'on ne lui laissât aucune partie. Mais la plus grande, comme il était naturel, allait aux vainqueurs.

Il fallait que ceux-ci recueillissent de grands avantages de leur victoire; pas assez grands, toutefois, pour la compromettre, en réduisant les vaincus à prendre conseil de leur désespoir.

On conjecture que les Francs, venus les derniers, firent, dans les provinces romaines qui leur échurent, ce qu'avaient fait déjà dans les leurs les Visigoths, les Ostrogoths et les Bourguignons.

C'était comme une sorte de droit des gens de ce siècle, et qui aidait à la conquête en laissant quelque consolation aux possesseurs dépouillés.

Le partage se fit en trois lots : deux pour les Francs, un pour les Romains et les Gaulois; on les jetait au sort : *Sortes gothicæ*.

Cette division, par lots épars et multipliés, ne tendait pas seulement à satisfaire l'avidité du soldat et à l'attacher à sa conquête, elle servait de plus à rapprocher les trois peuples et à les confondre insensiblement par le voisinage et par l'habitude.

Le roi était le plus grand propriétaire du sol; il faisait administrer son domaine avec une grande sévérité, ordonnait la levée des impôts, sous les peines les plus cruelles. Il nommait pour un temps, ou à vie, les ducs, les comtes, et confirmait les évêques. A sa mort, ses fils se partageaient ses possessions, ordinairement par lots tirés au sort, et devenaient rois au même titre sur les possessions qui leur étaient échues.

Pour constater l'état des personnes, une double division se présente d'abord : 1º celle des Barbares et des Romains; 2º celle des hommes libres et des esclaves. Mais les conquérants ayant adopté de bonne heure les distinctions déjà reconnues chez les Romains, nous diviserons la population en trois classes.

Première classe. — Les plus considérables d'entre les Barbares formaient une espèce de noblesse, qui consistait dans la possession des bénéfices et de certains emplois; on les appelait *Leudes, Antrustions* ou *Vassaux.* Les Romains pouvaient être assimilés à ces *Seigneurs* primitifs, sous le titre de *convives du roi*, et les décurions des cités conservèrent leur noblesse municipale avec les priviléges qui y étaient attachés.

Deuxième classe. — Elle comprenait les Barbares propriétaires de biens allodiaux et jouissant de tous les droits civils et politiques ; on leur donnait le nom d'*Hérimans*, *Fribourgs*, *Thanes*, etc. Les Romains de cette classe étaient exclus de la liberté politique, mais conservaient tous les avantages attachés à l'*ingénuité.*

Troisième classe. — Les colons tributaires, bien que libres de leur personne ; les affranchis qui l'étaient devenus, et les esclaves restés asservis à la glèbe ou au service domestique, peuvent être réunis dans cette dernière division.

Les Francs établis dans les provinces Gauloises, y conservèrent leurs coutumes militaires ; tous les ans ils s'y rassemblaient pour passer une revue générale, dont le but principal était de tenir les peuples vaincus en respect, par l'appareil d'une grande réunion d'hommes armés.

Sous la première race, cette revue se faisait le 1er mars, en pleine campagne ; sous le règne de Pepin, elle fut fixée au 1er mai. De là vient le nom de *Champ-de-Mai*, que l'on donnait à cette solennité. Il se tenait au même endroit une diète nationale. Le roi et les officiers ne manquaient pas d'assister à cette cérémonie.

C'était dans ces diètes qu'on faisait les lois, qu'on délibérait sur la guerre ou sur la paix, et généralement sur tout ce qui concernait l'état de la nation. Le roi ou son maire faisait la proposition, l'assemblée opinait, et tout se décidait à la pluralité des voix.

La Gaule, après la conquête, fut partagée en plusieurs duchés, en comtés, et chaque comté fut divisé en plusieurs cantons ou *centenes*, dans chacun desquels on établit un *centenier* pour y rendre la justice ; mais les ducs, les comtes et les centeniers ne pouvaient prononcer un jugement sans prendre, parmi les citoyens les plus notables, sept assesseurs, connus sous le nom de *rachimbourgs*, ou *échevins*, et ces assesseurs, toujours choisis dans la nation de celui contre qui le procès était intenté, faisaient eux-mêmes la sentence ; le chef du tribunal se contentait de la prononcer.

La justice était rendue dans les assises tenues par les comtes, les viguiers, les centeniers et les dizeniers, suivant la nature de l'affaire ou la gravité du cas. D'abord tous les hommes libres du canton devaient assister à ces plaids. Ainsi, dès le berceau des nouvelles monarchies, chacun était jugé par ses pairs.

La procédure était publique. Les jugements se fondaient : 1º sur les preuves écrites ; 2º sur les témoins ; 3º sur les conjurations qui affirmaient sous serment la vérité de l'accusation ou l'innocence de l'accusé; 4° sur les épreuves judiciaires, ou jugement de Dieu, par le feu, l'eau, la croix ou le combat. Cette dernière épreuve avait pour objet d'imposer une règle et une limite au droit de guerre privée. — (*Voyez* le chapitre suivant.)

Les Romains ayant conservé leurs institutions municipales, continuèrent d'être jugés par les juges des cités.

Alors les Francs, assurés de leurs conquêtes, applaudirent au dessein du législateur de fonder un gouvernement qui garantît la durée du nouvel État, et qui ménageait la liberté nationale. Les chefs les plus renommés, les principaux prélats et les Romains réputés pour leurs lumières comme pour leur sagesse, furent chargés de la tâche honorable mais difficile de jeter les fondements de la constitution de leur patrie.

Le roi prit le titre et reçut les honneurs de chef suprême; l'assemblée du mois de mars posséda la puissance législative; tous les Francs avaient le droit d'y délibérer, et n'y paraissaient que revêtus de leurs armes. Un conseil, formé des grands, des prélats, et présidé par le roi, fut investi du pouvoir législatif.

§ 2.

Nouvelle situation. — Lois barbares. — Différence. — Histoire de la loi Salique. — Exposition de la loi Salique. — Extraits de cette loi. — Tarifs pénaux. — Loi Ripuaire.

Lorsque les nations germaniques se furent fixées dans les pays conquis par elles, chaque guerrier se trouvant transformé en propriétaire, et engagé dans des rapports continuels, soit avec ses compatriotes, soit avec les Romains, leur vie, naguère si simple et si libre, se compliqua de mille manières, et il devint nécessaire de créer pour elles un droit civil fondé sur leurs anciennes coutumes, et particulièrement destiné à réprimer les excès de la liberté et de la force individuelle. On rédigea donc des codes, qui furent approuvés dans les assemblées générales des hommes libres, et modifiés par la suite avec les mêmes formalités. La plupart de ces monuments d'une législation grossière sont parvenus jusqu'à nous. Les voici :

Deux législations, la législation barbare, composée des lois Salique, Ripuaire, Burgonde, Visigothique, et le Droit romain, présidaient à l'état social de la Gaule mérovingienne. Nous n'avons à nous occuper que de la première, tout en faisant remarquer que jamais le droit barbare n'exclut la législation romaine en Gaule.

La loi Salique attirera surtout notre attention. Comme le plus fidèle *criterium* des mœurs d'un peuple est sa législation, nous parlerons en détail de cette loi.

La plupart des textes dont il est question sont précédés d'une préface où les Francs se chantent eux-mêmes comme une nation sans pareille, et disent que Wisigaste, Bodogaste, Salogaste, Windogaste, c'est-à-dire les députés des quatre cantons des Francs en Germanie, furent les collecteurs de la loi Salique. (*Voyez* les Francs sous Pharamond, page 219.) Cette préface n'indique pas que la loi Salique soit réservée exclusivement aux Francs Saliens. Elle fait pour ainsi dire l'histoire du code lui-même, auquel elle parait bien postérieure, d'après Thierry, qui s'exprime ainsi :

« La nation des Franks, illustre, ayant Dieu pour fondateur, « forte sous les armes, ferme dans les traités de paix, profonde en « conseil, noble et saine de corps, d'une blancheur et d'une beauté « singulières, hardie, agile et rude au combat, depuis peu conver- « tie à la foi catholique, pure d'hérésie ; lorsqu'elle était sous une « croyance barbare, avec l'inspiration de Dieu, recherchant la « clef de la science ; selon la nature de ses qualités, désirant la « justice, gardant la piété, la loi Salique fut dictée par les chefs de « cette nation qui en ce temps commandaient chez elle. »

On choisit, entre plusieurs, quatre hommes : Wisigaste, Bodogaste, Salogaste et Windogaste, dans les lieux appelés Wiseghève, Saloghève, Bodoghève et Windoghève. Ces quatre hommes se réunirent dans trois mâls, discutèrent avec soin toutes les causes du procès, traitèrent de chacune en particulier et décrétèrent leur jugement de la manière qui suit. Puis, lorsque avec l'aide de Dieu, Clovis le chevelu, le beau, l'illustre roi des Franks, eut reçu le premier baptême catholique, tout ce qui dans ce pacte était jugé peu convenable, fut amendé avec clarté par les illustres rois Clovis, Childebert et Clotaire, et ainsi fut dressé le décret suivant :

« Vive le Christ, qui aime les Franks ! Qu'il garde leur royaume « et remplisse leurs chefs de la lumière de sa grâce ; qu'il protège « l'armée ; qu'il leur accorde des signes qui attestent leur foi, « la joie de la paix et de la félicité ! Que le seigneur Jésus-Christ « dirige dans les voies de la piété les règnes de ceux qui nous « gouvernent ! Car la nation des Franks est celle qui, petite en « nombre, mais brave et forte, secoua de sa tête le dur joug « des Romains, et qui, après avoir reconnu la sainteté du baptême, « arrosa somptueusement d'or et de pierres précieuses les corps « des saints martyrs que les Romains avaient brûlés par le feu, « massacrés, mutilés par le fer, ou fait détruire par les bêtes. »

Après ce préambule, la préface raconte l'histoire succincte des législateurs, depuis Moïse et Phoronée, et cela d'après Isidore de Séville. Mais il est temps de passer au texte lui-même.

Le mot *sala* signifiait, chez les Francs, *maison ;* la terre salique, c'était la terre qui environnait la maison ; or, cette maison et cette enceinte formaient le seul patrimoine que la loi de la nation accordait aux mâles ; et, en effet, pourquoi aurait-il appartenu aux filles, qui passaient dans une autre maison? La loi qui appelait les mâles seuls à recueillir la propriété de la maison paternelle était donc uniquement une loi civile ; plus tard, ce ne fut que par extension et par analogie qu'on l'appliqua à la succession au trône et qu'elle devint une loi politique.

La loi Salique procède en général par la voie de pénalité. Elle ne dit pas, par exemple : Il faut faire telle ou telle chose ; elle dit plutôt : Celui qui n'aura pas fait telle ou telle chose, et qui aura fait telle ou telle autre, sera puni. Tout ce qu'elle décide au civil, au contentieux, comme au criminel, est placé sous une sanction pénale.

Le premier objet dont elle traite est celui qu'on appelle *mannire*, c'est-à-dire la convocation ou la citation, soit à l'assemblée publique, soit devant le juge.

C'est un délit grave que de ne pas se rendre à l'assemblée publique, au *Mallum*, quand on y a été dûment appelé, soit en personne, soit par une citation donnée à quelqu'un des siens. La seule excuse admise, c'est le service du roi.

Ainsi, dès l'abord, le code Salique se montre extrêmement sage. Le maintien de la société franque dépendait en effet de la soumission aux lois, et la première loi, c'est de remplir son devoir de Franc.

Voici quelques extraits de la loi Salique :

Le Titre II s'occupe du vol des porcs, animaux qui faisaient la principale richesse non-seulement du Franc, mais du possesseur de villas, du Gaulois-Romain et de l'Église. Ce Titre réprime ce vol avec une sévérité graduée suivant les circonstances dans lesquelles il est commis, selon l'âge, le sexe, la qualité de l'animal volé. Le vol des animaux domestiques, des taureaux et des vaches, des brebis et des chèvres, des chiens, soit chefs de meutes, soit gardiens des logis, soit aides du porcher ou du berger ; des oiseaux de chasse, soit faucons, soit éperviers, et des oiseaux domestiques ; des arbres, surtout des pommiers et des ceps de vigne, et des bois de construction ; le vol des abeilles et de leurs ruches, sont prévus par les Titres qui succèdent, et cela avec une variété infinie de détails.

Le Titre X protége les clôtures et les moissons, sans toutefois donner au propriétaire lésé le droit de se faire justice lui-même.

Les Titres qui viennent ensuite punissent les voleurs d'esclaves. Ils paieront 35 sols d'or ou 3,465 fr. de notre monnaie. Les esclaves de premier ordre sont ou porchers ou fabres, c'est-à-dire ouvriers ou vignerons, ou meuniers, ou charpentiers, ou chasseurs; pour ceux-là on paiera 70 sols.

Le Titre XII et XIII. Le vol commis par un homme libre sera puni d'une amende de 1,200 à 1,800 deniers; le vol commis par un esclave sera puni de 120 coups de verge, à moins qu'il *ne rachète son dos* par une amende, mais faible.

Le Titre XIV. Le ravisseur libre d'une fille libre paiera 1,200 deniers; si cette fille est sous la protection du roi, l'amende sera de 2,500 deniers. L'esclave qui enlèvera une femme libre sera puni de mort.

— Une femme enlevée volontairement perdra sa liberté. — Si un homme libre épouse une fille esclave, il devient esclave lui-même.

Le Titre XV. Si un Romain a assailli et dépouillé un Franc, la composition sera de 2,500 deniers; mais si un Franc a commis le même délit sur la personne d'un Romain, la composition ne sera que de 1,200 deniers. (Cette loi prouve à quel degré les vainqueurs tinrent les vaincus dans l'humiliation.)

Le Titre XVI punit celui qui attaque la villa d'autrui; ce crime se rachète par 200 sols, et sa complicité par 62.

Le Titre XVII inflige une composition de 100 sols aux sacriléges qui dépouillent les morts. Tant que ces criminels n'ont pas composé, ils sont exclus de la société des vivants; nul ne peut leur donner asile.

Le Titre XVIII. Celui qui aura mis le feu à une maison quelconque, pendant le sommeil de ses habitants, payera au propriétaire de la maison 2,518 deniers ou 62 sous d'or et demi, outre la valeur du dommage et les frais de poursuites. Si quelqu'un a péri dans les flammes, l'incendiaire sera condamné à payer aux parents du mort 8,000 deniers ou 200 sols d'or.

Dans le Titre XIX, les blessures faites à un homme sont aussi tarifées. Si le sang coule jusqu'à terre, 600 deniers; s'il sort trois os de la tête, 1,100 deniers; si la cervelle est mise à nu, 1,800 deniers.

Le Titre XXI punit les maléfices, les empoisonnements, les avortements, de 8,000 deniers ou de 200 sous d'or.

Le Titre XXII est relatif aux mœurs. Si un homme libre serre la main ou le doigt à une femme libre, il paie 600 deniers; si c'est le bras, 1,200 deniers, etc., etc.

Après avoir ainsi pourvu à la sécurité des personnes, le code Salique revient à la propriété. Il statue sur celui qui monte dans un bateau sans la permission du maître, sur les vols commis dans les moulins. Sur les vols commis par les hommes libres en faussant les clôtures. Sur l'homme qui se permet de chevaucher, sans permission, sur le cheval d'autrui, etc.

La loi Salique, quittant ce sujet, s'occupe de nouveau des personnes. Malheur à ceux qui tuent des enfants, des jeunes filles, ou qui les tondent! La plus haute peine est pour le criminel qui met à mort une femme enceinte.

Le Titre XXVII, qui suit, prévoit les adultères des esclaves.

Le Titre XXVIII punit ceux qui se permettent de venir affranchir devant le roi, comme étant leurs, les esclaves d'autrui. Les titres suivants s'occupent des locations, crimes qui consistent à soudoyer des assassins; des vols divers, des mutilations et des injures. On peut injurier quelqu'un de huit manières, notamment en l'appelant *vulpeculam*, *leporem*, *delatorem*, *falsarium*, ou en l'accusant d'avoir jeté son bouclier.

Le Titre XXIX mérite une mention spéciale; il punit celui qui arrête sans cause un homme libre; mais en même temps, il prononce la mort contre celui qui arrache au juge un condamné.

Le Titre XXXV protège la chasse.

Le Titre XXXVI protège la culture de la vigne et les moissons.

Le Titre XXXVIII s'occupe des quadrupèdes domestiques qui ont causé la mort de quelqu'un.

Le Titre XXXIX indique la manière dont on doit revendiquer un animal échappé de chez soi ou volé.

Le Titre XL prévoit les vols des chevaux, et notamment des waranions du roi et du Frank libre.

Le Titre XLI punit ceux qui attirent à eux les domestiques d'autrui, et ceux qui vendent comme esclave un homme libre.

Le Titre XLIII. Si quelqu'un a tué un Frank ou un roi barbare vivant sous la loi Salique, il sera condamné à payer 8,000 deniers ou 200 sous d'or. — S'il a précipité le corps dans un puits ou dans les flots, il sera condamné à payer 2,400 deniers.

Le Titre LVIII. Quiconque aura tué un diacre, sera condamné à payer 12,000 deniers ou 300 sous d'or. Quiconque aura tué un prêtre, sera condamné à payer 24,000 deniers ou 600 sous d'or. Quiconque aura tué un évêque, sera condamné à 900 sous d'or, ou 36,000 deniers.

Le Titre LX réprime les rachimbourgs qui ne veulent pas dire la loi Salique et juger suivant les décisions après avoir entendu les *causatores*.

Le Titre LXI fixe le sort de celui qui ne peut payer ou faire payer par les siens la composition d'un meurtre. Ce titre est d'une admirable poésie; son exécution devait faire une sensation profonde.

Le Titre LXIV. Quiconque aura employé la violence pour dérober ou enlever un objet quelconque de la main d'une autre personne, sera condamné à 12,000 deniers, ou 300 sous d'or, indépendamment de la restitution de l'objet volé.

Le code Salique traite ensuite des personnes héritières auxquelles revient la composition payée par l'homicide. Certaines injures, l'action de dépouiller un cheval abattu, d'ôter le condamné du bargo ou de la fourche, de rechercher une jeune fille et de se dédire ensuite, sont prévus par les derniers Titres.

Le Titre LXXII concerne les *alleux* ou biens propres. Si un homme meurt sans laisser d'enfants, que son père ou sa mère lui succède.—S'il n'a ni père ni mère, que ses enfants ou ses sœurs héritent de lui. — A défaut de ceux-ci, que ce soient les sœurs de son père. — A défaut de celles-ci, la sœur de sa mère. — A défaut de cette dernière, les plus proches parents paternels; mais qu'aucune portion de la terre salique ne passe en héritage aux femmes, et que tout l'héritage de la terre appartienne au mâle.

C'est dans ce dernier Titre qu'on trouve l'exclusion des femmes à la succession du trône.

Le *reippus*, ou impôt à payer par celui qui épouse une veuve, fait le sujet d'un Titre spécial; c'est un tableau de mœurs piquant. L'acquisition des propriétés par une prescription de douze mois, l'adoption et le choix des héritiers, la manière dont on doit revendiquer les choses volées, les faux témoignages, l'emploi des témoins, sont traités dans des Titres postérieurs. Les suivants s'occupent soit de celui qui ne veut pas rendre à autrui la foi qu'il lui a faite, soit de celui qui invite injustement le magistrat à enlever la chose d'autrui, soit des homicides commis sur la personne d'un comte ou d'un sagibaron, soit du dépouillement des cadavres, soit du dépouillement des églises, ou des homicides commis sur les hommes du clergé.

Ensuite, la loi Salique fixe les délais de ces procédures par nuits et non par jours; elle renvoie les accusés soit devant le roi, premier juge, soit devant les rachimbourgs et les sagibarons. Voici enfin le principal de ces tarifs pénaux :

Accuser un homme innocent	62 sous d'or.
Le faire condamner	200 —
Insulter une femme libre	45 —
Tuer une femme grosse	700 —
Tuer un Franc ou un Barbare, sous la loi Salique.	200 —
Le jeter dans un puits	600 —
Tuer un antrustion	600 —
Le jeter dans un puits	1800 —
Tuer un Romain convive du roi	300 —
Tuer un Romain propriétaire	100 —
Tuer un Romain tributaire	80 —
Un comte	600 —
Un sagibaron	300 —
Un homme du clergé	200 —

La loi des Ripuaires nous apprend qu'il n'était pas aussi facile qu'on se l'imagine d'abord de payer les compositions. En effet, sans nous arrêter à l'élévation du sol dont il est question dans ces codes barbares, et que nos meilleurs numismates disent représenter 99 de nos francs, voici ce que dit cette loi des Ripuaires, sorte de pendant à la loi Salique :

Celui qui voudra payer la composition en nature donnera :

Pour 2 sous	un bœuf cornu, voyant et sain.
1 —	Une vache voyante et saine.
6 —	Un cheval voyant et sain.
3 —	Une jument voyante et saine.
3 —	Une épée et le scogile.
12 —	Une bonne brunie ou cotte de mailles.
6 —	Un heaume.
6 —	De bonnes bamberges.
2 —	Un bouclier et la lance.
3 —	Un faucon non dompté.
12 —	Un faucon dressé.

Ainsi, trois cents bœufs payaient le meurtre d'un comte, c'est-à-dire la plus haute composition. Bien peu de Franks possédaient une fortune aussi considérable. La mort frappait donc le plus souvent des criminels presque toujours insolvables. Il leur fallait, selon l'expression de la loi, composer de leur vie.

La loi des Ripuaires n'est, en beaucoup de points, qu'une reproduction de la loi Salique ; seulement elle est plus naïve et plus barbare.

La loi des Burgondes se rapprochait davantage du Droit romain ; celle des Visighoths était la plus romaine et la plus religieuse de toutes les lois barbares.

Le Droit romain ne fut jamais d'ailleurs exclu de la Gaule. Chacun était jugé suivant les lois de son état, dont nous allons parler dans les chapitres suivants.

§ 3.

Organisation judiciaire. — Chacun était jugé selon les lois de son état et de sa profession, et d'après les lois de la nation à laquelle il appartenait. — Manière dont on rendait la justice. — Pouvoir des prélats. — Cour de la chrétienté — Magistrats ambulants. — Attitude de l'accusateur et de l'offensé devant le juge. — Composition. — Quelle était l'opinion des Francs sur les jugements rendus.

Dès que Clovis eut achevé la conquête des Gaules, il s'occupa de faire rendre une justice exacte aux peuples qu'il venait de vaincre.

Chacun était jugé selon les lois de son état. Chaque classe, chaque profession avait son tribunal, ses lois et ses usages : le clergé, selon les canons ; les Gaulois, selon le Droit romain ; les Français, selon la loi Salique. Le peuple était jugé par des *centeniers* dans les villages, par des *comtes* dans les villes, par des *ducs* dans les métropoles de provinces. L'homme de guerre avait pour juge un tribunal de *guerriers*, et l'ecclésiastique, un tribunal *ecclésiastique* institué par l'évêque ; c'est ce qu'on appelait *être jugé par ses pairs*. On n'appelait de leurs sentences qu'au roi seul ; ils en étaient responsables, et payaient une amende si elles venaient à être cassées.

On ne savait, sous Clovis, sous Pepin, sous Hugues Capet, ni plus de trois cents ans après, ce que c'était que des gens de robe ; les juges laïques étaient tous des gens d'épée ; ils n'étaient juges que pour un temps ; ils ne pouvaient acquérir des biens dans le district dont ils étaient magistrats, et, quand on les révoquait, ce qui arrivait assez souvent, il fallait qu'avant de partir ils satisfissent pleinement aux plaintes qu'il y avait contre eux.

Ils tenaient leurs assises dans un champ, dans un cimetière, aux portes des villes ou des églises, dans une rue, sur un rempart, toujours en un lieu public, où les parties pussent avoir un accès libre et facile. Chacun plaidait sa cause ; celles des pauvres et des veuves étaient appelées les premières ; on ne pouvait rien juger contre eux qu'on n'en eût averti l'évêque, parce que les pauvres étaient de la famille de l'Église, et les veuves sous sa protection. Le pouvoir des prélats était si grand dans le royaume, sous les rois des deux premières races, et sous les capétiens, même jusqu'à Philippe IV, dit le Bel, que leur intervention sauvait la vie aux criminels. Quoiqu'une affaire fût commencée dans un tribunal séculier, on pouvait la porter au leur, et contraindre la partie adverse d'en passer par leur jugement.

Ce privilége était fondé sur une loi de Constantin. Charlemagne la renouvela ; son fils, Louis-le-Débonnaire, la fit observer rigoureusement. Cet usage fut très favorable au peuple ; mais, par la suite, contre les termes de la loi, on en éluda l'effet en souffrant qu'on appelât à l'archevêque, au primat, et quelquefois au pape.

Bien des choses avaient contribué à établir et à étendre la juridiction des prélats : le crédit que donnait leur place, le respect qu'on avait pour eux, leurs vertus, et leur capacité, beaucoup plus grande en ce temps que n'était celle des séculiers, qui ne savaient la plupart ni lire ni écrire.

Cette juridiction, nommée *Cour de la chrétienté*, embrassait toutes sortes d'affaires. L'évêque, par son official, ou par lui-même, quand il voulait, connaissait de toutes choses où l'Église avait intérêt ; il connaissait, de plus, des marchés faits avec serment, des mariages, des testaments, des sacriléges, du parjure, de l'adultère, et généralement de toutes les actions que les lois divines condamnent.

Le crédit des papes, qui soutenaient cette juridiction, étant venu à diminuer, les évêques qui l'exerçaient n'ayant plus la réputation dont jouissaient leurs prédécesseurs ; d'un autre côté, la noblesse étant fatiguée d'être soumise, comme le peuple, à la juridiction des prêtres ; enfin, les laïques s'étant appliqués à l'étude des lois pour participer au profit que rapportent ordinairement les affaires litigieuses, la juridiction séculière prit tellement le dessus qu'elle absorba la juridiction des évêques. Ce changement arriva tard ; pendant plus de mille ans, ni duc, ni comte, ni centenier, n'eût osé entreprendre sur la justice de l'Église.

Le pouvoir des juges laïques, qui succédèrent aux ecclésiastiques, était fort borné sous les rois des deux premières races. Le centenier ne pouvait condamner à mort ; le comte ne le pouvait qu'en certaines circonstances, et le duc ne le faisait jamais qu'avec de grandes précautions.

Pour veiller sur eux tous, il y avait alors des magistrats ambulants qui parcouraient le royaume pour écouter les plaintes et terminer les différends. Ces envoyés exerçaient leur juridiction patriarcale, ainsi que nous l'avons déjà dit, ou sur le perron du château, ou sur les bords d'une fontaine, ou sous les rameaux d'un chêne antique (Ducange, Gloss.), ou dans un cimetière, comme pour appeler en garantie de ces décisions solennelles et l'éternel qui juge ceux qui jugent, et les ombres révérées des morts. Cette admirable simplicité ne régnait pas sur toutes les parties de notre législation ; ainsi, par exemple, les causes douteuses se décidaient par les *serments*, les *épreuves*, et les *combats singuliers*. Il faut lire, dans nos vieux auteurs, les règles établies à cet égard ; cette crédulité sacrilége qui associait l'Être suprême à des cruautés ; cet appareil de justice dont on escortait l'iniquité ; cette organisation qui consacrait le désordre et les agressions ; ces formes polies dans les actes hostiles et menaçants : tout ce mélange du civil et du barbare qui révolte à bon droit une civilisation croissante, n'en répand pas moins sur cette primitive législation les couleurs les plus propres à la poésie élevée.

Là, debout devant le juge et enflammé de colère, l'accusateur ou l'offensé appelait son adversaire au *mallum* (assises) prochain ; il se déclarait son ennemi pour la vie, et défiait les forêts, les cavernes, les déserts de lui donner un asile qui pût le soustraire à sa fureur. A ces mots, il jetait le gage du combat dans l'arène. Aussitôt le fer étincelait dans les mains des champions ; le vainqueur dépouillait le vaincu de sa chevelure, et l'attachait à sa porte comme un monument de sa vengeance. —M. DE BOULAINVILLIERS, *Mém. hist.*

Durant plusieurs siècles, nos monarques remplirent religieusement la fonction de rendre eux-mêmes la justice aux personnes qui attachaient à leurs arrêts une confiance particulière. L'hiver, ils s'asseyaient près leurs vastes foyers ; dans les temps moins rigoureux, ils tenaient la séance sous l'avant-toit des portes de leur palais ; et dans les chaleurs de l'été, ils profitaient de l'ombrage de quelques gros arbres (*). Cet acte de paternité semblait ne laisser

(*) Au retour en France de sa première croisade (1255), Louis IX se livra avec une application soutenue au gouvernement de son royaume. La religion, qui était la règle de sa conduite privée, fut aussi la base de la plupart de ses ordonnances. Les blasphémateurs, les sectaires, les mauvais juges devinrent les objets de toute sa sévérité ; et pour donner aux magistrats l'exemple de l'intégrité dans l'administration de la justice, il voulut lui-même remplir de temps en temps les fonctions d'un juge assis sur son tribunal. C'était ordinairement sur un tertre, au pied d'un chêne du parc de son château de Vincennes, qu'il se plaisait à prononcer ses jugements. Là, entouré de quelques seigneurs, il faisait

place qu'aux sentiments de l'amour et de la reconnaissance ; cependant, l'ardeur toujours inquiète pour la liberté, faisait aux princes une loi de prendre deux assesseurs. Tous les autres dignitaires, même les ecclésiastiques, étaient tenus à se former des assises avec les échevins et avec un certain nombre de notables. Les comtes ne jugeaient qu'avec douze personnes, dont sept étaient choisies entre les compatriotes de l'accusé. Les Romains accueillirent avec empressement une loi qui protégeait et leur vie et leurs propriétés.

Le code criminel établit le rachat des crimes, et ne frappe de mort que les traîtres et les lâches. On pendait les premiers, on noyait les seconds. Cette différence dans le genre de supplice annoncerait-elle le désir d'épouvanter les hommes capables de trahison, et celui de cacher la honte d'une faiblesse trop opposée au penchant de la nation, pour qu'il fût nécessaire de réprimer par des exemples de rigueur ?

La connaissance des compositions n'est pas sans intérêt, puisqu'elle nous instruit du rang que les différentes classes de la société occupaient à l'époque de notre monarchie naissante.

Ainsi, par exemple, on rachetait avec cent sous d'or ou 4,000 deniers (chaque cent sous d'or représente 9,900 francs de notre monnaie) le meurtre d'un Gaulois ou d'un Romain libre ; avec trois cents, celui d'un Gaulois ou d'un Romain admis à la table du roi ; avec deux cents, celui d'un Franc libre ; avec six cents, celui d'un prêtre ; enfin, avec neuf cents, celui d'un évêque, etc. (*Voyez* la suite, loi Salique, *Tarif des peines*, pages 257 à 261.)

Le grand nombre de ces punitions pécuniaires étonne et semble avoir été tout à fait impraticable dans des siècles où si peu de pièces d'or et d'argent se trouvaient en circulation ; mais les condamnés s'acquittaient moyennant du blé, des meubles, des armes, des chevaux, des chiens et des oiseaux de chasse. Une loi fixait la valeur de ces différents objets.

Quand le meurtrier n'avait pas de quoi payer la composition portée par la loi, il fallait que ceux qui étaient ses parents jusqu'à certains degrés payassent pour lui, et s'ils n'étaient pas assez riches, ils devenaient les esclaves de ceux à qui la composition était due.

Elle se partageait entre les parents du mort ; les enfants en avaient

comparaître devant lui les habitants des campagnes voisines qui avaient entre eux quelque démêlé d'intérêt. Il écoutait avec attention les raisons des parties, les discutait avec sagesse, et prononçait son jugement, de manière que le condamné ne pouvait faire aucune réplique sans manifester sa mauvaise foi.

la moitié, et l'autre moitié appartenait aux parents du côté paternel et du côté maternel qui auraient dû payer pour lui, s'il avait tué quelqu'un sans avoir eu le moyen de payer la composition. Ainsi, la famille de celui qui avait été tué et l'État même perdaient moins que si l'on eût condamné le meurtrier à la mort; car, en le laissant vivre, on conservait un homme à l'État, et la famille avait ou le profit de la composition ou un esclave, etc.

Le zèle et la sagesse de nos premiers législateurs méritent des éloges. Par une suite d'efforts prodigieux pour ces temps reculés, ils s'instruisirent des lois romaines, ainsi que des coutumes des Gaulois, et puisèrent dans ces deux sources les réglements les plus susceptibles d'être conciliés avec les usages, les préjugés et le caractère des Francs.

Divers obstacles s'opposèrent à la parfaite réussite d'un plan si bien combiné. Par exemple, les Francs, d'après une opinion qui flattait leur courage et leur orgueil, prétendaient avoir reçu de leurs aïeux un droit aussi noble que leur origine : celui de se faire eux-mêmes justice par la force. Presque toujours, l'offensé rejetait avec mépris les compositions, et les juges avaient plus souvent l'occasion de protéger que de poursuivre l'agresseur. Mais du moment où le plus implacable d'entre ces barbares se prêtait à un accommodement, il le faisait avec franchise et sans aucune trace de rancune. Dans ces jours d'ignorance et de grossièreté, l'instinct de l'honneur gravait dans les cœurs le principe sacré, qu'il ne nous est plus permis de nourrir de la haine ou d'exercer aucune vengeance contre ceux avec qui nous nous sommes réconciliés. Il appartenait à la subtile métaphysique d'un siècle de politesse et de lumières de propager le paradoxe révoltant, qu'il existe des positions dans lesquelles un homme peut, sans manquer à la délicatesse, recevoir des bienfaits et ne point étouffer ses anciens ressentiments.

§ 4.

Origine de la féodalité. — Des fiefs et de la noblesse. — Droits du seigneur féodal. — L'hommage et le serment. — Investiture. — Droits et devoirs respectifs des seigneurs et des vassaux.

Les Français qui achevèrent la conquête des Gaules n'étaient pas en assez grand nombre pour posséder toutes les terres : ils n'en prirent, ainsi que nous l'avons dit plus haut, que le tiers, qui fut divisé en terres *saliques*, en *bénéfices militaires* et en *domaines du roi*.

Les terres *saliques* étaient celles qui échurent en partage à chaque Franc, et qui par conséquent étaient héréditaires. On donna le nom de *bénéfices militaires* à des terres que l'on ne partagea point, qui demeurèrent à l'État, et que les rois devaient distribuer pour récompenses viagères à ceux qui en méritaient par leurs actions ou par l'ancienneté de leur service. On appela *domaines du roi* les parts considérables qu'eut le chef dans le partage général. Ces domaines, dispersés dans le royaume, montaient à plus de cent soixante, et composaient le principal revenu de nos rois.

Vers la fin du règne de Louis-le-Débonnaire, fils de Charlemagne (840), la monarchie, déchirée au-dedans, se soutenait au-dehors. Sous son fils, Charles-le-Chauve, tout s'écroula. Ce fut un roi faible et lâche; son règne fut une longue suite de calamités. Après la mort de leur père, les trois frères guerroyèrent. Celui qui avait le titre d'empereur, dénué du talent de gouverner, fut vaincu par les autres à la bataille de Fontenay, en Bourgogne, où périrent cent mille hommes; la France, vers cette époque, fut encore ravagée par les Normands, autres peuples barbares venus du Nord. Épuisée par des guerres malheureuses et déchirée par l'ambition des grands, ceux-ci, profitant de la faiblesse du souverain, résolurent de se rendre indépendants de la couronne.

Alors un nouveau genre de possession s'établit, sous le nom de *fief*. Les *ducs* ou gouverneurs des provinces, les *comtes* ou gouverneurs des villes, les officiers d'un ordre inférieur, profitant de l'affaiblissement de l'autorité royale, rendirent héréditaires dans leur maison des titres que jusque là ils n'avaient possédés qu'à vie : et ayant usurpé également et les terres et la *justice*, s'érigèrent eux-mêmes en seigneurs propriétaires des lieux dont ils n'étaient que les magistrats, soit militaires, soit civils, soit tous les deux ensemble. Par là fut introduit un nouveau genre d'autorité dans l'État, auquel on donna le nom de *suzeraineté*.

La noblesse, ignorée en France jusqu'au temps des fiefs, commença avec cette nouvelle seigneurie : en sorte que ce fut la possession des terres qui fit les nobles, parce qu'elle leur donna des espèces de sujets nommés *vassaux*, qui s'en donnèrent à leur tour par des sous-*inféodations;* et ce droit des seigneurs fut tel, que les vassaux étaient obligés, dans de certains cas, de les suivre à la guerre contre le roi lui-même. Le service militaire fut encore une autre source de la noblesse.

Enfin, d'héréditaire qu'il était, le trône devint électif, et la maison de Charlemagne tomba dans le même état de ruine que celle de Clovis, lorsque Charles-Martel releva sur ses débris l'édifice royal.

Ce démembrement en autant de principautés qu'il y avait de gouvernements, fut peu favorable au peuple, et ne fit qu'accroître le poids de la servitude par des impôts énormes, dont le chargeaient ces nouveaux princes, qui voulaient vivre avec le faste et la somptuosité des rois.

Les *fiefs* n'ont commencé de passer du père aux enfants que sur le déclin de la seconde race. Quand les ducs et les comtes eurent rendu les gouvernements héréditaires dans leurs familles, ces nouveaux souverains en usèrent comme faisaient les rois : afin d'intéresser des gens à les maintenir, ils donnèrent à leurs officiers, pour eux et leurs descendants, une partie des biens royaux qui se trouvaient dans les provinces dont ils venaient de se rendre maîtres, et permirent à ces officiers de gratifier à ce même titre, d'une portion de ces mêmes biens, les soldats qui servaient sous eux. C'est là l'origine des *arrière-fiefs*. Hugues Capet confirma et l'usurpation des comtes et la disposition qu'ils avaient faite des biens royaux en faveur de leurs officiers. Il craignit, en y portant atteinte, de se faire des ennemis de tous ceux qui avaient intérêt de soutenir ces aliénations.

Les grands vassaux relevaient tous de la couronne, c'est-à-dire qu'ils lui devaient *hommage*, et les petits relevaient des grands. Celui qui recevait un bourg ou une ville, faisait serment à celui qui s'était emparé de toute une province de le reconnaître pour son *seigneur*, et de défendre sa personne et ses biens, à condition que, de son côté, il le protégerait, le défendrait, et ne lui *dénierait* jamais justice.

Tout seigneur féodal avait le droit de *guerre*, le droit de *battre monnaie*, le droit de *justice*, enfin, *le droit de propriété sur les terres de ses vassaux*. Le *suzerain* ou seigneur recevait l'hommage et le serment de fidélité de son vassal. Le seigneur était assis, le vassal, tête nue, sans ceinture, sans épée, sans bâton, se mettait à genoux et disait ces paroles : « Je deviens votre hom-« me, de ce jour en avant, pour ma vie et mes membres. » Il prêtait ensuite serment de fidélité, tenant la main droite sur un livre et disait : « Écoutez-moi, mon seigneur, je vous serai fidèle « et loyal; je vous garderai ma foi pour les terres que je déclare « tenir de vous; ainsi, que Dieu et les saints me soient en aide. » Le vassal baisait le livre, et le seigneur lui donnait l'*investiture de son fief,* c'est-à-dire le mettait en possession, en lui faisant toucher le bout des branches de quelque arbre de la terre dont il s'agissait, en lui mettant entre les mains une motte de gazon, une canne, une épée, une bannière, des éperons, un gant, des clefs, une broche, ou autres symboles différents, selon l'usage de la province. Pour dernière cérémonie, le seigneur embrassait le vassal, en témoignage de l'alliance qu'ils contractaient l'un avec l'autre. Le seigneur pouvait requérir plusieurs devoirs de son vassal : d'abord d'aller à la guerre, sous la bannière du seigneur, seul ou accompagné d'un certain nombre de soldats (cette obligation était plus ou moins étendue, ou par l'extension du fief, ou par la coutume des lieux); la présence à la cour de justice, toutes les fois qu'il y était mandé; des aides, c'est-à-dire des secours en argent dans certaines circonstances; l'obligation de se soumettre aux décisions judiciaires du suzerain. Le suzerain convoquait, pour rendre la justice, tous ses vassaux, qui étaient entre eux des *pairs*, des égaux; chacun était ainsi jugé, sur l'avis de ses pairs, par la sentence du suzerain. S'il arrivait que le vassal prévaricât, qu'il n'accomplît pas tous ses devoirs, il tombait dans le cas de forfaiture (déchéance) et pouvait perdre son fief par la volonté du seigneur.

De ces divers services naquirent les divers degrés qu'il y avait parmi la noblesse, et les différents noms de *chevalier*, d'*écuyer*, de *banneret* et de *page*. — *Voyez* 1re partie, *chevalerie*, page 6 à 84 et 121 à 127.

CHAPITRE VI.

Étal des mœurs et du gouvernement sous la troisième race.

§ 1er.

Situation du peuple sous les premiers rois capétiens. — Tyrannie des seigneurs dans les campagnes. — Leur asservissement dans les villes. — Exigences des seigneurs envers les bourgeois. — Division des terres.

Sous la troisième race, le peuple, toujours asservi, ne montra ni plus de connaissance de ses droits, ni plus d'énergie pour les recouvrer qu'auparavant; sa servitude, au contraire, ne fit que s'aggraver jusqu'au règne de Louis-le-Gros, surtout dans les villes où l'oppression féodale, dont elles avaient été préservées jusque là, s'établit sous les premiers rois capétiens.

Nous verrons ensuite que, si les villes en furent affranchies sous Louis-le-Gros (1111), et si le gouvernement féodal tomba, depuis ce règne, en décadence jusqu'à sa ruine totale, qui arriva sous les fils de Philippe-le-Bel, cette nouvelle révolution ne fut pas faite par le peuple. Il en profita cependant, parce qu'il fut moins tyrannisé par les seigneurs ; mais il ne recouvra pas sa liberté. Ce fut l'adroite politique des rois qui sut tirer parti de la division des grands pour rétablir la monarchie, qui s'est maintenue depuis jusqu'à l'époque de notre première Révolution.

La tyrannie des seigneurs faisait qu'on ne distinguait presque plus l'homme libre du serf.

On établit dans certains fiefs, que les sujets du seigneur ne pourraient point disposer de leurs biens, et que si leurs enfants ne résidaient point dans le fief à la mort de leur père, ils étaient déshérités au profit du seigneur, qui s'emparait de la succession.

Dans d'autres fiefs, les sujets ne pouvaient se marier qu'après en avoir acheté la permission du seigneur.

Dans tous, ils étaient chargés de corvées fatigantes, de devoirs humiliants, de contributions ruineuses, ayant, de plus, à craindre sans cesse quelque amende ou quelque taxe arbitraire, ou même la confiscation entière de leurs biens.

La qualité d'homme libre était devenue tellement à charge à une foule de citoyens, que beaucoup furent réduits à vendre leur liberté à leur seigneur, afin de l'intéresser par là à les faire subsister.

Cette tyrannie des seigneurs dans les campagnes en chassa les principaux habitants, qui se réfugièrent dans les villes, où la féodalité ne s'était pas établie. Mais quand les comtes eurent changé leurs magistratures en fiefs héréditaires, ils se rendirent indépendants et souverains comme les autres grands vassaux, et alors ils exercèrent sur les bourgeois des villes la même autorité que les seigneurs avaient acquise sur les vilains (habitants de la campagne) de leurs terres.

Les bourgeois furent obligés de loger, nourrir et défrayer le seigneur et toute sa suite, quand il venait dans la ville : vivres, meubles, chevaux, voitures, tout était alors enlevé.

Ils étaient réduits à demander comme une faveur qu'il fût permis à leurs enfants d'apprendre à lire et à écrire. — Ils n'osaient faire aucun commerce, parce que les seigneurs l'interdisaient pour vendre seuls, au prix qu'ils voulaient, les denrées de leur crû, et celles qu'ils achetaient pour les revendre. — Toute instruction et toute industrie étaient défendues à ces hommes, que l'intérêt de leur seigneur était de rendre stupides.

A cette époque, toutes les terres du royaume étaient divisées en trois classes :

1º Les terres nobles ; c'étaient les fiefs, qui se subdivisaient en deux espèces : les fiefs simples et les fiefs de dignité ou terres titrées, savoir : les duchés, les comtés et les baronnies ;

2º Les rotures ; on appelait ainsi les terres relevantes des fiefs possédées par les roturiers soumis à la féodalité et sujets des seigneurs ;

3º Les aleux ; c'est ainsi qu'on appelait les terres restées libres et exemptes de toute sujétion féodale ; il y en avait très peu de cette espèce. Cependant quelques propriétaires avaient eu le bonheur de n'avoir été forcés par aucun seigneur de le reconnaître. Ces terres, que la féodalité n'avait point asservies, furent nommées aleux.

§ 2.

Situation des seigneurs entre eux. — Usages généraux reconnus comme lois, qui fixent le régime féodal. — Justice féodale. — Le duel. — Conséquence.

L'établissement des fiefs n'ayant été accompagné d'aucunes lois pour en régler les effets, les fiefs existèrent longtemps sans que les seigneurs connussent d'autre moyen de fixer leurs prétentions respectives que celui de la force et des armes.

Mais bientôt le désavantage réciproque de ne pouvoir connaître ses droits d'un côté, et ses obligations de l'autre, que par le hasard incertain et variable des combats, disposa les esprits à adopter des usages généraux, qui furent reconnus comme lois, et fixèrent le régime féodal. En voici les principaux points :

I.

La nature de la royauté fut changée ; — on ne la regarda plus que comme une simple suzeraineté ; elle fut réputée une seigneurie alodiale, c'est-à-dire, qui n'avait point de supérieur féodal, et pour laquelle les rois ne relevaient, disait-on, que de *Dieu et de leur épée*. Elle donnait au roi la suzeraineté directe sur tous les grands vassaux, dont les fiefs relevaient immédiatement de lui.

II.

On distinguait dans les premiers capétiens leur qualité de rois, qui les rendait suzerains de tout le royaume, de celle de seigneurs de tels ou tels fiefs particuliers qui faisaient partie de leurs domaines. A l'égard de ces fiefs, ils n'étaient que comme les autres seigneurs; et même s'ils acquéraient quelque fief subalterne qui relevât d'un seigneur particulier, ils devenaient vassaux de ce seigneur, et tenus envers lui de faire acquitter le service dû par ce fief.

Par suite de cette distinction, le roi ne pouvait faire prendre les armes à tous les vassaux immédiats de la couronne que quand il s'agissait de l'intérêt général de l'État contre quelque puissance étrangère; encore ce droit lui fut-il souvent contesté. Mais, s'il n'avait de démêlé que contre quelqu'un de ses vassaux à raison d'un de ses fiefs particuliers, il ne pouvait exiger le service que de ceux de ses vassaux qui relevaient de ce fief.

III.

On établit pour règle fondamentale du régime féodal que le seigneur et le vassal étaient obligés l'un envers l'autre à des devoirs mutuels de bienveillance et de fidélité, en sorte que le seigneur devait autant de protection et de loyauté à son vassal, que celui-ci devait de respect et d'assistance à son seigneur.

En conséquence, le vassal encourait la perte de son fief, qui retournait au seigneur, dans les cas suivants, qu'on appelait félonie :

1° Si le vassal reniait son seigneur en méconnaissant relever de lui ;

2° S'il portait la main sur son seigneur et le frappait, à moins que ce ne fût à son corps défendant, ou s'il lui faisait la guerre hors le cas de déni de justice ;

3° S'il s'obstinait à ne pas suivre son seigneur à la guerre, ou s'il refusait de l'aider de sa personne à défendre son château contre ses ennemis ;

4° S'il s'emparait injustement de quelque partie du domaine de son seigneur ;

5° S'il l'accusait de trahison et refusait ensuite de soutenir juridiquement son accusation. C'est ce qu'on appelait *fausser sa foi.*

Le seigneur, de son côté, perdait sa suzeraineté sur son vassal, qui devenait alors le vassal direct du suzerain de ce seigneur, dans les cas suivants :

1° S'il portait la main sur son vassal, et le maltraitait par des coups et des violences ;

2° S'il lui faisait quelque injure grave, qu'il tendît à lui faire perdre l'honneur ;

3° S'il le vexait dans ses possessions et le dépouillait injustement de ses terres ;

4° S'il lui déniait la justice, lorsque le vassal demandait jugement en la Cour judiciaire du seigneur.

IV.

Tous les seigneurs eurent le droit de se faire la guerre, en armant les uns contre les autres leurs vassaux et leurs sujets ; mais le temps du service n'était point uniformément réglé. Dans certains fiefs, les vassaux étaient obligés de servir pendant soixante jours, et dans d'autres vingt-quatre jours seulement.

C'était l'usage, quand on déclarait la guerre à un seigneur, qu'elle fût en même temps censée déclarée à ses parents et à ses alliés.

Celui qui possédait plusieurs fiefs ne pouvait exiger le service que des vassaux qui relevaient du fief même pour raison duquel il avait la guerre. Si Hugues Capet, par exemple, avait pris les armes pour soutenir les droits de son comté d'Orléans, attaqué par un de ses voisins, il n'aurait pu faire marcher que ceux de ses vassaux qui relevaient de ce comté, et non ceux qui relevaient de son duché de Paris. Sans cela, les seigneurs d'un ordre inférieur auraient été bientôt écrasés par les plus puissants.

Chaque seigneur n'avait de puissance et d'autorité que sur ses vassaux directs et immédiats ; il n'en avait aucune sur les arrière-vassaux, c'est-à-dire sur les vassaux de ses vassaux.

V.

Tous les grands vassaux de la couronne, et même les barons, eurent le droit de battre monnaie, et d'obliger leurs vassaux à ne se servir que des espèces qu'ils faisaient fabriquer. On leur accorda même le droit de régler les poids et les mesures publics dans les fiefs de leurs vassaux.

VI.

Tout fief avait droit de justice.

Chaque seigneur tenait des assises (séances judiciaires), dans lesquelles il jugeait par lui-même, ou par le ministère de son bailli (juge-seigneur), les sujets de sa terre.

Il y avait en outre des cours féodales (grands tribunaux) d'un ordre supérieur, dans lesquelles on décidait les contestations relatives aux droits respectifs des seigneurs et des vassaux.

Les grands suzerains qui avaient beaucoup de vassaux tenaient leur cour de justice à des temps marqués et fixés ; ils y présidaient en personne, et leurs vassaux étaient obligés de venir former avec eux le tribunal en qualité d'assistants.

Le droit de juger était tellement attaché à la possession d'un fief, que les femmes même qui possédaient des fiefs étaient juges. Elles tenaient leurs assises dans leurs fiefs pour juger leurs sujets, et elles assistaient à la cour féodale de leur suzerain pour concourir au jugement des affaires qui y étaient portées.

Lorsqu'un seigneur avait à se plaindre d'un vassal, il ne pouvait pas se faire justice à lui-même; il devait porter sa plainte à sa propre cour, qui jugeait l'accusé; et la guerre n'était regardée conme légitime que lorsqu'elle devenait nécessaire pour contraindre le condamné à se soumettre au jugement.

De même, le vassal qui avait à se plaindre de son seigneur devait requérir qu'il tînt sa cour pour juger leur différend. Si le seigneur refusait, il se rendait coupable de déni de justice; le vassal pouvait alors lui déclarer la guerre; et s'il restait le plus fort, le seigneur perdait sa suzeraineté.

VII.

Une volonté arbitraire décida de tous les droits. Chaque seigneur rendit sa justice souveraine, et ne permit plus que les jugements fussent portés par appel à la justice du roi. Le Franc réclama inutilement les lois Saliques ou Ripuaires; le Gaulois, les lois Romaines; le Bourguignon, les lois de Gondebaud, etc; il fallait n'en plus reconnaitre d'autres que les ordres du comte ou de son seigneur. Tous les peuples qui, à la faveur de leurs codes différents, avaient été jusqu'alors séparés les uns des autres, oublièrent leur origine. N'ayant plus qu'une même loi, ou plutôt qu'une même servitude, ils se confondirent, et les caprices de leurs maitres furent leur droit public et civil, jusqu'à ce que le temps eut enfin consacré les coutumes que la violence établissait.

Comme les seigneurs avaient fidèlement conservé la tradition des mœurs germaines relativement au *duel*, ils trouvèrent bon d'expédier par cette voie la plupart des causes dont ils s'étaient constitués juges souverains. Il y avait encore un autre motif non moins déterminant pour eux de procéder ainsi : c'est que n'ayant aucune teinture des lettres ni de l'écriture, encore moins des lois de la jurisprudence, ils n'avaient guère d'autre moyen d'exercer leur office que de faire battre les plaideurs pour les accorder par le meurtre de l'un d'eux.

Formait-on une demande ou une plainte en justice, on offrait de prouver son bon droit en se battant.

Etait-on cité ou accusé, on offrait de se justifier par le *duel*.

Les juges ordonnaient le combat; les plaideurs comparaissaient au jour indiqué et combattaient en champ clos. Celui qui était vainqueur gagnait sa cause.

Les mineurs, les vieillards, les infirmes, les femmes, tous ceux enfin qui étaient hors d'état de se battre, choisissaient des champions qui combattaient pour eux.

Non-seulement les deux plaideurs se battaient l'un contre l'autre pour établir leurs droits; mais, si l'un d'eux produisait des témoins, celui contre lequel ils déposaient les accusait de faux témoignage, leur offrait le combat, et ils étaient obligés de se battre.

Enfin, les juges eux-mêmes n'étaient pas en sûreté sur leur tribunal; quand l'un d'eux prononçait son avis, le plaideur qu'il condamnait lui reprochait que son jugement était faux et déloyal, lui offrait le combat, et il fallait que le juge se battît.

Une administration de la justice si insensée et si féroce contribua plus que toute autre chose à entretenir entre les seigneurs l'usage de vider leurs contestations par la guerre. On devait en effet préférer ce parti à celui de s'exposer dans des tribunaux où l'on ne pouvait ni s'expliquer, ni témoigner, ni juger, sans courir le risque d'un combat singulier.

Voilà quelles furent les principales lois des fiefs. Elles présentent, au milieu des plus grandes bizarreries, un petit nombre d'idées moins déraisonnables. Telles qu'elles étaient, elles ne furent pas observées exactement, faute d'une puissance supérieure qui les fît respecter. Elles étaient violées sans cesse par ceux des seigneurs que leur force mettait en état de les enfreindre impunément.

§ 3.

Causes qui durent ruiner le gouvernement féodal. — Moyens qui le soutenaient. — L'asservissement. — L'égalité des forces entre les principaux seigneurs, et entre ceux-ci et le roi. — La souveraineté des justices des seigneurs. — Le droit de guerre. — Résultat.

La situation dans laquelle nous venons de voir la France sous les premiers capétiens ne lui permettait d'arriver à aucune prospérité tant que le gouvernement féodal subsisterait.

Ce gouvernement, il est vrai, n'avait par lui-même aucune solidité, parce que l'anarchie en était l'âme, et qu'il produisait des désordres sans cesse renaissants qui devaient nécessairement entraîner sa ruine.

Le peuple, avili et vexé, était le plus intéressé à le voir anéantir.

La petite noblesse, placée entre les seigneurs et les roturiers, méprisée des uns et détestée des autres, était mécontente de sa condition.

Les seigneurs, étant partagés en différentes classes, avaient les uns contre les autres la jalousie la plus envenimée. Les inférieurs voulaient être égaux aux plus puissants; ceux-ci voulaient à la fois rabaisser leurs inférieurs, et s'élever au-dessus de leurs égaux.

Les rois, supportant avec peine de n'avoir qu'un vain titre sans jouir de la puissance et de l'autorité qui devaient l'accompagner, préparaient de toutes leurs forces une révolution.

On devait donc penser qu'un gouvernement si vicieux dans toutes les parties, discordantes et ennemies les unes des autres, tendait à sa dissolution, toucherait bientôt à sa fin; mais quatre causes contribuèrent à le maintenir.

Ces quatre causes, qu'on peut appeler les quatre soutiens du gouvernement féodal, étaient :

1° L'asservissement dans lequel le despotisme des seigneurs tenait le peuple, au moyen duquel non-seulement la nation était sans énergie, mais encore les seigneurs disposaient d'elle à leur profit ;

2° L'égalité des forces entre les principaux seigneurs, et entre ceux-ci et le roi. Cette égalité, les contenant les uns par les autres, empêchait qu'aucun ne pût s'ériger en maître souverain, remettre la nation sous son pouvoir, et lui donner des lois;

3° La souveraineté des justices des seigneurs à laquelle était attachée l'espèce de puissance législative qu'ils exerçaient dans leurs terres, et qui les rendaient maîtres d'étendre leurs prérogatives à leur gré, puisque aucun supérieur n'avait le droit de réviser leurs jugements;

4° Le droit de guerre, qui est par sa nature ennemi de l'ordre et de la subordination, et qui ne permettait pas à des hommes toujeurs armés, accoutumés à se faire justice par eux-mêmes, d'adopter des idées de bonne civilisation.

Le gouvernement féodal ne s'écroula qu'après avoir perdu ces quatre soutiens, que la politique des rois s'occupait sans cesse de miner insensiblement. C'est l'histoire de leur ruine qui forme la partie la plus intéressante de l'histoire des Français, jusqu'au règne de Philippe-de-Valois, qui est la véritable époque de la renaissance du gouvernement monarchique.

§ 4.

Féodalité. — Anarchie. — Tyrannie et exactions des seigneurs. — Origine du combat
judiciaire ou jugement de Dieu. — Exposé. — Temps d'ignorance.

Après l'extinction de l'Empire romain dans l'Occident, les nouvelles monarchies qui s'étaient établies sur ses ruines, bientôt affaiblies à leur tour par les partages et les divisions, n'eurent plus ni
assez de lumières ni assez de vigueur pour maintenir l'ordre et la
police par de sages lois et des exécutions imposantes. Les sujets,
livrés à eux-mêmes, n'avaient de la royauté que son poids sans
ressentir aucune protection. Le nom de prince n'était qu'un fantôme
qui marquait une véritable anarchie. On enlevait à un époux sa
femme, à un propriétaire son héritage, à un trésorier sa caisse ;
aucun titre n'établissait un droit. D'une part, un grand nombre de
détenteurs possédaient sans titre, et le plus souvent, celui qui en-
vahissait un domaine ne dépouillait qu'un usurpateur. D'autre part,
dans les campagnes, nulle terre sans seigneur ; des fiefs et d'arrière fiefs, des seigneurs suzerains et des seigneurs relevants, de
grands vassaux et de petits vassaux. Toute une population condamnée à la servitude et attachée à la glèbe ; rien que des maîtres
et des esclaves dans les villes ; les habitants pillés et rançonnés par
les seigneurs ; ceux-ci, appauvris par leurs guerres domestiques et
leurs débauches, devenus voleurs de grands chemins, réduits à
vivre de brigandages, qu'ils regardaient comme un droit seigneurial.

C'est surtout sur la fin de la seconde race de nos rois, et vers le
commencement de la troisième : l'Italie et les Gaules étaient tombées
en une anarchie et une confusion universelles. Ce désordre commença par la division des enfants de Louis-le-Débonnaire, et s'accrut considérablement par les ravages des Hongrois et des Normands, qui achevèrent d'y éteindre le peu qui restait de l'esprit et
des manières romaines. Mais le mal vint au dernier excès par les
guerres particulières, très fréquentes alors, non-seulement entre
les ducs et les comtes, mais généralement entre tous ceux qui
avaient une maison forte pour retraite ; car tout le monde portait
les armes, sans excepter les évêques avec leurs clercs, et les abbés
avec leurs moines, et il ne leur restait plus d'autre moyen de se
garantir du pillage, après avoir employé en vain pendant longtemps

les prières et les censures ecclésiastiques(*). Ces petites guerres étaient conformes aux mœurs anciennes barbares, on en voit des causes dans leurs lois. Outre le duel, qui était un des moyens ordinaires de décider les causes obscures, ils avaient le droit, appelé *friede,* par lequel il était permis aux parents de celui qui avait été assassiné de tuer le meurtrier, quelque part qu'ils le rencontrassent, excepté en certains lieux, comme à l'église, au palais du prince, en l'assemblée publique, à l'armée, et lorsqu'il était en chemin pour y aller ; car en ces rencontres, celui qui était sujet à cette vengeance était en paix. Ainsi une seule mort, même d'accident, en produisait d'ordinaire plusieurs autres. C'est apparemment à cause de ce droit que les lois n'ordonnaient point de peine de mort contre les meurtriers, mais seulement des peines pécuniaires, ou plutôt des estimations, des dommages et intérêts ; aussi les nomment-elles *compositions.* Il était au choix des parents de venger la mort ou de se contenter de cet intérêt civil. Quoi qu'il en soit, les petites guerres étaient établies universellement en France pendant le xe siècle.

Comme il est difficile de ramener à la raison des esprits une fois effarouchés, tout ce que purent faire d'abord les ecclésiastiques les plus zélés et les princes les plus religieux, fut d'obtenir une cessation d'armes, limitée à certains jours, c'est-à-dire depuis le soir du mercredi de chaque semaine jusqu'au lundi matin. Pendant ces jours, tous actes d'hostilité étaient défendus à l'égard de tout le monde ; d'ailleurs, il y avait certaines personnes qu'il n'était jamais permis de maltraiter, savoir : les clercs, les pèlerins et les labou-

---

(*) L'usage détestable des duels, qui a été introduit par la forge du diable, afin que par la sanglante mort des corps, il gaignast aussi la ruine et destruction des âmes, soit totalement exterminé de la Chrestienté ; que l'Empereur, Roys, Ducs, Marquis, Comtes et Seigneurs temporels, comme que ce soit qu'on les appelle, qui auront baillé en leurs terres entre les Chrestiens lieu pour combattre seul à seul, par cela mesmes soient excommuniez, et soient entendus être privés de la juridiction et seigneurie de la cité, chasteau ou place auquel ils auront permis que le duel se fist, qu'ils ont de l'Église ; et s'ils sont féodaux, qu'incontinent ils soient acquis aux seigneurs directs. Et ceux qui auront combattu, et ceux qu'on appelle leurs parrains, qu'ils ayent à encourir la peine d'excommunication et de confiscation, ou publication de tous leurs biens. Et s'ils viennent à décéder au conflict, qu'ils soient à jamais sans sépulture ecclésiastique. Ceux aussi qui auront donné conseil en matière de duel tant en droit qu'en faict, ou l'auront conseillé à quelqu'un en quelque manière que ce soit, et ceux aussi qui les regardent soient liez du lien d'excommunication, nonobstant quelconques priviléges, mauvaise coutume, mesme immémorable. *(Décret du St. Conc. de Trente, publié en la 9e et dernière session, le 5 décembre 1563.)*

reurs ; tout cela sous peine d'excommunication. C'est ce qu'on appela la trêve de Dieu, qui fut depuis confirmée et étendue.

On peut croire que, pendant ces désordres, l'ignorance et l'injustice abolirent insensiblement les anciennes lois, et qu'à force d'être méprisées elles demeurèrent inconnues. Ainsi, les Français tombèrent dans un état approchant de celui des Barbares qui n'ont point encore de lois ni de police. Encore étaient-ils plus misérables, en ce qu'il leur restait assez de connaissance des arts pour forger des armes et former des forteresses ; de sorte qu'ils avaient plusieurs moyens de se nuire que les sauvages n'ont pas. Ils n'étaient pas ignorants pour le bien comme pour le mal ; la tradition de tous les crimes s'était conservée, et ils avaient la férocité de leurs pères, sans en garder la simplicité et l'innocence.

Dans ces circonstances orageuses, les sujets sans appui de la part de leurs rois, n'avaient d'autre voie que la violence pour repousser l'injustice ; on courait aux armes pour le moindre intérêt, et un gentilhomme qui possédait quatre arpents de terre, se croyait aussi en droit de faire la guerre qu'un monarque ; on était si éloigné d'imaginer une autre forme, que, pour la décision des procès, au lieu d'établir des tribunaux pour en connaître, on établit des champs de bataille, où les différends se vidaient à la pointe de l'épée. Il y avait bien des espèces de juges présents à ces étranges plaidoyers, mais ils n'avaient à prononcer que sur la loyauté du combat ; c'était le combat même qui décidait du fond de la cause.

De nos jours, enfin, l'usage barbare de laver dans le sang une offense, quelquefois légère, et de s'en rapporter au sort des armes pour soutenir la vérité d'une cause que l'on croit juste, mais dont les preuves sont douteuses, est donc une suite des préjugés que nous ont transmis avec le sang les peuples sauvages de la Germanie. En vain la religion chrétienne, en adoucissant la férocité de leurs mœurs, s'efforça-t-elle de faire disparaître cette atroce coutume. En vain les souverains les plus puissants, depuis Charlemagne jusqu'à Louis XIV, secondèrent-ils de tout leur pouvoir les efforts de la religion, la fureur des duels triompha de tous les moyens employés pour la détruire, elle s'est perpétuée à travers les siècles de barbarie jusqu'à nos siècles de civilisation et de lumière. Et si l'on compare les deux époques, peut-être sera-t-on forcé de reconnaître que les duels sont de notre époque plus fréquents, moins raisonnables, si nous pouvons nous exprimer ainsi, et par conséquent plus barbares que ne l'étaient ceux de nos ancêtres, surtout au temps de la chevalerie. Une pareille proposition peut blesser notre amour-propre; mais en lisant ce qui va suivre, on pourra se convaincre que nous n'avançons point un paradoxe.

On aura peut-être de la curiosité à voir cet usage monstrueux du combat judiciaire réduit en principe, et à trouver le corps d'une jurisprudence si singulière. Les hommes, dans le fond raisonnables, mettent sous des règles leurs préjugés mêmes. Rien n'était plus contraire au bon sens que le combat judiciaire; mais ce point une fois posé, l'exécution s'en fit avec une certaine prudence.

Le tribunal saisi n'était alors que le juge du combat; le fait en litige, attesté par la victoire, demeurait constant; il acquérait force de chose jugée. C'était le jugement de Dieu. Gain de cause était assurée au plus fort, et, comme le disent les anciennes lois, *cui Deus fortiam dedit.*

Cette jurisprudence, qui, appréciée d'après nos mœurs actuelles et d'après notre organisation sociale, à laquelle nous rapportons toutes nos idées, nous paraît monstrueuse, était cependant régie par les règles les plus sages. On avait fini par ériger un code complet de tous les usages qui devaient être suivis dans le combat, et l'on s'était efforcé à assurer à chacun des combattants l'exercice de droits égaux. Aussi doit-on voir autre chose qu'une œuvre de barbarie dans cette institution, qui, jugée sous son véritable point de vue, était une œuvre de nécessité politique. Qu'on se révolte aujourd'hui à la seule idée que des plaideurs vont en champ clos, et qu'ils vont résoudre une question de bornage dans un duel à outrance, cela se conçoit parfaitement; car il existe des tribunaux qui peuvent juger leur différend; et à côté de ces tribunaux se trouve une force publique toujours permanente et toujours prête à donner main-forte aux arrêts de la justice. Il n'y a plus aujourd'hui personne assez puissant pour se mettre au-dessus d'un arrêt souverain et en appeler de son exécution à son épée. Mais que l'on veuille bien se reporter à ces temps où les nations barbares, se présentant de toutes parts en armes, ne pouvaient reconnaître d'autre droit que celui qui était consacré par la force du glaive et légitimé par la victoire; que l'on dise avec quel mépris ces hommes devaient voir une sentence judiciaire rendue par des clercs, suivant les règles du Droit; que l'on considère surtout si une pareille sentence pouvait être exécutée contre ceux à qui Dieu avait donné la force et la puissance. Il faudra bien avouer que ce n'était point une institution dépourvue de bon sens que celle qui, se pliant à des préjugés dont il était impossible de méconnaître l'autorité, offrait à ces hommes la seule satisfaction qu'ils pussent ambitionner, et la seule aussi qui pût les forcer à remettre le glaive dans le fourreau et à ne point troubler l'État par des révoltes toujours motivées sur leurs droits mal jugés. Ainsi, dans toute institution sociale, le point capital n'est pas qu'il y ait chose bien jugée, mais seulement qu'il y ait chose jugée ; et pour cela il faut que la sentence s'appuie sur une force suffisante pour l'imposer aux protestations de la partie condamnée. Mais lorsque la contestation existe entre deux hommes qui ne veulent point s'en remettre aux décisions de la justice et qui sont assez puissants pour résister à toutes les injonctions qui pourraient leur être faites ; que tous deux, montrant les hommes d'armes dont ils peuvent disposer, déclarent l'un et l'autre qu'ils sont si sûrs de leur bon droit qu'ils ne se soumettront pas, et que plutôt que de céder ils y périront ; que peut une autorité publique impuissante, si ce n'est régler les conditions du combat pour éviter de plus grands désordres ?

Ce n'est point parce que la cause du plus fort doit être considérée comme la plus juste ; ce n'est point parce que Dieu a prononcé lui-même la sentence, que celui qui sort victorieux du combat a obtenu jugement en sa faveur ; mais parce qu'il existe alors une décision contre laquelle il est impossible de protester, et qui recevra son exécution sans qu'elle puisse devenir l'occasion d'aucun trouble dans l'État.

Cette institution qui paraissait établie depuis un temps immémorial chez quelques-unes des peuplades qui ont envahi la France, a dû prendre un grand développement avec l'organisation féodale, qui n'était fondée que sur l'emploi de la force matérielle.

En effet, tous les seigneurs se considéraient comme indépendants l'un de l'autre, et pour ainsi dire comme les chefs d'un État particulier, ne reconnaissant que les règles du droit public qui régit les rapports de nation à nation, et de fait, les combats judiciaires n'étaient que l'application du droit de guerre à des intérêts privés.

Dans ces temps d'ignorance, on était persuadé que Dieu ne laisserait jamais succomber l'innocent, quand il avait rempli toutes les formalités exigées pour ces sortes de combats ; aussi les appelait-on les *jugements de Dieu*. Opinion erronée, sans doute, que réprouvaient également la religion et la raison, comme un reste de superstition de l'idolâtrie scandinave ou germanique ; mais dès que cette erreur était reçue, qu'elle était la croyance générale de la société, on était conséquent en punissant de mort le vaincu, puisque c'était Dieu lui-même qui l'avait condamné. Il y avait une sorte de présomption légale que le vainqueur était dans le droit et que le vaincu était réellement coupable. Sans doute, les premières notions de la raison et du bon sens étaient violées ; mais les règles de la morale publique ne l'étaient pas, puisqu'on était convaincu que le crime avait été puni et que l'innocence avait triomphé. Aujour-d'hui, que prouve la mort d'un homme tué en duel? Rien, sinon l'adresse du vainqueur ou un aveugle hasard qui l'a favorisé. La société, loin de se croire vengée, n'a qu'un crime de plus à déplorer ; les torts restent du côté où ils étaient auparavant, et, si c'est le coupable qui triomphe, ils s'aggravent de tout le poids de la vie d'un homme. Ainsi, chercher dans le duel la réparation d'une offense est, dans nos mœurs, une contradiction, une inconséquence que l'on ne peut pas du moins reprocher à nos pères.

Ce ne sont pas d'ailleurs toujours les mêmes principes qui sont en vigueur, et si nous reconnaissons maintenant que nul ne doit se faire justice, il n'en était pas de même autrefois où l'on tenait pour vrai la maxime contraire.....

Au reste, quelle que soit l'origine de la coutume, elle était constante, et se trouve consacrée par une législation qui mérite d'être étudiée.

CHAPITRE VII.

Législation barbare. — Loi Gombette, faite (501) par Gondebaud, roi des Bourguignons. — Les épreuves, le combat judiciaire (duel) sont la base fondamentale de cette législation, qui devient celle de la nation française, et s'y conserve pendant plus de six cents ans.

§ 1er.

Lois barbares. — Des Bavarois. — Des Bourguignons. — Époque de Charlemagne. — Abus des combats judiciaires. — Extension. — Quelle était la manière de porter plainte. — Cérémonies religieuses avant le combat. — Pourquoi la preuve du combat était fondée par l'expérience.

Les anciennes lois des Ripuaires, des Allemands et des Bavarois, qui nous ont été conservées par la promulgation nouvelle qu'en a faite, en 635, Dagobert, nous apprenait que c'était chez ces peuples un usage ancien.

La loi des Bavarois, Tit. II, art. 5, dispose sur la contestation des limites d'un champ. Cette loi ne permet le combat que lorsqu'il n'existe aucune autre moyen de décision ; c'est alors qu'elle déclare que celui à qui Dieu aura donné la force et la victoire, conservera le terrain qu'il avait réclamé.

Le Titre XVI, de la même loi, art. 2, admet également le combat pour la revendication d'un champ ; il rapporte les formules qui pouvaient rendre l'usage des armes nécessaires, et il est remarquable que cette formule commence par un démenti formel — : « Le « serment que tu as porté contre moi, disait le défendeur, n'est « qu'un mensonge ; promets-moi le combat, et que Dieu manifeste « si le serment que tu as porté est vérité ou mensonge, car tu dois « payer une composition de 12 sous, et me rendre cette terre que « tu veux m'enlever par un mensonge. »

L'art. suivant donne cette autre formule : « Je veux, avec mon « second, m'opposer par les armes à ce que tu dis, parce que toi « et le témoin que tu produis, vous en avez menti tous deux. »

L'art. 5 déclare que si plusieurs témoins sont appelés, un seul doit combattre, de telle sorte qu'il ne devait jamais y avoir en champ clos que la partie et son second. Ce même article rappelle qu'avant le combat, les armes devaient être consacrées.

La loi Gombette protégeait beaucoup plus les anciens habitants que ne faisaient les autres lois barbares, puisqu'elle n'établissait aucune distinction entre le Romain et le Bourguignon. Quant à ce qui regarde les amendes, elles étaient remplacées, pour les indigents, par les châtiments corporels, dans la proportion de cent coups de fouet pour douze sous d'or. Outre ces punitions, la loi Gombette avait régularisé la procédure ; et comme les Bourguignons, à l'exemple de tous les Germains, se fiaient à l'intervention de la divinité dans toutes les affaires humaines, ils ne croyaient point à l'impunité du parjure ; ils appelaient donc au serment judiciaire le débiteur ou l'accusé, qui pouvait affirmer ou nier sa dette ou son délit. Plus tard, on exigea que ce serment fût fait par douze témoins, et même plus ; et lorsque les deux parties avaient fourni de cette manière la preuve qu'on demandait d'elles, s'il restait encore quelque incertitude, on recourait au combat judiciaire. Les deux parties, l'accusateur et l'accusé, entraient en champ clos, et la victoire donnait gain de cause.

Cette habitude de combattre en champ clos sur des contestations privées était donc invétérée dans les mœurs de ces peuples anciens ; on se faisait un point d'honneur de ne pas souffrir un démenti en justice, et aussitôt l'on en venait aux armes. — De même si, on n'avait pas obéi au juge, il poursuivait son offense. A Bourges, si le Prévôt avait mandé quelqu'un et qu'il ne fût pas venu : « Je t'ai en- « voyé chercher, disait-il, tu as dédaigné de venir, fais-moi rai-

« son de ce mépris » ; et l'on combattait. Louis-le-Gros réforma cette coutume.

Après la réunion de tous ces peuples divers en une nation commune, ce préjugé, loin de s'affaiblir, ne fit, au contraire, que s'accroître ; c'est alors que les beaux jours de la chavalerie (*Voyez* page 6 et suiv.) prirent naissance ; et ceux qui, au premier défi, étaient toujours prêts à se jeter dans un tournoi, devaient trouver admirable l'institution des combats judiciaires. Aussi voit-on que désormais le combat fut mis au rang des preuves, et l'on s'étonne à bon droit qu'il soit préconisé dans les capitulaires de Charlemagne. Il est fait mention, en effet, dans le capitulaire de 801 (art. 34), du combat qui était admis entre les roturiers ; le combat au bâton est substitué à la preuve par serment ; on y déclare que, pour éviter un parjure, il a paru préférable d'autoriser les parties à descendre en champ clos pour combattre, à armes égales, avec leurs bâtons.

Charlemagne n'autorisa les combats judiciaires qu'avec une extrême répugnance, et sous une condition qui blessa les sentiments élevés de la noblesse. La loi Salique les avait de tout temps proscrits, pendant que la loi Ripuaire, et plus encore les mœurs nationales, les maintenaient. L'assemblée générale dut à des sollicitations pressantes le capitulaire qui donna l'existence légale aux combats judiciaires, « dans le dessein de parer à la fréquence des parjures » ; il exigea que les duels se fissent avec des bâtons. La vénération pour les décrets d'un grand homme étouffa les murmures qui se firent entendre de toutes parts. Du jour où Louis Ier monta sur le trône, ce prince, cédant à l'opinion publique, déclara qu'à l'avenir « les nobles auraient le choix de combattre avec le bâton ou « bien avec les armes, tandis que les *vilains* entraient en lice avec « des bâtons et à visage découvert. »

Depuis cette ordonnance, les gentilshommes ne se battaient plus qu'à cheval et que couverts de leurs armes, à moins qu'ils n'appelassent un *vilain ;* car la loi les obligeait alors de se présenter sans casque, avec le bouclier et avec le bâton. Ces usages nous rapportent à l'origine des opinions qui présentent « le bâton comme l'ins- « trument des affronts les plus dégradants ; et le soufflet comme « une injure qui ne peut être palliée par des réparations, ni lavée « par du sang, mais qui commande sans retour la mort de l'un des « deux adversaires. »

Avant peu d'années, l'abus des combats judiciaires ne connut aucun frein, entoura les magistrats de dangers, et sapa les fondements de la justice. Le coupable convaincu de crime et sans aucun

moyen de justification, suspendait l'arrêt qui le menaçait en jetant audacieusement un gage de combat devant son juge. Celui-ci,
esclave d'un faux point d'honneur, descendait de son tribunal et se
dépouillait de sa dignité pour prendre l'attitude d'un champion. Le
sanctuaire des lois retentissait de reproches, d'injures et de défis ;
il ne fut bientôt plus qu'une arène dans laquelle le père de famille
le plus respectable n'entrait qu'en tremblant, dans la crainte d'exposer au hasard d'un combat sa propre vie et le bonheur des individus dont le sort dépendait de son existence.

Mais c'est plus tard encore que le combat judiciaire prit une exten-
tion telle qu'on aurait quelque peine à croire le témoignage de tous
les historiens, si des monuments incontestables n'attestaient pas la
vérité de leurs récits.

C'est alors que la loi s'appliqua à régler tout ce qui était relatif
au combat. Il était admis pour toute cause, mais surtout pour la
poursuite des crimes, parce que sans doute on voulait prévenir
d'autres vengeances. Celui qui avait à se plaindre d'un meurtre,
dénonçait publiquement le meurtrier devant le juge, disant : « S'il
« le confesse, je vous requiers que vous en fassiez comme de meur-
« trier ; s'il le nie, je le veux prouver de mon corps contre le sien. »
— Toutes les règles qui régissaient ces matières nous ont été soigneusement transmises. Nous allons les faire connaître.

Il n'était pas toujours indispensable que la partie combattît en personne ; elle pouvait se faire suppléer par un champion à gages toutes les fois qu'elle avait à invoquer une excuse valable. D'abord, il
avait bien fallu admettre l'exception des femmes et des mineurs, et
les champions qui se présentaient en leur nom jouissaient naturellement de tous les droits attachés à la dignité de ceux qu'ils repré-
sentaient. — A l'égard des hommes, le cas d'excuse qu'ils pouvaient
présenter était la perte d'un membre, l'âge avancé (après soixante
ans), une maladie soudaine, ou un état constant de maladie notoire.

Pour se prémunir, d'ailleurs, contre la fraude que pourraient
employer les champions à gages en feignant un combat simulé dans
lequel l'un des deux se clamerait vaincu, on avait recours à un
moyen violent, car on décidait que le champion vaincu aurait le
poing droit coupé.

Les prêtres avaient appelé Dieu à témoin à ces scènes sanglantes ; c'était au pied des autels qu'on aiguisait les armes des deux
meurtriers ; on les bénissait au moins, et les champions opposés com-
muniaient souvent à la même messe, et juraient chacun sur l'hostie

que leur droit était le meilleur. On lit encore dans d'anciens rituels une bizarre liturgie intitulée : *Missa pro duello*.

Les prières finies et les hosties consommées, les deux antagonistes, pleins du Dieu qui défend le meurtre et la rage qui le fait commettre, allaient en furieux au champ de bataille. Là le rôle de Dieu était de distribuer l'avantage du combat à celui des deux dont la cause était la plus juste. Dieu cependant ne s'était engagé à rien, mais l'issue du combat n'était pas moins décisive, puisqu'on s'était accordé à regarder comme déchu de son droit celui qui s'était laissé battre. Et non-seulement le vaincu perdait son procès quant au fond, mais encore payait au fisc une somme considérable. De là est venu ce proverbe badin : *que les battus paient l'amende*. Dans ce temps-là ce n'était pas une plaisanterie, c'était un axiome de jurisprudence. Ce fut cette manière extravagante et superstitieuse de décider les différends qu'on osa appeler jugement de Dieu, ou *combat judiciaire*. On y soumettait non-seulement les fortunes des particuliers, mais l'honneur des femmes, l'état des enfants et l'absolution ou le châtiment des crimes.

Toutefois, la preuve par le combat singulier avait quelque raison fondée par l'expérience. Dans une nation uniquement guerrière, la poltronnerie suppose d'autres vices : elle prouve qu'on a résisté à l'éducation qu'on a reçue, et que l'on n'a pas été sensible à l'honneur, ni conduit par les principes qui ont gouverné les autres hommes ; elle fait voir qu'on ne craint point leur mépris, et qu'on ne fait point de cas de leur estime. Pour peu qu'on soit bien né, on n'y manquera pas ordinairement de l'adresse qui doit s'allier avec la force, ni de la force qui doit concourir avec le courage ; parce que, faisant cas de l'honneur, on se sera toute sa vie exercé à des choses sans lesquelles on ne peut l'obtenir. De plus, dans une nation guerrière, où la force, le courage et la prouesse sont en honneur, les crimes véritablement odieux sont ceux qui naissent de la fourberie, de la poltronnerie, de la lâcheté.

Quoi qu'il en soit, c'est dans l'usage de ces combats judiciaires que l'on trouve la source des articles particuliers qui forment aujourd'hui notre point d'honneur. Ainsi que nous l'avons dit, l'accusateur commençait par déclarer devant le juge qu'un tel avait commis une telle action ; celui-ci répondait qu'il en avait menti. Sur cela, le juge ordonnait le combat. La maxime s'établit que lorsqu'on avait reçu un démenti, il fallait se battre.

Quand un homme avait déclaré qu'il combattrait, il ne pouvait plus s'en départir, et, s'il le faisait, il était condamné à une peine. De là suivit cette règle que, quand un homme s'était engagé par sa parole, l'honneur ne lui permettait plus de la rétracter.

Nous avons dit : les gentilshommes se battaient entre eux à cheval et avec leurs armes, et les vilains se battaient à pied et avec le bâton. De là il suivit que le bâton était l'instrument des outrages, parce qu'un homme qui en avait été battu avait été traité comme un vilain.

Les gentilshommes, quand ils se battaient, étaient toujours couverts de leurs casques; il n'y avait que les vilains qui combatissent à visage découvert; ainsi, il n'y avait qu'eux qui pussent recevoir des coups sur la face. Un soufflet devint une injure qui devait être lavée par le sang; parce qu'un homme qui l'avait reçu était traité comme un vilain.

Rien n'était plus contraire au bon sens que le combat judiciaire. Cependant cet usage monstrueux fut réduit en principes, qui formèrent un corps de jurisprudence.

Pour la bien connaître, il faut lire avec attention les réglements de saint Louis, qui fit de si grands changements dans l'ordre judiciaire; Défontaines, qui était contemporain de ce prince; Beaumanoir, qui écrivait après lui. Les autres ont vécu depuis, il faut donc chercher l'ancienne pratique dans les corrections qu'on en a faites.

Voici les principales dispositions de cette jurisprudence :

§ 2.

De la jurisprudence du combat judiciaire. — Règles établies. — Quelle était la manière de porter des entraves à la déposition des témoins. — Du faux jugement. — De l'appel. — Motifs qui faisaient prendre le juge à partie. — Le Défi.

Lorsqu'il y avait plusieurs accusateurs, il fallait qu'ils s'accomodassent pour que l'affaire fût poursuivie par un seul; et s'ils ne pouvaient convenir, le juge nommait un d'entre eux, qui poursuivait la querelle.

Quand les gages étaient reçus pour crime ou pour faux jugement, la paix ne pouvait se faire sans le consentement du seigneur; et quand une des parties avait été vaincue, il ne pouvait plus y avoir de paix que de l'aveu du comte.

Mais si le crime était capital, et que le seigneur, corrompu par des présents, consentît à la paix, il payait une amende de soixante livres, et le droit qu'il avait de faire punir le malfaiteur était dévolu au comte.

Si un fait était notoire, par exemple si un homme avait été assassiné en plein marché, on n'ordonnait ni la preuve par témoin, ni la preuve par le combat; le juge prononçait sur la publicité.

On ne pouvait demander le combat que pour soi, ou pour quelqu'un de son lignage, ou pour son seigneur-lige.

Quand un accusé était absous, un autre parent ne pouvait demander le combat; autrement les affaires n'auraient point eu de fin.

Quand il y avait une guerre, et qu'un des parents donnait ou recevait les gages de bataille, le droit de guerre cessait; on pensait que les parties voulaient suivre le cours odinaire de la justice, et celle qui aurait continué la guerre aurait été condamnée à réparer les dommages.

Ainsi, la pratique du combat judiciaire avait cet avantage, qu'elle pouvait changer une querelle générale en une querelle particulière, rendre la force aux tribunaux, et remettre dans l'état civil ceux qui n'étaient plus gouvernés que par le droit des gens.

Un homme qui voyait qu'un témoin allait déposer contre lui, pouvait éluder le second, en disant aux juges que sa partie produisait un témoin faux et calomniateur; et si le témoin voulait soutenir la querelle, il donnait les gages de bataille. Il n'était plus question de l'enquête; car si le témoin était vaincu, il était décidé que la partie avait produit un faux témoin, et elle perdait son procès.

Il ne fallait pas laisser jurer le second témoin; car il aurait prononcé son témoignage, et l'affaire aurait été finie par la déposition de deux témoins. Mais en arrêtant le second, la déposition du premier devenait inutile.

Le second témoin étant ainsi rejeté, la partie ne pouvait en faire ouïr d'autres, et elle perdait son procès; mais dans le cas où il n'y avait point de gages de bataille on pouvait produire d'autres témoins.

La nature de la décision par le combat, étant de terminer l'affaire pour toujours, et n'étant point compatible avec un nouveau jugement et de nouvelles poursuites, l'appel, tel qu'il est établi par les lois romaines et par les lois canoniques, c'est-à-dire à un tribunal supérieur, pour faire réformer le jugement d'un autre, était inconnu en France.

Une nation guerrière, uniquement gouvernée par le point d'honneur, ne connaissait pas cette forme de procéder; et suivant toujours le même esprit, elle prenait contre les juges les voies qu'elle aurait pu employer contre les parties.

L'appel, chez cette nation, était un défi à un combat par armes, qui devait se terminer par le sang, et non pas cette invitation à une querelle de plume, qu'on ne connut qu'après.

Appeller son seigneur de faux jugement, c'était dire que son jugement avait été faussement et méchamment rendu. Le juge considérait alors l'imputation qui lui était faite comme une injure personnelle, dont il devait demander la réparation par les armes. Celui qui voulait fausser le jugement déclarait publiquement au seigneur qui avait rendu la sentence, qu'il avait jugé faussement et méchamment; et le seigneur, en réponse à cet outrage, soutenait le bien jugé de la sentence; et comme ces sortes d'appels se multipliaient, les seigneurs, pour ne pas avoir à combattre contre des gens au-dessous d'eux, instituèrent *le jugement par des pairs*; c'est-à-dire que le tribunal était constitué d'hommes de condition égale à celle des parties. La différence de condition ne pouvait plus dès-lors porter obstacle au combat; mais il en résultait aussi, que le tribunal étant composé de plusieurs juges, l'appelant avait à combattre successivement tous ceux qui voulaient défendre le jugement qu'ils avaient rendu; et comme les chances ne se trouvaient pas égales, les juges adoptèrent la coutume de prononcer hautement et publiquement leur avis, ce qui permettait à la partie qui craignait d'être condamnée de déclarer son appel avant même que le jugement eût été rendu, alors qu'elle voyait que plusieurs opinions lui étaient contraires. Il suffisait de déclarer hautement et publiquement au juge qui venait de faire connaître son opinion, qu'il était faux, méchant et calomniateur. Il y avait aussitôt alors nécessité de combattre, car le point d'honneur, tel que nous l'entendons encore de nos jours, le voulait ainsi. La susceptibilité à cet égard s'étendait si loin, que chaque juge croyait de son devoir de soutenir le jugement, alors même qu'il aurait été rendu contre son avis. C'était, disait-on, pour eux, une affaire de courtoisie et de loyauté, où il n'y avait pas de suite ni de remise. L'*appel de défaute* avait un autre objet. C'était contre le juge la peine du déni de justice, et le juge devait également raison à la partie qui soutenait que, méchamment et faussement, il refusait de rendre droit. Cependant, le combat n'était pas généralement admis dans ce dernier cas.

Le vassal qui appelait à tort son seigneur de *défaute de droit* était condamné à lui payer une amende à sa volonté.

Il faut cependant remarquer que celui qui avait appelé son juge au combat, pouvait perdre, par le combat, son procès, et ne pouvait pas le gagner. En effet, la partie qui avait un jugement pour elle, n'en devait pas être privée par le fait d'autrui. Il fallait donc que l'appelant qui avait vaincu son juge, combattît encore contre la partie, non pas pour savoir si le jugement était bon ou mauvais; il ne s'agissait plus de ce jugement, puisque le combat l'avait anéanti; mais pour décider si la demande était légitime ou non; et c'est sur ce nouveau point que l'on combattait. De là doit être venu notre manière de prononcer les arrêts : La Cour *met l'appel au néant; la Cour met l'appel et ce dont a été appelé au néant....* En effet, quand celui qui avait appelé de faux jugement était vaincu, l'appel était anéanti ; quand il avait vaincu, le jugement était anéanti et l'appel de même; il fallait procéder à un nouveau jugement.

Cet usage s'est conservé en France jusqu'au règne de Philippe-le-Bel, et nos rois ont eu besoin de toute leur autorité pour l'abolir par des ordonnances réitérées.

§ 3.

Le gage de bataille. — Le juge ordonnait le combat, marquait le lieu, désignait le jour et l'heure. — Manière de combattre. — Résultat.

Les particuliers n'ayant plus le droit de décider quand il fallait se battre, c'était la justice qui l'ordonnait, faute d'autres preuves, et en certains cas seulement :

1° L'accusateur rendait sa plainte devant le juge et jetait son gant *pour gage de bataille;*

2° L'accusé lui donnait publiquement le démenti, et ramassait le gant pour preuve qu'il acceptait *le gage de bataille*.

Alors le juge marquait le lieu, désignait le jour et l'heure du combat.

Lorsque le combat avait été arrêté, que les gages avaient été livrés, les combattants se rendaient au jour marqué devant les juges du camp, où ils trouvaient déployé un grand appareil religieux et militaire. Avant le combat, la justice faisait publier trois bans : par l'un, il était ordonné aux parents des parties de se retirer ; par l'autre, on avertissait le peuple de garder le silence ; par le troisième, il était défendu, sous les peines les plus sévères, et même celle de mort, de porter secours à l'un ou à l'autre des combattants.

Les gens de justice gardaient le parc ; la lice avait d'ordinaire quatre-vingts pas de long sur quarante de large ; elle était disposée en plein air, et nul ne pouvait se tenir à l'entour qu'à pied et sans armes.

Les combattants arrivaient accompagnés d'un *parrain* et d'un prêtre ; s'ils étaient gentilshommes, ils venaient à cheval, visière baissée, rien au cou, glaive au poing, épée et dague ceintes. Chacun d'eux jurait sur la croix que son droit était bon ; qu'il combattait loyalement, sans employer ni dol ni artifice. Alors la lice lui était ouverte, et le maréchal du camp criait : *laissez-les aller !* Le combat commençait aussitôt, et il ne devait prendre fin que lorsqu'un des combattants tombait à terre ou s'avouait vaincu en criant *grâce !* ou *merci !* ce qui emportait son déshonneur. Comme c'était là l'image la plus parfaite de la guerre, on admit cependant bientôt que la paix pouvait être faite, même durant le combat ; l'une des parties pouvait la proposer, et les juges du camp décidaient si elle devait être acceptée. — A la première parole de paix, le combat se trouvait suspendu ; mais les personnes qui avaient la garde du parc devaient soigneusement veiller à ce que toutes choses demeurassent en état, pour que les combattants fussent replacés exactement dans la même situation, si la paix ne se faisait pas.

On pense bien que les formalités à suivre pour arriver au combat ont dû varier de siècle en siècle, et même de province à province. Ce qui se pratiquait à cet égard depuis le xii° siècle jusqu'au xvi° se trouve rappelé avec quelques détails dans l'un des documents les plus rares et les plus précieux qui appartiennent à notre histoire. L'article qui se rapporte au jour du combat entre chevaliers ou gentilshommes est d'un intérêt historique trop puissant pour que nous n'en donnions pas ici la traduction.

§ 4.

Préliminaires du combat entre chevaliers. — La requête. — Proclamation du héraut ou roi d'armes. — La plainte. — L'exhortation. — Le serment. — Seconde exhortation. — Second serment. — Silence de mort. — Le combat. — Conséquence.

Quand les lois se trouvèrent impuissantes pour arrêter les duels, elles en réglèrent du moins l'usage de manière à les rendre extrêmement rares. Ces combats n'étaient permis qu'aux nobles chevaliers ou écuyers qui avaient le droit de porter les armes; ils ne pouvaient avoir lieu que pour les cas les plus graves; il fallait obtenir l'agrément du souverain, qui en fixait le jour ordinairement à un temps assez éloigné; ils étaient accompagnés d'un appareil solennel bien propre à jeter l'effroi dans l'âme de celui qui ne se sentait pas soutenu par son bon droit; le vaincu, s'il ne succombait pas dans le combat, était puni de mort. Ainsi, toute une classe d'hommes, et c'était la plus nombreuse, ne pouvait se battre en duel; ceux qui jouissaient de ce triste privilége ne pouvaient encore en user à leur volonté, ni légèrement et pour une affaire frivole, ni dans le premier emportement de la colère. Le délai fixé entre la demande et le jour du combat permettait la plupart du temps aux parents, aux amis des champions, d'opérer entre eux un rapprochement qui n'aurait pas eu lieu si, comme cela n'arrive que trop ordinairement de nos jours, la rencontre avait suivi presque immédiatement la querelle, et lorsque les deux adversaires sont souvent encore animés par la double ivresse du vin et de la colère. Enfin, ce n'était pas en présence de deux témoins, dans quelque lieu écarté, que se vidait le différent, comme le font les hommes qui se cachent, parce qu'ils ont la conscience qu'ils vont commettre une action criminelle; mais c'était dans une vaste lice, entourée de nombreux spectateurs, en présence du roi et de la cour, après qu'on avait fait connaître publiquement la cause du combat et que les deux champions avaient pris le ciel à témoin de leur bon droit, que les armes décidaient de leur sort.

Quand on se croyait en droit de demander le duel judiciaire, on adressait sa requête au roi à peu près en cette forme :

« Sire, je dis sur tel (et on le nommait) qu'il a méchamment et par trahison
« meurtri telle personne (on citait le nom du mort), qui était mon parent;
« et pour sa traîtrise, et pour son fait, je vous requiers que vous le trai-
« tiez comme un meurtrier; s'il le nie, je le veux prouver de mon corps con-
« tre le sien, ou par homme qui faire le puis et doye pour moi contre celui

« que j'ai assigné; laquelle preuve je montrerai bien en temps et lieu. » Et pour gage du combat, le plaignant jetait à terre son gant, que l'accusé ou son représentant relevait.

Alors le champ de bataille, le jour et les armes des combattants étaient assignés par le roi, s'il donnait son consentement. Celui qui relevait ce gant prouvait par cette action qu'il acceptait le défi; il ôtait à son tour son gant de la main droite, et le jetait à terre pour être relevé par celui qui l'avait provoqué, promettant l'un et l'autre de se présenter en état de combattre au jour et lieu indiqués par le roi. Si l'accusé de perfidie ou de trahison se présentait devant le roi et se disait innocent des crimes qu'on lui imputait, il offrait le combat à son accusateur en jetant son gant; si personne ne se présentait pour relever ce gage, l'accusé était cru sur son serment, et reconnu innocent.

Les dames accusées ou qui accusaient un chevalier pouvaient présenter leur champion de bataille.

Le *combat à outrance* était précédé de divers usages et cérémonies que nous allons rapporter.

Les combattants partaient de leur hôtel armés de toutes pièces, visières levées, faisant porter devant eux leurs écus, leurs glaives et autres armes qui avaient été désignées pour le combat.

Avant l'arrivée de l'appelant, le roi d'armes ou héraut venait à cheval sur la porte de la lice, crier une première fois la proclamation ci-après; il la répétait quand l'appelant et le défendant étaient entrés et s'étaient présentés aux juges du combat, et enfin lorsqu'ils avaient fait leur dernier serment :

Proclamation du héraut ou roi d'armes.

« Or oyez, or oyez, or oyez, seigneurs, chevaliers, écuyers et gens de tout état, ce que notre sire, le bon roi de France, vous commande et défend sous peine de perdre corps et biens.

« Que nul ne soit armé, ne porte épée ni dague, ni autre harnais quel qu'il soit, si ce ne sont les gardes du champ et ceux qui par le roi auront congié et pouvoir de ce faire.

« Encore le roi, notre sire, vous commande et défend que nul, de quelque condition qu'il soit, devant la bataille, ne soit à cheval, et ce, sur peine aux gentilshommes de perdre le cheval, et aux serviteurs de perdre une oreille; et ceux qui conduiront les combattants, descendus qu'ils seront à la porte du champ, seront incontinent tenus de renvoyer leurs chevaux sur la peine que dite est.

« Encore le roi, notre sire, vous commande et enjoint à toute personne, de quelque condition qu'elle soit, qu'elle s'assise sur banc ou parterre, à ce que chacun puisse voir les parties combattre plus à son gré, sur peine d'avoir le poing coupé.

« Encore le roi, notre sire, vous commande et défend que nul ne parle, ne fasse signe, ne crache, ne crie, ne fasse aucun semblant quel qu'il soit, et ce, sur peine de corps et biens. »

Ces prescriptions avaient pour objet d'empêcher que l'attention des combattants fût détournée ou provoquée par quelque mouvement, signe ou bruit étrange dont aurait pu profiter l'un des champions au détriment de l'autre ; mais on voit qu'il était parfois dangereux d'assister à ces sortes de spectacles.

L'appelant devait se présenter le premier avant l'heure de midi, et le défendeur avant l'heure des nones, et ceux qui manquaient à l'heure étaient tenus pour *récréans* et convaincus.

Lorsque l'appelant était entré à cheval dans le champ, il s'adressait au connétable ou au maréchal du champ, en ces termes :

« Mon très honoré seigneur, voyez tel, qui par devant vous,
« comme celui qui êtes ordonné par notre sire le roi, vient se pré-
« senter armé et monté comme gentilhomme qui doit entrer pour
« combattre tel gentilhomme sur telle querelle, comme faux, mau-
« vais, traître ou meurtrier, comme il est, et de ce je prends No-
« tre Seigneur, Notre-Dame et monsieur saint Georges, bon che-
« valier, à témoins en cette journée, à nous par le roi, notre sire,
« assignée, et pour ce faire et accomplir, est venu et se présente à
« vous pour faire son vrai devoir, et vous requiers que lui livriez
« et départiez sa portion de champ, du vent, du soleil et de tout
« ce qui est nécessaire, convenable et profitable en tel cas, ce
« qu'étant par vous fait, il fera son vrai devoir à l'aide de Dieu,
« de Notre-Dame et monsieur saint Georges, le bon chevalier. »

Ainsi que nous l'avons dit, les lices de bataille avaient quarante pas de large et quatre-vingts de long. Le pavillon de l'appelant était à la droite du roi ou du juge, celui du défendant à la gauche. Après que les combattants avaient prononcé leurs requêtes, ils entraient au champ de bataille, la visière baissée, en faisant le signe de la croix ; ils venaient devant l'échafand du roi ou du juge, qui leur faisait lever la visière, et ils disaient, si c'était le roi :

« Très excellent et très puissant prince et notre souverain sei-
« gneur, je suis tel, qui, en votre présence, comme à notre droiturier
« seigneur et juge, suis venu au jour et heure par vous à moi assi-
« gnés, pour faire mon devoir contre tel, à cause du meurtre et
« trahison qu'il a faite, et de ce, j'en prends Dieu de ma part, qui
« me sera aujourd'hui en aide ; » et il donnait alors un papier au

maréchal du champ, où était écrit ce qu'il venait de dire. A ce moment, le roi d'armes faisait son second cri.

Ensuite, l'appelant, toujours la visière haute, se mettait à genoux devant une table richement ornée, sur laquelle était un crucifix posé sur un coussin avec un missel, et à droite de cette espèce d'autel, un prêtre ou religieux, qui lui disait :

« Sus, chevalier, ou écuyer, ou seigneur de tel lieu qui êtes appe-
« lant, vous voyez ici la très vraie remembrance de notre Sauveur,
« vrai Dieu, Jésus-Christ, qui mourir voulut et livrer son corps
« très précieux à la mort pour nous sauver, si lui requérez merci et
« lui priez qu'à ce jour il vous veuille aider selon que droit avez,
« car il est souverain juge. Souvienne vous des serments que vous
« allez faire, ou autrement votre âme, votre honneur et vous, êtes
« en grand péril. » Après ces paroles, le maréchal prenait l'appelant par ses deux mains avec ses gantelets, plaçait la main droite sur le crucifix et la gauche sur le missel, ouvert au canon de la messe, commençant par ces mots : *Te igitur ;* puis il lui faisait prononcer le serment suivant :

« Je, tel, appelant, jure sur cette remembrance de notre Sei-
« gneur Dieu Jésus-Christ, et sur les saints Évangiles qui sont ici,
« et sur la foi du vrai chrétien et du saint baptême que je tiens de
« Dieu, que j'ai certainement bonne, juste et sainte querelle et bon
« droit d'avoir, en ce gage de bataille, appelé tel comme faux,
« mauvais, traître et meurtrier (*selon la nature du crime*), lequel
« a très fausse et très mauvaise querelle de soi défendre, ce lui
« montrerai-je aujourd'hui par mon corps contre le sien, à l'aide
« de Dieu, de Notre-Dame et de Monseigneur saint Georges, le
« bon chevalier. » Après ce serment, l'appelant retournait à son pavillon avec son conseil et les gardes qui l'avaient conduit.

Le defendant, à son tour, était amené auprès de l'autel, avec les mêmes cérémonies, et prononçait un serment à peu près semblable ; puis, on le reconduisait à son pavillon.

On ne se contentait pas de ces deux serments prononcés séparément par les deux parties. Une troisième et dernière épreuve avait lieu avec un appareil plus redoutable encore et plus solennel. Les deux adversaires étaient alors réunis pour prêter ce dernier serment. Ils sortaient en même temps chacun de leur pavillon, et s'avançaient lentement, pas à pas, au milieu des gardes du champ, qui les ame- naient vis-à-vis de l'autel. Là, quand ils s'étaient agenouillés de- vant le crucifix, le maréchal leur ôtait les gantelets de la main droite et les plaçait sur les deux bras de la croix. Alors, le prêtre, dans une exhortation vive et touchante, leur rappelait la Passion de notre Seigneur Jésus-Christ, qui, en mourant, avait pardonné à ses bourreaux ; il leur mettait devant les yeux les suites terribles des serments qu'ils avaient prononcés et qu'ils allaient prononcer encore, la mort ignominieuse que l'un d'eux allait souffrir, et, ce qui était mille fois plus redoutable, la perte de l'âme de celui qui se serait parjuré ; il terminait en les engageant à s'en remettre à la merci du prince, plutôt que d'encourir la colère de Dieu et de s'exposer aux peines éternelles de l'enfer.

On conçoit quelle impression devait produire de telles paroles sur des hommes qui, s'ils n'étaient pas éclairés, s'ils n'étaient pas exempts de passions et de préjugés, avaient du moins la foi, et une foi vive et sincère. Dès que le prêtre avait fini de parler, le maréchal demandait à l'appelant : « Vous, comme appelant, voulez-vous jurer ? » Et il arrivait parfois que la conscience du bon chevalier ne lui permettait pas de franchir cette dernière épreuve : alors le prince le recevait à merci et lui imposait une pénitence. S'il consentait à jurer, le maréchal lui faisait prononcer, et après lui au défendant, un serment, dont la formule était à peu près la même que celle des premiers ; seulement, ils ajoutaient qu'ils juraient sur les joies du paradis auxquelles ils renonçaient pour les supplices de l'enfer, sur leur âme, sur leur vie, sur leur honneur, que leur cause était bonne, sainte et juste.

Après ce serment, les deux adversaires baisaient le crucifix, se relevaient et retournaient à leur pavillon. Aussitôt le prêtre enlevait la croix et le missel, et se retirait. Le héraut, en cet instant, faisait entendre la proclamation pour la troisième et dernière fois.

Un silence profond, un silence de mort régnait dans l'assemblée ; chacun restait immobile à la place qui lui était assignée par le maréchal ; alors le roi d'armes ou le héraut s'avançait gravement, au milieu de la lice, et criait par trois fois : *Faites vos devoirs !* A ce moment, les deux combattants, aidés de leurs conseillers, montaient à cheval, les pavillons étaient jetés hors et par dessus les lices.

Cette opération terminée, le maréchal, placé sous l'échafaud au milieu du champ, portant le gage de bataille en sa main, criait par trois fois : *Laissez aller !* et après ces paroles, il jetait le gant (*) ; « et lors, ceux qui les tiennent les doivent laisser aller », et l'un doit mouvoir contre l'autre, et faire les maux qu'ils sauront..... et celui qui sera mort ou récréant el champ, le seigneur le doit faire traîner et pendre..... « Et celui qui est appelé de la traïson est vaincu,

______

(*) Traduction de M. Roy, *Hist. de la Chevalerie.*

« il est ataint de la traïson, car l'on li a prové si com l'on doit;
« si doivent estre ses heirs deshérités, com heirs (héritiers) de
« traitour ataint et prové de traïson. »

Toutes ces formalités étaient les mêmes dans toute l'Europe et
s'observaient à la lettre avec une ponctualité remarquable et furent
en grand honneur tant que la puissance publique n'eut pas acquis
une force réelle ; mais du moment que l'on se vit en état de rendre
des jugements susceptibles d'exécution, elles furent bientôt soumises à diverses restrictions. Il paraît même que jamais le combat,
bien qu'il constituât aux yeux des peuples *le jugement de Dieu*, ne
fut admis pour les affaires qui se traitaient devant les juges ecclésiastiques, non pas seulement à cause de la maxime que l'Église
abhorre le sang ; mais parce qu'il n'était point à craindre qu'une sentence ecclésiastique demeurât sans exécution. Ces sentences s'appuyaient sur une autorité morale bien autrement puissante que la
force matérielle : la crainte de l'excommunication suffisait pour leur
assurer le respect de tous.

Lorsque les seigneurs suzerains hauts justiciers eurent eux-mêmes acquis assez de puissance pour établir des règles qu'ils pussent
maintenir, ils se rendirent juges des cas où le combat serait permis et où il serait empêché, et l'on posa pour première règle qu'il
ne serait point autorisé en matière de peu d'importance. Si les gages de bataille avaient été donnés, le seigneur forçait à les retirer.
On refusa aussi le combat toutes les fois qu'il s'agissait d'un fait notoire qui n'avait pas besoin d'être prouvé, ou d'une contestation sur
laquelle il y avait jurisprudence arrêtée ; en sorte, que l'on en vint
à poser pour maxime que le combat n'aurait lieu que lorsqu'il n'y
aurait pas moyen d'arriver au jugement par quelqu'autre preuve.
C'est même la disposition formelle d'un article de la coutume
de Béarn, qui a un titre portant pour rubrique : *De la Bataille :*
« *En causes qui se peuvent prouver, il n'y a point lieu à combat.* »
Le combat judiciaire n'était plus alors qu'un *duel public*, et les règles que rappelle la coutume ne sont autre chose que les règles ordinaires du duel privé ; elle porte que le défendeur a le choix des
armes, et le droit de régler le mode du combat ; qu'il est tenu de
répondre dans le jour même au premier cartel qu'il a reçu, et de
déclarer s'il dénie ou s'il confesse ce qui lui est imputé ; et il
ajoute que celui qui refuse le combat après que la bataille est assignée
et que les gages sont donnés, perdra ses armes, ce qui emportait
note d'infamie. Ce fut saint Louis qui s'appliqua surtout à abolir cet
usage, qu'il proscrivit formellement dans les tribunaux de ses domaines. Les ordonnances de ce prince, connues sous le nom d'*Éta-*

blissements, et qui constituent la première législation française, ne permettaient plus de recourir au combat, qui continua cependant d'être admis, mais avec toutes les restrictions que l'on put établir dans les juridictions seigneuriales, dont nous allons parler dans le chapitre suivant.

CHAPITRE VIII.

La souveraineté des justices seigneuriales, sous Louis IX.

§ 1er.

Les coutumes féodales. — Louis IX proscrit la procédure des duels judiciaires dans ses domaines. — Réforme qu'il introduit. — Lois rigoureuses. — Les barons n'imitent point son bon exemple. — Jurisprudence de Philippe-le-Bel. — Entraves.

Le gouvernement féodal, au lieu d'avoir des lois, était abandonné à des coutumes qui variaient pour chaque fief, et qui étaient même inconstantes et incertaines dans le territoire de chaque seigneur. Ce vice provenait de ce qu'il n'y avait plus de puissance législative commune à tout le royaume. Les rois ne pouvaient faire des lois que dans leurs domaines; mais ils n'avaient pas le droit d'en faire dans les terres des seigneurs, qui, au moyen de la souveraineté de leurs injustices, étaient despotes en législation.

Louis IX (Saint-Louis) commença par proscrire, par ses lois, l'absurde procédure des *duels judiciaires* dans ses domaines. Il ordonna que quelque fût un procès, soit au civil, soit au criminel, on fût obligé de prouver son droit par des écrits, par des témoins, et par le raisonnement; à plus forte raison ne fut-il plus permis d'appeler au combat les témoins ni les juges.

Les lois de Saint-Louis, ainsi que nous l'avons dit, portent le nom d'*établissements*, et furent promulguées en 1260. Le principe qui les
« domine, « c'est, dit-il, que si le vavasseur est soumis au baron, le
« baron est soumis au roi, et que le prince ne tient sa puissance que
« de *Dieu et de son épée*. Le baron a toute justice en sa terre. Tout
« gentilhomme qui a basse justice, peut condamner à la potence celui
« qui a volé dans sa terre. Mais nulle justice ni seigneurie n'a droit
« sur l'homme du roi, que dans le cas où il serait pris sur le fait, et

« il suffit qu'il nie le fait pour que la connaissance de la chose ap-
« partienne à la justice du roi. On peut appeler au roi des juge-
« ments rendus par les barons, mais personne ne peut appeler d'un
« jugement rendu par la cour du roi ; car aucune justice n'a le droit
« de la réforme. Si une affaire entamée à la cour du roi est rendue
« au jugement du baron, le baron est tenu de continuer l'affaire de la
« même manière qu'elle a été entamée. Mais si la justice du roi rede-
« mande son justiciable, appelé devant la cour d'un baron, les erre-
« ments commencés en la cour du baron ne seront point suivis en la
« cour du roi ; car il ne convient pas qu'une procédure entamée
« dans une *justice inférieure*, soit suivie à la cour du *souverain*.
« Si quelqu'un veut attaquer un jugement comme *faux*, on ne
« soumettra pas l'affaire à la décision du combat, mais les plaintes
« et tous les autres errements du procès seront apportés en notre
« cour. »

Saint Louis entrait par là dans le pouvoir de ses vassaux, en conservant le sien inviolable.

Saint Louis introduisit dans les procédures un changement notable ; il interdit le *jugement de Dieu* ; il défendit les *batailles* partout son domaine, en toutes querelles, et au lieu de batailles *mit
preuves des témoins ou des chartes*. Dans toutes les affaires où il
est question de trahison, de rapt, de meurtre de femme enceinte
ou de l'enfant qu'elle porte dans son sein, dans tous les crimes dont
la peine doit être la perte de la vie ou de quelque membre, il veut
qu'on substitue à la preuve par le combat celle qui doit se faire par
témoins. Si quelqu'un est accusé d'un de ces crimes au tribunal
d'un bailli, celui-ci fera informer l'affaire jusqu'aux preuves ; il en
instruira le roi, et alors le roi enverra pour entendre les preuves,
et ses envoyés appelleront au jugement ceux qui doivent s'y trouver.

Mais les barons n'imitèrent pas l'exemple de ce sage législateur,
et par des motifs sordides, ils favorisèrent la coutume des *combats
judiciaires* qu'un de nos grands rois venait de proscrire. C'est pourquoi les bonnes dispositions de ce prince demeurèrent presque sans
effet. S'il ne put les abolir entièrement, il fit du moins observer
les lois rigoureuses de ces combats, ainsi qu'elles ont été décrites à
la page 290 et suiv., lois bien capables de les rendre moins fréquents, en portant d'avance la terreur et l'effroi dans le cœur des
champions. Avant qu'il leur fût permis de combattre, ils subissaient
un interrogatoire sévère, accompagné d'exhortations et de serments ; on récitait solennellement sur eux l'office des morts, comme
s'ils n'en devaient revenir, et on les avertissait que le vaincu serait traîné hors la lice par les pieds et attaché au gibet. Pendant

ces lugubres cérémonies, la réflexion pouvait amener le repentir ou le désistement. S'ils persistaient, les juges du champ donnaient le signal après qu'on leur avait répété la funeste sentence d'être traînés par les pieds et pendus, sentence qui devait être exécutée sur le mourant comme sur le mort, car il pouvait arriver que le vaincu ne fût que blessé. Ceux qui se louaient pour ces sortes de combats subissaient sans grâce le sort destiné à leurs commettants. On l'avait ainsi réglé, de peur que l'assurance d'être exempts du dernier supplice ne disposât à ne point employer leurs efforts contre l'adversaire avec lequel ils se seraient arrangés d'avance. Ces sortes de combats se prescrivaient judiciairement, non-seulement pour venger des affronts ou des violences personnelles, mais encore pour obtenir la possession disputée des terres, seigneuries ou autres propriétés.

Philippe-le-Bel, en 1306, continue l'ouvrage commencé faiblement par saint Louis. Enlevant au duel la solution des questions de droit, il ne l'autorise plus que dans quatre cas, et le soumet à des formalités nouvelles, détaillées dans son édit avec une soigneuse exactitude, qui prouve toute l'importance qu'on y attachait encore. Il classe ces combats au rang des homicides, et entrave leur accomplissement par une foule de dispositions préalables dont l'exécution était longue et difficile. Par la même ordonnance, il faut plaider devant les Parlements, qui après avoir entendu la cause, se prononceront pour le procès ou le combat. Déjà s'établit la lutte de la parole au lieu de celle de l'épée ; l'emploi de la raison au lieu de celui de la force. Encore quelques années, le règne des lois se fortifiant, l'homme outragé dans son honneur ou lésé dans ses intérêts, ne sera plus dans l'alternative cruelle de perdre la vie ou de devenir meurtrier. Le créancier provoquant son débiteur, dut payer avant le combat une somme fixée par les tribunaux.

Pour nous résumer sur le sujet que nous venons de traiter, nous devons encore parler des épreuves judiciaires, et qui vont faire l'objet du paragraphe suivant.

§ 2.

Origine des Ordalies ou épreuves judiciaires. — Le serment. — Le Duel. — L'eau chaude. — L'eau froide. — Épreuve du fer ardent ou fer chaud. — Épreuve de la croix. — Épreuve de la communion. — Cérémonies religieuses qui accompagnaient les épreuves judiciaires. — Que peut-on induire au sujet des épreuves judiciaires ? — Cas où elles ont été nouvellement invoquées (Angleterre).

La plupart des peuples barbares qui s'établirent sur les ruines de l'Empire romain d'Occident crurent avoir découvert une méthode infaillible de démêler la vérité et de prévenir toute espèce de fraude, dans les procédures juridiques ; ils en appelèrent au ciel même, et imaginèrent de laisser la décision de tous les cas litigieux à l'auteur de toute sagesse et de toute justice : dans certains cas, l'accusé, pour prouver son innocence, se soumettait publiquement à diverses épreuves, également périlleuses et effrayantes.

Les principales épreuves étaient au nombre de sept : le *serment*, le *duel*, l'*eau froide*, l'*eau chaude*, le *fer chaud*, la *communion* et le *jugement de la croix* ; c'étaient autant de moyens que l'ignorance et la barbarie avaient imaginés pour discerner les innocents des coupables, et que l'on appelait JUGEMENTS DE DIEU.

La plus simple et la plus commode de ces épreuves consistait dans le *serment*, que le juge ne recevait que lorsque les griefs lui semblaient légers, ou lorsqu'il reconnaissait que les personnes étaient au-dessus de la main de la justice.

On trouve les premiers exemples des *ordalies*, ou épreuves judiciaires, dès l'aurore du christianisme, alors que les apôtres les plus zélés propageaient la foi dont ils étaient animés.

L'éloquence et les préceptes de l'Évangile n'étaient pas des moyens assez persuasifs pour soumettre au culte nouveau des barbares ou des incrédules peu disposés à se laisser surprendre aux charmes du langage ou à l'onction d'une morale parfaite et sublime, qu'ils n'eussent point appréciée.

Les orateurs du christianisme qui désiraient convertir les peuples idolâtres, pleins de confiance en celui dont ils se croyaient les ministres et les serviteurs, entraînés par cet enthousiasme qui provoque les miracles, se communique aux auditeurs, les exalte, et les prépare à des prodiges, osaient demander à Dieu des garants de la vérité qu'ils publiaient en son nom.

Souvent, pleins d'un pieux délire et pour prouver à la foule étonnée qu'ils avaient reçu leur mission d'en haut, ils traversaient des bûchers allumés, marchaient sur une couche de charbons avivés, se plongeaient dans l'eau bouillante ; enfin, telles étaient l'exaltation et la ferveur de ces premiers chrétiens, que, souvent, ils ne sentaient pas la douleur dont ils bravaient les atteintes, de même qu'un guerrier ne sent point sur le champ de bataille et dans l'ardeur du combat, la blessure qui, le lendemain, doit le retenir sur la couche de souffrance.

Ces faits expliquent pourquoi nos rois chrétiens, au lieu d'abroger les lois des peuples Barbares qui admettaient toutes les épreuves, les maintinrent expressément depuis le IXe siècle jusqu'au XIIIe.

20

L'épreuve du serment. — Le serment a été en usage parmi les Français, surtout depuis leur conversion ; ils ne croyaient pas qu'un chrétien pût prendre ce qu'il y a de plus sacré à témoin d'une fausseté, et se persuadaient que Dieu ne manquerait pas de punir le parjure, comme, en effet, il arrivait souvent.

Quand on manquait de preuves, si l'accusation était grave, il fallait en venir au combat. Si elle ne l'était pas, tout accusé était tenu de se purger, du moins par serment. Il n'y était reçu qu'en faisant jurer avec lui des gens de sa profession, de son sexe, de sa parenté, ou du moins de son voisinage, gens sans reproche, domiciliés et connus de l'accusateur. Le juge en fixait le nombre ; il pouvait les nommer d'office ; on les tirait quelquefois au sort ; c'était ordinairement l'accusé qui les présentait, et rarement en laissait-on le choix à l'accusateur. Ce nombre était plus ou moins grand, selon l'importance du cas, et, dans quelques circonstances, il s'élevait jusqu'à trois cents, qui se complétaient sans peine, d'après le faux point d'honneur de ne refuser, dans aucun cas, ceux à qui l'on tenait par les liens du sang, de la subordination et de l'amitié ; de sorte que tout homme entreprenant qui troublait l'ordre public ou qui violait les lois sociales, avait la certitude de rassembler une foule d'adhérents prêts à le défendre, sans même s'informer de quel crime il s'était rendu coupable. Aussi les parjures se multipliaient-ils, sans crainte comme sans remords.

Le serment se faisait dans une église, à certains jours, à jeun et avant midi, sur une croix, sur un autel, sur le livre des Évangiles, sur le canon de la messe, sur une châsse, sur un reliquaire ou sur le tombeau d'un saint.

Tandis que les témoins touchaient l'autel ou la croix sur lesquels on faisait le serment, l'accusé étendait ses mains sur les leurs, et protestait à haute voix qu'il n'était point coupable de ce qu'on lui imputait. Moyennant ces cérémonies, qui faisaient souvent des parjures, on était déchargé de l'accusation, pourvu que l'accusateur n'insistât point, de son côté, à faire preuve du contraire ; car, si ses témoins juraient que l'accusé était criminel, il fallait en venir au combat. Étrange manière de décider de l'innocence et du bien des hommes ! Le plus fort ou le plus adroit était, selon cette loi, celui qui avait raison.

L'épreuve de l'eau froide consistait à lier les pieds et les mains de ceux qui devaient la subir, et à les jeter dans une cuve pleine d'eau. Ceux qui surnageaient sans enfoncer, étaient réputés coupables. On croyait que l'eau purifiée par des exorcismes, refusait de les recevoir dans son sein, ne pouvant souffrir rien de souillé et

d'impur ; ceux qui allaient au fond de la cuve, étaient déclarés innocents. Voici un extrait de l'instruction prescrite à cet égard :
« Prenez ceux que vous voudrez mettre à l'épreuve de l'eau et
« conduisez-les à l'église, où le prêtre célébrera la messe, après
« laquelle il bénira de l'eau, en fera boire à ceux qui doivent être
« mis à cette épreuve, en disant : Que cette eau vous soit aujour-
« d'hui une épreuve. Il fera ensuite les exorcismes sur l'eau dans
« laquelle ils doivent être jetés. Dès qu'ils seront dépouillés de leurs
« habits, il leur fera baiser l'Évangile, et les jettera dans l'eau, les
« uns après les autres. Le prêtre qui fait la cérémonie et ceux qui
« en sont les objets doivent être à jeun. »

En 829, Louis-le-Débonnaire proscrivit cette épreuve ; mais on ne laissa pas de l'employer dans la suite. C'était un droit seigneurial pour plusieurs églises d'avoir une cuve ou un bassin de marbre destiné à cet usage.

L'épreuve de l'eau chaude. — L'accusé se plongeait le corps tout entier, ou le bras seulement, dans l'*eau bouillante* au plus haut degré, *furioso*. Dans ce dernier cas, il devait tirer de la chaudière une pierre qui était plus ou moins enfoncée, selon la nature du crime ; ensuite le juge mettait son sceau sur l'enveloppe, qu'on levait au bout de trois jours. Si l'accusé n'avait pas de brûlure, il était déclaré innocent ; si l'on trouvait quelque marque de brûlure, le crime passait pour constant, et il subissait la peine qu'il méritait.

On permettait souvent de s'exempter de cette épreuve, en payant une somme d'argent ; c'est ce que la loi Salique appelle *racheter sa main*. Il paraît que cette épreuve a donné lieu au proverbe : *J'en mettrais la main au feu*, pour assurer une chose dont on est sûr.

Mabillon assure que le pape Eugène II inventa cette cérémonie pour détruire la coutume de faire serment en posant la main sur les reliques des saints, coutume qui avait dégénéré en abus. Innocent III interdit cette épreuve par le Concile de Latran.

Thietberge, femme de Lothaire, ayant été accusée d'avoir commis, avant son mariage, un inceste avec son frère le duc Hubert, s'élevait avec force contre une imputation si infâme. Dans le doute, on consulta les évêques sur les moyens de connaître la vérité. Les prélats furent d'avis que l'on eût recours à l'épreuve de l'*eau bouillante*. Le rang et la qualité de Thietberge la dispensèrent de subir elle-même cette épreuve ; un homme, par zèle pour la vie et l'honneur de cette princesse, ou pour de l'argent, consentit à mettre sa main dans l'eau bouillante, et il la retira sans aucun mal.

Epreuve du fer ardent ou fer chaud. — Nos anciennes lois ne disent presque rien des formalités requises en ces différentes épreuves, mais celles des Anglo-Saxons entrent, à cet égard, dans des détails curieux.

L'accusé avait le choix de l'eau ou du fer chaud. Le fer pesait au plus trois livres ; personne à l'exception du prêtre nommé pour présider à l'épreuve n'entrait dans le temple quand le feu destiné à chauffer le fer était allumé. Ce fer posé sur le feu, on faisait entrer deux hommes placés ensuite chacun à l'un des hauts côtés du fer, et qui décidaient du degré de chaleur requise. Aussitôt qu'ils tombaient d'accord sur ce point, deux autres hommes entraient en l'église et se tenaient debout aux deux extrémités du fer ; ces quatre témoins passaient la nuit à jeun. Au point du jour, le prêtre, après leur avoir donné et fait boire de l'eau bénite, leur présentait le livre des Évangiles à baiser et formait sur eux le signe de la croix. Alors la messe commençait. De ce moment, on n'augmentait plus le feu, et le fer restait au-dessus des charbons jusqu'à la dernière collecte. Cette oraison finie, on élevait et maintenait le fer par deux appuis, en gardant le plus profond silence, et priant Dieu de manifester la vérité. Au même instant, l'accusé prenait en main ce fer, le portait l'espace de neuf longueurs de ses pieds. L'épreuve finie, on enveloppait la main de l'accusé, et on cachetait l'enveloppe. Au bout de trois jours, le scellé était levé en présence des témoins ; s'il n'existait point de brûlure, l'accusé était renvoyé absous ; s'il y avait blessure ou suppuration, il était traité comme coupable.

L'épouse d'Othon III conçut une passion violente pour un seigneur de sa cour ; celui-ci l'ayant irritée par ses refus, elle résolut sa perte, et l'accusa devant l'empereur d'avoir voulu attenter à sa pudeur. Le seigneur innocent fut condamné à mort, et périt sur un échafaud. Mais sa veuve, au désespoir, ayant caché sous sa robe la tête sanglante de son malheureux époux, se présenta au pied du trône ; cette tête livide à la main, elle demanda justice, et offrit de prouver la calomnie par l'épreuve du fer ardent.

Un hasard miraculeux servit au triomphe de l'innocence. La veuve intrépide soutint héroïquement une épreuve que l'impératrice ne put supporter. Alors, convaincue aux yeux de sa propre cour, elle entendit sa sentence de mort ; et l'on vit une fille du roi d'Aragon, l'épouse d'un empereur d'Allemagne, conduite au bûcher, et brûlée vive au milieu de son peuple.

Quelquefois l'accusé, pour prouver son innocence, marchait sur douze socs de charrue ardents ; quelquefois le fer chaud avait la forme d'un gant dans lequel on engageait la main et le bras. La loi Salique permettait de racheter quelquefois la rigueur du fer chaud moyennant une certaine somme d'argent.

L'épreuve du feu consistait à faire passer l'accusé à travers un bûcher; s'il en sortait en vie, son innocence était regardée comme manifeste.

La princesse Judith, épouse de Louis-le-Débonnaire, est tirée du monastère de Sainte-Radegonde, à Poitiers, où on l'avait forcée de prendre le voile. Elle jure qu'elle est innocente des crimes qu'on lui impute, et se soumet elle-même à l'épreuve du feu; personne ne s'étant présenté comme accusateur, elle parut être par là pleinement justifiée.

Epreuve de la communion. — On faisait subir l'épreuve de la communion, particulièrement aux évêques et aux prêtres accusés de quelque crime. On leur ordonnait de célébrer la messe, et de dire tout haut, avant que de communier : « Que le corps du Sei-« gneur me serve aujourd'hui d'épreuve. » Quand il était question d'un laïque, le prêtre, avant que de lui donner la communion, l'exhortait à s'éloigner de la sainte table, s'il était coupable du crime dont on l'accusait : « Si vous êtes innocent, ajoutait-il, approchez et « recevez le corps du Seigneur. Dieu sera le juge de votre cons-« cience. » Plusieurs punitions frappantes, qui paraissaient venir du ciel, avaient fait nommer cette épreuve « la plus vraie et la plus terrible de toutes les épreuves. »

Epreuve de la croix. — Il paraît que cette épreuve consistait à se tenir debout devant une croix, dans quelque posture gênante, ou à être conduit dans l'église, pendant la célébration de l'office divin, et à tenir les bras étendus en forme de croix; en sorte que celui qui restait le plus longtemps immobile, était jugé innocent; c'est ce que l'on peut conclure de cette ancienne formule : « N. s'é-« tant présenté devant le vicaire du comte pour se plaindre que N. « avait usurpé une terre qui lui appartenait, et celui-ci l'ayant nié, « il fut ordonné que, dans quarante-deux jours, ils eussent à se « présenter l'un et l'autre devant le vicaire pour subir le jugement « de la croix; ce qui étant fait, celui qui avait usurpé la terre a été « convaincu, et il est tombé devant la croix. » Charlemagne ordonnait, dans son testament, que l'on eût recours au jugement de la croix pour terminer les différends qui naîtraient du partage qu'il faisait de ses États entre ses enfants.

Cérémonies religieuses qui accompagnaient les épreuves judiciaires. — Il y avait un office, c'est-à-dire des prières et une messe pour ces sortes d'épreuves. On en trouve encore dans les anciens livres d'église, tels que le *Mandatum* de l'église de Soissons, où on lit la cérémonie de l'épreuve de l'eau froide. En général, le prêtre exorcisait l'eau ou le fer; il récitait trois oraisons; ensuite, il disait une messe solennelle, dont toutes les prières étaient relatives à l'épreuve qui allait se faire à la fin de cette messe. — Le célébrant donnait la communion aux personnes qui devaient subir l'épreuve; ensuite il leur faisait baiser l'Évangile et la croix.

Ne croit-on pas rêver en lisant qu'il y a eu bonne foi dans de semblables idées?

Voyez!

Un homme est accusé d'un assassinat. Les uns l'ont vu consommer le crime, les autres l'ont rencontré tout couvert du sang de la victime; il répond à ses accusateurs : Tout cela est fort possible, mais je suis innocent, et la preuve, c'est que si vous jetez un anneau béni au fond de ce vase d'eau bouillante, je vais l'en retirer.

On a pris un parricide sur le fait : il plonge la main dans l'huile brûlante et retire une pièce d'argent qui était au fond de la cuve. Son innocence est nettement démontrée.

Un bon citoyen accuse un malfaiteur. Cela se peut, répond celui-ci; mais nous allons nous battre à coups de bâtons jusqu'à ce que la mort s'en suive; le survivant aura raison.

De sorte que, dans ces temps-là, supposez qu'un homme ait eu connaissance d'une composition chimique qui peut garantir la peau de l'intensité de la chaleur seulement pendant quelques secondes, et certes, depuis, la chimie a fait des choses bien plus extraordinaires, et cet homme aurait pu commettre tous les crimes. Violer sa mère, assassiner son père, boire le sang de ses sœurs, être parjure aux hommes, fouler aux pieds toute morale et toute pudeur : peccadiles que tout cela, pourvu qu'il ait pu manier un fer rouge ou retirer un anneau de l'eau bouillante!

Mais voici qui est d'une extravagance plus monstrueuse. On peut subir ses épreuves par intermédiaire! Subir des épreuves devint un métier fort lucratif et qui fut même presque considéré, parce que le peuple se sent toujours porté à l'admiration pour tout homme qui affronte un danger. Il y eut des champions d'épreuves, spadassins toujours prêts à prouver, à prix d'or, la culpabilité de votre ennemi, ou l'innocence de votre ami.

Et il fut une époque où on avait confiance dans les épreuves! Le peuple croyait que c'était la volonté de Dieu qui se manifestait, et que la nature, attentive à la voix des juges, suspendait ses lois pour faire connaître la vérité. Les livres saints lui offraient mille exemples, et la solennité des épreuves était toute religieuse; le clergé y assistait en grande pompe, et ce n'était qu'après des invocations au Dieu de justice qu'on avait l'ineptie de reconnaître, par le fait, que l'innocence était l'adresse heureuse dans le combat, et la bonne cause la force des muscles dans la souffrance.

Il y avait des priviléges jusque dans les épreuves. Les nobles seuls pouvaient invoquer celle du fer rouge ; celle de l'eau bouillante était pour les roturiers.

Aujourd'hui, cette barbare coutume est abolie de fait ; cependant, tout récemment encore, elle ne l'était par partout de droit. Malgré notre répugnance à raconter des faits de peu d'importance dans cet ouvrage, nous ne pouvons néanmoins résister au désir de citer celui-ci, parce qu'il convient merveilleusement à notre sujet :

En 1817, une jeune fille, Ashford, demeurait à quelques milles de de Londres ; un homme, appelé Thronton, lui faisait une cour assidue mais sans succès. C'était un homme violent. Désespéré d'abord de la froideur de la jeune fille ; puis, outré de ses dédains, on l'entendit plusiers fois protester que lui seul obtiendrait sa main et qu'il aimerait mieux la voir morte que dans les bras d'un autre.

Un jour, elle disparait ; ce jour-là elle avait passé la soirée dans une famille du village voisin. Chaque personne de cette famille s'accorde à dire que Thronton y était aussi ; qu'au moment où elle se retira il lui a offert de la reconduire et qu'ils sont sortis ensemble. Plusieurs personnes affirment les avoir vus se diriger à travers les champs vers le village où demeurait la jeune fille. Ils n'avaient pu le faire sans traverser des terres fraîchement labourées. Des traces de pas s'y trouvent en effet, on les examine avec attention. Les empreintes sont de deux sortes : les unes sont petites et attestent un pied de femme, les autres sont fortes et trahissent un pied d'homme. Les petites empreintes s'écartent de la ligne droite comme quelqu'un qui veut tenir à distance son compagnon de route ; de temps à autre, elles indiquent un trépignement comme le feraient les traces d'une personne qui a opposé de la résistance. Les fortes empreintes les suivent de près et, où il y a des trépignements, elles offrent des traces profondes comme celles d'une personne qui réunit toutes ses forces pour en retenir une autre.

En suivant la piste, on arrive à un arbre ; la terre s'y trouve déchirée, une lutte s'y est évidemment engagée, des taches de sang souillent l'herbe foulée.

Près de l'arbre était une route sèche ; de l'autre côté de cette route, la terre était humide, on y retrouve les traces de la grosse empreinte ; elles sont enfoncées profondément jusqu'au bord d'une mare, puis elles se dirigent de nouveau vers la route ; mais ces traces de retour sont légères et indiquent une marche précipitée. On portait donc un fardeau en allant à la mare, et rien en revenant.

Or, là, dans cette mare, on trouve le cadavre de Mary Ashford étranglée ; des indices de sang décèlent que le meurtrier a commis un autre attentat sur la jeune victime.

Or, les petites empreintes répondent au pied de Mary Ashford, et la chaussure de Thronton, appliquée à toutes les traces des grosses empreintes, offre une coïncidence parfaite.

Thronton, interrogé, ne peut rendre compte de ce qu'il a fait à l'instant où le crime a été commis.

William Ashford, enfant de seize ans, cite Thronton devant les tribunaux et l'accuse du meurtre de sa sœur.

Le jour des débats arrive ; beaucoup de témoins sont entendus. Des preuves effrayantes s'accumulent contre l'accusé ; il demeure impassible. C'est en vain qu'on l'interroge, il refuse de répondre. Au moment où l'attorney allait faire le résumé d'usage aux jurés, l'accusé se lève ; il met d'abord avec une certaine solennité des gants d'une forme gothique, puis il ôte celui de sa main droite, le jette au milieu du parquet, et prononce, en vieil anglais, une formule que personne ne comprend.

Son avocat se lève à son tour : il explique que la loi du jugement de Dieu n'a jamais été abrogée de droit, qu'elle a pu tomber en désuétude, mais quelle était toujours en vigueur.

Les juges, interdits, attendent avec anxiété les conclusions de l'avocat ; elles sont que Thronton appelle William Ashford en combat singulier et à toute outrance, à bâtons ferrés ou à coups de poing.

Or, Thronton était un homme robuste de trente à trente-cinq ans, et William Ashford, âgé de seize ans, était d'une complexion faible et délicate.

C'est un meurtre ! s'écrie la partie civile.

C'est la loi d'Angleterre, répond gravement lord Ellenborough.

Et la séance fut levée.

Le combat n'eut pas lieu, et tel fut le respect pour le texte de la loi, que le meurtrier fut rendu à la liberté, et s'embarqua, quelque temps après, à Liverpool, sur le brick la *Vénus*, qui faisait voile pour les États-Unis.

Ce qui parut une monstruosité en 1817, eût été chose toute simple cent ans plus tôt, et Thronton eût été proclamé innocent au grand profit de la morale publique.

Les épreuves et le combat étaient de grandes chances d'impunité, et jamais les crimes ne furent plus fréquents qu'à cette époque. Aujourd'hui, ce sont les témoins qui jouent le plus grand rôle dans les procès.

La religion, avec le temps, devenue plus éclairée, eut enfin horreur d'avoir prêté son ministère à d'aussi horribles atrocités; on ne mêla plus dans les duels les cérémonies religieuses, et ils ne furent plus autorisés que par les souverains; mais ils le furent encore longtemps.

On demandait au roi, par une supplique (*voyez* page 290 et suiv.), son agrément pour égorger un de ses sujets, souvent même un des appuis de sa couronne, comme on lui aurait demandé sa permission pour couper un chêne dans ses forêts, et on l'obtenait plus facilement.

Enfin, les lois civiles ont proscrit à leur tour cette pratique barbare, comme l'avaient déjà fait le droit naturel et la loi divine.

§ 3.

Coup-d'œil général sur les siècles du moyen-âge relativement au duel. — Premières défenses relatives aux duels. — Ils deviennent extrajudiciaires. — Ordonnances diverses. — Fureur des duels. — Provocation ironique. — Préjugé général.

L'usage des combats judiciaires et des tournois ne s'éteignit qu'insensiblement, et après une lutte de onze siècles entre l'esprit religieux et la puissance féodale. Nous nous arrêterons ici quelques instants devant l'imposant spectacle de ce grand duel, dont les chances furent diversement balancées pendant cette longue période; c'est un sujet qui nous paraît digne d'un haut intérêt; car le duel juridique a été l'attribut distinctif et le caractère le plus saillant du moyen-âge. Il peut presque, à lui seul, en résumer toute l'histoire.

Introduits en France par les Germains, les duels furent rares pendant la durée de la première race, au témoignage de Mezerai.

Ils reprennent vigueur sous Charles-Martel, et suivant une période ascendante sous la seconde race, ils arrivent à leur *maximum* au commencement de la troisième, qui est aussi l'époque des dernières usurpations de la féodalité. Les efforts de Charlemagne et de ses successeurs sont vains pour arrêter ce torrent; ils échouent devant la résistance des seigneurs.

Cet usage ne tarda pas à s'y naturaliser; la chevalerie, qui s'en empara, en fit une règle fondamentale du *point d'honneur*, et, depuis, les lois les plus sévères n'ont pu parvenir à le déraciner. Les ordonnances de nos rois n'ont fait qu'ajouter la désobéissance au crime qu'elles cherchaient à prévenir, et le sang le plus illustre a vainement coulé sur les échafauds. Il est même assez remarquable que les duels n'ont jamais été plus fréquents qu'aux époques où ils étaient le plus rigoureusement défendus.

Les premières défenses relatives aux duels paraissent dater de 1167, sous Louis VII.

Le roi saint Louis fut aussi un des premiers qui défendit absolument les duels; mais l'*accoutumance estoit tellement invétérée*, que l'ordonnance en fut souvent enfreinte.

Philippe-le-Bel, son petit-fils, renouvela l'ordonnance, l'an 1305; mais, depuis, à cause des fréquents assassinats faits en secret, il permit gages de bataille en quatre cas, savoir : félonie, trahison, violement et incendie.

Depuis, ledit Philippe « fit défences que nuls évesques, seigneurs, ny juges, ne receussent gages de bataille, réservant à sa personne la permission de telles preuves par armes. »

Lorsque les duels furent ainsi devenus extrajudiciaires, une nuance presque insensible permit d'abord à peine de les distinguer de leurs aînés. Les rois et les tribunaux n'autorisaient plus officiellement le combat comme moyen de décision des procès; mais on continua d'y recourir pour trancher les différends qu'on ne pouvait ou qu'on ne voulait pas porter en justice réglée. Cette époque fut même celle de la plus grande licence des duels, comme on le verra ci-après.

Les seigneurs d'alors n'étaient pas d'humeur à vivre longtemps hors de cet élément, au milieu duquel ils étaient nés et avaient été nourris. Les actes de violence de toute espèce étaient trop dans les mœurs et les habitudes, pour qu'on pût absolument s'en passer. Aussi ne tardèrent-ils pas à reprendre plus de vogue que jamais, et comme la justice n'intervenait plus dans les querelles pour régler la réparation, la licence et l'abus furent poussés à l'extrême. Alors, quand on ne se battait pas, on s'assassinait. Aussi un duelliste pouvait-il se donner comme un fort honnête homme. On devait lui savoir gré, en effet, de n'être pas quelque chose de pis.

Cette époque est pourtant celle des premiers édits contre les attentats à la sûreté des personnes. On vit alors les souverains commencer à s'occuper un peu sérieusement de la police de leurs États et à pourvoir par quelques lois, fort mal exécutées à la vérité, au maintien de la paix publique. Telles sont les ordonnances de François Ier, du mois d'août 1539; de Henri II, de juillet 1547; de Charles IX, des années 1560, 1566 et 1569, et enfin de Henri III, aux États de Blois, en 1579, art. 197.

Par l'édit de Charles IX, de 1569, il était expressément défendu :
« De poursuivre au sceau l'expédition d'aucune grâce, en cas où il
« aurait soupçon de duel ou rencontre préméditée, que le délin-
« quant ne fût actuellement prisonnier, Sa Majesté se réservant
« d'accorder des lettres de rémission en reconnaissance de cause. »

Mais la plus remarquable des ordonnances de Charles IX est celle
de 1566, donnée à Moulins. Ses dispositions pleines de sagesse et
d'humanité contrastent étrangement avec le caractère connu du
prince législateur. Tout s'explique lorsqu'on se souvient qu'elle est
l'ouvrage de l'immortel chancelier de l'Hôpital ; la voici :

« Le roi, désirant faire vivre sa noblesse en bonne paix et union,
« esteindre et assopir les querelles et noises..... prohibe et défend
« très-expresément à tous gentilshommes et autres, que, sous cou-
« leur des injures et torts qu'ils pourraient prétendre leur avoir été
« faits, ils n'aient à faire aucune assemblée de personnes et ports
« d'armes, ne pareillement essayer de vuider leurs querelles par
« armes ne combat, lesquelles voyes de fait le dict seigneur dé-
« fend à toutes personnes, de quelque qualité ou condition qu'elles
« soient, sur peine de la vie. Et pour ce que la source et fonde-
« ment de querelle procède ordinairement des démenties qui se
« donnent, le dict seigneur inhibe et défend, sur les peines que des-
« sus, que celui à qui la dicte démentie aura été donnée, ne se
« ressente par les armes, mais se retire devers MM. les connesta-
« bles et maréchaux de France, pour en décider ainsi qu'ils ver-
« ront en estre de raison. »

Si malgré les édits qui parurent à ce sujet, sous presque tous les
règnes, nous voyons toujours le duel en usage dans les affaires publiques et juridiques jusqu'à Henri II, à plus forte raison l'était-il
dans les affaires privées, parmi les nobles et les seigneurs, qui ne
vidaient pas autrement leurs querelles. Le dernier duel autorisé
publiquement eut lieu en 1547, à Saint-Germain-en-Laye, entre les
sieurs de Jarnac et de la Châtaigneraye. Le roi et tous les courtisans
en furent témoins. Les parties se battirent à pied et à l'épée. La
Châtaigneraye mourut des suites d'un coup perfide, qui a conservé
le nom de son auteur. Henri II fit le vœu de ne plus permettre le
duel, et, depuis cette époque, les défenses contre le duel public ou
privé se succèdent rapidement.

Mais tout en disparaissant comme preuve juridique des questions
douteuses, le duel n'en resta pas moins très fréquent dans les affaires d'honneur, et, repoussé par les tribunaux, il passa dans les
mœurs des gentilshommes. Au camp, où le soldat prenait naturellement l'exemple de ses chefs, le combat singulier était en grand

honneur. Les généraux cherchèrent à lutter contre ce mal qui décimait leurs armées.

En 1603, Henri IV rendit un édit contre les duels. Cette prétention à se faire justice soi-même, reste de l'indépendance féodale, s'était perpétuée par les mœurs du moyen-âge, qui tenaient presque à déshonneur de reconnaître d'autre justice que celle de l'épée. On compte que cette fureur, aussi insensée qu'elle est coupable sous un gouvernement bien ordonné, coûta dans une seule année quatre mille gentilshommes à la France. Par le nouvel édit, leurs différends étaient renvoyés au tribunal des maréchaux de France, et la peine de mort était prononcée contre les duellistes. Mais quelques rigoureuses que fussent ces dispositions, elles eurent peu d'effet : l'appréhension du déshonneur, qu'un préjugé invétéré attachait au refus de satisfaction par la voie des armes, prévalut sur la crainte des châtiments ; et le roi, qui affectait trop de se dire gentilhomme, fut le premier à infirmer sa propre loi, tantôt par des railleries piquantes, tantôt par des saillies chevaleresques.

Les duellistes, sous Louis XIII, furent poursuivis suivant toute la rigueur des ordonnances, et l'on peut se faire une idée de leur nombre en se rappelant que d'après le relevé des registres de la chancellerie, il avait été accordé plus de mille lettres de grâce par Louis XIV, dans les vingt premières années de son règne. La fameuse déclaration de 1679, qui parut un moment ralentir la fureur des duels, ne fit que déplacer le champ de bataille, on alla se battre sur les frontières. (Voyez le chapitre suivant.)

Les duels, plus fréquents encore sous le règne de Louis XV, devinrent moins meurtriers. Le point d'honneur eut son code réglementaire, où les injures, partagées en deux classes, n'exigèrent plus la même satisfaction ; il fut décidé que l'on continuerait à se battre pour rien, mais qu'on se tuerait du moins pour quelque chose, et l'on imagina ce *mezzo termine*, du combat au *premier sang*, où, selon l'expression de Rousseau, *la gentillesse se mêle à la cruauté, et où l'on ne tue les gens que par hasard.* C'est au sujet de ces sortes de combats que l'auteur d'*Héloïse* s'écrie, avec cette éloquente indignation qui a dicté les plus belles pages qu'on ait peut-être jamais écrites dans aucune langue : *Au premier sang ! grand Dieu ! et qu'en veux-tu faire de ce sang, bête féroce ?.... le boire ?*

A cette époque, au moindre mot, on se trouvait obligé de mettre l'épée à la main ; mais souvent le fer croisé suffisait à la réparation d'une légère offense. Le ridicule de cette manie n'a point échappé aux auteurs dramatiques ; elle a fourni à Fagan une des meilleures scènes de ses *Originaux*, et le caractère si comique de Bretinville.

Jusque là, l'épée avait été la seule arme permise dans les duels ; l'obligation de la porter habituellement imposait en quelque sorte l'obligation de savoir s'en servir, et la certitude d'être habile à défendre sa vie rendait moins difficile sur les occasions de l'exposer. Le changement qui s'opéra dans la manière de se vêtir, sous le règne de Louis XVI, contribua peut-être à introduire l'usage des duels au *pistolet ;* combat qui, pour le dire en passant, n'a rien de noble, rien de français, où le courage ne peut suppléer à l'adresse, et dans lequel on est obligé de tuer son adversaire sans défense ou de se laisser tuer soi-même de la même manière. Cet usage anti-chevaleresque, ainsi inféodé dans nos mœurs, y règne aujourd'hui presque en despote. (Voyez *Duel au pistolet*, page 147.)

Si une persévérance aussi active et tant de généreux efforts sont restés sans résultat, que nous reste-t-il donc à espérer ?

En effet, on a peine à croire que pour de légères offenses, un homme soit capable et puisse dire à un concitoyen, à un ami :

« Demain, à telle heure et tel lieu, vous me ferez raison de tel procédé ; « c'est-à-dire, lorsque le temps vous aura donné, à vous le loisir de vous re-« pentir, à moi celui de m'appaiser, et qu'il ne laissera plus à vous ni à moi, « l'excuse du premier mouvement, nous nous égorgerons, s'il vous plaît, de « sangfroid ; je vous crois trop brave pour témoigner du regret de la faute que « vous avez faite, et je pense, de mon côté, trop noblement pour ne la pas la-« ver dans votre sang ou dans le mien. Vous sentez bien qu'en me manquant « d'égards vous m'avez donné droit sur votre vie, ou vous l'avez acquis sur la « mienne. Je n'aurais garde, si vous me faisiez l'aveu de votre inconsidération, « de vous le pardonner pour cela ; je ne ferais qu'ajouter le mépris au ressen-« timent ; mais, si vous réussissez à me tuer, je vous en estime d'avance beau-« coup plus, et je vous pardonne non-seulement votre offense, mais ma mort ; « car je n'ai pour vous, dans le fond, ni haine ni dédain, et je ne ferais pas « à beaucoup d'autres l'honneur que je vous fais. Nos pères nous ont ensei-« gné qu'il y a mille occasions dans la vie où l'on ne saurait se dispenser d'é-« gorger son meilleur ami ; j'espère que vous les croirez sur parole et que, « sans nous haïr, nous ne nous en tuerons pas moins. Plonger son épée dans le « sein d'un ennemi est une action commune et vulgaire. Qui est-ce qui ne la « ferait pas ? On a les plus grands motifs pour s'y exciter ; mais tuer un con-« citoyen, un ami même pour la plus légère offense, voilà le comble de la « grandeur et de la magnanimité. Vous savez le lieu et l'heure, soyez ponctuel. »

Qu'une scène pareille semblerait déraisonnable, absurde et révoltante, si au lieu de tenir de nos mœurs, elle nous était présentée sur le théâtre ou dans un roman à titre de fiction ! On se récrierait que l'auteur est tombé dans un écart d'imagination et n'a pas su respecter les bornes de la vraisemblance.

Eh bien ! cette pratique si choquante, si incroyable, si bizarre, si inhumaine, part d'un préjugé presque général. Dans toute notre Europe, et surtout dans les pays militaires, c'est-à-dire dans ceux où le sang du guerrier devrait être le plus scrupuleusement ménagé pour le service de l'État, la philosophie et la religion même n'osent presque l'attaquer que de biais. On craindrait, en le heurtant de front, de se couvrir soi-même d'ignominie et de se reléguer par son propre fait dans la classe des gens sans honneur.....

On a bien cherché d'en justifier le principe et d'en légitimer la nécessité en le décorant du faux prestige de l'honneur; mais on n'a pu cacher ce qu'il renferme d'odieux, de déplorable; ses tristes effets lui imprimeront toujours un caractère de réprobation. Le duel, en effet, outrage les mœurs publiques; il porte le deuil dans les familles, en frappant d'intéressantes victimes, ou moissonnant des jeunes gens au cœur noble et généreux un instant égarés; il enlève des citoyens utiles à la patrie, soutiens de leur famille; il attaque la civilisation dans sa base, en introduisant parmi nous des mœurs dignes des hordes les plus sauvages.

CHAPITRE IX.

Lois et ordonnances concernant le duel, sous le règne de Louis XIV. — Punitions diverses. — Juridiction de MM. les maréchaux de France et autres juges du point d'honneur.

§ 1er.

Moyens pour prévenir les duels. — Punition des injures. — Peine contre les coupables de duel. — Peine de ceux qui servent de seconds. — Peine des ignobles. — Peine des complices de duel. — De combien de sortes, etc.

Louis XIV, qui crut pouvoir combattre les préjugés de sa nation comme les ennemis de sa gloire, déploya toute sa puissance contre le duel, fit plusieurs édits, notamment celui du mois d'août 1679. Voici quelques-unes des dispositions les plus importantes des ordonnances, soit pour prévenir le duel, soit pour le punir et réprimer les actions qui pourraient y donner lieu :

« Le roi exhorte tous ses sujets à vivre en paix et à faire tout ce qui dépendra d'eux pour prévenir les différents débats et querelles, particulièrement ceux qui peuvent être suivis de voie de fait (août 1679, art. 1er).

« Les maréchaux de France, les gouverneurs-généraux et les lieutenants-généraux des provinces sont chargés de veiller à empêcher les suites des querelles et des offenses qui peuvent survenir entre les sujets du roi, selon le pouvoir que leur avaient déjà attribué les anciennes ordonnances (août 1679, art. 2).

« Tous ceux qui sont présents à quelques offenses de discours ou d'actions, sont tenus d'avertir sur-le-champ les maréchaux de France, ou les gouverneurs-généraux, ou les lieutenants-généraux, à peine d'être réputés complices de l'offense; et dès qu'il y a un combat, les gouverneurs-généraux doivent en informer le roi, et il est aussi permis à chaque sujet d'en donner avis à Sa Majesté (août 1679, art. 3).

« Et d'autant qu'il est souvent arrivé que pour éviter la rigueur des peines ordonnées par tant d'édits contre les duels, plusieurs ont recherché les occasions de se rencontrer, nous voulons et ordonnons que ceux qui prétendront avoir reçu quelque offense, et qui n'en auront point donné avis aux susdits juges du point d'honneur, et qui viendront à se rencontrer, ou à se battre seuls, ou en pareil état de nombre, avec armes égales de part et d'autre, à pied ou à cheval, soient sujets aux mêmes peines que si c'était un duel. Et pour ce qui est encore trouvé de nos sujets, qui ayant pris querelle dans nos États, et s'étant donné rendez-vous pour se combattre hors d'iceux, ou sur nos frontières, ont cru par ce moyen pouvoir éluder l'effet de nos édits, nous voulons que tous ceux qui en useront ainsi, soient poursuivis criminellement, s'ils peuvent être pris, sinon par contumace, et qu'ils soient condamnés à la peine de mort, et leurs biens confisqués, comme s'ils avaient contrevenu au présent édit dans l'étendue du royaume (août 1679, art. 18).

Voulons, conformément à l'art. 18 de l'édit du mois d'août 1679, que tous gentilshommes, gens de guerre, et autres de nos sujets ayant droit de porter des armes, de quelque qualité et condition qu'ils soient, entre lesquels il y aura eu quelque querelle et démêlé, pour quelque sujet que ce soit, dont l'un ou l'autre puisse se croire offensé, soient tenus respectivement d'en donner avis à nos cousins les maréchaux, ou autres juges du point d'honneur, pour y être par eux pourvu suivant l'exigence des cas (février 1723, art. 2).

« Si ceux qui auront eu querelle ou démêlé dont ils n'auront point donné avis à nos cousins les maréchaux de France, ou autres juges du point d'honneur, se rencontrent et en viennent à un combat, voulons que, sur la preuve de ladite querelle, ils soient également punis de mort, comme coupables du crime de duel..... (février 1723, art. 3).

Ceux qui seront prévenus du crime de duel par notoriété, ne pourront être renvoyés absous qu'après un plus amplement informé d'une année, pendant lequel temps ils tiendront prison (février 1723, art. 6).

« Que dans les offenses faites sans sujet par des paroles injurieuses, comme celles de *sot*, *lâche*, *traître*, et autres semblables, si elles n'ont pas été repoussées par des réparties plus atroces, celui qui aura proféré de telles injures soit condamné en six mois de prison, et à demander pardon avant d'y entrer à l'offensé (12 avril 1723, art. 1er).

« Si l'offensé répond par des injures pareilles ou plus fortes, il doit être condamné à tenir prison pendant trois mois, et on ne lui demande aucun pardon (12 avril 1723, art. 2).

« Celui qui donne un démenti ou menace de coups de bâton doit tenir prison deux ans et demander pardon avant d'y entrer (id. art. 3).

« En cas que les démentis ou menaces de coups aient été repoussés par coups de main ou de bâton, celui qui aura donné le démenti ou fait les menaces sera condamné comme agresseur à deux ans de prison, et celui qui aura frappé, sera puni des peines portées par notre édit de février dernier (12 avril 1723, art. 4).

« Celui qui aura offensé et outragé sa partie, à l'occasion d'un procès intenté et poursuivi devant les juges ordinaires, pourra, outre les peines ordinaires, être condamné au bannissement, ou s'absenter un certain temps déterminé par les juges (édit, 31 décembre 1704, art. 6).

« S'il y a un duel, la loi veut que les coupables soient punis de mort, bien qu'il n'y ait aucun blessé (août 1679, art. 13), sans rémission de peine; et à l'égard de ceux qui ont été tués, le procès doit être fait à leur mémoire, comme criminels de lèse-majesté divine et humaine (même article).

« Les biens des condamnés confisqués, un tiers à l'Hôtel-Dieu, un tiers à l'hôpital-général de Paris, l'autre tiers partagé entre l'hôpital de la ville où est le parlement, et l'hôpital du siége royal le plus proche du lieu du délit (28 octobre 1711), sans aucune réserve pour les femmes et les enfants.

« Pendant le procès, les biens des défunts sont régis par les hôpitaux (août 1679, art. 14).

« Si l'on emploie, dans un duel, une seconde ou plusieurs personnes, tous les combattants doivent être punis de mort et dégradés de noblesse; leurs armes doivent être noircies et brisées par le bourreau, et si leurs successeurs reprennent les mêmes armes, elles doivent être de nouveau noircies et brisées, et ceux qui les auront reprises, condamnés à une amende de deux années de leurs revenus (août 1679, art. 15).

« Les roturiers qui donnent appel à des gentilshommes, ou qui se battent avec eux, ou qui suscitent quelques gentilshommes pour se battre avec eux, doivent être condamnés à être pendus, avec confiscation de tous leurs biens; et les gentilshommes qui se sont battus ainsi, doivent être punis des peines prononcées contre ceux qui se battent en duel comme seconds, c'est-à-dire celle de mort, avec confiscation de biens, dégradation de noblesse et armes (août 1679, art. 16).

« Ceux qui ont sciemment porté un appel, ou conduit au lieu du combat, comme un laquais ou autres domestiques, doivent être fouettés et marqués la première fois, et envoyés la seconde fois aux galères perpétuelles. A l'égard des spectateurs du combat, qui s'y sont rendus exprès, ils doivent être privés pour toujours de leurs charges, dignités et pensions, et s'ils n'en ont pas, on doit prononcer contre eux la confiscation ou l'amende du quart de leurs biens (août 1679, art. 17, 22, 3).

« Lorsqu'il y aura soupçon de duel ou de rencontre préméditée, la loi veut qu'on n'expédie point de lettes de grâce au sceau, que l'impétrant ne soit prisonnier, et qu'on n'ait pris l'avis des maréchaux de France (août 1679, art. 30).

« Le crime de duel ne se prescrit par aucun laps de temps, même l'accusation de ce crime fait revivre tous les autres crimes précédents commis par l'accusé, quoique prescrits, pourvu qu'il soit convaincu de celui de duel (1679 art. 35).

« Pour prévenir la subornation, il est permis aux juges de récoler les témoins dans les vingt-quatre heures après qu'ils ont été entendus sans jugement qui l'ordonne, le roi ayant dérogé, pour cet effet, à l'ordonnance de 1670.

« Les parents de ceux qui ont été tués dans un combat peuvent se rendre parties poursuivantes dans les trois mois pour tout délai, et la confiscation doit pour lors être à leur profit (août 1679, art. 34).

« Il ne peut être accordé nulles lettres d'abolition, rémission ou pardon (août 1679, art. 36).

§ 2.

Tribunal d'honneur. — Son origine. — Juridiction des Maréchaux de France. — Juges du point d'honneur. — Ce que l'on entend par juges du point d'honneur. — Forme avec laquelle on procède dans cette juridiction. — Singulière déclaration. — Conséquence. — Réglements des Maréchaux sur les injures et offenses. — Quelques exemples.

Parmi les moyens de prévenir les duels, un des plus saillants portés par les édits de Louis XIV, notamment celui de 1679, était l'institution d'un tribunal où l'honneur offensé pouvait se réfugier sans honte, et dont les chefs étaient dignes de dicter des lois à la bravoure et de concilier ses devoirs avec les torts de l'injustice ou les écarts de la colère.

L'existence du Tribunal des Maréchaux remonte à une époque aussi ancienne que la création de la dignité de connétable. Ce grand officier de la couronne en était le président-né. Lorsque, en 1627, le cardinal de Richelieu fit supprimer la charge de connétable, les maréchaux de France succédèrent à ses fonctions, et le plus ancien d'entre eux le représenta ; il prit le titre officiel de doyen des maréchaux. Les mêmes honneurs qui étaient rendus au connétable lui furent accordés. La compagnie des gardes de la connétablie était affectée à sa personne ; elle montait la garde à son hôtel et y faisait le même service que les gardes du corps chez le roi.

Lorsque le maréchal-doyen croyait nécessaire de tenir un Tribunal, il invitait ses collègues à s'assembler tel jour chez lui, à heure indiquée ; et dans l'intervalle d'une assemblée à une autre, il avait le droit de prononcer préalablement dans toutes les rixes, querelles ou rencontres, et de faire mettre en prison les agresseurs et généralement tous ceux qui contrevenaient aux ordonnances.

Le Tribunal des Maréchaux de France était assisté d'un rapporteur , qui était toujours pris parmi les maîtres des requêtes au Parlement , qui avait pour mission de préparer le travail.

Le Tribunal avait sous ses ordres dans les provinces trois espèces d'officiers :

1° Des lieutenants , qui avaient pour mission de terminer les différends qui surviendraient entre gentilshommes, gens de guerre et autres ;

2° Des conseillers rapporteurs, chargés d'instruire les affaires ;

3° Des secrétaires greffiers.

Telle était la constitution du Tribunal des Maréchaux ; passons maintenant à ses attributions.

La manière dont on procédait dans ce tribunal se réduit aux formalités suivantes : 1° En ce que, sur l'avis qui sera donné aux maréchaux de France , ou aux lieutenants-généraux, ou bien aux commandants des provinces , des différends qui se sont élevés entre les personnes de la qualité sus-énoncée, sur le fait du Point d'honneur , ceux-ci doivent aussitôt envoyer des ordres, portant défenses expresses de se rien demander par voies de fait ; et en même temps qu'elles seront assignées pour comparaître pardevant eux. 2° Sur cette assignation , ou les personnes comparaissent , ou elles se mettent en refus de le faire : en ce dernier cas, les Juges pourront les y contraindre, tant par saisie et annotation de leurs biens , et par garnison (c'est-à-dire par un *Garde* qu'ils leur enverront), que par emprisonnement de leurs personnes ; et s'ils viennent à se dégager du garde qui leur est envoyé, c'est alors le cas où l'Édit veut que le procès leur soit fait. 3° Que si, au contraire, les parties assignées se mettent en devoir de comparaître, ces mêmes Juges, après les avoir entendues et après avoir pris d'ailleurs les informations nécessaires sur les faits articulés de part et d'autre dans leurs Mémoires respectifs, rendront leurs jugements, par lesquels ils ordonneront les peines et satisfactions, telles qu'elles sont marquées par les Lois et les Réglements que nous avons cités.

La juridiction du Tribunal des Maréchaux de France fut réglementée par plusieurs ordonnances de nos rois. Elle prit surtout beaucoup d'extension et d'importance à l'époque où l'on chercha à réprimer cette fureur des duels qui s'était emparée de la noblesse de France. Il était, en effet, impossible de renvoyer les gentilshommes devant un Tribunal plus apte à juger sur le Point d'honneur et à faire bonne raison à qui de droit. Plusieurs édits et déclarations, ainsi que nous l'avons dit page 312 et suiv., portèrent des peines sévères contre les duels et renvoyèrent les parties à se pourvoir pour fait d'offenses et d'injures devant ce Tribunal.

En 1651, plusieurs gentilshommes, consultant plutôt le désir qu'ils avaient de faire leur cour au roi que leurs habitudes ou leur humeur, publièrent la singulière déclaration suivante :

« Les soussignés font le présent écrit, déclaration publique et protestation « solennelle de refuser toutes sortes d'appels et de ne se battre jamais en « duel, pour quelque cause que ce puisse être, et de rendre toute sorte de té- « moignage de la détestation qu'ils ont du duel comme d'une chose tout-à-fait « contraire à la raison, au bien et aux lois de l'État, et incompatible avec le « salut et la religion chrétienne, sans pourtant renoncer au droit de repousser « par toutes voies légitimes les injures qui leur seraient faites, autant que « leur profession et leur naissance les y obligera ; étant aussi toujours prêts « de leur part d'éclairer de bonne foi ceux qui croiraient avoir lieu de ressen- « timent contre eux, et de n'en donner sujet à personne. »

Et les maréchaux de France donnèrent en ces termes leur approbation à cette pièce :

« Nous avons approuvé et approuvons le contenu dans ledit écrit, le décla- « rons conforme aux édits du roi, exhortons tous les gentilshommes de ce « royaume d'y souscrire et de l'observer en tous ses points ; comme aussi les « soussignés audit écrit, et tous ceux qui voudront y souscrire et remédier aux « désordres des duels, de conférer et aviser ensemble sur les satisfactions qu'ils « croiraient pouvoir raisonnablement tenir lieu de celles qu'on espère par le « duel, pour en dresser mémoire et les mettre incessamment entre les mains « de notre secrétaire de la maréchaussée de France, afin que les ayant vues et « examinées, nous en puissions faire rapport à Sa Majesté, pour être, si elle « juge à propos, confirmées par un nouvel édit ou déclaration à l'avantage de « la religion et du bien de son Etat. »

Voici quelques articles d'un réglement de MM. les maréchaux, sur les injures et offenses, en date du 22 août 1679 :

Art. 6. Nous estimons que ceux qui auront été présents aux offenses et qui n'en auront pas donné les avis, doivent être punis de six mois de prison.

Art. 7. Pour celui qui aura offensé, nous sommes d'avis qu'il tienne prison deux mois, et qu'après qu'il sera sorti de la prison, il déclarera à l'offensé : *Que mal à propos et impertinemment il l'a offensé par des paroles outrageuses, qu'il reconnaît être fausses et lui en demande pardon.*

Art. 8. L'offensant par paroles doit tenir prison quatre mois ; et, après que l'offensant sera sorti de prison, en demandera pardon à l'offensé.

Art. 9. Pour les offenses de soufflets ou coups de main commis dans la chaleur des démêlés, si le soufflet ou coup de main a été précédé d'un démenti, celui qui aura frappé, tiendra prison pendant un an ; et s'il n'a point été précédé d'un démenti, il tiendra prison pendant deux ans, sans que le temps puisse être diminué pour quelque cause que ce soit, quand même l'offensé le demanderait ; et, après que l'offensant sera sorti de prison, il se soumettra encore à recevoir de la main de l'offensé des coups pareils à ceux qu'il aura donnés, et déclarera de parole et par écrit qu'il l'a frappé brutalement, et le supplie de lui pardonner et oublier cette offense.

Art. 10. A l'égard des coups de bâton et autres pareils outrages donnés dans la chaleur des démêlés, en cas qu'ils aient été donnés après un soufflet ou coup de main, celui qui aura frappé du bâton, ou autrement, tiendra prison pendant deux ; et, en cas qu'il n'ait point été frappé auparavant, il tiendra prison pendant quatre ans, et après qu'il sera sorti il demandera pardon à l'offensé.

Art. 15. Si, par le rapport des présents, par notoriété ou par autres preuves, il paraît qu'une injure de coups de bâton, canne ou arme de pareille nature, ait été faite de dessein prémédité, par surprise ou avec avantage, celui qui aura frappé seul et par devant, doit tenir prison pendant quinze ans, et celui qui aura frappé par derrière, quoique seul ou avec avantage, soit en se faisant accompagner ou autrement, doit tenir prison pendant vingt années entières, et ce, dans une ville, citadelle ou forteresse éloignée au moins de trente lieues du lieu où l'offensé fera sa demeure ordinaire ; défenses seront faites par ordre de Sa Majesté à l'offensant de se sauver de prison à peine de la vie, et à l'offensé d'approcher du lieu de ladite prison de dix lieues, à peine de désobéissance.

Ce réglement était signé : Villeroy, Grancey, le maréchal duc de Navailles, le maréchal d'Estrades, Montmorency, Luxembourg.

Enfin, le 6 mai 1760, les maréchaux portèrent une ordonnance dans laquelle ils déclaraient qu'ils n'auraient aucun égard aux demandes qui pourraient être portées devant eux, pour raison de créances qui, procédant de pertes faites au jeu, excéderaient la somme de mille livres, et le 7 juin 1782, une autre ordonnance enjoignant défense aux débiteurs et autres, constitués prisonniers par autorité du Tribunal, de jouer dans les prisons aux jeux de hasard.

Ces courtes citations suffiront pour faire comprendre au lecteur en quelles matières s'exerçait habituellement la juridiction des maréchaux en matières d'honneur et de bon ordre à cette époque parmi la noblesse.

Quant à la manière de procéder du Tribunal, elle avait quelque chose d'expéditif et de militaire, qui convenait bien à sa composition et à son origine.

Dès qu'on savait, ainsi que nous l'avons déjà dit, qu'une querelle s'était élevée entre deux gentilshommes, le maréchal-doyen, ou le lieutenant en province, envoyait auprès de chacun d'eux un garde de la connétablie pour empêcher une rencontre, et l'affaire était examinée dès le lendemain. On mettait la même promptitude à vider toutes les autres causes, qu'il s'agit de dettes, de droits de chasse et de préséance ou d'atteinte portée à l'honneur, car on savait que dans une classe d'hommes qui portaient par état et par habitude la susceptibilité jusqu'à l'exagération, il ne fallait pas laisser aux passions le temps de s'aigrir.

Présentons quelques exemples :

En 1560, il y eut des paroles échangées entre M. le comte de Soissons et M. de Rosny. MM. les maréchaux, craignant, avec raison, les suites de ce démêlé, intervinrent en corps, et prièrent le roi de faire paraître son autorité, pour leur épargner la douleur d'avoir à agir contre un prince du sang. Henri IV, après avoir mandé et entretenu Rosny, écrivit au comte de Soissons la lettre suivante :

« Mon cousin,

« J'ai vu, par l'écrit que vous m'avez envoyé par le comte de Saint-Paul,
« le maréchal de Brissac et de la Rochepot, les langages qu'on vous a rappor-
« tés avoir été tenus par M. de Rosny, desquels vous vous plaignez, et l'offre
« que vous faites de prouver qu'ils ont été dits par lui ; mais je n'ai pas jugé
« à propos d'entrer en telles preuves, parce que je révoque en doute que ce
« rapport vous ait été fait ; qu'il ne venait de M. de Rosny ; que son intention
« ne fût jamais de dire chose qui vous pût offenser, étant votre serviteur com-
« me il est, et désire que les choses s'adoucissent et se terminent à la satis-
« faction qui vous est due. Je vous prie de recevoir de M. de Rosny celle qu'il
« offre de vous faire, et en demeurer satisfait.

« Henri. »

Le comte de Soissons agréa les excuses écrites de M. de Rosny.

MM. de Montespan et le marquis de Cœuvres avaient eu querelle, et MM. de Termes et de Villars-Heudan s'étaient offerts pour les seconder. La nouvelle s'en répandit. Le connétable de Montmorency envoya aussitôt des gardes à Montespan et au marquis de Cœuvres, et il les cita à son Tribunal. Après les avoir entendus, il rendit le jugement suivant :

« Messieurs, nous avons ouï le discours de votre querelle par la bouche
« de l'un et de l'autre, et avons trouvé qu'elle a procédé d'un seul désir que
« vous aviez d'essayer vos épées, sans que vous y ayiez été provoqués par
« aucune offense. Vous avez fait ce que vous avez pu pour vous contenter en
« cela. Vous en avez été empêchés. De sorte qu'il n'y a rien qui vous doive
« ou puisse empêcher que vous ne soyez amis, comme le roi le veut. Par ainsi,
« je vous commande de sa part de vous embrasser, et qu'il ne s'en parle ja-
« mais, ni pareillement de vos seconds, ni entre eux. »

MM. de Montespan et de Cœuvres s'embrassèrent et se retirèrent satisfaits.

Qui donc, dans tout le royaume, avait une telle autorité en fait de courage, qu'il eût pu traiter de lâche celui auquel M. le connétable de Montmorency, assisté de tous les maréchaux de France, disait *qu'il s'était conduit en homme d'honneur ?*

§ 3.

Opinions diverses en matière de duel. — Susceptibilité unique. — L'estime des hommes est une conséquence du duel. — Vérités physiologiques. — Préceptes dominants. — Un orateur à la tribune nationale. — Diverses propositions faites aux assemblées législatives concernant la répression du duel. — Elles ne sont point prises en considération. — Nécessité d'établir dans chaque ville un jury d'honneur. — Célébrités. — Opinions diverses.

Pour en revenir au point d'honneur, la matière principale dont s'occupait le Tribunal des Maréchaux de France, nous dirons que ce remède ne fut efficace que sous les rois qui, comme Louis XIII et Louis XIV, l'employèrent avec énergie, et qu'il perdit de sa force sous les autres règnes; il ne paraît pas qu'il ait beaucoup influé sur les mœurs publiques dans notre pays. En effet, dès que les princes et les ministres qui s'étaient fait de l'abolition des combats singuliers une affaire personnelle eurent disparu, dès que les courtisans n'eurent plus à flatter ou à craindre, le caractère de la nation reparut tout entier. Nous retrouvons dans la dernière moitié du dix-huitième siècle la fureur du duel mêlée à toutes les frivolités de l'époque. On lit à ce sujet dans les intéressants Mémoires de M. le comte de Tilly, très expert lui-même en fait de duel, les lignes suivantes :

« La France est la patrie des duels: c'est un fruit du pays. J'ai parcouru la plus plus grande partie de l'Europe, j'ai voyagé dans le Nouveau-Monde, j'ai vécu parmi des militaires et des courtisans, et je n'ai rencontré nulle part cette funeste *susceptibilité*, cette triste disposition à se croire insulté et à vouloir repousser une offense très souvent chimérique.

« D'où vient donc cette disposition particulière aux Français, dont le caractère est trop noble pour être vindicatif, de se battre en duel pour des sujets la plupart du temps si peu sérieux, que le flegme des autres habitants de l'Europe n'en serait pas même altéré?

« Faut-il discuter le comment et le pourquoi de cet usage, venu des Goths, usage si désolant pour l'humanité, mais si ordinaire dans les garnisons, et si simple dans nos mœurs? Altercations, rendez-vous, combat, blessure d'un adversaire, mort de l'autre et quelquefois de tous deux : telle est la marche des tragiques catastrophes dont nous sommes presque les témoins quand nous n'en sommes pas les auteurs. Le sentiment gémit, le Point d'honneur l'emporte.

En effet, de la nécessité de l'estime des hommes naquirent les combats singuliers qui se sont établis précisément dans l'anarchie des lois. On croit qu'ils ont été inconnus de l'antiquité. Peut-être est-ce parce que les hommes ne se rassemblaient pas alors armés avec défiance dans les temples, aux théâtres et avec leurs amis ; peut-être aussi que le duel, étant un spectacle ordinaire et commun que donnaient au peuple des hommes esclaves et avilis, les citoyens craignirent d'être regardés comme des gladiateurs.

Quoi qu'il en soit, c'est malheureusement en vain que la peine de mort a été décernée contre celui qui offre ou accepte le duel. Cette loi sévère n'a pu extirper une coutume fondée sur un sentiment qui rend l'honneur plus cher à l'homme que sa vie. Le citoyen avili dans l'esprit de ses concitoyens, serait exposé ou à devenir un être isolé et solitaire, état insupportable à une créature sociable, ou à être continuellement en butte aux insultes et à l'infâmie, dont les coups répétés l'affecteraient plus fortement que le danger et l'idée du supplice auquel il s'expose. Pourquoi les duels ne sont-ils pas en usage entre les gens du peuple comme parmi les grands? Ce n'est pas seulement parce que le peuple est désarmé, c'est parce que les hommes d'un rang inférieur ont moins besoin de l'estime publique que ceux d'un état plus élevé, et qui se regardent les uns les autres avec plus de défiance et de jalousie.

Il n'est pas inutile de répéter ici ce que d'autres ont écrit, que le meilleur moyen pour prévenir cette espèce d'infraction, est de punir l'agresseur, c'est-à-dire celui qui a donné occasion au duel, et de déclarer innocent celui qui, sans qu'il y eût de sa faute, s'est vu forcé de défendre son honneur dont les lois ne lui assuraient pas suffisamment la possession, et qui a été contraint de montrer à ses concitoyens qu'il ne craignait point les provocateurs.

Si les vérités étaient appréciées par tous les esprits, dit M. Alfred d'Almbert, dans sa physiologie du duel, il n'y aurait plus de duels. Malheureusement, les préceptes du Point d'honneur dominent encore ; c'est eux qu'il s'agit d'attaquer, qu'il faut détruire, et l'on n'y parviendra qu'à l'aide d'une loi spéciale.

Telle a été, de tout temps, l'opinion de beaucoup de juristes éminents.

M. Lanjuinais s'écriait à la tribune nationale (1790) :

« Je demanderais que les armes du duelliste fussent suspendues à

« un poteau infamant, avec cette sentence que Dieu prononça con-
« tre le père des meurtriers : « La terre qui a bu le sang de ton
« frère crie vengeance contre toi ! » La couronne civique serait
« brisée devant lui, et bientôt, devenant pour ses concitoyens un
« objet d'horreur, il se verrait obligé de dire, comme Caïn : « Ma
« peine est si grande, que je ne puis plus la supporter. »

Et M. Dupin, le promoteur de la législation répressive, n'a pu
s'empêcher de dire, dans l'un de ses réquisitoires :

« Qu'on fasse une autre loi, si l'on veut, si l'on peut; mais en at-
« tendant, il faut respecter la loi existante; il ne faut pas que la
« société reste privée de ses armes tant qu'on ne jugera pas à pro-
« pos de lui en donner d'autres. »

C'était avouer implicitement l'insuffisance de la législation de
1837. Depuis lors, il s'est produit tant de faits de duels, — nous ne
disons pas de catastrophes, survenues dans les combats singuliers, —
qu'il a semblé urgent de mettre fin à un tel état de choses et d'arrêter court le démon de la monomachie.

Diverses propositions ont été faites aux assemblées législatives.
MM. Gavini et de Failly ont présenté, le 27 novembre 1847, un
projet de loi conçu en ces termes :

« Art. 1er. Le duel est défendu.

« Art. 2. Quiconque sera reconnu coupable du fait de s'être battu en duel,
« quelles qu'aient été les conséquences du combat, ou bien d'avoir assisté
« comme témoin celui ou ceux qui se seront battus en duel, sera interdit des
« droits civiques pendant un an au moins et dix ans au plus, sans préjudice,
« s'il y a lieu, des peines plus graves portées par la loi. »

Le même jour, M. Remilly présentait un projet de loi concernant
plus spécialement les représentants, car il disait :

« Outre les peines qu'il pourra encourir conformément à la loi, sera déchu de
« la qualité de représentant du peuple, tout membre de l'Assemblée nationale
« qui, pendant la durée de son mandat, aura provoqué ou se sera battu en
« duel.

« L'Assemblée nationale prononcera la déchéance sur le rapport d'une com-
« mission saisie par elle, de l'examen du procès-verbal des faits transmis par
« le ministère public.

« Le membre déchu sera inéligible aux fonctions de représentant du peuple
« pendant l'année qui suivra la déchéance. »

M. Bouzigue formule aussi son projet de loi. L'art. 2 concernant
la pénalité, est ainsi conçu :

« Quiconque se battra en duel sera puni suivant les distinctions suivantes :
« s'il n'y a pas eu de blessures, ou qu'elles soient peu graves, la peine sera
« pour les deux adversaires un emprisonnement de trois mois à deux ans; si

« les blessures ont occasioné une incapacité de travail personnel de plus de vingt
« jours, elles entraîneront un emprisonnement de six mois à trois ans pour
« celui qui les aura faites; si la mort s'en est suivie, le coupable subira un
« emprisonnement d'un an à cinq ans. Dans ces divers cas, il sera prononcé
« une amende de 300 à 3,000 fr. »

D'après les termes de l'art. 4 du projet de M. Bouzique, les témoins du duel ne seront soumis à aucune poursuite, lorsque tout
se sera passé loyalement.

Enfin, MM. Cunin-Gridaine, de Laboulie, J. Talon et Arène, déposèrent une proposition ainsi conçue :

« Art. 1er. Le duel est un délit.

« Art. 2. Tout combat singulier dans lequel chaque combattant est assisté
« de témoins, et qui a lieu en vertu de conventions arrêtées entre combattants
« ou leurs témoins, est un duel.

« Art. 3. Le délit de duel sera puni de la peine de l'emprisonnement pendant
« un mois au moins et cinq ans au plus, et d'une amende de 500 fr. à 10,000 fr.
« Les coupables pourront, de plus, être interdits des droits mentionnés à l'art.
« 42 du Code pénal, pour un temps qui n'excèdera pas cinq ans, et qui com-
« mencera à courir du jour de l'expiration de la peine. En cas de récidive, les
« peines pourront être portées au double.

« Art. 4. Selon la gravité des circonstances, les témoins du duel pourront être
« poursuivis et condamnés comme complices.

« Art. 5. L'art. 463 du Code pénal pourra être appliqué au délit de duel,
« même en cas de récidive. »

Toutes ces propositions furent renvoyées à la commission d'initia-
tive parlementaire, qui, après avoir terminé leur examen, proposa,
au mois de janvier 1850, par l'organe de son rapporteur, de ne
pas les prendre en considération, en s'appuyant toutefois sur des
motifs purement préjudiciels, et sans examiner le fond.

« Nous ne sommes pas enthousiasmé des projets de MM. Gavini,
Failly, Rémilly, Bouzique, Cunin-Gridaine, de Laboulie, J. Talon
et Arène, ajoute M. d'Almbert, mais c'est parce qu'ils nous semblent
manquer de sévérité, parce qu'ils punissent l'action matérielle au
lieu de la prévenir ; parce qu'en attaquant le duel, ils laissent subsister le préjugé du point d'honneur qui y donne lieu. Ces messieurs
se sont préoccupés surtout de la pénalité résultant de l'interdiction
de certains droits politiques; ils n'ont fait que codifier l'opinion
émise en 1832 par M. Vivien, au sein du comité de législation.

« Une loi contre le duel, pour être utile, doit donner aux juges,
indépendamment du pouvoir de punir le fait accompli, la faculté de
prévenir les rencontres en sévissant contre les provocateurs. Mais
aussi, tout duel qui ne peut être empêché, qui a pour motif une

cause juste et grave, doit se produire à l'abri de la loi, sans que les combattants puissent être inquiétés, quel que soit le résultat. La puissance accordée aux juges du duel doit être des plus étendues et ne saurait avoir de limites ; car les cas qui se présentent étant infinis, ne sauraient être prévus à l'avance : les appréciations résultent de l'origine, des conséquences, de la forme de la querelle qu'il s'agit d'empêcher d'aller plus loin, ou bien à laquelle il faut laisser suivre son cours.

Les témoins seraient soumis à la même juridiction que les combattants, puisque les juges ne seraient, en définitive, que les témoins-nés des différends pouvant entraîner mort d'homme ; et quand les amis choisis par les contestants auraient dignement rempli leur rôle en se montrant tout d'abord amiables compositeurs, ils ne devraient pas être punis.

« Mais, de même que le juge permettrait le combat nécessaire, il châtierait rudement la querelle futile sur laquelle on aurait basé la provocation.

« Tel serait le véritable moyen de détruire les funestes préjugés du point d'honneur. »

Pour terminer cet article, qu'on nous permette la réproduction des passages suivants, qui expriment l'opinion de plusieurs auteurs célèbres sur la nécessité d'établir dans chaque ville un *Jury d'honneur*.

M. Grisier, dans ses principes supérieurs que nous lui reconnaissons, dit : « Puisque les lois sont impuissantes encore, puisque le duel ne peut être immédiatement extirpé de nos mœurs, pourquoi ne pas l'entourer de circonstances qui le modifient de la manière la plus humaine ? Pourquoi ne pas établir dans chaque ville un *Jury d'honneur*, composé de notabilités prises dans les classes les plus recommandables de la population ?

« A ces hommes, pour lesquels le silence sur un secret d'honneur et de famille serait une religion, on exposerait les motifs de la lutte ; ils prescriraient ou défendraient la rencontre. Dans le cas où les tribunaux qui ne poursuivent que l'accomplissement du fait, auraient à prononcer, le jury déclarerait si la loyauté a présidé au combat, et la justice alors aurait son devoir tout tracé.

« Mais, nous le savons, il existe certaines causes dont on peut difficilement rendre les étrangers juges et confidents. Il en est d'autres qui demandent ou qui amènent la spontanéité dans une rencontre ; alors, sur la déclaration des témoins, toujours hommes honorables ; car celui qui doit provoquer ou recevoir un défi cherche toujours à s'appuyer sur des gens d'honneur ; alors, disons-nous, sur cette déclaration authentique, le jury prononcerait.

« Puisse en attendant une répression complète, ce système être adopté! Nous le verrons modifier le duel et le ramener à des conditions qui amèneront, nous en concevons l'espoir, la suppression de cette coutume barbare et anti-sociale, » qui à l'heure même où nous écrivons ces lignes, ne cesse de faire des ravages et de montrer au sein des populations consternées son hideux aspect. Citons quelques exemples. (Voyez le chapitre suiv.)

— Nous lisons dans l'*Estafette* du 3 avril 1856 :

« Un duel a eu lieu, avant hier, à Saint-Germain, entre deux officiers des guides. Etant, la veille au soir, à la pension, M. de A..... prétendit que l'armé de Lyon devait tout entière venir à Paris pour y passer la revue de l'Empereur. M. d'E..... soutint que cela était inexact, et de la discussion qui s'ensuivit naquit le duel. M. de A.... a été tué; l'épée de son adversaire s'est brisée dans sa poitrine, et le bout de la lame, long d'environ vingt centimètres, est resté dans la blessure. La mort de M. de A.... a été presque instantanée. »

D'après ce qui précède et attendu l'opportunité, nous nous empressons de nous joindre à l'opinion émise par M. Grisier, d'établir dans chaque ville un *Jury d'honneur*, composé de notabilités prises dans les classes les plus recommandables de la population.

Par suite de cette organisation, il serait encore à désirer qu'il fût enjoint, sous les peines les plus sévères, que, dans aucun cas, aucune rencontre ne pourrait avoir lieu, si les combattants n'étaient accompagnés, outre le nombre des témoins désignés, au moins d'un membre du jury, apte et très expert en cette matière, ayant mission de présider au combat, dresser procès-verbal, signé des témoins, pour le remettre et faire son rapport à qui de droit.

Dans les régiments, il serait à désirer que l'on pratiquât à peu près le même mode, c'est-à-dire que, non-seulement celui qui serait désigné pour présider au combat fût apte et très expert en la matière, mais encore supérieur par son grade à la qualité des combattants. (Voyez page 160.)

Nous ferons remarquer que les anciennes formalités du duel, décrites dans la Colombière et autres auteurs, procuraient beaucoup plus de réconciliations qu'elles n'occasionnaient de combats.

Voici ce que M. le vicomte de Toustain a écrit à ce sujet à un maréchal de France :

« Si, par jugement légal et suprême, deux citoyens également suspects de torts réciproques et relatifs à l'honneur, obtiennent l'ordre ou la permission de vuider leur différend par les armes, leur sang rejaillit certainement beaucoup moins sur la conscience du juge que celui d'un malheureux puni comme victime du préjugé en expiant sur l'échafaud son triste et ténébreux triomphe. Ne peut-on pas voir d'ailleurs une sorte de cruauté à laisser continuellement la noblesse et le militaire entre l'écueil de la désobéissance et celui du déshonneur ?

« N'apportera-t-on point de remède à cet horrible abus, qui ne provient tout-à-fait ni de la connivence des magistrats, ni de l'aveuglement du militaire, ni de la frénésie des particuliers ? Il existe pourtant, ce remède, du moins à ce qu'il nous semble, et J.-J. Rousseau l'a trouvé ; c'est, si nous ne nous trompons, dans sa lettre sur les spectacles qu'il propose l'institution d'un *Tribunal d'honneur*, projet digne de son illustre auteur :

« A la vérité, ce Tribunal d'honneur permettra quelquefois le duel, mais cette autorisation, revêtue de formes, et bien différente de la tolérance licencieuse qui règne aujourd'hui, ne souffrira un duel que pour en empêcher cent, pour en prévenir mille. Voilà le seul moyen de saper sourdement cette démence meurtrière, qu'on attaquerait vainement à force ouverte. Nous doutons qu'il soit combattu par ceux qui savent que le meilleur établissement des hommes est celui qui procure le plus de bien avec le moins de mal, et qu'il n'appartient qu'à Dieu, auteur de toute perfection, de faire des ouvrages parfaits. »

M. de Saint-Foix exprime son opinion sur l'institution d'un *Tribunal d'honneur* en ces termes :

« Depuis l'abolition des coutumes, suivant lesquelles des magistrats, des abbés, des évêques, des princes permettaient, ordonnaient les combats particuliers, cette folie devint presque épidémique, parce qu'elle n'eut plus de règle ni de frein, et que chacun se rendit juge dans sa propre cause. Les édits de Louis XIV ont diminué le mal, mais n'en espérons pas trouver la guérison complète ailleurs que dans l'établissement d'*un Tribunal d'honneur*, moins sanguinaire et moins insensé que les anciens, et facile à ménager les caprices de l'opinion qui règne sur les mœurs comme l'usage sur les langues. »

Nos pères nous ont légué un exemple digne d'être suivi : le Tribunal des Maréchaux de France peut être imité.

Il s'agirait seulement d'ajuster cette sage création des rois à notre taille égalitaire.

En saluant de ses éloges et de ses regrets cette grande institution d'un autre siècle, dit M. Alfred d'Almbert, dans son ouvrage intitulé *Physiologie du Duel*, la commission nommée pour examiner le projet de la loi présenté en 1819, s'était demandé s'il ne

serait pas possible de rien rétablir de semblable aujourd'hui. Déjà son rapporteur disait : « N'avons-nous pas tous les éléments néces-
« saires pour fonder de nouveau des *Tribunaux d'honneur?* A quelle
« époque aurait-on rencontré dans les rangs de l'ordre civil et de
« l'armée un plus grand nombre d'hommes ayant multiplié les
« preuves de leur courage, et dont l'autorité, en pareille matière,
« pourrait s'établir d'une manière incontestable et exercer autour
« d'eux une salutaire influence?

« La plus grande difficulté consisterait dans la manière de régler
« les formes de procéder d'un tel Tribunal ; car elles ne pourraient
« être entièrement empruntées à ce qui existait autrefois ; il faudrait
« les mettre en harmonie avec les conditions actuelles de notre or-
« dre social, les accommoder soigneusement avec les principes de
« notre gouvernement. »

L'institution du *Tribunal d'honneur* parait exister encore en Prusse. On lit dans la *Gazette des Tribunaux*, du 7 juillet 1846, sous la correspondance de Manster, les détails d'un duel entre deux officiers, duel autorisé selon les règles militaires et présidé par les juges du point d'honneur, revêtus de leurs uniformes. C'est, au reste, dit la correspondance, la première fois qu'un Tribunal d'hon-neur en Prusse ait eu à autoriser un duel ; toutes les affaires portées jusqu'ici devant ces Tribunaux s'étaient heureusement terminées par une réconciliation.

§ 4.

Le duel sous le règne de Louis XVI. — Situation déplorable. — Funestes querelles. — Origine présumée. — Coup-d'œil général sur les lois cruelles et barbares concernant le duel. — Ancienne législation. — Dispositif d'un arrêt qui condamne un membre du Parlement de Grenoble a être rompu vif pour crime de duel. — Résultat contraire.

Louis XVI comprit qu'il était inutile d'accroître le nombre des lois sur le duel ; il n'eût pas mieux réussi que ses prédécesseurs. On se battait pour les sujets les plus futiles ; un regard de travers, un froissement de coude, tout était matière à combat. Il existait alors dans les régiment des *bretteurs* chargés de tâter le jeune homme qui arrivait au corps.

D'un autre côté, dans nos grandes villes, il existait une foule d'hom-mes querelleurs, toujours prêts à provoquer leurs semblables, auxquels ils voulaient imposer leurs opinions, qui ne vivaient que de contentions, de menaces, habiles au maniement des armes, té-moins obligés d'un grand nombre de duels, quand ils ne s'armaient pas eux-mêmes pour leur prétendu honneur lésé. On ne saurait trop déplorer l'aveuglement des hommes qui, pour une seule parole, font quelquefois le sacrifice de leur vie, abandonnant ce qu'ils ont de plus cher au monde, ne sont point effrayés par le triste avenir qu'ils préparent à leurs familles, et se précipitent eux-mêmes dans un abîme de maux; ils devraient, au contraire, s'entr'aider réciproquement, se pardonner leurs erreurs, et se prêter un mutuel secours, dans les misères inséparables de la vie humaine.

Nous gémissons encore de voir ces duels quotidiens auxquels nos militaires se croient obligés souvent pour la plus légère offense. Ces combats entre frères : victoires de caserne qui ensanglantent la paix. Dans le monde, le duel fait moins de victimes; c'est une comédie que tout homme d'esprit doit jouer au moins une fois, pour ne pas être accusé de lâcheté. Tel est le déplorable raisonnement que l'on tient, comme s'il était nécessaire d'avoir un pareil courage.....

Si nous recherchons l'origine de ces funestes querelles, qui se terminent trop souvent par des meurtres calculés, nous trouvons qu'elles prennent naissance dans l'ivresse d'une orgie, dans la fureur d'une partie de jeu, dans le cours d'une discussion animée sur la politique, la littérature, l'art militaire. C'est peut-être dans une lutte d'intérêts, où l'adversaire aura laissé échapper quelques paroles outrageantes, aura blessé l'amour-propre, trop peu ménagé la faiblesse humaine, inculpé les meilleures intentions, outragé, calomnié, menacé et frappé ses semblables : telles sont les circonstances d'où naissent ces malheureux combats singuliers. C'est pour tirer raison de votre prétendu honneur blessé, dirons-nous à celui qu'anime la soif de la vengeance, que vous provoquez à votre tour votre adversaire à un combat, à vous entr'égorger avec fureur. Croyez-vous sérieusement que le public jugera votre réputation compromise par ces paroles insultantes ou furieuses échappées souvent à la légèreté, à un excès d'humeur ou à la colère? Et ces prétendus outrages, faudra-t-il encore les laver dans le sang de votre provocateur?..... Étrange manière de réparer l'offense que vous aurez reçue et de réhabiliter votre honneur! Car, si vous êtes vaincu dans le combat, aurez-vous acquis par votre mort un esprit plus éclairé et un meilleur jugement? Aurez-vous obtenu cette réparation publique dont vous étiez si jaloux, et rétabli votre réputation d'homme de bien et d'intégrité? N'était-il pas plus digne de vous montrer plus résigné, plus généreux; de mépriser des outrages que vous ne méritiez sans doute pas, et de vous conduire avec le calme et la modération dignes d'un homme irréprochable? En un mot, s'il vous fallait un éclat, au lieu de livrer ainsi votre vie au hasard, avec tant de légèreté et de dédain, à un ennemi acharné et cruel, puisqu'il était votre agresseur, n'était-il pas plus juste et plus raisonnable de faire un appel à la justice des tribunaux ? N'auriez-vous pas obtenu une réparation que vous pouviez ambitionner, ainsi qu'un juste dédommagement pour l'outrage qui vous avait été fait, si toutefois la justice et vos droits exigeaient cette réparation ?

Trop longtemps nous avons eu des lois déplorables, cruelles et barbares sur le duel. Au mépris de ces lois, il faut se le rappeler, se baigna dans son sang une antique noblesse, qui, sous la main de fer d'un cardinal célèbre, n'en brava pas moins les châtiments les plus terribles sur les échafauds, comme les plus graves dangers dans les combats singuliers, tant ce fléau s'était profondément introduit dans les mœurs du temps, ce qui prouve qu'il en coûte de déraciner de vieux préjugés.

Il suffit d'ouvrir les pages de nos anciens codes, notamment ceux du dix-septième siècle, sous Richelieu : l'on verra une législation impitoyable poursuivre les duellistes, sans cependant déraciner le duel. On n'échappait pas à l'action de ces lois draconniennes, et les magistrats reculaient eux-mêmes quelquefois devant la sévérité du châtiment; d'autres fois, ils appliquaient la loi.

Un arrêt rendu au Parlement de Grenoble, le 16 septembre 1769, qui condamna par contumace le sieur du Chelas, conseiller de cette cour, à être rompu vif pour crime de duel et d'assassinat, et la mémoire de Lambert Béguin, capitaine de la légion de Flandres, son adversaire, à être supprimée, conformément aux ordonnances portées contre les duellistes, en est une preuve.

Par le même arrêt, le domestique du conseiller fut condamné aux galères pour avoir accompagné son maître et avoir favorisé son crime.

Pour donner une juste idée d'une législation aussi barbare, nous croyons être agréables à nos lecteurs, en reproduisant en son entier le dispositif de cet incroyable arrêt :

« La Cour, les chambres assemblées, où était le sieur comte de Clermont-
« Tonnerre, lieutenant-général pour le roi, en Dauphiné, dit la contumace
« bien instruite contre ledit du Chelas, et adjugeant le profit d'icelle, l'a dé-
« claré atteint et convaincu de crime de duel, de s'être rendu au lieu du com-
« bat avec des précautions défensives, d'avoir traîtreusement assassiné de plu-
« sieurs coups d'épée ledit Béguin, à terre et hors de défense; pour réparation
« de quoi a déclaré ledit du Chelas privé et déchu de son état et office de
« *conseiller en la Cour*, et ledit office vacant par forfaiture, duquel office ledit
« seigneur roi est supplié d'éteindre le titre, comme aussi à dégrader ledit du

« Chelas de noblesse, et l'a déclaré infâme ; a condamné ledit du Chelas à être
« livré entre les mains de l'exécuteur de la haute justice, pour être par lui
« traduit en la ville de Romans, et là, en chemise, tête nue, la corde au col,
« ayant au poing une torche ardente de cire jaune du poids de deux livres,
« être conduit devant la porte de la principale église dudit Romans, où, à ge-
« noux, il déclarera que, méchamment et traîtreusement, il a assassiné ledit
« Béguin de plusieurs coups d'épée, à terre et étant hors de défense, et qu'il
« en demande pardon à Dieu, au roi et à la justice, et, de suite, il sera con-
« duit à la place principale de ladite ville de Romans, pour y avoir les *bras*,
« les *jambes*, *cuisses* et *reins*, rompus sur un échafaud, qui sera dressé à cet
« effet, et ensuite mis sur une roue, la face tournée vers le ciel, pour y res-
« ter jusqu'à ce que mort naturelle s'en suive ; ses armes préalablement noir-
« cies et brisées en sa présence au bas dudit échafaud, par l'exécuteur de la
« haute justice ; a déclaré ledit seigneur roi quitte et déchargé envers ledit du
« Chelas, de la finance et gages dudit office, et de quelqu'autre chose que ce
« puisse être, dont ledit seigneur roi pourrait être redevable envers ledit du
« Chelas, comme aussi a condamné ledit du Chelas en l'amende fixée aux deux
« tiers de ses biens, applicable, sous le bon plaisir dudit seigneur roi, par égale
« part et portion, à l'hôpital général de Grenoble, à celui de la Providence
« de la même ville, et a l'hôpital général dudit Romans ; attendu l'extrême be-
« soin desdits hôpitaux, a condamné ledit du Chelas en l'amende de dix livres
« envers ledit seigneur roi, et attendu la contumace dudit du Chelas, ordonne
« que le présent arrêt sera exécuté par effigie sur la place dudit Romans, au
« surplus, pour les causes résultantes des procédures, a condamné ledit du
« Chelas en la somme de douze mille livres envers ledit Suel Lambert père, pour
« lui tenir lieu de dommage et intérêts, et, en ce qui concerne ledit Lambert
« Béguin, l'a déclaré mort du crime de duel, pour réparation de quoi, ordonne
« que sa mémoire sera et demeurera éteinte et supprimée à perpétuité ; a pa-
« reillement déclaré ledit seigneur roi quitte et déchargé envers ledit Béguin de
« tous arrérages d'appointements, pensions, et de toute autre chose que ce
« puisse être dont ledit seigneur roi pourrait être redevable envers ledit Béguin ;
« ordonne que sur les biens dudit Béguin, il sera prélevé une amende fixée aux
« deux tiers desdits biens, laquelle cédera au profit dudit Suel Lambert père, et
« en ce qui concerne ledit Deveau, domestique, l'a condamné, pour causes résul-
« tantes des procédures, à tenir prison pendant une année et ensuite servir le-
« dit seigneur roi sur les galères en qualité de forçat, pendant l'espace de qua-
« tre ans, étant préablement flétri par ledit exécuteur, à la place du Breuil de
« cette ville, sur l'épaule droite, d'un fer ardent portant l'empreinte des trois
« lettres G. A. L. ; lui fait inhibitions et défenses de rompre son ban, sous
« peine de la *hart* (pendu et étranglé), et l'a condamné en l'amende de dix livres
« envers ledit seigneur roi et aux dépens le concernant ; a condamné ledit du
« Chelas aux dépens envers ledit Suel Lambert père ; ensemble en tous ceux
« des procédures et frais de justice, même solidairement en ceux ci-dessus pro-
« noncés contre ledit Deveau ; ordonne que le présent arrêt sera imprimé et affi-
« ché dans les villes de Romans et de Grenoble et partout ailleurs où besoin sera.

« Fait en Parlement, le 16 septembre 1769. — *Signé* : La Forte. »

D'après ce qui précède, nous pouvons nous écrier : Que peut la crainte des tourments, de la mort même sur celui qui met précisément sa gloire à les mépriser ? Car, malgré tant de lois, d'édits, de bulles, d'ordonnances, les arrêts des Parlements et des Cours souveraines, les réglements de MM. les maréchaux de France, les précautions prises par nos gouvernants, tout a été, par le passé, impuissant à prévenir le duel. Les législations, allemande, anglaise, russe, les lois sardes, qui punissent de mort les duellistes, n'ont pas obtenu, ainsi que dans les autres contrées de l'Europe, de meilleurs résultats.

En France, un tel préjugé ne saurait être détruit par la peine capitale, parce que l'honneur, dans toute âme française, est au-dessus de la mort. Nous l'avons toujours vu sur les champs de bataille, et notre gloire nationale ne l'atteste-t-elle pas au milieu des immortels trophées conquis par nos armées triomphantes ?

§ 5.

LÉGISLATION CONCERNANT LE DUEL.

Le Code de 1791 qualifia et punit les diverses espèces d'homicides et fut muet sur le duel. — Code de 1810. — Jurisprudence antérieure à 1837. — La Chambre des Pairs et la Cour de Cassation ont été d'avis que, dans l'état actuel (depuis 1810 à 1837), le duel ne pouvait être poursuivi lorsqu'il avait été loyal. — Jurisprudence postérieure à 1837. — Dans l'état actuel de la législation (depuis 1837 jusqu'à nos jours), l'homicide commis en duel est puni par le Code Pénal. — M. le procureur-général Dupin et la Cour de Cassation. — La Chambre des Députés (1835) et le Jury d'honneur.

Le Code de 1791 qualifia et punit les diverses espèces d'homicides, il fut muet sur le duel. Le Code du 3 brumaire an IV, la loi du 25 février an VIII promulguée depuis, n'en font non plus aucune mention.

Le rapporteur du Code de 1810 classa, au nom de la commission, dans son travail, tous les résultats du duel. On devait croire que son opinion, restée incontestée, ferait cesser toute incertitude ; néanmoins, Carnot, Merlin, Mourre, la Chambre des Pairs et la Cour de Cassation ont été d'avis que, dans l'état actuel, le duel ne pouvait être poursuivi lorsqu'il avait été loyal.

Quoi qu'il en soit, il paraît constant que jusqu'à la Restauration, aucune poursuite ne fut exercée contre le duel. C'est à cette époque seulement qu'on tenta de l'incriminer ; mais cette tentative fut repoussée par la jurisprudence de la Cour de Cassation, et cette jurisprudence elle-même fut sanctionnée : 1° par l'opinion de la Cour des

Pairs, qui, le 31 janvier 1818, a écarté la plainte formée contre un pair par la dame de Saint-Morys, en se fondant sur ce que le duel ne constituait ni crime ni délit; 2° par l'opinion de la Chambre des Députés, qui, en 1819, accueillit une proposition de Clausel de Coussergues, tendant à ce que le roi fût supplié de présenter une loi pour suppléer à la lacune de la législation; 3° enfin, par la présentation de deux projets de loi, l'un le 14 février 1829 (sous le ministère Courvoisier, garde des sceaux), l'autre du 4 mars 1830, sur le référé de la Cour de Cassation (arrêt du 8 août 1829), présentation qui, du reste, n'eut pas de suite.

Lorsque vint la loi du 28 avril 1832, qui apporta des réformes dans le Code Pénal, l'attention publique était suffisamment excitée, et le conseil d'État était même saisi d'un nouveau projet destiné une troisième fois à répondre au référé de la Cour de Cassation. Cependant l'examen de cette question n'a pas même été provoqué, et le duel a continué à rester impuni.

En présence de ces diverses tentatives du pouvoir législatif restées sans résultat et d'une jurisprudence qui paraissait invariablement établie, un écrivain, M. Chateauvillard (*Essai sur le Duel*), acceptant le duel comme un mal inévitable, crut lui préciser des règles et tenter d'en diminuer les ravages en définissant les exigences du *Point d'honneur*; il essaya surtout de tracer d'une manière invariable les devoirs des témoins, dont l'inexpérience dans ces sortes d'affaires peut être si funeste, et dont la sollicitude éclairée et la fermeté peuvent, dans beaucoup de cas, prévenir de grands malheurs.

Plus tard, au sujet d'une pétition, M. Dupin émit l'avis que lorsqu'un homme avait été tué en duel, c'était un devoir pour les juges de renvoyer son adversaire devant la Cour d'assises; il a pensé que c'était là un frein qui, par la crainte des peines ou de la perte des droits civils, arrêterait les duellistes. — On sait que c'est ce qui a eu lieu fréquemment, et chaque poursuite n'a abouti qu'à amener l'éloge du vainqueur, de son courage, et implicitement à préconiser le duel. — Ce remède n'est pas bon; il ne peut être efficace que dans les cas peu nombreux où le duel n'a pas été loyal. — D'ailleurs, que doit faire le jury? Parler comme la société, juger comme la société, c'est-à-dire rester dans un état stationnaire et même ralentir la réforme au lieu de la hâter, car l'impunité et le triomphe des duellistes ont ce résultat.

La sévérité qu'on a déployée contre le duel a échoué. On est bien d'accord sur ce point, que c'est par l'éducation, par une voie intelligente et insensible qu'il faut agir sur les esprits. — Mais toujours est-il qu'il faut une action. Or, qui en aura l'exercice? On a cru que le jury, bon pour qualifier le fait social, est impuissant pour opérer une réforme. La mobilité de sa composition s'y opposerait. D'ailleurs, il faut, pour une œuvre pareille, un corps qui ait de l'unité et qui ait mission spéciale de travailler dans une idée d'avenir. D'un autre côté, c'est par les efforts de ses hommes sages qu'une nation perfectionne ses mœurs et non par la préconisation des même abus.

Dans cet état, plusieurs choses nous semblent propres à préparer une réforme : 1° classer le fait du duel au nombre des délits ; 2° établir pour ce délit particulier des peines plutôt civiles ou disciplinaires qu'afflictives et infamantes, qu'on étendrait, mais avec discrétion, aux témoins ; 3° investir une juridiction spéciale qui ait mission du droit de constater le fait du duel et de le punir ; 4° rendre cette juridiction, comme cela a eu lieu en matière de discipline ou de postulation, indépendante de celle qui, lorsque les cas paraitront l'exiger, devra connaître de la poursuite criminelle, c'est-à-dire des Cours d'assises.

Pour plus de clarté, nous distinguerons la jurisprudence française antérieure à 1837 de celle différente adoptée, à partir de cette époque, par la Cour de Cassation.

Jurisprudence concernant le duel avant 1837.

Avant 1837, la Cour de Cassation décidait que la loi pénale étant muette sur le duel, elle ne pouvait être appliquée à l'homicide ni aux blessures qui en étaient le résultat.

Cass., 8 avril 1819.

L'abolition des pénalités spéciales du duel peut s'induire : 1° De l'opposition formelle de l'esprit de toutes les lois anciennes sur ce sujet avec l'esprit de nos lois nouvelles. — 2° Du silence absolu de nos lois nouvelles sur le duel. — 3° Enfin, du non-usage de toutes les lois sur le duel pendant plus de trente ans.

— La Cour de Cassation a jugé que les édits et déclarations qui considéraient le duel comme un crime sont abrogés depuis le Code pénal 1791. (Code pénal, 4, 295, 304.)

Cass., 19 sept. 1822.

— Et que, bien que le fait du duel blesse profondément la religion et la morale et porte une atteinte grave à l'ordre public, il n'est néanmoins qualifié crime par aucune loi ; qu'ainsi l'on doit renvoyer de toutes poursuites le prévenu d'un homicide commis dans un duel.

Cass., 4 décem. 1824, 8 août 1828.

.... Que, dès-lors aussi, l'arrêt qui renvoie devant la Cour d'assises un individu comme coupable d'homicide volontaire, doit être cassé, s'il adopte les motifs d'un réquisitoire duquel il résult que cet homicide a eu lieu dans un duel.

Cass., 11 mai 1827.

Alors, d'ailleurs, que le combat a eu lieu sans déloyauté ni perfidie.
Cass., 8 janvier 1819.

— Car il est des circonstances où l'homicide résultant d'un duel constitue un meurtre et même un assassinat et peut être puni comme tel.

— Ainsi, est coupable de meurtre avec préméditation et peut être poursuivi comme assassin, celui qui, dans un duel au pistolet, à six pas de distance, ayant obtenu du sort l'avantage de tirer le premier, a persisté de vouloir user de son avantage et a donné la mort à son adversaire, malgré les instances des témoins pour déterminer les combattants à s'éloigner davantage, et il est coupable surtout, s'il a été le provocateur du duel ; et il l'est, alors même que son adversaire, blessé mortellement, aurait eu la force de décharger son pistolet et lui aurait fait une blessure. (21 septembre 1821) — Mais cette décision, dans l'état actuel, souffre difficulté, et le jury, d'après Dalloz, ne la sanctionnerait pas.

— C'est à la chambre à examiner jusqu'à quel point l'homicide qui est résulté d'un duel a été la suite d'une légitime défense de soi-même, et elle doit renvoyer le prévenu, s'il ne l'a commis qu'en se défendant loyalement contre l'agression de son adversaire. (Code pénal.)
Cass., 8 janvier 1819.

— Cette chambre peut donc, en appréciant le caractère des faits imputés, décider que l'individu qui a commis un homicide dans un duel ne se trouvait pas dans le cas d'une légitime défense, et le renvoyer comme meurtrier devant la Cour d'assises.
Cass., 19 septembre 1822.

— Enfin, à supposer que le consentement d'un duelliste à subir les chances du duel, le rende non recevable à réclamer des dommages-intérêts pour les blessures qu'il pourrait avoir reçues, cependant, s'il est tué dans le duel, il peut être accordé à sa femme et à ses enfants, pour le préjudice qu'ils éprouvent par cette mort, et sur leur action directe, des dommages-intérêts contre son adversaire. — Tel serait le cas où ce dernier, quoique acquitté de l'accusation de meurtre sur la déclaration du jury qu'il n'est pas coupable, est jugé par la Cour d'assises, d'avoir, par sa faute grave, causé le préjudice allégué. (Code Civil 1382.)
Cass., 29 juin 1827.

Suite de la jurisprudence concernant le duel après **1837.**

C'est en 1837 et sur les réquisitions de M. le procureur-général Dupin, que la Cour de Cassation abandonna la jurisprudence qu'elle suivait invariablement depuis 27 ans ; et, dès-lors, elle a constamment décidé que l'homicide et les blessures commis en fait de duel rentraient dans les dispositions générales du Code Pénal. Voici en quelle occasion :

On doit se rappeler le funeste duel qui eut lieu entre **M. Baron,** avoué, et **M. Pesson,** agréé à Tours, duel qui eut pour résultat la mort de M. Baron.

Une information judiciaire eut lieu ; mais la Chambre des mises en accusation de la cour d'Orléans rendit, le 29 avril 1837, un arrêt dans lequel les faits se trouvent mentionnés en ces termes :

« Pesson, comme l'offensé, avait fait choix de l'épée ; deux de ces armes avaient été apportées. Sur l'observation qui fut faite que le sieur Baron était étranger au maniement de l'épée, on songea à se procurer des pistolets ; mais Baron déclara qu'il préférait se battre à l'épée, parce qu'avec cette arme il pouvait défendre sa vie. Les épées étaient de différentes longueurs, l'une avait quelques lignes de plus que l'autre. On les tira au sort ; la plus longue échut au sieur Pesson. Bientôt les combattants croisèrent le fer, et après une minute de combat, Baron fut atteint d'un coup dans la poitrine, au milieu du sein droit, et, quelques instants après, il rendit le dernier soupir. »

Puis, en droit, se fondant sur le prétendu silence du Code sur l'homicide commis en duel, la Cour déclara qu'il n'y avait lieu à suivre. Pourvoi en cassation du procureur-général.

En Cour de Cassation, le 22 juin 1837, M. le procureur-général Dupin s'exprima ainsi :

. . . .

« Magistrats, je vous en adjure, revenez sur une jurisprudence erronée, fatale à l'ordre public, à la morale, au sentiment religieux ; la Cour entière, et avec elle tous les gens de bien, applaudiront à votre arrêt !

« Le préjugé ne peut agir sur vous ; au sein même de la société, nous le voyons s'affaiblir chaque jour. Mais, quelque vivace qu'on le suppose, s'il est contraire à la raison et à la loi, s'il blesse profondément les règles de la morale et de l'ordre public, sommes-nous donc magistrats pour y céder ou plutôt pour y résister ?

« Chercherons-nous à passer pour braves plutôt que pour justes ? Et n'y a-t-il pas assez de courage, le seul qui nous soit permis, à résister au torrent des passions humaines ?

« S'il faut faire céder la loi au préjugé, les dettes de jeu devraient entraîner une action en justice, car on les appelle aussi des *dettes d'honneur*.

« La *vendetta*, en Corse, est aussi fondée sur le Point d'honneur. Dans les endroits reculés de l'île, sous la chaumière du pâtre ou du bûcheron de la forêt, c'est un devoir de venger la mort de son parent. Ils sont en cela reculés de plusieurs siècles, ils ont encore les idées des Bourguignons et des Danois, comme les duellistes conservent les idées du douzième siècle ; car les témoins des duels représentent l'ancienne assistance que se prêtaient jadis les membres de la même famille. Eh bien ! faudra-t-il, en Corse, céder aussi au préjugé, et dire que la mort donnée sous un tel prétexte est innocente comme la mort donnée dans un duel ? Tant il est vrai qu'abandonner la loi, comme on l'a fait sur un point aussi capital, c'est abandonner la morale, c'est renier la société civile, et mettre la brutalité individuelle au-dessus de l'ordre public !

« Hélas ! Messieurs, faites attention surtout au temps où nous vivons : aucun ne fut plus favorable pour rendre aux vrais principes du droit leur légitime action.

« La théorie des duels, je l'affirme hautement, est la destruction de l'ordre légal ; c'est reculer en masse la société civile, ses lois, les tribunaux ; c'est se faire justice à soi-même, se faire législateur, juge et bourreau dans sa cause, en attachant de son autorité privée la peine de mort aux causes souvent les plus faibles et les plus légères, quand ce ne sont pas les plus honteuses et les plus flétrissantes.

« Et, chose étonnante ! parmi les apologistes du duel se trouvent des écrivains, des orateurs, qui sollicitent l'abolition de la peine de mort, qui soutiennent que le droit de l'homme sur l'homme ne va pas jusque là, et qui, pourtant, à l'instant même où ils contestent à la société entière l'exercice de ce droit, le revendiquent pour eux-mêmes, et l'accordent au premier venu.

« Il y a des lois, des magistrats. N'importe ! Comme les anciens rois, ils prétendent ne relever que de leur épée ; je n'ajoute pas : et de Dieu ; car de Dieu il n'en est pas question pour les modernes duellistes !

« En cela, j'ose le dire, les partisans des duels se montrent plus barbares que les anciens peuples qui portèrent ce nom.

« Si, parmi ces peuples grossiers, l'usage des combats prévalut, c'est à défaut de lois meilleures, que les siècles de ténébres où ils vivaient ne comportaient pas.

« Mais, de nos jours, en présence des lois qui ont réglé tous les intérêts et tous les droits, avec des magistrats, des tribunaux institués pour rendre la justice à chacun selon son droit, faire appel à la force et retourner au duel, c'est de la barbarie qui, cette fois, n'a pas d'excuse.

« Est-ce donc là, Magistrats, ce que nous sommes appelés à préconiser dans le sanctuaire de la justice ? Et puis l'on viendra se plaindre que l'esprit de révolte et d'insubordination fait des progrès ! Et qu'est-ce donc, je vous prie, que l'émeute, si ce n'est un grand duel, un défi armé proposé à la société ?

« Pour moi, ma conviction sur cette question est formée au plus haut degré. Si mes efforts étaient impuissants cette fois, je les renouvellerais. En toute occasion, je m'élèverai contre l'illégale et immorale pratique des duels ; j'éloignerai de ma conscience d'homme public et de magistrat le plus cuisant des remords, celui d'entretenir au sein de la société un préjugé homicide, et de contracter une sorte de complicité dans tous les duels, dont la fréquence et l'impunité se trouveraient encouragés par la plus funeste de toutes les erreurs de droit.

« Croyez-moi, Messieurs, ce qu'il faut dans ces circonstances, ce que la société française attend, ce n'est pas une autre loi...., c'est un autre arrêt.

« Dans ces circonstances, et par ces considérations, nous estimons qu'il y a lieu de casser. »

A la suite de ce réquisitoire, intervint l'arrêt suivant :

— La législation sur le duel, antérieure à 1789, laquelle était spéciale à la noblesse, a été abolie par les lois de l'Assemblée Constituante.

Dans l'état actuel de la législation, l'homicide commis en duel est puni par le Code Pénal.

...... Il en est de même des coups et blessures.

Et les chambres du conseil ou d'accusation ne peuvent refuser de mettre en prévention ou en accusation l'auteur de coups, blessures ou meurtre commis en duel, sous prétexte que le duel ne constitue pas un délit, ou que les actes qui en ont été le résultat étaient excusés par la nécessité de la légitime défense.

Cass., 22 juin 1837. — 22 décembre 1837. — 14 août 1845.

— Cependant un grand nombre de cours royales ont continué à suivre la première jurisprudence de la Cour de Cassation et considèrent les blessures faites et le meurtre commis en duel comme ne constituant ni crime ni délit.

Cour royale de Colmar, 12 juillet 1838. — Bourges, 31 juillet 1837. — Orléans, 15 avril 1838. — Paris, 16 août 1838. — Nancy, 27 février 1839.

— Telle est aussi, invariablement, la jurisprudence de la cour de Paris, qui a rendu plusieurs arrêts en ce sens, et notamment les arrêts *Servien* et *Beauvallon*, qui ont été cassés par la Cour Suprême, 4 janvier 1845.—14 août 1845.

L'homicide, les blessures ou coups résultant du duel, constituent des crimes ou délits répressibles par la législation pénale ordinaire. (Code pénal, 311, 463.)

En matière de duel, c'est l'auteur de l'offense qui est le véritable provocateur du délit, et non l'auteur de l'appel en duel; les témoins d'un duel sont punissables comme complices.

Cour royale, Paris, 27 mai 1840.

— Les témoins d'un duel qui ont fixé l'heure du combat, apporté et chargé les armes, mesuré la distance et donné le signal du feu, ne peuvent être déclarés non complices de ce duel, par cela seul qu'ils ont fait des efforts pour amener la réconciliation des adversaires.

Cass., 2 septembre 1847.

— Le fait d'assister comme témoins à un duel dans lequel l'un des adversaires a succombé, a pu être déclaré ne pas constituer un délit, s'il résulte de l'appréciation des circonstances, laquelle rentre dans les attributions de la Cour Suprême, que les témoins, après avoir épuisé tous les moyens de conciliation, ne se sont rendus sur le terrain que pour éloigner toutes les chances probables du malheur qui est arrivé.

Cass. Cham. réun., 22 août 1848.

— Le duel ne peut perdre le caractère de délit, ni être soustrait à la vindicte publique, sous prétexte que les coups, blessures ou le meurtre qui en résultent, sont l'effet de l'accord mutuel des combattants, et de leur renonciation réciproque à recourir à l'action répressive de la loi.

Cass., 4 janvier 1845.

— Dans l'état actuel de la législation, le duel ne constitue ni crime ni délit.

Ainsi l'a déclaré l'Assemblée nationale constituante, par résolution du 20 mars 1849.

Jugé, au contraire (par la Cour de Cassation, qui, depuis ce décret, a persisté dans sa jurisprudence), que les blessures ou l'homicide commis en duel tombait sous la répression de la loi pénale.

Cassation du 6 juillet 1849.

— Les blessures ou l'homicide commis en duel, constituent un délit ou un crime tombant sous la répression de la loi pénale; ces blessures ou cet homicide ne peuvent être excusés comme commandés par la nécessité d'une légitime défense, ni perdre leur caractère de criminalité, à raison de l'accord parfait des combattants.

Cass. 21 juillet 1849.— Chambr. réun. — du 12 avril 1850.— du 19 avril 1850.—11 juillet 1850.—Du 20 décembre 1850.— Cass. du 20 septembre 1853. Jurisprudence constante.

— Le militaire qui a tué en duel son adversaire, peut même, en cas d'acquittement par le conseil de guerre, et encore bien qu'il n'aurait pas été le provocateur, être condamné à des dommages-intérêts envers la veuve et les enfants de la victime.

Toutefois, il y a lieu de tenir compte, dans la fixation du chiffre de ces dommages-intérêts, des circonstances qui peuvent atténuer ses torts.

Tribunal de Marseille du 5 juin 1829.

— Lorsque l'un des duellistes se trouve être militaire, il y a lieu de le traduire comme son adversaire devant la Cour d'assises, même pour les faits postérieurs au duel, mais s'y rattachant, qui lui seraient particulièrement reprochés, tels que celui d'avoir continué seul le combat malgré le signal de cessation donné par les témoins.

Cass. chambres réunies, le 18 février 1854.

Avant d'en terminer avec la législation, nous devons faire connaitre le résultat d'une pétition présentée à la Chambre des Députés tendant à prendre des mesures contre les duels, et de créer un *Jury de conciliation*, qui vient à l'appui de ce qui a été exposé à la page 324 et suivantes.

« Dans la séance de la Chambre des Députés du 28 février 1835, il a été fait un rapport d'une pétition présentée par le sieur Monteil et tendant à ce qu'il fût pris des mesures contre les duels, principalement contre ceux des fonctionnaires publics. Le rapporteur, M. Teyssère, a proposé, au nom de la commission, l'ordre du jour sur cette pétition, par le motif que les mœurs, et non les lois, peuvent seules détruire l'habitude du duel.

« Espérons, a-t-il ajouté, que, dans un avenir prochain, grâces aux progrès des lumières et de la civilisation, le Point d'honneur consistera, non à vider une querelle dans un combat, mais à s'en remettre au jugement d'amis communs, et, au défaut de ce tribunal de famille, à un *Jury de conciliation* formé des citoyens les plus respectables de la localité !

« Espérons surtout que le Point d'honneur consistera à ne jamais servir de témoin à ceux qui voudraient sacrifier à ce barbare préjugé ! »

La Chambre, après avoir entendu un discours de M. de Lamartine contre l'ordre du jour proposé, renvoya la pétition au ministre de la justice.

CHAPITRE X.

DUELS CÉLÈBRES.

> Mais quel monstre odieux , l'œil de sang altéré,
> Jonche la terre de victimes,
> Et de la raison abhorré ,
> Voit par le préjugé déifier ses crimes !
> Furieux , il renaît sous la foudre des rois ;
> S'applaudit du mépris des lois ,
> Dégrade la clémence , ennoblit l'infâmie ;
> Et le sage , à ces attentats
> (O pouvoir de l'erreur par les ans affermie !)
> Prête, en les condamnant , et son fer et son bras.

Du duel en Angleterre. — **Procès du major Alexandre Campbell.** — **Un duel à la chandelle.** — **Condamnation à mort.**

Au moment où la jurisprudence française, revenant sur les décisions du passé, croit enfin pouvoir trouver dans les lois existantes le droit de contraindre les duellistes à rendre compte à la justice des motifs de leur conduite et à en supporter toutes les conséquences, il ne sera pas sans intérêt et sans utilité de rappeler, aussi brièvement que possible, l'état actuel de la législation anglaise sur cette grande question, si souvent résolue en sens contraire.

En Angleterre la loi reconnaît trois sortes d'homicides : l'homicide *justifiable*, l'homicide *excusable* et l'homicide *criminel*.

L'homicide justifiable est celui qui résulte d'une nécessité inévitable, sans qu'il y ait eu, dit Blackstone, ni volonté, ni intention, ni désir, ni inadvertance de la part de celui qui a tué, et par conséquent sans qu'il encoure le plus léger blâme. Ainsi, quand le bourreau obéissant aux réquisitions de la loi, met à mort un malfaiteur jugé et condamné selon les règles prescrites, il ne peut pas être poursuivi comme un meurtrier ; pourvu du moins que l'exécution ait lieu conformément à la sentence rendue ; car, s'il décapitait celui qui doit être pendu, ou s'il pendait celui qui devait être décapité, il se rendrait coupable d'un meurtre.

L'homicide peut encore être justifié, non plus d'après l'ordre absolu, mais plutôt d'après la permission de la loi, s'il a été commis, soit pour seconder les mesures de la justice publique, soit pour prévenir un grand crime tenté par la force.

Lorsqu'on a donné la mort par accident *(per misadventure)* ou pour défendre sa vie et celle des siens, on peut être *excusé*.

Quant à l'homicide *criminel*, ou *félonie*, le célèbre jurisconsulte anglais, sir Édouard Coke, le décrit ainsi : « C'est le crime d'une personne saine de mé-« moire et de jugement, qui tue illégalement une créature raisonnable quel-« conque, vivant sous la paix du roi, avec préméditation ou dessein, soit for-« mel, soit implicite. » Toutefois, ajoutons-le, pour que l'homicide soit *crimi-nel*, il faut que l'individu frappé meure dans un an et un jour, après le coup reçu ou la cause présumée de la mort.

Il y a deux sortes d'homicides criminels, le *manslaughter* et le *murder*.

Le *manslaughter* est l'acte de tuer illégalement, sans intention, ni expresse, ni présumée, soit volontairement dans un excès de colère subit, soit involontairement, mais en commettant quelque acte *illégal*. — Le *manslaughter* sur provocation soudaine diffère de l'homicide excusable par le motif de la défense personnelle, en ce que, dans ce dernier cas, il y a nécessité apparente de tuer l'agresseur pour se préserver soi-même, et que, dans l'autre, il n'y a aucune nécessité : c'est seulement un acte subit de vengeance. Ce crime est considéré par la loi anglaise comme une *félonie*, mais avec *privilége clérical*. Aussi n'était-il puni que de la marque dans la main par le fer chaud, et de la confiscation de tous les biens personnels et chattels. — D'après le statut 19 Georges III, C. 74, la Cour peut, si elle le juge convenable, substituer à la marque dans la main une amende pécuniaire modérée.

Quant au *murder*, qui, disent les auteurs, n'est pas l'effet d'un emportement subit, d'un accès de colère, mais qui provient de la perversité du cœur, il est puni de mort.

Il était nécessaire de rappeler ces principes pour bien faire comprendre les dispositions pénales des lois anglaises en matière de duel. L'homicide commis en duel ne peut être ni *justifié* ni *excusé*, il est toujours *criminel*; seulement, il n'est pas nécessairement un *murder*. La loi le considère dans certains cas comme un *manslaughter*.

Si, pendant une querelle, deux hommes se battent, et que l'un d'eux tue l'autre, c'est un *manslaughter*. Il en est de même si, la querelle terminée, ils vont se battre en dehors, car c'est une suite, une continuation du même emportement. Et la loi, par égard pour la fragilité humaine, ne considère pas comme également coupables l'acte de l'emportement et l'acte réfléchi. Mais s'il se passe assez de temps pour que la colère se refroidisse, pour que la raison s'interpose; si la personne provoquée tue ensuite l'offenseur, l'homicide devient une vengeance préméditée. Ce n'est plus un *manslaughter*, c'est un *murder*.

Ainsi, tout duelliste qui, le lendemain de la dispute, et le jour même, s'il est prouvé qu'il était calme et de sangfroid, a le malheur de tuer son adversaire, est un meurtrier et doit être puni comme tel. Quant aux témoins, ils deviennent *complices* du crime aux yeux de la loi, et subissent le châtiment infligé à *l'auteur principal*.

Et qu'on ne croie pas que les jurés et les juges reculent, en Angleterre, devant l'application de ces dispositions sévères de la loi pénale. Parmi tous les exemples que nous pourrions citer, nous choisissons de préférence le célèbre procès du major Alexandre Campbell, jugé, en 1808, aux assises d'Armagh, pour meurtre commis en duel sur la personne du capitaine Alexandre Boyd.

Le 23 juin 1808, le 21° régiment d'infanterie, alors en garnison dans le comté d'Armagh (Irlande), avait été passé en revue par le général Kerr. Après le dîner qui suivit la revue, une conversation s'engagea entre plusieurs officiers, au nombre desquels se trouvaient les capitaines Boyd et Campbell.

— Jusqu'à ce jour, disait ce dernier à ses camarades, j'avais commis en commandant une faute grossière, le général Kerr m'a donné une leçon dont je profiterai. Et le capitaine Campbell expliqua alors quelle différence il y avait entre son commandement et celui du général.

— Ils ne valent pas mieux l'un que l'autre, observa le capitaine Boyd, car ils sont tous deux contraires à l'ordre du roi.

— Cela est possible, répondit le capitaine Campbell, mais je crois que le général a raison.

La conversation continua quelques minutes sur ce ton ; enfin, la capitaine Boyd, impatienté, s'écria : Je sais cela aussi bien que personne.

— J'en doute, dit son interlocuteur.

— Je vous répète que je le sais mieux que personne.

— Capitaine Boyd, soutenez-vous que j'ai tort ?

— Je soutiens que j'ai raison, d'après l'ordre du roi.

Ces paroles échangées, le capitaine Campbell partit aussitôt sans ajouter une seul mot, et le capitaine Boyd le suivit avec quelques amis. Vingt minutes après environ, une détonnation d'armes à feu se fit entendre dans une petite chambre voisine de la salle à manger où s'était passé la dispute. On s'empressa d'accourir, et on trouva le capitaine Boyd assis dans un fauteuil, mortellement blessé et vomissant le sang. Sa main droite tenait encore un pistolet désarmé. Deux chandelles, placées aux deux coins de la chambre, avaient éclairé ce combat sans témoins.

— Boyd, demanda le capitaine Campbell, déclarez en présence de ces messieurs (un chirurgien et deux lieutenants) si tout ne s'est pas bien passé.

— Oh ! non, Campbell, répondit celui-ci, vous m'avez pressé, je voulais attendre et avoir mes amis.

— Pour Dieu ! ne me dites-vous pas que vous étiez prêt ? Déclarez-le donc.

— Oui..... Puis, après une longue pause, le capitaine Boyd ajouta : Campbell, vous êtes un méchant homme.

— Je suis un malheureux, mais non pas un méchant..... Me pardonnez-vous ?

— Je vous pardonne, dit le mourant en tendant la main à son adversaire.... J'ai..... pitié..... de vous..... comme.... vous..... avez pitié..... de moi. Ce furent les dernières paroles qu'il prononça. Quelques heures après, il avait cessé de vivre.

— Vous êtes plus heureux que moi, s'écria le capitaine Campbell en se sauvant.

Une année s'était écoulée, et le capitaine Campbell, qui avait échappé à toutes les recherches de la police, habitait Chelsea, sous un faux nom, avec sa famille, lorsque, ne pouvant se décider à vivre plus longtemps dans ce cruel état de crainte et d'incertitude, il se constitua prisonnier et demanda à être jugé. Il comparut, durant l'été de 1808, devant les assises d'Armagh. Quatre ou cinq témoins déposèrent des faits que nous venons de raconter. Malheureusement pour l'accusé, l'un d'eux déclara qu'il avait eu le temps de se calmer pendant l'intervalle de la dispute et du combat; qu'en quittant la salle à manger pour la première fois, il était venu chez lui, et que, sans paraître ni ému, ni troublé, il avait pris une tasse de thé.

Après avoir rappelé et les faits de la cause et les principes de droit criminel exposés au commencement de cet article, le magistrat qui présidait les assises s'exprima en ces termes : « Messieurs les jurés, la provocation consisterait dans ces mots : Je dis que j'ai raison, et dans l'accent avec lequel ils auraient été prononcés. Il vous reste à juger si une telle provocation était suffisante pour faire naître ce sentiment de colère, cet emportement qui, d'après la loi rendrait le prisonnier, ici présent, coupable seulement de *manslaughter*, ou si, une semblable cause ne devant pas nécessairement produire un pareil effet, le prisonnier a commis un *murder*. — Mais, alors même que la provocation vous semblerait suffisante, vous auriez encore à considérer si avant de se battre avec son adversaire, l'offensé n'a pas eu le temps de se calmer, de retrouver l'usage de sa raison, si, en un mot, il a agi dans le moment et sous l'empire de la passion.

« Enfin, Messieurs les jurés, on vous a parlé du *Point d'honneur*. Le Point d'honneur est un principe entièrement faux en lui-même, et qui n'est reconnu ni par la loi, ni par la morale. Mais cependant, il exerce une telle influence dans notre société, et ceux qui le foulent aux pieds, surtout s'ils appartiennent à l'armée, peuvent en être si cruellement punis, qu'en général il est pris en considération par le jury et regardé comme une circonstance atténuante. Ne vous méprenez point, Messieurs, sur le sens de mes paroles. Je ne veux pas justifier le duel; je recherche seulement les cas dans lesquels il vous est permis d'user d'indulgence, et de ne pas vous conformer entièrement à la lettre et à l'esprit de la loi. Mais, ne l'oubliez pas, pour que le Point d'honneur devienne une circonstance atténuante, il faut : 1° que la provocation ait été grave; 2° que le contrat de duel ait été parfait des deux côtés, c'est-à-dire que chacun des adversaires ait volontairement et librement consenti à exposer sa vie; 3° qu'il y ait eu pour eux nécessité de proposer et d'accepter le combat; que le déshonneur aux yeux de la société ait dû être la conséquence nécessaire, inévitable d'un refus.

« Messieurs les jurés, vous pèserez toutes ces considérations. »

Après une demi-heure de délibération, le jury déclara l'accusé *guilty of murder*, mais il le recommanda à l'indulgence du roi.

Le capitaine Campbell fut immédiatement condamné à être pendu. L'exécution, aux termes de la loi, devait avoir lieu le lundi suivant, mais la recommandation du jury fit obtenir un sursis de deux jours. Le capitaine Campbell était cousin du comte de Breadalban; il avait de nombreux et puissants amis. Le grand jury du comté, les jurés qui l'avaient condamné présentèrent des pétitions en sa faveur au lord lieutenant de Dublin.

Dès que le verdict fut rendu, mistriss Campbell partit en poste pour Dublin. Le paquebot venait de mettre à la voile; elle traversa dans un petit bateau le bras de mer qui sépare l'Irlande de l'Angleterre, et débarqua heureusement à

Holyhead. Vingt-huit heures après, elle arrivait à Londres. Sans perdre une minute, elle courut à Windsor, obtint une entrevue de la reine, se jeta à ses genoux, aux genoux des princesses, les supplia en pleurant d'intercéder pour son mari, dont elle rappela les services passés. De Windsor elle courut à Brighton, et sur ses sollicitations le prince de Galles écrivit au duc de Portland... Tout fut inutile.

Le sursis expirait le 23 août; ce jour même arriva à Armagh un ordre d'exécution pour le lendemain. Lorsque le capitaine Campbell apprit qu'il ne lui restait plus d'espérance de pardon, il demanda à être fusillé, mais comme la sentence de la Cour portait qu'il serait pendu, cette faveur lui fut refusée. A l'heure de l'exécution, une foule nombreuse se pressait autour de l'échafaud, et de tous les côtés on entendait des gémissements et des sanglots..... Le condamné seul paraissait calme et résigné.... car le bourreau lui-même sentit ses yeux se remplir de larmes et tremblait de tous ses membres quand *il le lança dans l'éternité.* — Adolphe JOANNE, avocat. — *(Le Droit.)*

Le jeune hussard provoqué par quatre grenadiers de la garde consulaire. — Le duel. — Le jeune hussard vainqueur. — L'ovation.

— La place Beauveau, en 1801, au rapport de M. d'Almbert, était une sorte de plaine effondrée au milieu de laquelle les voitures et les piétons passaient avec difficulté. Quand les pluies avaient détrempé le sol et liquéfié la boue perfide qui comblait les ornières, la place Beauveau se trouvait semée de piéges auxquels on n'échappait qu'en déployant de l'agilité et de l'habitude. De prudents habitants du faubourg du Roule avaient fait dresser une carte sur laquelle se trouvaient les sentiers praticables.

Dans la mauvaise saison, ce cloaque offrait de nombreux obstacles au passant désireux de conserver sa chaussure immaculée; aussi, à la fin du mois de novembre, après deux journées de pluies torrentielles, un petit jeune homme qui descendait le faubourg en se dirigeant vers les boulevards, prenait des précautions infinies pour éviter les dangers qu'offrait ce détroit dangereux.

Ce jeune homme ou plutôt cet enfant, était de très petite taille, mince et grêle comme tout adolescent dont les proportions ne sont pas encore formées; sa figure imberbe, blanche et souriante, l'eût volontiers fait prendre pour une jeune fille courant les aventures sous un déguisement; il était vêtu en hussard; ses tresses nattées, sa pelisse, son dolman, le rendaient gentil à croquer.

Il allait sautillant d'une pierre à l'autre, prenant son élan pour franchir un ruisseau, s'arrêtant tout à coup pour chercher une place sèche où il sautait en bondissant; il accomplissait fort bien cette gymnastique et il y déployait une grande souplesse, quand son attention fut troublée par de bruyants éclats de rire.

Quatre grenadiers de la garde consulaire, poursuit M. d'Almbert, le regardaient en se tenant les côtes. C'était bien lui qui excitait leur hilarité.

Quoique mécontent de voir rire à ses dépens, le petit jeune homme continuait sa route, lorsque les grenadiers l'entreprirent directement.

— En voilà un qui a un ressort de montre dans les jambes pour aller toujours..... — Monsieur..... prends garde à ce trou ; il a six pouces de profondeur, tu pourrais t'y noyer. — Taisez-vous donc, vous autres, vous ne voyez pas que c'est une femme ! Vous ne savez pas parler au sexe..... Mam'zelle, nous allons à la barrière boire du vin très fameux ; voulez-vous venir dans notre compagnie pour charmer notre société ?

— Eh non ! c'est un petit qui se sauve de chez son papa pour faire l'école buissonnière..... Veux-tu retourner bien vite à la maison, moutard !

L'enfant s'était arrêté moitié étonné, moitié furieux : — Pourquoi vous en prenez-vous à moi ? demanda-t-il. — Tiens ! parce que tu nous amuses. — Je ne vous dis rien, laissez-moi passer mon chemin. — Non pas sans avoir causé. — Eh bien ! que voulez-vous ? — Voyons..... dis, là, bien franchement, es-tu une demoiselle ? — Camarades, vous voulez vous moquer de moi.

— Oh ! il nous appelle ses camarades..... Parce que sa maman lui a mis un habit militaire pour le rendre plus mirliflor, le petit se croit soldat !.... Qu'est-ce que c'est que cet uniforme de fantaisie que tu portes là ? — Ce n'est pas un uniforme de fantaisie, c'est celui de mon régiment.

Ah çà ! est-ce que tu voudrais nous faire croire que tu es militaire ?.... nous n'avalons pas de gourdes comme ça.... Retourne à l'école, gamin ! — Je suis bien jeune, il est vrai ; je n'ai que treize ans ; malgré cela je suis cavalier au premier régiment de hussards. — Beau régiment, s'il est composé de criquets de ton échantillon ! — Beau régiment et bon régiment, dont le dernier homme vaut mieux que les grenadiers malhonnêtes.

— M'sieu qui se fâche. — Vous me tourmentez. — Tu te fâche contre tes anciens, et tu te dis vraiment troupier !.... Ça ne peut pas se passer comme ça. — Que voulez-vous encore ? — Il faut nous fournir la preuve que tu es enrégimenté dans un corps de braves..... Tu vas t'aligner.

— Vous voulez me faire battre ? — Oui, il est nécessaire de se rafraîchir d'un coup de sabre. — Comme vous voudrez, d'autant plus que vous êtes là tous les quatre à m'insulter d'une façon qui ne me convient pas.

— Tu es susceptible ? cette vertu guerrière te relève dans mon esprit ; je t'en tiendrai quitte pour un coup de manchette, foi de maître d'armes !

— Ne faites pas tant le bourreau des crânes, je sais manier une latte. — C'est ce que nous allons voir. — Quand ? — Tout de suite. La localité est bonne, dégaînons et en avant.

Le bruit de cette altercation avait amené un certain nombre de spectateurs ; les passants s'étaient arrêtés, les boutiquiers étaient venus jusque sur le seuil de leurs magasins, les voisins s'étaient mis aux fenêtres, les badauds, dont Paris fourmille, accouraient de toutes parts et formaient un cercle qui allait en grossissant.

Le petit hussard et l'un des grenadiers ôtèrent leur habit et mirent le sabre à la main. Dès les premières bottes, le grenadier s'aperçut qu'il n'avait pas affaire à un novice ; mais comme il était maître d'armes et qu'il avait annoncé un coup de manchette, il menaça obstinément le poignet de son adversaire, ce qui finit par lui valoir un coup de pointe dans la région du cœur, dont il mourut sur-le-champ.

Le petit hussard se reposa sur son arme comme un homme qui n'a pas fini.— Les grenadiers retournèrent le corps de leur camarade; voyant qu'il était bien mort, l'un d'eux dit à son vainqueur :

— Tu as fait un beau coup! tu viens de tuer la fleur de l'armée française..... mais tu t'es bien conduit, il n'y a rien à dire..... va-t-en. — Je ne cède pas la place aussi facilement que vous le pensez; vous m'avez insulté tous les quatre, je vous passerai tous les quatre en revue; nous sommes comme cela dans la cavalerie ! — Tu en veux encore? — Oui. — Eh bien! attends, je vais venger notre pauvre Claret!—Et le grenadier se prépara en un tour de main. Un nouveau combat commença.

Cette fois, l'assaillant ne ménagea ni l'âge, ni la faiblesse de son adversaire. Les coups pleuvaient drus comme grêle, terribles comme l'ouragan. Mais le petit hussard parait avec beaucoup de sangfroid, se ménageait en homme qui sait avoir besoin de réserver ses forces; puis, trouvant un jour convenable, il décousit fort proprement le ventre du second grenadier, qui tomba sur la terre en cherchant à retenir ses entrailles qui s'épendaient autour de lui.

La foule fit entendre un murmure flatteur. — Très bien! très bien! dit la voix encourageante de quelques amateurs charmés. — A un autre! cria le petit hussard de sa voix enfantine.

Le troisième grenadier s'avança; c'était un colosse. En allongeant le bras, il empêchait le petit hussard de l'approcher et se mettait hors de portée; il abusait véritablement de sa taille. Le pauvre enfant, qui combattait avec courage, faisait de vaines tentatives pour joindre le géant dont un geste le repoussait. Cependant, il savait toujours échapper au tranchant du sabre, il évitait le fer qui frôlait son corps, il épuisait le pesant grenadier en le forçant de tourner sur lui-même, en l'attaquant de tous les côtés à la fois, en l'obligeant à faire face aux quatre points cardinaux.

Et quand le grenadier, tout haletant, sentit son bras s'affaiblir, le petit hussard s'élança tout-à-coup et l'abattit d'un coup de revers. — Et de trois..... Voyons le dernier!.... s'écria-t-il en l'envoyant rejoindre ses camarades.

Les spectateurs ne purent retenir leurs bravos. On applaudit le jeune vainqueur comme un acteur qui vient de jouer une scène difficile et qui s'est acquitté de son rôle à la parfaite satisfaction du public. On le comblait de louanges, on exaltait ses qualités. on l'encourageait sincèrement.

Aussi le quatrième grenadier de la garde consulaire, le seul survivant, s'avança-t-il à regret, comme s'il prévoyait le sort qui l'attendait. En effet, ses pressentiments ne le trompaient pas; il eut à peine le temps de se mettre en garde, le petit hussard lui fendit la tête jusqu'aux épaules.

Alors, ce furent des cris de joie et de triomphe, comme si la foule assemblée avait participé à la quadruple victoire si brillamment remportée autrement que par ses vœux et par ses secrets encouragements. On entoura le petit hussard, on l'embrassa à tour de rôle, on l'étouffa de baisers et de caresses, et comme ce n'était pas asssz encore, on résolut, malgré sa résistance, de le promener dans toute la ville et de l'offrir à l'admiration des Parisiens.

La nuit se faisait, on alluma des torches, on hissa de force le jeune vainqueur sur un siége que ses admirateurs fanatiques portaient sur leurs épaules, et le cortége commença une marche triomphale qui se prolongea bien avant dans la soirée. Les boulevards, les principales rues, les quais furent parcourus tour à tour.

Quand on demandait le motif de cette ovation insolite, on obtenait pour réponse :

— Ce petit vient de tuer en duel quatre grenadiers de la garde consulaire.

Et l'on comprenait qu'un pareil haut fait méritait bien tous les honneurs qui lui étaient rendus. Tuer quatre grenadiers! mais c'était charmant, et le petit hussard était un bien adorable enfant. Il promettait beaucoup.

Chaque passant se joignait au cortége et ajoutait sa louange aux louanges de tous; les femmes jetaient des fleurs et des écharpes; les hommes, briguant une amitié aussi illustre, se confondaient en protestations et en offres de services. Toutes les têtes tournaient en y songeant : quatre grenadiers!

La modestie du petit hussard le faisait véritablement souffrir de ces hommages auxquels il eût voulu se dérober.

Mais ce n'était point fini encore, il dut subir bien d'autres pompes : son régiment lui donna une fête; les maîtres d'armes offrirent un banquet; on le convia à un bal, par souscription, arrangé en son honneur. Enfin, il fut pendant plusieurs mois le héros, le lion de la mode; on le citait orgueilleusement, et les mères le désignaient à leurs fils comme un exemple qu'il fallait suivre, comme un modèle digne d'être imité.

Heureusement ces extravagances ne tournèrent pas la tête du jeune duelliste; il avait une bravoure trop réelle pour ne pas l'appliquer mieux que dans des querelles individuelles. C'est sur le champ de bataille qu'il continua de s'illustrer.

Le petit hussard n'est autre que le général Trobriant, dont le nom est mêlé à toutes nos campagnes, à toutes nos conquêtes. Et le général a cependant conservé le feu qui l'animait en 1801; car après avoir été mis à la retraite, ne pouvant se condamner encore à l'inaction, il a renoncé à son grade, à ses dignités, à toutes les distinctions que lui a valu sa vaillance et dont il ne voulait pas jouir pacifiquement. Puis, il est parti pour la Sicile, où l'on se battait, avec la ferme intention de recommencer sa carrière et de donner de ces beaux coups de sabres qu'il sait si bien appliquer. — Alfred d'ALMBERT.

Duel remarquable de l'époque de la Restauration, entre M. de C***, officier d'un régiment de chasseurs, et M. V***, de Carcassonne.

Le duel militaire le plus remarquable de toute l'époque de la Restauration, et qui, nous le pensons, n'a été publié dans aucun journal, c'est celui qui eut lieu en 1823, entre M. de C***, officier d'un régiment de chasseurs, en garnison à Hesdin (Pas-de-Calais), et M. V***, de Carcassonne.

Pendant un séjour de son régiment dans cette dernière ville, M. de C*** avait fait connaissance de la demoiselle V***, et il paraissait la rechercher en mariage. Les relations devinrent si intimes entr'eux, que la demoiselle V*** dut bientôt s'attendre à être mère. Le régiment quitta alors Carcassonne pour venir tenir garnison à Hesdin. M. de C*** aurait de nouveau promis à la demoiselle V*** de l'épouser et de solliciter, à cet effet, le consentement de sa famille. La conclusion se faisant attendre, le frère de la demoiselle V***, ancien sous-officier de génie, se rendit à Paris, où se trouvait M. de C*** pour obtenir une explication catégorique. Un premier rendez-vous aurait même été assigné au bois de Boulogne, pour se battre, mais sur la promesse expressément renouvelée par M. de C*** de faire ses diligences pour épouser la demoiselle V***dans un délai fixé, le combat n'aurait pas eu lieu.

Le délai expiré, M. V***, de Carcassonne, fut à Hesdin, accompagné de sa mère et de sa sœur, pour sommer M. de C*** de tenir sa parole; n'en ayant pas reçu de réponse satisfaisante, il le provoqua en duel, et le lieu du rendez-vous fut assigné pour le lendemain, sur les glacis de la ville. M. V*** en prévint le colonel et obtint son autorisation; il en prévint également le maire et le commandant de la ville. A l'heure fixée pour le combat, plus de 1,200 personnes se trouvèrent réunies pour en être spectateurs. On avait pris la précaution de consigner le régiment aux portes.

Arrivés sur le terrain, M. V*** somma de nouveau, mais inutilement, M. de C*** de tenir sa promesse, en le prévenant que sa force était telle sur les armes, qu'il était à peu près certain de le tuer du premier coup. Il lui fit même observer que l'épée lui offrirait plus de chance que le pistolet, arme convenue entre eux. Mais son adversaire qui, depuis l'entrevue de Paris, n'avait cessé de s'exercer au tir de cette arme, déclara s'en tenir au choix primitivement fait.

M. de C*** fut désigné par le sort pour tirer le premier, et sa balle rasa la tête de M. V***; celui-ci tira, à son tour, et atteignit au milieu du front son adversaire, qui tomba raide mort.

Scènes du moyen-âge. — Le chien de Montargis. — Jugement de Dieu au XIV siècle. — Combat du chevalier Macaire et du chien de Montargis. — Résultat.

Il n'est aucune chose au monde dont l'existence n'ait été contestée, au moins une fois, et ne fût-ce que par une seule personne. Certains philosophes nient la matière; d'autres nient l'esprit; d'autres se nient eux-mêmes; il n'est donc pas surprenant que des critiques, d'ailleurs très instruits, aient nié successivement la plupart des grands personnages ou des grands événements historiques. Résumant tous les doutes émis seulement depuis trois cents ans, on trouve qu'il n'est pas une des traditions historiques un peu anciennes qui puisse être complétement prouvée et à l'abri de toute contestation. Cependant, si douter est souvent une nécessité, dans des limites raisonnables, croire est un besoin : le scepticisme absolu mène à l'égoïsme, à la mort intellectuelle, comme une crédulité sans bornes mène à l'esclavage de l'âme et du corps, à l'absurde.

Parmi les faits peu importants de notre histoire qui ont été hautement relégués au nombre des contes, nous remarquons le combat du chien de Montargis.

A quoi bon mettre en question cette sorte de jugement de Dieu ? Nous l'ignorons. Il ne nous paraît point nécessaire de nous prononcer pour l'affirmative ou la négative : inventée ou réelle, l'anecdote est curieuse. En l'arrangeant pour les almanachs et les théâtres, on l'a quelque peu altérée ; nous la transcrivons telle que le bénédictin Bernard de Montfaucon l'a extraite du *Théâtre d'honneur et de chevalerie*, de La Colombière.

« Il y avait un gentilhomme que quelques-uns qualifient avoir été archer des gardes du roi Charles V, et que je crois devoir plutôt qualifier de gentilhomme ordinaire, ou courtisan, pour ce que l'histoire latine, dont j'ai tiré ceci, le nomme *Aulicus*; c'était, suivant quelques historiens, le chevalier Macaire, lequel étant envieux de la faveur que le roi portait à un de ses compagnons, nommé Aubry de Montdidier, l'épia si souvent qu'enfin il l'attrapa dans la forêt de Bondy, accompagné seulement de son chien (que quelques historiens, et nommément le sieur d'Audiguier, disent avoir été un lévrier d'attache), et trouvant l'occasion favorable pour contenter sa malheureuse envie, le tua, et puis l'enterra dans la forêt, et se sauva après le coup, et revint à la cour tenir bonne mine. Le chien, de son côté, ne bougea jamais de dessus la fosse où son maître avait été mis, jusqu'à ce que la rage de la faim le contraignit de venir à Paris, où le roi était, demander du pain aux amis de son feu maître, et puis, tout incontinent, s'en retournait au lieu où le misérable assassin l'avait enterré ; et continuant assez souvent cette façon de faire, quelques-uns de ceux qui le virent aller et venir tout seul, hurlant et plaignant, et semblant, par des abois extraordinaires, vouloir découvrir sa douleur et déclarer le malheur de son maître, le suivirent dans la forêt, et observant exactement tout ce qu'il faisait, virent qu'il s'arrêtait sur un lieu où la terre avait été fraîchement remuée ; ce qui les ayant obligé d'y faire fouiller, ils y trouvèrent le corps mort, lequel ils honorèrent d'une plus digne sépulture, sans pouvoir découvrir l'auteur d'un si exécrable meurtre.

« Comme donc ce pauvre chien était demeuré à quelqu'un des parents du défunt, et qu'il le suivait, il aperçut fortuitement le meurtrier de son premier maître, et l'ayant choisi au milieu de tous les autres gentilshommes ou archers, l'attaqua avec une grande violence, lui sauta au collet, et fit tout ce qu'il put pour le mordre et pour l'étrangler. On le bat, on le chasse, il revient toujours ; et comme on l'empêche d'approcher, il se tourmente et aboie de loin, adressant les menaces du côté qu'il sent que s'est sauvé l'assassin. Et comme il continuait ses assauts toutes les fois qu'il rencontrait cet homme, on commença de soupçonner quelque chose du fait, d'autant que ce pauvre chien n'en voulait qu'au meurtrier, et ne cessait de lui courir sus pour en tirer vengeance.

« Le roi étant averti par quelques-uns des siens de l'obstination du chien, qui avait été reconnu appartenir au gentilhomme qu'on avait trouvé enterré et meurtri misérablement, voulut voir les mouvements de cette pauvre bête ; l'ayant donc fait venir devant lui, il commanda que le gentilhomme soupçonné se cachât au milieu de tous les assistants, qui étaient en grand nombre. Alors le chien, avec sa furie accoutumée, alla choisir son homme entre tous les autres ; et comme s'il se fût senti assisté par la présence du roi, il se jeta plus furieusement sur lui, et par un pitoyable aboi, il semblait crier vengeance et demander justice à ce sage prince. Il l'obtint aussi ; car ce cas ayant paru merveilleux et étrange, joint avec quelques autres indices, le roi fit venir devant soi le gentilhomme, et l'interrogea et pressa assez publiquement pour apprendre la vérité de ce que le bruit commun et les attaques et aboiements de ce chien (qui étaient comme autant d'accusations) lui mettaient sus ; mais la honte et la crainte de mourir par un supplice honteux, rendirent tellement obstiné et ferme le criminel dans la négative, qu'enfin le roi fut contraint d'ordonner que la plainte du chien et la négative du gentilhomme se termineraient par un *combat singulier* entre eux deux, par le moyen duquel Dieu permettrait que la vérité fût reconnue. Ensuite de quoi, ils furent tous deux mis dans le camp, comme deux champions, en présence du roi et de toute la cour, le gentilhomme armé d'un gros et pesant bâton, et le chien avec ses armes naturelles, ayant seulement un tonneau percé pour sa retraite, pour faire ses relancements.

« Aussitôt que le chien fut lâché, il n'attendit pas que son ennemi vînt à lui ; il savait que c'était au demandeur d'attaquer ; mais le bâton du gentilhomme était assez fort pour l'assommer d'un seul coup ; ce qui l'obligea à courir çà et là à l'entour de lui, pour en éviter la pesante chute ; mais enfin, tournant tantôt d'un côté, tantôt de l'autre, il prit si bien son temps, que finalement il se jeta d'un plein saut à la gorge de son ennemi, et s'y attacha si bien qu'il le renversa parmi le camp, et le contraignit à crier miséricorde et supplier le roi qu'on lui ôtât cette bête, et qu'il dirait tout. Sur quoi, les escortes du camp retirèrent le chien, et les juges s'étant approchés par le commandement du roi, il confessa devant tous qu'il avait tué son compagnon, sans qu'il y eût personnne qui l'eût pu voir que ce chien, duquel il se confessait vaincu.....

« L'histoire de ce chien, outre les honorables vestiges peintes de sa victoire qui paraissent encore à Montargis, a été recommandée à la postérité par plusieurs auteurs, et singulièrement par Julius Scaliger.

« Ce duel, ajoute Montfaucon, se fit l'an 1371, dans l'île Notre-Dame. Le meurtrier était réellement le chevalier Macaire, et la victime s'appelait Aubry de Montdidier. Macaire fut envoyé au gibet, suivant des Mémoires envoyés de Montargis. »

Duel entre le chevalier Bayard et Soto-Mayor. — La garnison de Monervine. — Le combat. — Une félonie. — Le Point d'honneur. — Les cartels. — Le duel. — Résultat.

Pendant les guerres d'Italie, c'était le 23 février 1503, que la compagnie de Bayard, en garnison à Monervine se rendait de bonne heure sur la place d'armes de cette ville. Elle formait en tout une troupe de trente gentilshommes déterminés et d'élite. Jamais plus vaillante caravane n'avait été, sur les grands chemins, rechercher l'occasion d'acquérir de l'honneur. Bayard ne se fit point attendre ; il parut bientôt monté sur un superbe genet couleur bai, revêtu d'une armure blanche qu'il avait adoptée par modestie, disent les chroniqueurs ou, selon nous, pour mieux être distingué au milieu de l'action. Les fanfares résonnèrent, la herse fut baissée, et la cavalcade, armée de pied en cap, défila sous le mâchicoulis et se répandit, au petit trot, dans le vallon qui s'étend onduleux au pied de la place de Monervine.

Le jour commençait à pointer ses rayons prismatiques sur les brillantes armures des hommes d'armes de Bayard ; la brise, légèrement éveillée, faisait flotter les lambrequins au sommet des casques, et le pas cadencé des chevaux, sur le gravier, formait une harmonie toujours agréable à l'oreille des cavaliers en campagne. C'était, ma foi ! un spectacle digne d'être vu, que cette petite masse de corselets reluisants, serrée, compacte, au haut de laquelle se balançait la banderole de Bayard, portée par son neveu Pierrepont.

C'était à envier, que la joie de ces trente gentilshommes, tous jeunes et beaux, tous vaillants et déjà vieux de renommée, qui allaient demandant à Dieu de leur envoyer une bonne rencontre. Comme leurs cœurs leur battaient d'aise et de désir ! Depuis si longtemps ils n'avaient eu bonne fête, c'est-à-dire un combat ! Mais combien surtout ils étaient orgueilleux de se voir conduits par un capitaine le plus brave du monde ; par un preux qui, à l'âge de vingt-sept ans, avait déjà effacé toutes les réputations chevaleresques de ce temps.

Ce jour-là même, et dans le même dessein, un officier espagnol, proche parent du grand capitaine Gonzalve de Cordoue, nommé Alonzo Soto-Mayor, brave et expérimenté capitaine, était sorti de la ville d'Andres pour aller chercher les Français, à la tête de quarante ou cinquante gentilshommes d'élite. Il serait difficile de juger lequel eut plus de plaisir de lui ou de Bayard, quand ils se découvrirent, à la portée d'un canon, et qu'ils virent que leur nombre était à peu près égal.

Dès que le chevalier eut reconnu les Espagnols à leurs croix rouges :

— Halte ! mes compaings, cria Bayard d'une voix émue par le contentement. Les croix rouges viennent à nous. Dieu nous exauce. Chevaliers, ce que vous désiriez tant, le voilà ! Il y a ici de l'honneur à acquérir ; que chacun de vous fasse son devoir de gentilhomme. Si vous me voyez faillir devant le mien, tenez-moi pour un homme sans cœur.

— Chargons ! chargeons ! répondit la compagnie électrisée.

— Ne leur donnons pas l'honneur de nous attaquer les premiers, repartit Bayard. France ! France ! — France ! France ! répéta la troupe.

Et prenant le galop, la visière baissée et la lance en arrêt, les chevaliers fondirent sur la troupe espagnole qui, de son côté, se mit à crier : Espagne ! San-Jago ! Espagne ! et à pointe de cheval les reçut vigoureusement.

Dès le premier choc, un bon nombre de cavaliers furent renversés de part et d'autre. Les coups avaient été si violents, que leurs camarades eurent bien de la peine à les remonter. — L'affaire ayant duré environ une demi-heure indécise, et chacun voulant en avoir la gloire, la seconde attaque fut, de côté et d'autre, plus rude que la première.

— Allons, camarades, à la rescousse ! criait Bayard du sein de la mêlée. — Bayard ! Bayard ! répondait la troupe en ravivant ses forces et redoublant l'attaque.

Le combat durait depuis près d'une heure, et la victoire paraissait indécise.

— Comment, mes chevaliers ! s'écria le preux Bayard, voilà bien une heure que nous combattons, et nous n'avons pas vaincu ! Imitez mon exemple.

Jetant son épée, il prit sa lourde hache à deux tranchants et se mit à férir de si rudes coups, qu'il n'était pas d'armure capable de lui résister. Ses chevaliers en firent autant et se ruèrent de rechef sur leurs adversaires.

Cette dernière attaque décida de la victoire. Les Espagnols, harrassés et mutilés, furent enfin rompus. Bon nombre resta sur la place, sept furent faits prisonniers, le reste prit la fuite. Le commandant Soto-Mayor, après s'être battu comme un lion, voyant que sa troupe était déconfite, tâcha de gagner les champs. Mais Bayard l'avait distingué durant le combat et s'était attaché à ses pas. Soto-Mayor franchit un large fossé. Bayard le franchit aussi, et poursuivit l'Espagnol, la hache sur la tête.

—Tourne, tourne, chevalier! lui criait-il; ne te laisse pas tuer par derrière!....

Soto-Mayor préférant la défense à une mort honteuse, se retourna et fondit sur Bayard. Dans un instant, ils se furent portés plus de cinquante coups. Si l'attaque était violente, la défense était rapide. On ne sait trop qui de ces deux braves guerriers aurait succombé, si le cheval de Soto-Mayor, rendu de lassitude, ne s'était abattu en entraînant l'Espagnol.

—Rends-toi, homme d'armes, ou tu es mort! lui dit le chevalier. — A qui? — Au capitaine Bayard. — Voilà mon arme! Je ne la rends qu'au meilleur chevalier de la chrétienté.

Bayard fit sonner la retraite. Toute sa troupe se réunit autour de lui et reprit le chemin de Monervine. Quoique l'action eût été des plus chaudes, les Français n'eurent à pleurer la mort d'aucun de leur camarades. Cinq à six seulement étaient blessés; mais les blessures n'étant point dangereuses, tous les chevaliers se livraient sans trouble à la joie du triomphe.

Arrivés à la garnison, Bayard fit venir Alonzo de Soto-Mayor et lui dit : — Seigneur don Alonzo, je suis informé de votre naissance, vous êtes le proche parent du grand Gonzalve, que nous admirons tous, quoiqu'il soit notre ennemi. C'est un titre puissant. Mais un autre, qui vous est personnel, me fait vous estimer davantage, vous êtes brave homme d'armes et vaillant officier. Je ne vous traiterai point en prisonnier.

— Je vous savais plein de valeur, capitaine; pour être accompli, il ne vous manquait plus que d'être magnanime, répondit le Castillan avec émotion.

— Je suis chevalier et chrétien, repliqua Bayard. Quand on porte ces deux noms, on doit être humain, sinon généreux. Ici, vous n'éprouverez aucune contrainte; dès à présent, considérez-vous comme dans la forteresse que vous commandiez. Le château est grand et agréable, je vous le donne pour prison. Il est habité par une fort bonne compagnie, elle se fera un honneur de recevoir vos visites. Mais avant, promettez-moi, foi de gentilhomme, que vous ne sortirez point des remparts sans mon congé.

— Capitaine, merci de votre offre gracieuse. Je vous jure, foi de chevalier espagnol, que je ne sortirai jamais d'ici sans votre permission.

— Jamais, c'est long, reprit Bayard en souriant; ce sera, messire, quand vous voudrez, c'est-à-dire quand vous aurez traité de votre rançon, pour laquelle je vous promets que vous me trouverez de bonne composition.

Sur cela, Bayard ordonna à ses valets d'installer son prisonnier dans le plus bel appartement du château, de lui porter des habits, du linge et tout ce qui pouvait lui être nécessaire.

Le lendemain, le prix de la rançon fut convenu et fixé, entre Bayard et Soto-Mayor, à mille ducats.

Mais, après quinze jours de captivité, pendant lesquels Bayard n'avait cessé d'avoir pour son prisonnier les attentions les plus délicates, l'Espagnol, profitant ou plutôt abusant de la liberté qu'on lui avait laissée sur parole, gagna un soldat de la garnison et s'enfuit avec lui du côté d'Andres, ville occupée par l'armée espagnole. Bayard s'aperçut de cette évasion, et, avant qu'Alonzo eût eu le temps d'arriver auprès des siens, il fut rejoint et ramené par les cavaliers que le chevalier français avait envoyé à sa poursuite. Celui-ci témoigna à l'Espagnol toute l'indignation que lui inspirait un pareil manque de foi, et, ne pouvant plus désormais se fier à sa parole, il le fit enfermer dans une tour du château; mais, du reste, il continua à le traiter avec tous les égards que pouvait attendre un homme de sa condition.

Quelques jours après, arriva un trompette, accompagné d'un valet d'Alonzo, qui apportait la rançon convenue. Bayard la distribua sur-le-champ à la garnison, et rendit la liberté à Soto-Mayor. De retour auprès des siens, l'Espagnol se plaignit d'avoir été maltraité par Bayard, voulant sans doute excuser par là son manque de foi au chevalier français, et expliquer ainsi le motif qui l'avait engagé à s'échapper. Ces paroles furent rapportées à Bayard; celui-ci, outré de la mauvaise foi d'un homme qu'il avait comblé d'égards, fit appeler Du Fay, qui lui servait de secrétaire.

— Du Fay, lui dit-il, c'est un cartel que j'ai à vous dicter. Montons à ma chambre. Eh bien! tu rechignes? Ah! je te comprends, tu préférerais le porter au bout de ta lance ou de ta dague de chevalier, plutôt qu'au bout de ta plume de clerc.

La lettre fut dictée. Nous la rapportons textuellement :

« Don Alonzo, j'ai appris qu'après votre retour de ma prison, vous vous
« êtes plaint de moi, et avez semé parmi vos gens que je ne vous ai pas traité
« en gentilhomme. Vous savez bien le contraire, mais pour ce que si cela était
« vrai, me ferait gros déshonneur, je vous ai bien voulu écrire cette lettre, par
« laquelle vous prie r'habiller autrement vos paroles devant ceux qui les ont
« ouïes, en confessant, comme la raison veut, le bon et honnête traitement
« que je vous ai fait; et en ce faisant, ferez votre honneur et r'habillerez
« le mien, lequel contre raison avez foulé; et où seriez refusant de le faire,
« je vous déclare que je suis délibéré le vous faire dire par combat mortel de
« votre personne à la mienne, soit à pied ou à cheval, ainsi que vous plai-
« ront les armes, et adieu. » — « De Monervine, le 10 juillet 1503. »

Bayard y apposa sa croix, c'est-à-dire sa signature, cacheta la lettre avec le scel de son épée, et envoya le trompette de Chabannes la Palisse la porter à son adresse. Don Alonzo l'ayant reçue, y répondit, par le même trompette, en ces termes : « Seigneur de Bayard, j'ai vu votre lettre, que ce porteur m'a baillée,
« et entre autres choses dites devant icelle, avoir été semé paroles, devant ceux
« de ma nation, que ne m'avez pas traité en gentilhomme, moi étant votre
« prisonnier, et que, si je ne m'en dédis, êtes délibéré de me combattre. Je vous

« déclare que oncques ne me dédis de chose que j'ai dite, et n'êtes pas homme
« pour m'en faire dédire; par quoi du combat que me présentez de vous à
« moi, je l'accepte entre ci et quinze jours, à deux mille de cette ville d'An-
« dres, ou ailleurs que bon vous semblera. »

Quoiqu'il fût bien malade, le chevalier, comme on le pense, accepta le défi,
après en avoir obtenu lapermission du seigneur de la Palisse, lieutenant du
duc de Nemours, vice-roi. Bellamare, son ami et son frère d'armes, fut choisi
pour lui servir de guidon ou de parrain.

Quand le jour eut été fixé pour le combat, don Alonzo écrivit au chevalier
pour le prier d'être demandeur et de trouver bon que lui don Alonzo se portât
défendeur. Cette proposition tendait à se rendre maître du choix des armes et de
la manière de combattre. Bayard consentit à tout ce que désirait l'Espagnol,
disant : *Sur une bonne querelle, peu me chault d'être demandeur ou défendeur.* Devenu maître des conditions, don Alonzo, qui connaissait toute
la supériorité de Bayard à cheval, décida qu'ils combattraient *à pied, armés
de toutes armes, rehaussés d'armet et de bavière, à visage découvert, avec
l'estoc et le poignard.*

Ces propositions faites et accomplies, retardèrent le combat jusqu'à une
heure. Enfin Bayard, accompagné de Chabannes, de Bellamare et de tous ses
compagnons, se trouva au rendez-vous. Son adversaire n'était pas encore
rendu, un trompette fut aussitôt envoyé pour le presser. Don Alonzo sachant
qu'il y était venu à cheval, se récria disant qu'ils avaient convenu de se battre
à pied. La vérité est qu'il doutait que le chevalier, malade et affaibli par la
fièvre, pût accepter le combat à pied.

— Ami, va le hâter, répondit fièrement Bayard à son trompette, qui était
revenu avec cette réponse. Dis-lui que pour si peu de chose, il ne différera
pas à réparer l'injure qu'il ma faite; et si le combat à pied ne lui va pas, je
consens encore qu'il se ravise.

En attendant Soto-Mayor, Bayard fit dresser son camp, qui ne fut que quelques grosses pierres mises les unes sur les autres, et se plaça lui-même à l'un
des deux bouts accompagné de nombre de seigneurs les plus qualifiés, qui tous
faisaient des vœux pour lui.

Cependant, don Alonzo s'avança, de son côté, accompagné des seigneurs de
sa nation. Arrivé sur le champ de bataille, il envoya à Bayard deux estocs
et deux poignards à choisir. Mais celui-ci ne s'amusa point à faire choix, et se
contenta d'être armé comme lui de secrette et de gorgerin.

On procéda alors aux cérémonies en usage dans ces occasions : les deux
champions prêtèrent les serments ordinaires et entrèrent dans le camp, chacun
par un côté opposé. Bayard n'était accompagné que de Bellamare, son parrain,
et du seigneur de la Pallisse pour juge du camp. Alonzo avait pour parrain don
Quignonès, et don Altemèze pour juge du camp.

En le voyant, Bayard se mit à genoux, fit sa prière à haute voix, baisa la
terre et se releva en faisant le signe de la croix; puis, ferme et même audacieux, il marcha droit à son ennemi.

Don Alonzo s'avança vers lui avec la même intrépidité. Ils étaient à trois
pas, que don Alonzo s'écria : — *Seigneur de Bayardo, que me quieres?*

— *Don Alonzo, je quiers défendre, contre toi, mon honneur, dont faussement et mauvaisement m'as accusé*, répondit le chevalier d'une voix assurée.

Alors ils fondirent l'un sur l'autre avec impétuosité. Au premier choc, Bayard blesse son adversaire au visage ; mais ce coup peu dangereux ne fait que redoubler la fureur d'Alonzo. L'Espagnol, plus grand, plus vigoureux en ce moment que Bayard, affaibli par la fièvre, l'observait pour le surprendre en flanc et le saisir au corps ; mais Bayard avait l'œil partout et parait tout. Le combat se prolongeait avec un égal avantage. L'adresse compensait la vigueur, le sang-froid paralysait la force. Les spectateurs tremblaient chacun pour leur champion. Enfin, Bayard, lassé de voir la victoire aussi longtemps indécise, eut recours à l'adresse : il prit le temps où l'Espagnol levait le bras pour le frapper, il leva aussi son épée et la soutint en l'air sans porter aucun coup ; l'épée ennemie étant rabattue sans l'avoir touché, il porta la sienne avec une vitesse merveilleuse, droit au gorgerin et le frappa avec tant de force, que, malgré la bonté de cette armure, il la perça. Le glaive entra de quatre bons doigts dans la gorge de don Alonzo, qui, perdant son sang avec abondance, perdit aussi le peu de sangfroid qui lui restait et devint furieux. Dès-lors, il fit les plus grands efforts pour joindre son homme et le saisir au corps. Bayard parait ses coups et l'évitait si adroitement, que, bien qu'ils fussent assez proche l'un de l'autre pour pouvoir se toucher de la main au visage, il lui donna néanmoins le temps de s'affaiblir par la perte de son sang. Alors, se jetant sur lui à corps perdu, le poignard à la main, il l'embrassa et le serra si puissamment, qu'ils tombèrent tous les deux et se débattirent quelque temps par terre ; mais Bayard porta un dernier coup de poignard si vigoureux à l'Espagnol, entre le nez et l'œil gauche, qu'il le fit entrer jusques dans le cerveau. — Rendez-vous, don Alonzo, ou vous êtes mort !....

Soto-Mayor, étendu sur la poussière, eut garde de répondre. Il était mort. — Don Quignonès, son second, s'en aperçut, et dit à Bayard : *Segnor Bayardo, ja es muerto, vincido aveis*. Et de fait, il ne remua plus. Le chevalier aurait désiré pour tout ce qu'il possédait l'avoir vaincu sans le tuer ; il en ressentit une vive douleur, mais il était trop tard.

Duel entre François Vivonne de La Chataigneraie et Guy-Chabot de Jarnac. — Circonstances curieuses. — Les cartels. — Le roi et toute la cour assistent au combat. — Le coup de Jarnac. — Résultat.

Un fait historique, accompagné de circonstances assez curieuses, introduisit dans la langue française l'expression si connue de *coup de jarnac*, pour désigner une atteinte subite, détournée, imprévue, et contre laquelle on ne songe point à se mettre en garde.

A la cour de François Ier, dont ils avaient tous deux été pages, vivaient François Vivonne de La Chataigneraie et Guy-Chabot, sire de Montlieu et de Jarnac, beau-frère de la duchesse d'Étampes. Tous deux se firent remarquer dans les combats. Mais, durant les loisirs de la paix, Vivonne ne s'exerçait qu'aux armes ; il avait obtenu dans tous les genres d'escrime une telle renommée, que personne n'osait plus le mettre à l'épreuve. Il abusait de cette supériorité. Jarnac annonçait des penchants plus doux ; il se distinguait par des manières polies et une galanterie délicate, qui annonçaient plutôt l'aimable courtisan que l'intrépide guerrier. Il n'était pas riche, et tenait cependant un grand état à la Cour. La Chataigneraie désira savoir d'où son ami tirait l'opulence dont il faisait parade. Jarnac lui avoua que c'était sa belle-mère, qui avait pour lui une tendresse plus que filiale. La Chataigneraie rapporte cette réponse au dauphin Henri II, dont il était le favori, et Henri II la communiqua à Diane de Poitiers, qui rivalisait avec la duchesse d'Étampes. Ainsi colportées et commentées avec des intentions malignes, les paroles sans importance de Jarnac se changèrent bientôt en une indiscrétion injurieuse pour l'honneur de sa belle-mère et pour le sien. Ce bavardage scandaleux, après avoir occupé la Cour, vint retentir jusque dans le château où vivait le baron de Jarnac. Rempli d'indignation, il mande son fils. Le jeune Jarnac se jette aux pieds de son père et désavoue avec tant de force le crime dont on l'accuse, qu'il dissipe bientôt les soupçons si funestes à l'honneur de sa famille. Le baron de Jarnac et son fils brûlent de venger leur outrage, et partent pour la Cour. François Ier était à Compiègne. L'offense faite à l'un de ses vieux compagnons lui paraît demander une réparation éclatante. Il permet au jeune Jarnac de déclarer, en présence de toute la Cour, que quiconque a dit qu'il entretenait des relations criminelles avec sa belle-mère en a *menti par la gorge*. La Chataigneraie, enhardi par l'opinion qu'il a de sa force, ne craint pas d'affirmer et de déclarer que la réponse que lui avait faite Jarnac renfermait tout ce qu'on en avait tiré, et il accepte toute la responsabilité de l'interprétation. Aussitôt les cartels s'échangent (*) ; les deux champions demandent le combat en champs clos. Les ministres du roi pensent qu'il doit leur être accordé. Plus sage que ses conseillers, François Ier le refuse. La chevalerie qu'il voulait maintenir n'était plus celle du XIIe siècle. Il aimait les tournois et les joûtes, et défendait les combats judiciaires. Vivonne et Jarnac reçurent en conséquence la défense expresse de vider par les armes un différend que le roi attribuait à leur étourderie. François Ier vit ses ordres respectés par deux ennemis furieux ; mais sa mort (1547) laissa le champ libre à leur

(*) *Cartel de François de Vivonne de La Chataigneraie.*

« Sire, ayant appris que *Guy-Chabot de Jarnac* a été dernièrement à Compiègne, où « il a dit que quiconque avait dit qu'il (lui *Chabot*) s'était vanté d'avoir des relations avec « sa belle-mère, était méchant et malheureux ; sur quoi, sire, avec votre bon plaisir et « vouloir, je réponds qu'il a méchamment menti, et mentira toutes fois et quantes qu'il « dira qu'en cela j'ai dit quelque chose qu'il n'a pas dit.

« François de VIVONNE de LA CHATAIGNERAIE. »

Cartel de Guy-Chabot de Jarnac.

« Sire, avec votre bon plaisir et congé, je dis que *François de Vivonne* a menti de « l'imputation qu'il m'a donnée, de laquelle je vous ai parlé à Compiègne..... et pour « ce, sire, je vous supplie très humblement qu'il vous plaise nous octroyer le champ à « toute outrance.

« GUY-CHABOT de JARNAC. »

haine. Vivonne, pendant deux ans, avait enduré le supplice d'être regardé par les dames comme un chevalier déloyal; il lui tardait de se venger sur son adversaire d'un genre de disgrâce dont l'amitié de Henri II, duquel il était le favori, ne pouvait le dédommager. Le nouveau roi céda à ses vœux et permit le combat.

Le jour est indiqué ; on cherche tout ce qui peut donner un air de magnificence à cet acte de barbarie. Les deux champions s'épuisent en frais pour leur armure et pour leur suite. On prend parti; si plusieurs courtisans se décident pour le champion que favorise le roi, le plus grand nombre reste fidèle à celui dont la cause intéresse les dames.

La lice fut dressée avec une magnificence et un appareil extraordinaire dans le parc du château de Saint-Germain-en-Laye. Les nobles des provinces les plus éloignées ont quitté leurs donjons pour assister à ce spectacle si chéri de leurs pères, et qui leur paraissait se renouveler trop rarement. Les balcons sont remplis par les femmes, qui, toutes, ressentent vivement l'outrage fait à la baronne de Jarnac. Un magnifique échafaud est dressé pour Henri II et pour les princes. Le connétable de Montmorency est juge du camp. Le duc d'Aumale, qui devait être plus tard le fameux duc de Guise, est parrain de La Chataigneraie.

Les journées qui précédèrent le combat furent consacrées, selon l'usage du temps, par les champions, à des actes de dévotion, à visiter les églises et à entendre des messes. Le 10 juillet, vers le soir, le roi et toute la Cour, ayant pris place, les tambours, les trompettes et les cloches donnèrent le signal, et les deux adversaires s'avancèrent dans l'arène. La Chataigneraie d'un air arrogant, et Jarnac d'un air modeste, après qu'ils eurent affirmé l'un et l'autre par serment *que leur cause était juste, qu'ils ne portaient point d'armes défendues et qu'ils n'avaient pas eu recours à des enchantements*, le *laissez-aller* solennel fut prononcé, et le combat commença. Jarnac ne pouvait pas espérer de vaincre à force ouverte, mais seulement par quelque ruse qui surprendrait son dédaigneux adversaire. Paraissant plier sous les coups que la Chataigneraie lui déchargeait sur la tête, et qu'il recevait sur son bouclier, il se jeta de côté et fendit de revers le jarret gauche de La Chataigneraie. On voit tomber ce chevalier, qui avait cru sa victoire infaillible. Sa vie est à la merci du vainqueur, qui peut traîner trois fois dans la lice ses membres mutilés. Jarnac rougirait d'user de ce droit barbare : « Rends-moi mon « honneur, crie-t-il à son rival, et demande merci à Dieu et à ton roi. » La Chataigneraie garde un silence farouche. Jarnac vient se jeter aux pieds de Henri : « Sire, je vous donne mon adversaire, lui dit-il, daignez m'estimer « homme de bien, pardonnez aux fautes de notre jeunesse. Prenez-le, sire, en « considération de votre glorieux père, qui nous a nourri tous deux. » Le roi se tait. Jarnac retourne vers La Chataigneraie; mais sans le menacer de son épée. Il se prosterne et répète trois fois, en frappant sa poitrine avec son gantelet de fer : *Domine non sum dignus ;* mais, pendant qu'il prie, La Chataigneraie fait un effort pour ressaisir son épée, se lève sur ses genoux et se traîne jusqu'à son adversaire. « Ne bouge, ou je te tuerai, lui dit Jarnac. — Tue-moi donc, » reprend La Chataigneraie. Jarnac le regarde avec compassion, fait tom-

ber sa daguette, et, revenant au roi : « Prenez-le, sire, il est vôtre, je vous
« donne sa vie, et je demande à Dieu que ce brave chevalier puisse vous servir
« dans un jour de bataille, comme je voudrais vous y servir moi-même. »
Henri se tait encore. Ce second refus n'empêche point Jarnac d'user de généro-
« sité. « La Chataigneraie, mon ancien camarade, dit-il à son adversaire, im-
« plore ton Créateur, et soyons encore amis. » Il n'en obtint aucune réponse.
Le roi cédera-t-il enfin à une nouvelle prière? Jarnac la fait avec toute l'éloquence du cœur. Le roi se rend, accepte La Chataigneraie pour sien. Le connétable et les maréchaux réclament l'usage qui accorde le triomphe au vainqueur ;
Jarnac le refuse. Henri l'embrasse et lui dit : « Vous avez combattu en César et
parlé comme Aristote. » Le duc d'Aumale veut rendre des soins au vaincu et ne
peut calmer sa rage. On se retire ; la multitude se jette sur la tente où La Chataigneraie avait fait préparer un festin magnifique pour ses amis et pille la
vaisselle. Dans la confiance qu'il avait d'obtenir la victoire, « il avait convié, dit
« Brantôme, ses amis à se trouver à la vue du combat, leur disant : Je vous con-
« vie tel jour à mes noces. » La Chataigneraie, honteux de sa défaite et de ne
devoir sa vie qu'à la pitié de son ennemi, déchire les bandages qu'on avait mis
sur sa plaie, qui n'aurait pas été mortelle, et mourut trois jours après. Le duc
d'Aumale lui fit ériger un tombeau.

Ce combat fameux fut le dernier duel judiciaire auquel un roi de France
donna son autorisation. Lorsque, treize ans après, aussi, dans la journée du
10 juillet, Henri II fut blessé à mort par Montgomméry dans un tournoi, le
peuple, superstitieux, rappella que le premier acte de royauté de ce prince avait
été de permettre et laisser accomplir, avec toute la pompe d'une fête, le combat où La Chataigneraie avait reçu la mort.

Duel entre deux femmes — Cour d'assises de Leinster, en Irlande. — Le Point d'honneur. — Déposition des témoins. — Circonstances singulières. — Mort de l'une d'elles.
— Acquittement. — L'ovation.

L'Angleterre a aussi ses duels de femmes. Nous n'en citons qu'un seul parce
qu'il est authentique et que toutes les circonstances sont des plus singulières.
Les voici telles qu'elles sont résultées des débats de la Cour d'Assises de Leinster,
en Irlande, publiées dans tous les journaux anglais.

Deux femmes de Dublin, jalouses l'une de l'autre, se rencontrèrent, le 6 décembre 1833, sur la place du marché de cette ville, après s'être évitées mutuellement pendant plus d'un mois. L'une d'elles s'étant emportée jusqu'au point
de donner un soufflet à sa rivale, celle-ci en demanda raison et lui offrit le
choix des armes. Quatre jours après, le coroner, appelé à visiter un cadavre de
femme, découvrit, sous le sein droit, une blessure profonde de trois pouces et
demi, qui avait pénétré obliquement jusqu'au cœur. C'était Marguerite Sylvian,
ennemie jurée de Jessy Rosa Crauby. C'est donc sur cette dernière qu'est portée l'attention de la justice. Rosa Crauby répond avec assurance aux questions
qui lui sont adressées.

M. le président : Quel âge avez-vous? — *L'accusée :* La demande est peu galante. — *M. le président :* Il ne s'agit pas ici de galanterie, un sujet plus sérieux nous occupe. — *L'accusée :* Comme les réponses ne sont pas obligatoires, que je sache, vous me permettrez, M. le président, de profiter de la liberté dont je peux jouir à cet égard.

M. le président : Vous ne voulez donc point me faire connaître votre âge? — *L'accusée :* Je ne me refuse pas de vous le faire connaître, je n'ai point dit cela, mais je ne vois nullement la nécessité de l'apprendre à tous les curieux qui sont ici présents; envoyez-moi votre greffier, et je le lui glisserai dans le tuyau de l'oreille.

Pour satisfaire au caprice de la prévenue, le greffier se dérange de sa place afin d'écouter la confidence, et la transmet au président, qui la couche sur le papier. L'interrogatoire continue.

D. Quelle est la profession de votre mari? — Il n'en a point. — D. Il s'occupe pourtant de quelque chose? — R. Non, monsieur, il ne s'occupe de rien, à moins que vous ne vouliez regarder comme une occupation les tourments qu'il fait endurer à sa malheureuse compagne, et les attentions qu'il a pour les autres femmes.

Edouard Crauby, interrogé sur les motifs de jalousie qu'il a pu donner à sa femme, refuse de s'expliquer, et une décision de la Cour, provoquée par son défenseur, le dispense de répondre, à cause du lien étroit qui l'unit à l'accusée.

L'accusée se retire, et l'on procède à l'audition des témoins. *Un huissier :* Au nom de la loi et par le roi, James Nick Hervey et Georges-Arthur-Ned Dickson, comparaissez! A cette sommation les deux témoins s'avancent.

Voici la déposition de Ned Dickson :

« Je savais que, depuis longtemps, les époux Crauby vivaient en fort mauvaise intelligence; le mari passe pour débauché, et la femme pour très jalouse. Le 6 de ce mois, en passant sur la place du marché, j'aperçus cette dernière, qui, appuyée contre une pyramide de sacs de blé, parlait d'une manière des plus véhémentes à la veuve Sylvian. Curieux de connaître le sujet de leur conversation, car elles étaient ennemies déclarées et ne conversaient jamais ensemble, je me plaçai derrière les sacs. Il était environ six heures et demie du soir; les marchands ambulants s'étaient retirés, et la place était déserte de ce côté. — Vous me l'avez enlevé, disait la première, c'est mon mari; maintenant, il ne m'aime plus, il ne regarde plus ses enfants. Quand il rentre, il a l'air soucieux; si je lui parle, il ne me répond point; si je l'embrasse, il me repousse; vous m'avez rendue la plus malheureuse des femmes, et vous me devez une réparation pour tant de maux. — Ce n'est pas ma faute, répondit sa rivale, si votre époux me trouve à son gré, et si mon caractère lui plaît mieux que le vôtre. — N'avez-vous point de honte, reprit Rosa Crauby, de détourner un père de famille de ses devoirs et de l'affection qu'il portait à sa femme et aux pauvres innocents qui lui doivent le jour?

« Elle continua quelques minutes sur ce ton. A tous ces reproches, la veuve Sylvian ne répondait que par un dédaigneux silence, ou par des éclats de rire méprisants. Enfin, Rosa s'écria : Je ne puis plus vivre ainsi; il faut, ou que vous quittiez cette ville, ou je vous tue : choisissez ! — Je ne reçois d'ordre de personne, répliqua fièrement la veuve. — Eh bien ! reprit Rosa, vous écouterez peut-être le soin de votre conservation : je vous déclare que si, dans huit jours, je vous retrouve encore à Dublin, vous ne respirerez pas le neuvième. — Quoi ! vous prétendriez m'assassiner ? — Je prétends tout, je ne connais plus rien ; je serais capable d'aller vous égorger jusque dans ses bras. — J'en avertirai la justice. — Ne le faites pas, ou je vous étrangle de mes propres mains. — Jamais je n'ai entendu de pareilles menaces. — Jamais je n'ai vu une dépravation si grande. — Vous m'insultez ! — Ne m'avez-vous pas déjà insultée vous même ? ne m'avez-vous pas outragée dans ce que j'ai de plus cher ? et pensez-vous que je puisse supporter longtemps, sans murmurer, sans me plaindre, et surtout sans me venger, le poids des tourments dont vous m'accablez ? Il n'y a qu'un moyen raisonnable de nous mettre d'accord : vous ne voulez point renoncer à vos prétentions sur mon mari, et moi je ne veux point vous l'abandonner. Vous avez appris à tirer l'épée ; je ne possède pas le même talent, mais l'indignation soutiendra mon courage, et le ciel me donnera de l'adresse en faveur de la justice de ma cause ; décidez-vous promptement. Demain matin, de bonne heure, si vous y consentez, nous nous retrouverons dans le champ des Deux-Poteaux, à un quart de lieue de Leiplip. S'il le faut, je vous supplierai même de ne point me refuser ce moyen de terminer nos différends, je me jeterai à vos genoux, et je vous demanderai en grâce, au nom de Dieu, de m'épargner un meurtre ; car maintenant j'ai l'esprit à moitié tourné, et je ne sais pas à quoi le désespoir pourrait me porter. »

L'accusée rentre ; ses yeux sont rouges et gonflés ; elle paraît avoir beaucoup pleuré. M. le président l'engage à se calmer, et surtout à se rassurer : « Vous avez promis tout à l'heure, lui dit-il, de nous révéler les moyens que vous comptiez employer pour vous défaire de votre rivale. Je vous rappelle l'engagement que vous avez pris. »

L'accusée : Je voulais d'abord la tuer dans la rue, d'un coup de pistolet, et me tuer après ; mais j'ai abandonné cette idée. — D. Pour quelle raison ? — R. Parce qu'elle aurait déversé la honte et le déshonneur sur mes enfants. — D. A quel autre parti vous êtes-vous ensuite arrêtée ? — R. A celui d'un duel. Les hommes, me suis-je dit, se battent entre eux pour les motifs les plus futiles ; pourquoi les femmes ne se battraient-elles pas aussi, surtout quand elles en ont le plus grave sujet ? Ce n'est pas le courage qui leur manque, c'est la singularité du fait qui les étonne et qui souvent les effraie, car la mort ne se présente pas à leurs yeux sous un aspect plus hideux que celui sous lequel elle vous apparaît. D'ailleurs, le duel me semblait pallier la violence du moyen auquel j'avais recours. — D. Savez-vous faire des armes ? — R. Non, monsieur. — Cependant vous vous êtes battue à l'épée. — R. Il est vrai. — D. Pourquoi choisir une arme que vous ne savez point manier ? — R. Quand on veut donner ou recevoir la mort, il est inutile de la donner ou de la recevoir avec talent, avec grâce. — D. Pourquoi n'avez-vous pas préféré plutôt le pistolet ? Il ne faut qu'avoir le coup d'œil juste pour exceller dans le tir, tandis qu'il n'en est pas de même de l'épée. — R. Avec hésitation : Je.... je.... n'aime point les armes qui.... les armes à feu. — D. Quoi ! pour me servir de vos propres expressions, vous ne craignez ni de donner, ni de recevoir la mort, et vous avez peur de vous servir d'un pistolet?

L'accusée garde le silence.

M. le président : Qui a porté la première botte? — R. Je ne saurais vous le dire, j'étais trop émue. Nous avons commencé en même temps l'une et l'autre. Mon cœur battait d'abord avec force, et ma vue se troublait ; mais, après avoir reçu une blessure assez profonde à l'épaule gauche, je repris toute ma fermeté, et je me précipitai furieuse sur mon ennemie, qui me fit encore à la main droite une autre blessure. Je redoublai de vigueur, et lui donnai un coup qui n'aurait sûrement pas porté ; mais, par malheur, elle voulut le parer, et ramena sur sur sa poitrine l'épée qui s'en éloignait. Elle jeta un grand cri, et tomba à la renverse. La croyant morte, je m'enfuis sans regarder derrière moi. Je ne sais comment elle aura pu regagner son logis.....

Le procureur-général, dans un discours qui a duré plus de deux heures, s'est attaché principalement à démontrer que l'assassinat était manifeste, puisque le meurtre avait été précédé d'une longue préméditation, et que l'accusée déclarait elle-même son intention de se défaire à tout prix de la veuve Sylvian.

Le défenseur a fait valoir la franchise des aveux de sa cliente et les circonstances qui militaient en sa faveur ; il a prouvé qu'elle ne pouvait être accusée de meurtre : 1° parce qu'elle s'était exposée autant et plus que sa rivale, qui avait sur elle l'immense avantage de savoir se servir d'une arme qu'elle, Rosa, n'avait jamais appris à manier ; 2° parce qu'elle ne pouvait être convaincue de duel, et que la loi n'ayant pas prévu le duel entre femmes, elle devait être absoute.

Le jury, après une très-courte délibération, a acquitté Jessy Rosa Crauby, à la majorité de dix voix contre deux.

Cette sentence n'a pas été plutôt connue au dehors, que des *vivats* unanimes se sont fait entendre. Huit hommes, qui attendaient l'accusée à la sortie de l'audience, se sont emparés d'elle, l'ont placée sur un brancard, malgré sa résistance, et l'on portée ainsi en triomphe jusque chez elle, aux applaudissements de la multitude.

Un duel à Berlin (Prusse) entre deux personnages de distinction. — Le Point d'honneur. — Mort de l'un d'eux. — Le président de la Chambre des Seigneurs. — Le juge du combat. — La déclaration.

Non, la France n'est point l'unique patrie des duels ; le funeste préjugé du Point d'honneur fait ailleurs des victimes ; d'autres peuples, quoi qu'en dise M. le comte de Tilly dans ses intéressants Mémoires, lui paient aussi leur tribut, et les détails qui vont suivre, empruntés aux journaux de Berlin, (Prusse), du 10 mars 1856, en sont une triste preuve :

Un événement vient d'arriver, et cause, depuis ce matin, une immense sensation dans notre ville. Le directeur-général de la police, M. de Hinkeldey, a été tué en duel, entre dix et onze heures, par un membre de la Chambre des Seigneurs, le premier lieutenant de Rochow. La balle lui ayant percé le côté et traversé le cœur, au bout de quelques instants le blessé a expiré.

Les nouveaux détails que l'on nous communique justifient, jusqu'à un certain point, la supposition que l'origine de cet événement remonte à une affaire dont il a été question dans le temps et où la police est intervenue pour faire lever une séance de nuit du Jokey-Club, à l'Hôtel du Nord. Les membres de ce club, composé de la plus haute noblesse, se crurent blessés par l'intervention du lieutenant de police Danun, et demandèrent au directeur-général de la police que cet employé fût puni. Mais, après un examen attentif, M. de Hinkeldey trouva que cet employé ne méritait aucun blâme et crut devoir le défendre.

L'employé dut, à la vérité, quitter Berlin; mais il fut nommé directeur de la police à Paderborn, avec augmentation de grade et d'appointements. Cette mesure ne fut point, il paraît, approuvée de ces messieurs, du noble club du moins. Un de ses membres s'en plaignit directement à M. de Hinkeldey et employa des expressions blessantes pour ce dernier.

Ce membre du club était M. de Rochow-Pletsow, âgé de trente ans, lieutenant en disponibilité et possesseur d'un siége à la Chambre des Seigneurs, qu'il avait obtenu du roi sur la présentation de sa famille. Nous ignorons si cette entrevue a été la cause immédiate du duel, mais, quand on songe que c'est M. de Hinkeldey qui a provoqué M. de Rochow; que M. de Hinkeldey était un homme d'un âge mûr, et que ses fonctions même l'obligeaient à faire respecter la loi, on doit admettre qu'une insulte des plus graves a pu seule le déterminer à un acte semblable.

On ignore qui a demandé que le duel eût lieu au pistolet. Il est probable que c'est M. de Rochow, puisque c'est lui qui a été provoqué.

Dès l'origine, le duel était inégal, M. de Rochow passant pour un tireur très habile, tandis que M. de Hinkeldey ne savait pas manier le pistolet et qu'il avait, en outre, la vue très basse.

Le duel a eu lieu hier matin, à dix heures, dans la Jungfernhaide. M. de Hinkeldey avait préalablement, dit-on, demandé au roi l'autorisation de se battre; il n'avait, d'ailleurs, averti personne de sa famille de la démarche qu'il allait faire, et rien dans son intérieur n'a trahi son projet. On se rappelle seulement que, dimanche soir, il était ému en embrassant ses enfants. Il avait, au reste, prévu l'issue possible du duel, car il avait fait dimanche son testament. Son corps a été rapporté de Charlottenbourg hier au soir, et déposé dans son hôtel. M. de Hinkeldey était directeur de la police depuis six ans. C'était un des hommes les plus fermes et les plus énergiques qui, depuis longtemps, aient rempli ces fonctions. Les services qu'il a rendus lui ont acquis la reconnaissance de toutes les classes de la population.....

A l'ouverture de la séance de la Chambre des Seigneurs de ce jour (11 mars), le président, prince de Hohenlohe, a prononcé les paroles suivantes :

« Messieurs, j'ai à vous communiquer un événement affligeant. Un des plus
« nobles membres de cette Chambre s'est trouvé dans la triste situation de
« choisir entre les commandements de son sentiment d'honneur, ou d'agir
« contre les lois du pays. Ce membre a manqué aux lois du pays pour conser-
« ver la conscience de son honneur. Il s'est déclaré lui-même et s'est livré à
« l'autorité. Le paragraphe 84 de la Constitution permet de l'arrêter. Cet arti-
« cle dit que toute poursuite criminelle et toute arrestation est suspendue pen-

« dant la session, si la Chambre le demande. L'instruction se fait. Nous ne
« pouvons que regretter de ne pas avoir parmi nous le noble Jean de Rochow,
« qui a été forcé par les circonstances d'agir ainsi. »

Pour faire cesser les faux bruits qui circulaient déjà à l'occasion de ce duel,
M. de Marwitz, membre de la Chambre des Seigneurs, fit publier dans les journaux la déclaration suivante :

« Ayant été choisi par M. de Hinkeldey et par M. de Rochow comme témoin
« impartial du duel qui a eu lieu entre eux, j'éprouve le besoin d'exposer
« comment les choses se sont passées en réalité. Après que ces deux messieurs
« se furent placés aux points qui leur étaient indiqués, je donnai le signal du
« commencement du duel. Ces deux messieurs s'avancèrent à petits pas et en
« visant vers la barrière. M. de Hinkeldey tira le premier, mais son pistolet
« rata. M. de Rochow abaissa immédiatement son pistolet. Quand on eut donné
« un nouveau pistolet à M. de Hinkeldey, ces messieurs s'avancèrent de nou-
« veau vers la barrière, en visant bien et jusqu'à douze pas environ ; puis les
« deux coups partirent d'une manière tellement simultanée que les personnes
« placées tout près entendirent seulement les deux coups ; à vingt pas, on n'en-
« tendit qu'un coup. Ainsi le duel s'est accompli suivant toutes les exigences
« de l'honneur et les règles du duel.

« Berlin, 11 mars 1856.

« M. de Marwitz,
« *Membre de la Chambre des Seigneurs.* »

FIN DE LA DEUXIÈME PARTIE.

TABLE RAISONNÉE DES MATIÈRES

DE

L'HISTOIRE DE L'ESCRIME.

CHAPITRE PREMIER.

Eloge de l'épée. — Son usage connu sous le nom d'escrime, page 2.

Histoire Romaine. — Maîtres d'escrime. — Gladiateurs. — Dames romaines. — Valeur guerrière des Romains et des Gaulois, p. 3.

Origine de l'escrime. — Fait raconté par Plutarque. — Quels sont les peuples anciens qui se servaient utilement de l'épée, p. 5.

Moyen-âge. — Education de la jeunesse, p. 5.

Chevalerie, d'où dérive son établissement, p. 6. — Tableau de l'Europe au xe et au xie siècles, p. 7, 10. — A quelle époque se forma la chevalerie, p. 11. — Elle avait des lois auxquelles les princes et même les rois se soumettaient, p. 12. — Services que la chevalerie a rendus à la France, p. 12.

L'enfance du chevalier. — Sa première éducation, p. 15. — La séparation. — La bénédiction paternelle. — Les adieux maternels, p. 17.

Le page ou varlet, p. 19. — Ses fonctions, p. 20. — Son éducation. — Ses exercices, p. 20. — Ses délassements, p. 21. — Son émulation, p. 22.

L'écuyer. — Ses fonctions, p. 23. — Les écuyers combattaient à côté des chevaliers, p. 25. — A quelle époque ils devenaient poursuivants d'armes, p. 26.

Réception des chevaliers. p. 28. — La veille des armes. — Cérémonies diverses, p. 29. — Invocation, p. 29. — Lois de la chevalerie, p. 30. — Le serment p. 32. — Explication symbolique de l'armement d'un chevalier, p. 32. — Leur promotion se faisait encore avant ou après le combat, p. 36.

Banneret, ou chevalier banneret, degré de haute-noblesse. — Comment on y parvenait, p. 37.

Des armoiries, p. 37. — Divers symboles, p. 38. — Enseignes nationales, p. 39.

Origine de quelques armoiries, p, 41. — Armoiries parlantes, p, 42. — Blason, p. 42. — Devises et emblèmes. — Cris de guerre. — Troubadours, p. 44 à 49.

Les Troubadours et les Trouvères. — Naissance de la poésie française. — Origine des Jeux-Floraux. — Poètes du xiie au xive siècle, p. 44 et suiv.

Les servants d'amour. — Puissance des dames. — Reconnaissance qui leur était due, p. 51 à 56.

Les chevaliers errants, p. 57. — L'hospitalité. — Les dames encourageaient les chevaliers, p. 58. — Honorables services qu'elles leur rendaient, p. 58. — Elles étudiaient même l'art de guérir les blessures, p. 58. — La veillée du Château. — Les tensons, p. 59 à 60.

Des pas d'armes ou emprises, p. 62. — Combat singulier; celui qui en sortait honorablement était regardé comme un modèle de valeur, p. 63, 64.

Les tournois. — Leur origine, p. 65. — Réglements et ordonnances, p. 67. Préparatifs et formalités des tournois, p. 68 et suiv. — Les dames conduisaient quelquefois les chevaliers aux tournois, p. 72. — Leur donnaient des faveurs pour les reconnaître dans la mêlée, p. 73. — Adjugeaient quelquefois le prix du combat, p. 66, 76. — Leur empire sur le cœur des chevaliers, p. 55. — Tournois sanglants, p. 75. — Distribution des prix , p. 75. — Triomphe du vainqueur, p. 76. —Chant guerrier, p. 77. — Festin du paon , p. 79. — Les vœux , p. 81. — Décadence des tournois, p. 83.

L'adoption ou fraternité d'armes, p. 84. — Formalités à remplir pour la réception des frères d'armes, p. 85. — Fraternités militaires, p. 86.

Les femmes héroïques. — Jeanne de Flandre comtesse de Montfort. — Jeanne d'Arc. — Jeanne Hachette , p. 86.

La comtesse de Montfort.— Son éloge.—Après la prise du comte de Montfort, son époux, elle engage ses partisans à lui rester fidèles. — Intrépidité de cette princesse au siége d'Hennebon, p. 87, 88.

Jeanne d'Arc. — Etat déplorable du royaume sous Charles VII. — Le siége d'Orléans. Dieu protége la France et suscite Jeanne d'Arc pour la sauver, p. 89. — Apparitions célestes, p. 90. — Le capitaine Baudricourt, gouverneur de Vaucouleurs, p. 90. — Le gentil dauphin, p. 91. — Les requêtes, p. 92. — Le Parlement séant à Poitiers est chargé d'interroger et d'examiner Jeanne, p. 93. —Jeanne est nommée chef de guerre, p. 93. — Son entrée dans la ville d'Orléans. — L'enthousiasme , p. 94. — Lettre que Jeanne d'Arc écrit au duc de Bethfort, général anglais, 95.—Conduite de Jeanne d'Arc dans le combat. — Ses actions guerrières, p. 97. — Les Anglais abandonnent le siége d'Orléans, p. 99. — Le duc de Bethfort écrit au roi d'Angleterre et lui mande l'état des affaires. — Son opinion au sujet de Jeanne d'Arc. — Suite des exploits de Jeanne d'Arc. p. 100. — Prise de Jargeau, p. 101.—Journée de Patay. — Jeanne conduit l'armée française sur Reims.—Reims ouvre ses portes.—Sacre et couronnement de Charles VII. — Jeanne sollicite son congé de ce prince, p. 102.— Lettres de noblesse accordées à Jeanne d'Arc par Charles VII , p. 103. — Conséquence funeste. — Jeanne d'Arc est blessée pour la quatrième fois au siége de Paris, p. 104. — Derniers exploits de l'héroïne. — Siége de Compiégne. — Jeanne d'Arc prisonnière. — Elle est vendue aux Anglais. — On la conduit de prison en prison. — Son arrivée à Rouen. —Ses souffrances, p. 105. — Détails sur l'odieux procès de Jeanne. — Sommaire. — Interrogatoire. — Réponses sublimes, p. 107 à 111. — La pucelle est condamnée au bûcher. — Sa mort, p. 111 à 114.—Réparation tardive. — Révision du procès de Jeanne d'Arc. — Peine du talion infligée à ses juges. —Lettre de Dunois à Xaintrailles au sujet de la mort de Jeanne d'Arc, p. 116 à 119.

Jeanne Hachette. — Siége de Beauvais. — Procession annuelle. — Le fou du duc de Bourgogne , p. 119 à 121.

Suite de la Chevalerie. — Priviléges et honneurs accordés aux chevaliers, p. 121.

Dégradation. — Punitions diverses d'un chevalier, p. 122 à 125.

Fin de la vie du chevalier. — Honorables funérailles. — Du Guesclin, p. 125 à 130.

Abaissement du titre de chevalier, p. 130 à 133.

CHAPITRE SECOND.

Vénération de l'épée. — Moyen-âge. — Mort de Bayard. — Marques distinctives chez les Indiens. — Naturels du Mexique. — Éducation d'un gentilhomme , p. 135 à 139.

Lettres de noblesse et prérogatives accordées aux Maîtres d'armes sous Louis XIV, p. 139 à 142.

Causes personnelles. — Tribunal d'Honneur, p. 142.

L'art des armes reconnu par nos rois comme la base du repos public, p. 142.

Utilité de l'art des armes, p. 143.

Ses avantages, p. 144.

L'art des armes considéré comme moyen hygiénique. — Opinion des docteurs Tronchet et Lallemand, p. 144 à 147.

Défense personnelle. — Le duel au pistolet est un véritable assassinat, p. 147 à 149.

La gymnastique n'est point salutaire aux jeunes élèves, p. 149. — Son utilité pour l'homme fait, p. 150.

L'art de l'escrime mathématiquement démontré, p. 150. — Ses effets sur un jeune élève, p. 151. — Ses germes de vertu et d'humanité, p. 152.

Abandon de l'exercice des armes, p. 153. — Causes qui produisent cet abandon, p. 153, 154.

Distinction accordée aux Maîtres d'armes avant la Révolution, p. 154. — Académie royale des armes de Toulouse, p. 155.

Aujourd'hui le premier venu peut ouvrir une salle. — On n'exige plus de garanties. — Inconvénients, p. 155. 156.

Ère nouvelle, p. 156. — Quelles sont les conditions qui pourraient être exigées pour être professeur d'escrime. — Vœu exprimé, p. 157.

Maîtres d'armes dans les régiments. — Honorables fonctions qui leur sont attribuées. — Difficultés qu'ils peuvent rencontrer. — Moyen d'y remédier, p. 157 et suiv.

L'art des armes considéré sous le point de vue militaire. — Son incontestable utilité. — Extension, p 159.

Moyen de le remettre en vigueur. — Sous-Maîtres. — Prévôts. — Discipline. — Émulation. — Résultat, p. 160 à 162.

Esprit de corps, p. 161. — Notes correspondant au texte, p. 163 et suiv.

Petit vocabulaire de la langue romane, p. 181 à 190.

Poésies en rapport avec le texte, contenues dans la première et la deuxième partie.

La chevalerie	p. 14	Le chevalier déconfort.	82
Les adieux maternels.	19	Mort de Jeanne d'Arc.	115
Le page.	22	Du Guesclin.	129
L'écuyer.	27	Le jeune chevalier à ses derniers	
La veille des armes.	28	moments.	130
Ballade.	50	Abaissement du titre de chevalier	133
Ballade du bon capitaine.	51	L'ermite du vieux chêne ou la mort	
Verselets de Clotilde de Surville à		de Bayard.	136
son premier né. — Amour ma-		Duel au pistolet.	147
ternel.	51	L'art de la guerre.	178
L'amour maternel.	52	La destruction de Rome.	214
Le servant d'amour.	56	Attila surnommé *le fléau de Dieu*.	225
Les chevaliers errants.	61	Décadence de Rome.	233
L'emprise.	64	Clovis considéré comme le fonda-	
Le tournoi.	77	teur de la Monarchie française.	243

FIN DE LA TABLE DES MATIÈRES DE LA PREMIÈRE PARTIE.

TABLE RAISONNÉE DES MATIÈRES

DE

L'HISTOIRE DE FRANCE

DANS SES RAPPORTS AVEC L'ESCRIME ET LE DUEL.

CHAPITRE Ier.

La Gaule avant la domination romaine. — Constitution des Gaulois. — Conquête de la Gaule par Jules César. — Pendant cette domination.

§ Ier.

La Gaule considérée sous un point de vue général, p. 193. — Confédération des peuples germains, p. 196. — Origine du nom de Frank, p. 196. — Première expédidition des Franks dans la Gaule, p. 196. — Fameuse expédition sous Probus, p. 197. — Bardit ou chant guerrier des Franks, p. 198. — Suite des invasions, p. 200 et suiv. — Les Franks sont mêlés aux affaires intérieures de l'État, p. 203. — Leur passion pour la guerre et la chasse, p. 204. — Leur éducation, p. 204.

§ II.

Suite des expéditions des Franks en Gaule jusqu'à Théodose-le-Grand, p. 205. — Manière dont les Franks faisaient leurs récoltes, p. 206. — Ils se réunissent pour ne former qu'une nation, p. 206. — Princes antérieurs à Pharamond, p. 207.

§ III.

Aperçu sur les causes de la décadence de l'empire romain, p. 207. — Despotisme impérial, p. 208. — Les Antonins essayèrent en vain de réhabiliter la vertu, p. 208. — Politique de Constantin, p. 209. — Impôts excessifs. — Effroyable tyrannie. — Les Gaulois cherchent à s'affranchir de cette tyrannie, p. 209.

CHAPITRE II.

Histoire sommaire de la Gaule et principalement des Franks, depuis l'établissement des Barbares jusqu'à l'avénement de Mérovée.

§ Ier.

Commencement du cinquième siècle, p. 210. — Terrible invasion des Barbares. — Lettre de Saint-Augustin, p. 211. — Les Franks moins barbares que les autres peuplades, p. 212. — Élégant costume, p. 212. — Quel était le but des Franks en faisant la guerre, p. 212. — Armes, manière de combattre, mœurs, usages, p. 213. — Alaric, roi des Goths, p. 214. — Siége de Rome, p. 214. — Destruction, meurtre, incendie, description, p. 214.

§ 2.

Depuis quelle époque les Franks cherchaient à mettre les pieds dans les Gaules, p. 216. — Circonstances, p. 217. — Pharamond, chef frank, est élevé sur le pavois, p. 219. — Son fils, Clodion le chevelu, lui succède, p. 219. — Ses conquêtes, p. 220.

CHAPITRE III.

Situation de la Gaule depuis le règne de Mérovée jusqu'à l'avénement de Clovis.

§ 1er.

Mérovée succède à Clodion, p. 221. — Les Franks et les Romains. — Invasion des Huns, p. 221. — Geneviève de Nanterre, p. 221. — L'évêque d'Orléans, p. 223. — Défaite d'Attila, p. 223. — Léon-le-Grand et Attila, p. 224. — Mérovée donne son nom aux Mérovingiens, p. 226. — Childéric, fils de Mérovée, monte sur le trône, p. 226. — Egydius remplace Childéric, p. 228. — Viomade et la pièce d'or, p. 228. — Basine, épouse du roi de Thuringe, vient trouver Childéric, p. 230. — Conquête, p. 230.

§ 2.

Coup d'œil rétrospectif, p. 231. — Jules César, historien, p. 331. — Quel peuple étaient les Gaulois lorsqu'ils passèrent sous la domination des Romains. — Fausses divinités, p. 231. — Les Druides. — La Gaule après la conquête, p. 232. — Décadence de l'Empire, p. 223. — Sa chute, p. 235.

CHAPITRE IV.

Conquête de la Gaule par les Franks. — Toutes les forces des Franks sont concentrées dans cette conquête. — Fondation définitive de la Monarchie française.

§ 1er.

Bataille de Soissons et mort de Syagrius, p. 236. — Histoire du vase de Soissons, p. 237. — Affection de Clovis pour les catholiques. — Message d'Aurelien, p. 238. — Gondebaud accorde Clotilde à Clovis, p. 240. — Mariage de Clovis et mort d'un de ses fils, p. 240. — Invasion des Allemands et bataille de Tolbiac, p. 241. — Conversion de Clovis, p. 243. — Résultat de cette conversion, p. 244.

§ 2.

Soumission des Bretons, p. 246. — Guerre contre les Bourguignons, p. 247. — Contre les Visigoths, p. 247. — Bataille de Vouillé, p. 247. — Ambassade d'Anastase à Clovis, p. 248. — Clovis se défait tour-à-tour de Sigebert, de Cararic, de Ragnacaire et de Regnomer, p. 248. — Clovis divise le royaume en duchés et en comtés, p. 250. — Unité du royaume frank. — Résumé, p. 250. — Clovis meurt avec le titre de fondateur de la Monarchie française, p. 251.

CHAPITRE V.

Idée générale de la Gaule, depuis le cinquième siècle, jusqu'à la fin de la seconde race. — Institutions mérovingiennes.

§ 1er.

De la division du peuple, p. 251. — Les Francs, les Romains, les Gaulois, les Bourguignons, les Goths et les Bretons, p. 251. — Établissement, p. 252. — État des personnes, état des terres, p. 253. — Gouvernement, administration et institution judiciaire, p. 254. — Royauté, p. 255.

§ 2.

Nouvelle situation, p. 255. — Lois barbares, p. 255. — Histoire de la loi Salique, p. 256. — Extraits de cette loi, p. 257. — Tarifs pénaux, p. 260. — Loi Ripuaire, p. 260.

§ 3.

Organisation judiciaire. — Chacun était jugé selon les lois de son état et de sa profession et d'après les lois de la nation à laquelle il appartenait, p. 261. — Manière dont on rendait la justice, p. 261. — Pouvoir des prélats, p. 262. — Cour de la chrétienté, p. 262. — Magistrats ambulants, p. 263. — Attitude de l'accusateur et de l'offensé, p. 263. — Composition, p. 264. — Quelle était l'opinion des Francs sur les jugements rendus, p. 265.

§ 4.

Origine de la féodalité, p. 266. — Des fiefs et de la noblesse, p. 266. — Droits du seigneur féodal, p. 267. — L'hommage et le serment, p. 267. — Investiture, droits et devoirs respectifs des seigneurs et des vassaux, p. 267.

CHAPITRE VI.

État des mœurs et du gouvernement sous la troisième race.

§ 1.

Situation du peuple sous les premiers rois capétiens, p. 368. — Tyrannie des seigneurs dans les campagnes, p. 269. — Asservissement des villes, p. 269. — Exigences des seigneurs envers les bourgeois, p. 269. — Division des terres, p. 270.

§ 2.

Situation des seigneurs entre eux, p. 270. — Usages généraux reconnus comme lois, qui fixent le régime féodal, p. 271. — Justice féodale, p. 273. — Le duel, p. 273. — Conséquence, p. 274.

§ 3.

Causes qui durent ruiner le gouvernement féodal, p. 274. — Moyens qui le soutenaient, p. 275.

§ 4.

Féodalité, anarchie, tyrannie et exaction des seigneurs, p. 276. — Origine du combat judiciaire ou jugement de Dieu, p. 278. — Exposé, p. 279. — Temps d'ignorance, p. 280.

CHAPITRE VII.

Législation barbare. — Loi Gombette, faite (501) par Gondebaud, roi des Bourguignons. — Les épreuves, le combat judiciaire (duel) sont la base fondamentale de cette législation, qui devient celle de la nation française, et s'y conserve pendant plus de six cents ans.

§ 1er.

Lois barbares. — Des Bavarois. — Des Bourguignons, p. 281. — Epoque de Charlemagne, p. 283. — Abus des combats judiciaires, p. 283. — Extension, p. 284. — Quelle était la manière de porter plainte, p. 284. — Cérémonies religieuses avant le combat, p. 284. — Pourquoi la preuve du combat était fondée par l'expérience, p. 285.

§ 2.

De la jurisprudence du combat judiciaire, p. 286. — Règles établies, p. 286. — Quelle était la manière de porter des entraves à la déposition des témoins, p. 287. — Du faux jugement, p. 287. — Motifs qui faisaient prendre le juge à partie, p. 287.

§ 3.

Le gage de bataille, p. 288. — Le juge ordonnait le combat, marquait le lieu, désignait le jour et l'heure, p. 289. — Manière de combattre, p. 289. — Résultat, p. 289.

§ 4.

Préliminaires du combat entre chevaliers, p. 290. — La requète, p. 290. — Proclamation du héraut ou roi d'armes p. 291. — La plainte, p. 292. — L'exhortation, 293. — Le serment, p. 293. — Seconde exhortation, p. 293. — Second serment, p. 293. — Silence de mort, p. 294. — Le combat, p. 294. — Conséquence, p. 295.

CHAPITRE VIII.

La souveraineté des justices seigneuriales sous Louis IX.

§ 1er.

Les coutumes féodales, p. 296. — Louis IX proscrit la procédure des duels judiciaires dans ses domaines, p. 296. — Réforme qu'il introduit, p. 296. — Lois rigoureuses, p. 297. — Jurisprudence de Philippe-le-Bel, p. 298.

§ 2.

Origine des Ordalies ou épreuves judiciaires, p. 298. — L'épreuve du serment, p. 300. — L'épreuve de l'eau froide, p. 300. — L'épreuve de l'eau chaude, p. 301. — Epreuve du fer ardent ou fer chaud, p. 302. — L'épreuve du feu, p. 303. — Epreuve de la communion, p. 303. — Epreuve de la croix, p. 303. — Cérémonies religieuses qui accompagnaient les épreuves judiciaires, 303. — Cas où elles ont été nouvellement invoquées (Angleterre), p. 305.

§. 3.

Coup-d'œil général sur les siècles du moyen-âge relativement au duel, p. 307. — Premières défenses relatives aux duels, p. 308. — Ils deviennent extrajudiciaires, p. 308. — Ordonnances diverses, p. 308. — Fureur des duels, p. 309. — Provocation ironique, p. 311. — Préjugé général, p. 311.

CHAPITRE IX.

Lois et ordonnances concernant le duel sous Louis XIV. — Punitions diverses. — Juridiction de MM. les Maréchaux de France et autres Juges du Point d'honneur.

§ 1er.

Moyens pour prévenir les duels, p. 312, 313. — Peines contre les coupables de duel, p. 313. — Punition des injures, p. 313. — Peine de ceux qui servent de seconds, p. 314. — Peine des ignobles, p. 314. — Peine des complices de duel, p. 314. — Peine de ceux qui se battent hors du royaume, p. 313. — Peines des laquais ou autres domestiques, p. 314.

§ 2.

Tribunal d'Honneur. — Son origine, p. 315. — Juridiction des Maréchaux de France, p. 316. — Attributions, p. 316. — Forme avec laquelle on procédait dans cette juridiction, p. 316. — Singulière déclaration, p. 317. — Conséquence, p. 317. — Réglements des Maréchaux sur les injures et offenses, p. 317. — Quelques exemples, p. 319.

§ 3.

Opinions diverses en matière de duel, p. 320. — L'estime des hommes est une conséquence du duel, p. 321. — Un orateur à la tribune nationale, p. 321.

— Diverses propositions faites aux Assemblées Législatives concernant la répression du duel, p. 322. — Elles ne sont point prises en considération, p. 323. — Nécessité d'établir dans chaque ville un jury d'honneur, p. 324. — Opinions diverses à ce sujet, p. 324 à 327.

§ 4.

Le duel sous Louis XVI. — Situation déplorable, p. 327. — Funestes querelles, p. 328. — Coup-d'œil général sur les lois cruelles et barbares concernant le duel. — Ancienne législation, p. 329. — Dispositif d'un arrêt qui condamne un membre du Parlement de Grenoble à être rompu vif pour crime de duel, p. 329.

§ 5.

Législation concernant le duel, p. 331. — Jurisprudence antérieure à 1837. — La Chambre des Pairs et la Cour de Cassation ont été d'avis que, dans l'état actuel (depuis 1810 à 1837), le duel ne pouvait être poursuivi lorsqu'il avait été loyal, p. 333. — Jurisprudence postérieure à 1837. — Dans l'état actuel de la législation (depuis 1837 jusqu'à nos jours) l'homicide commis en duel est puni par le Code Pénal, p. 234. — M. le procureur général Dupin et la Cour de Cassation, p. 335. — La Chambre des Députés (1835) et le jury d'honneur, p. 338.

CHAPITRE X.

Duels célèbres.

Du duel en Angleterre. — Procès du major Alexandre Campbell. — Un duel à la chandelle. — Condamnation à mort, p. 339.

Le jeune hussard provoqué par quatre grenadiers de la garde consulaire. — Le duel. — Le jeune hussard vainqueur. — L'ovation, p. 343.

Duel remarquable de l'époque de la Restauration, entre M. de C***, officier d'un régiment de chasseurs, et M. V***, de Carcassonne, p. 346.

Scènes du moyen-âge. — Le chien de Montargis. — Jugement de Dieu au XIVe siècle. — Combat du chevalier Macaire et du chien de Montargis. — Résultat, p. 347.

Duel entre le chevalier Bayard et Soto-Mayor. — La garnison de Monervine. — Le combat. — Une félonie. — Le point d'honneur. — Les cartels. — Le duel, p. 349.

Duel entre François Vivonne de La Châtaigneraie et Guy-Chabot de Jarnac. — Circonstances curieuses. — Les cartels. — Le roi et toute la cour assistent au combat. — Le coup de Jarnac. — Résultat, p. 356.

Duel entre deux femmes. — Cour d'assises de Leinster en Irlande. — Le point d'honneur. — Déposition des témoins. — Circonstances singulières. — Mort de l'une d'elles. — Acquittement. — L'ovation, p. 357.

Un duel à Berlin (Prusse) entre deux personnages de distinction. — Le point d'honneur. — Mort de l'un d'eux. — Le président de la Chambre des Seigneurs. — Le juge du combat. — La déclaration, p. 360.

FIN DE LA TABLE DES MATIÈRES DE LA DEUXIÈME PARTIE.